MIX
Papier aus verantwortungsvollen Quellen
Paper from responsible sources
FSC® C105338

Islam Qerimi

Informelle Konfliktschlichtung nach albanischem Kanun

Eine rechtsvergleichende Analyse zum alten Kanun und modernen Recht

Monographie

2. überarbeitete und ergänzte Auflage

disserta Verlag

Qerimi, Islam: Informelle Konfliktschlichtung nach albanischem Kanun. Eine rechtsvergleichende Analyse zum alten Kanun und modernen Recht (Monographie).
2. überarbeitete und ergänzte Auflage, Hamburg, disserta Verlag, 2023

Buch-ISBN: 978-3-95935-606-0
PDF-eBook-ISBN: 978-3-95935-607-7
Druck/Herstellung: disserta Verlag, Hamburg, 2023
Covermotiv: © Islam Qerimi

Bibliografische Information der Deutschen Nationalbibliothek:
Die Deutsche Nationalbibliothek verzeichnet diese Publikation in der Deutschen Nationalbibliografie; detaillierte bibliografische Daten sind im Internet über http://dnb.d-nb.de abrufbar.

Rezensenten:
Prof. Dr. Thomas Feltes, M.A
Prof. Ass. Dr. iur. Bashkim Preteni, LL.M.

Lektor:
Lars Dippel, Dozent für Migrationsrecht

Technische Bearbeitung:
Shpat Musliu

Das Werk einschließlich aller seiner Teile ist urheberrechtlich geschützt. Jede Verwertung außerhalb der Grenzen des Urheberrechtsgesetzes ist ohne Zustimmung des Verlages unzulässig und strafbar. Dies gilt insbesondere für Vervielfältigungen, Übersetzungen, Mikroverfilmungen und die Einspeicherung und Bearbeitung in elektronischen Systemen.

Die Wiedergabe von Gebrauchsnamen, Handelsnamen, Warenbezeichnungen usw. in diesem Werk berechtigt auch ohne besondere Kennzeichnung nicht zu der Annahme, dass solche Namen im Sinne der Warenzeichen- und Markenschutz-Gesetzgebung als frei zu betrachten wären und daher von jedermann benutzt werden dürften.

Die Informationen in diesem Werk wurden mit Sorgfalt erarbeitet. Dennoch können Fehler nicht vollständig ausgeschlossen werden und die Bedey & Thoms Media GmbH, die Autoren oder Übersetzer übernehmen keine juristische Verantwortung oder irgendeine Haftung für evtl. verbliebene fehlerhafte Angaben und deren Folgen.

Alle Rechte vorbehalten

© disserta Verlag, Imprint der Bedey & Thoms Media GmbH
Hermannstal 119k, 22119 Hamburg
http://www.disserta-verlag.de, Hamburg 2023
Printed in Germany

Inhaltsübersicht

Abbildungsverzeichnis 6
Tabellenverzeichnis 7
Abkürzungsverzeichnis 8
Vorwort zur zweiten Auflage 11

1. **Problemstellung** 12
   1.1 Überblick 12
   1.2 Aufbau der Untersuchung 13
   1.3 Methode 14

2. **Die Rolle von Gewohnheiten, Sitten und Bräuchen als Rechtsquellen bei den Albanern** 16
   2.1 Die Bedeutung und Klärung der Begriffe: "Konflikt" und "Konfliktparteien" 18
   2.2 Alternative Wege und Mechanismen der Konfliktlösung 22
      2.2.1 Historische Entwicklung 22
      2.2.2 Zuständige Personen für außergerichtliche Konfliktlösungen 26
      2.2.3 Methoden der Konfliktlösung 27
   2.3 Die Arten der Konfliktaustragung 29
   2.4 Die Bedeutung und Abgrenzung der Begriffe: "Außergerichtlich", "Schlichtung", „Mediation" und "Schiedsspruch" aus deutscher Sicht 31
   2.5 Die Klärung der Begriffe "Schlichten" (alb. Pleqeria) und „Schlichter" (alb. Pleqet) nach den albanischen Kanunen 34
   2.6 Die Herkunft und Bedeutung der Begriffe „Mediation" und „Mediator" 37
   2.7 Der grundlegende Unterschied zwischen einem Gerichtsprozess und einer außergerichtlichen Konfliktbeilegung (Mediation) 38
   2.8 Definitionen der außergerichtlichen Konfliktlösung (Mediation und albanische Schlichtung) 42
      2.8.1 Definitionen der Mediation 42
      2.8.2 Die Definitionen der Mediation nach speziellen Anwendungsfeldern 48
   2.9 Die Definitionen und Arten der außergerichtlichen Konfliktbeilegung nach dem albanischen Gewohnheitsrecht (Kanun) 53
      2.9.1 Der Kanun des Lekë Dukagjini 55
      2.9.2 Der Kanun des Skanderbeg 59
      2.9.3 Der Kanun der Labëria 62
      2.9.4 Zusammenfassung 64

3. Ein Überblick über die Rechtssysteme in Albanien, und in Kosovo 65
   3.1 Albanien 65
      3.1.1 Die geschichtliche Entwicklung des albanischen Rechtssystems 65
      3.1.2 Der Weg Albaniens in die internationalen Organisationen 73
   3.2 Kosovo 74
      3.2.1 Die Entwicklung des kosovarischen Rechtssystems 74
      3.2.2 Das heutige kosovarische Rechtssystem 83
   3.3 Zusammenfassung 84

4 **Die Geschichte der weltweiten außergerichtlichen Konfliktbeilegung sowie der Mediation und der albanischen Schlichtung** 85
   4.1 Die Geschichte der Mediation 85
   4.2. Die geschichtliche Entwicklung der außergerichtlichen Konfliktbeilegung bei den Albanen 95

5. **Die positive außergerichtliche Konfliktregelung in Albanien und Kosovo** 102
   5.1 Albanien 103
      5.1.1 Die Rechtsgrundlagen 103
      5.1.2 Mediation im Strafrecht - Wiederherstellende Gerechtigkeit (alb. Drejtesia Restauruese) 104
      5.1.3 aJStG (Jugendbereich) 106
      5.1.4 aZivilrecht (Mediationsgesetz) 109
      5.1.5 Mediationsstiftungen und ihre Tätigkeiten 110
   5.2 Kosovo 112
      5.2.1 Die Rechtsgrundlage 112
      5.2.2 Mediation im strafrechtlichen Bereich 113
         5.2.2.1 Erwachsenenstrafrecht 113
         5.2.2.2 kJStG – (Jugendbereich) 116
      5.2.3 Zivilrecht (Mediationsgesetz) 119
      5.2.4 Mediationsstiftungen und ihre Aktivitäten 120
   5.3 Vergleichende Betrachtung und Schlussfolgerungen 121

6 **Besonderheiten der außergerichtlichen Konfliktbeilegung nach dem Gewohnheitsrecht** 123
   6.1 Die Freiwilligkeit der Teilnahme der Konfliktparteien an einem außergerichtliche Verfahren 124
   6.2 Die Teilnahme eines neutralen Vermittlers bzw. al. Ältesten 126

6.3 Die verschiedenen Arten von Ältestenräten und Vermittlern und deren Aufgaben .. 127

6.4 Neutralität und Unparteilichkeit eines Vermittlers bzw. alb. Ältesten 129

6.5 Das Erreichen einer schnellen und unbürokratischen Wiedergutmachung
     zwischen Konfliktparteien 132

6.6 Die Rolle des Geschlechts der Konfliktbeteiligten im Verfahren 133

6.7 Geschlechtsspezifische Einschränkungen für die Tätigkeitsausübung................. 134

6.8 Die Gefahren der Tätigkeitsausübung 134

6.9 Die Form der Erfassung der außergerichtlichen Konfliktschlichtung.................. 135

6.10 Die Verfahrensteilnehmer.. 135

6.11 Die Phasen des Konfliktschlichtungsverfahrens durch die Ältesten 137

6.12 Erkenntnisse über das Ältestenverfahren nach meinen Erfahrungen 139

6.13 Die Entscheidungsmacht 145

6.14 Die Beschwerdemöglichkeiten (Rechtsmittel) 146

6.15 Die Vollstreckung der Entscheidung 148

6.16 Die Beerbung der Tätigkeit 149

6.17 Entlohnung der Ältesten und der Vermittlern 150

6.18 Vergleichende Betrachtung und Schlussfolgerungen.. 151

7 Die außergerichtliche Konfliktschlichtung bei den Albanern zur Verhinderung von Selbstjustiz (Rache oder Blutrache) 152

7.1 Albanien... 152

   7.1.1 Rache und Blutrache in den Jahren 1912 - 1938 152

   7.1.2 Rache- und Blutrachedelikte in den Jahren 1939 – 1945 154

   7.1.3 Rache und Blutrachedelikte in der Zeit des Hoxha-Regimes von 1945 – 1990 ... 154

   7.1.4 Rache- und Blutrachedelikte nach Ende des Kommunismus 1990 156

   7.1.5 Vergleich aller Rache- und Blutrachedelikte von 1912 – 2010 157

   7.1.6 Zusammenfassung.. 161

7.2 Kosovo.. 167

   7.2.1 Rache- und Blutrachedelikte in den Jahren 1861 - 1990 167

   7.2.2 Rache- und der Blutrachedelikte während der "Allgemeinen albanischen
         Volksbewegung zur Versöhnung von Blutschaftkonflikten" (alb.
         LGJSHFGJPN, Lëvizja Gjithëpopullore Shqiptare për Faljen e Gjaqeve,
         të Plagëve dhe të Ngatërresave) 1990 - 1992 170

   7.2.3 Die Rache und die Blutrache in der Zeitperiode 1992 - 1999 171

   7.2.4 Rache- und Blutrachedelikte in der Zeit von 1999 - 2010 172

7.2.5 Die Konfliktbeilegung durch internationale Organisationen im Kosovo 174
7.2.6 Studentenbefragungen über die parallele Anwendung der außergerichtlichen Konfliktbeilegung zur staatlichen Justiz, für die Lösung von Konflikten und Streitigkeiten im Kosovo 176
7.2.7 Zusammenfassung 178

8. Urteile der staatlichen Justiz 181
8.1 Kosovo (Fälle von Mord, Mordversuch, Entführung und Blutrache) 181
    8.1.1 Der erste Fall: Mord 182
    8.1.2 Der zweite Fall: Mordversuch 185
    8.1.3 Der dritte Fall: Entführung für Kopfgeld (Raubversuch) 187
    8.1.4 Der vierte Fall: Blutrache 188
    8.1.5 Zusammenfassung der Straftaten und die Entscheidungen 190
8.2 Albanien 192
    8.2.1 Der erste Fall: Mord 192
        8.2.1.1 Zusammenfassung 195
    8.2.2 Der zweite Fall: Frühere Entlassung aus dem Gefängnis wegen Versöhnung .. 195
        8.2.2.1 Zusammenfassung 196
    8.2.3 Der dritte Fall: Zwei Strafen für ein Verbrechen (durch Staatsjustiz und Selbstjustiz) 196
    8.2.4 Zusammenfassung der Straftaten und die Entscheidungen 197

9. Beispielsfälle albanischer Konfliktschlichtung durch die Ältesten 198
9.1 Die Beispielsfälle 200
    9.1.1 Der erste Fall: Mord (wegen eines abgeschleppten Autos) 200
    9.1.2 Der zweite Fall: Ermordung des Schwagers wegen der Trennung von der Schwester 201
    9.1.3 Der dritte Fall: Mordversuch (aufgrund von Eigentumskonflikten) 202
    9.1.4 Der vierte Fall: Der unbeabsichtigte (fahrlässige) Totschlag (§ 932 KLD) .. 204
    9.1.5 Der fünfte Fall: Versuchter Raubüberfall 204
    9.1.6 Der sechste Fall: Absichtliche Nichtneutralität des Ältestenrates, um einen Konflikt friedlich zu lösen 205
    9.1.7 Der siebte Fall: Negative Auswirkungen der Nichteinhaltung der Grundsätze einer Vermittlung durch die Vermittler 206
    9.1.8 Der achte Fall: Die angeschossene Tür Haus des Schützen 207
    9.1.9 Der neunte Fall: Die Aufgaben der Bürgschaft (Brauch vor dem Tod zur Auskunft über Schulden und Rechte) 208

    9.1.10 Der zehnte Fall: Mary Edith Durham als Gast mit dem Racheschuldner beim Rachegerechten 210
    9.1.11 Der elfte Fall: Feststellung der leiblichen Mutter 210
  9.2 Zusammenfassung 211

10. Schlussbemerkung **215**
  10.1 Resümee 215

11. Zusammenfassung **216**

Literaturverzeichnis **224**

Abbildungsverzeichnis

Abbildung 1	Stufen der Konflikteskalationen	20
Abbildung 2:	Die Spieltheorie	29
Abbildung 3:	Die Arten der Konfliktaustragung	30
Abbildung 4:	Die wichtigsten Institutionen des heutigen Rechtssystems der Republik Albanien	72
Abbildung 5:	Das Rechtssystem der Republik Kosovo	83
Abbildung 6:	Zusammenfassung des Konfliktschlichtungsverfahrens (KSCHV) durch die Ältesten	138
Abbildung 7:	Die albanische Schlichtung nach dem Gewohnheitsrecht	145
Abbildung 8:	Erfahrungen der Studenten mit Rache oder Blutrache im Kosovo	176
Abbildung 9:	Parallele Konfliktlösung der Ältesten zu den staatlichen Gerichten im Kosovo	177
Abbildung 10:	Erfolge in der Verbrechenaufklärung durch kosovarische Gerichte	177
Abbildung 11:	Die Anwendung der Normen des Kanuns bei Verbrechen gegen Leib und Leben	178
Abbildung 12:	Abgrenzung der alten albanischen Schlichtung von der Mediation	217
Abbildung 13:	Die Sitzordnung in der Konfliktschlichtung durch die Ältesten	219
Abbildung 14:	Die Sitzordnung bei einer Mediation an einem rechteckigen Tisch	219
Abbildung 15:	Die Sitzordnung in der Mediation an einem runden Tisch	220

Tabellenverzeichnis

Tabelle 1:	Anzahl der Rache und Blutrachedelikte in Albanien 1930 – 1938	153
Tabelle 2:	Tötungsdelikte aus dem Motiv der Rache oder Blutrache zwischen 1946 – 1950 in Nordalbanien	155
Tabelle 3:	Die Morde aus dem Motiv der Rache und der Blutrache in Albanien 1922 – 2011	158
Tabelle 4:	Tötungsursachen in Albanien nach einer Umfrage im Jahr 1998	160
Tabelle 5:	Die Morde aus dem Motiv der Rache und der Blutrache im Bezirk von Shkodra 1998 – 2006	160
Tabelle 6:	Mordstatistik der „Direktion für den Kampf gegen schweres Verbrechen"	161
Tabelle 7:	rechtskräftige Gerichtsentscheidungen zu Straftaten aus dem Motiv der Rache und der Blutrache in Albanien 2004 – 2009	162
Tabelle 8:	Anzahl der Straftaten gem. § 83 des aStGB 2004 – 2009	163
Tabelle 9:	Anzahl der Morde aus dem Motiv der Blutrache im Kosovo 1957 – 2003.	169
Tabelle 10:	Jährliche Anzahl der Morde aus dem Motiv der Blutrache in Kosovo 1977 – 1982	169
Tabelle 11:	Unstimmigkeiten in der Statistik der Tötungsdelikte nach Angaben der UNMIK und der KPD im Kosovo 2000 – 2006	173
Tabelle 12:	Die Tötungsdelikte im Kosovo 2000 – 2009	179

Abkürzungsverzeichnis

a. A.	andere Ansicht
a. a. O.	am angeführten Ort
Abs.	Absatz
ADR	Alternative Dispute Resolution
aJStGB	Albanisches Jugendstrafgesetzbuch
a. M.	andere Meinung
Art.	Artikel
aStGB	Albanisches Strafgesetzbuch
aStPO	Albanische Strafprozessordnung
aJGG	Albanisches Jugendgerichtsgesetz
AKR	Außergerichtliche Konfliktregelung
AKUF	Arbeitsgemeinschaft Kriegsursachenforschung
AußStrG	Außerstreitgesetz
bzgl.	bezüglich
bzw.	beziehungsweise
BewHG	Bewährungshilfegesetz
CSSP	Organisation für Integrative Projekten der Mediation
d. h.	das heißt
EULEX	Rechtsstaatlichkeitsmission der EU im Kosovo
EMRK	Europäische Menschenrechtskonvention
Etc.	et cetera
ff.	fortfolgend
GBl	Gesetzblatt
ggf.	gegebenenfalls
gem.	gemäß
GH	Gerichtshof
h.A.	herrschende Ansicht
h.M.	herrschende Meinung
idR.	In der Regel
insb.	Insbesondere
i.S.d.	im Sinne des/der
i.S.v.	im Sinne von

KLD	Kanun des Leke Dukagjini
KS	Kanun des Skanderbeg
kMG	kosovarisches Mediationsgesetz
KSCHV	Konfliktschlichtungsverfahren
kStA	kosovarische Staatsanwaltschaft
kStGB	Kosovarisches Strafgesetzbuch
kStPO	Kosovarische Strafprozessordnung
KL	Kanun der Laberia
kJStGB	Kosovarisches Jugendstrafgesetzbuch
Jhd.	Jahrhundert
KFOR	Kosovo Force
NATO	North Atlantic Treaty Organization
NR	Nationalrat
Nr.	Nummer
NRO	Nichtregierungsorganisation
S.	Seite
s.	siehe
SFRJ	Sozialistische Föderative Republik Jugoslawien
sog.	Sogenannt, -e, -er, -es
SRSG	Special Representative of the Secretary General
str.	streitig
FZKM	Konfliktlösung und Versöhnung von Streitigkeiten
ODAlbania	Open Data Albania
OSCE	Organization for Security and Cooperation in Europe
OSFA	Open Society Foundation for Albania
UÇK	Ushtria Çlirimtare e Kosovos (Kosovo-Befreiungsarmee)
UN/UNO	United Nations/United Nations Organization
UNDP	United Nations Development Program
UNMIK	United Nations Intermission in Kosovo
URL	Uniform Resource Locator
USA	United States of America
usw.	und so weiter
u.U.	unter Umständen
v.a.	vor allem

vgl.	vergleich
www	World Wide Web
z. B.	zum Beispiel
ZGB	Zivilgesetzbuch
zit.	Zitiert

Vorwort zur zweiten Auflage

Die vorliegende zweite Auflage der Monographie wurde überarbeitet und durch weitere Fälle aus der Praxis der albanischen und kosovarischen Staatsjustiz (Kapitel acht) im Zusammenhang mit den Phänomenen der Rache und Blutrache, sowie des albanischen Gewohnheitsrechts (Kapitel neun) ergänzt. Insbesondere wurde das Thema hinsichtlich der Konfliktschlichtungen durch die Institution des Ältestenrates bei der Beilegung von Konflikten zwischen Parteien in Gerichtsverfahren vervollständigt. Diese zusätzlichen Daten sind das Ergebnis der laufenden Forschungsarbeit des Autors dieser Monographie. Die realen Fälle werden noch genauer bezeugen und argumentieren, wie die Institution des Ältestenrates als Richter und Gesetzgebende des albanischen Gewohnheitsrechts fungierten. Die Besonderheit dieser Monographie stellen auch die Rezensenten dar.

1. Problemstellung

1.1 Überblick

Die vorliegende Arbeit setzt sich mit Konfliktschlichtungen im Kosovo und in Albanien auseinander. Ich versuche mit meiner ergänzenden Arbeit diese außergerichtlichen Konfliktbeilegungsmodelle in einer multiperspektivischen Betrachtung darzustellen, um der Komplexität der alternativen Konfliktbeilegung dieser zwei Balkanländer gerecht zu werden. Dabei ist es notwendig die alten und neuen Rechtsvergleiche der Konfliktbeilegungen dieser Länder zu erläutern. Dieser Rechtsvergleich bezweckt also, Abgrenzungen und Annäherungen zwischen den Rechtsordnungen von Albanien und Kosovo festzustellen und zu bewerten. Diese funktionelle Rechtsvergleichung knüpft an ein gesellschaftliches Problem der Konfliktbeilegung an und stellt die verschiedenen Lösungen der Länder, sowie deren Wirksamkeit gegenüber.

Zusammenfassend geht es in dieser Arbeit überwiegend um den Vergleich von zwei unterschiedlichen Rechtssystemen: dem traditionellen Kanun bei den Albanern und dem modernen staatlichen Recht. Diese werden von Seiten zwei verschiedener Rechtsgebiete (dem zivil- und strafrechtlichen Bereich) in Albanien und im Kosovo behandelt.

Das Strafrecht dient dabei dem Schutz von Rechtsgütern und kann im Kanun ebenso nach einem Ausgleich für eine Rechtsverletzung zwischen Privaten suchen (entweder Blutrache und oder Wiedergutmachung des Schadens). Hierbei werde ich passende Beispiele aus der Literatur, den staatlichen Gerichten und aus Interviews mit außergerichtlichen Konfliktschlichtern und Ältesten anführen.

Zur Eingrenzung des Themas der Arbeit habe ich folgende Fragen aufgestellt:

Die erste Frage – Die außergerichtliche Konfliktbeilegung durch Mediation und der Schlichtung nach dem Gewohnheitsrecht bei den Albanern hat eine bedeutende Rolle im gesellschaftlichen Zusammenleben eingenommen.

Die zweite Frage – Rache und Blutrachedelikte bei den Albanern sind im Gegensatz zu früheren Zeiten heute rückläufig.

Die dritte Frage – Ein Bedarf an außergerichtlichen Konfliktbeilegungsmöglichkeiten ist sowohl in Albanien als auch im Kosovo vorhanden.

Die fünfte Frage – In den Rechtssystemen und den Konfliktlösungsmechanismen der zwei Forschungsländer Albanien und Kosovo finden sich Parallelen.

Anhand dieser Behauptungen möchte ich die Themenschwerpunkte der Arbeit näher definieren und am Ende der Arbeit feststellen, inwiefern meine Annahmen richtig waren. Zur Beantwortung der Fragen werde ich auf folgende Punkte der außergerichtlichen Konfliktbeilegung genauer eingehen:
- die Entstehung der Konflikte und deren Beilegungsregeln;
- Konfliktbeilegungsregeln des albanischen Gewohnheitsrechts (Kanun);
- die Institution des Ältestenrates als Richter und Gesetzgebender;
- die Variationen der Rache und der Blutrache in Albanien und im Kosovo;
- Gemeinsamkeiten und Unterschiede zwischen der außergerichtlichen Konfliktschlichtung gem. Kanun und der "Allgemeinen Albanischen Volksbewegung für Blutversöhnungen" im Kosovo;
- Gemeinsamkeiten und Unterschiede zwischen der außergerichtlichen Konfliktbeilegung gem. Kanun und nach den neuen, in Kraft getretenen Gesetzen zu Mediation (Albanien 2003 und Kosovo 2008);
- die weltweite Verbreitung außergerichtlicher Konfliktbeilegungsverfahren;
- die Geeignetheit des Mediationsverfahrens;
- Vergleich der Rechtssysteme der zwei Forschungsländer bezüglich der außergerichtlichen Konfliktbeilegung;
- Beispielfälle zur außergerichtlichen Konfliktschlichtung durch die Ältesten in Albanien und im Kosovo zu Tatbeständen Mord, Mordversuch und Raub;
- die Garantie der Rechtssysteme der zwei Forschungsländer bezüglich der Anwendung der außergerichtlichen Konfliktbeilegung;
- die archaischen Phänomene der Selbstjustiz (Rache und Blutrache) der Albaner
- Vor- und Nachteile der außergerichtlichen Konfliktbeilegungen in diesen zwei Forschungsländern.

1.2 Aufbau der Untersuchung

Zu Beginn der Untersuchung wird die Notwendigkeit der Anwendung der außergerichtlichen Konfliktbeilegung, mit Betonung der zwei von mir ausgewählten Forschungsländer, dargestellt. Daran anschließend wird über die Herkunft und Bedeutung der albanischen außergerichtlichen Konfliktbeilegung, die Herkunft und Bedeutung der Begriffe der Konfliktbeilegung bzw. Mediation im Allgemeinen und die Konflikte, als Gegenstand der außergerichtlichen Konfliktbeilegung bzw. Mediation berichtet. Darüber hinaus wird die Vielfalt der Definitionen, das heißt, welche wesentlichen Merkmale der Konfliktbeilegungen die verschiedenen Mediationsmodelle aufweisen, dargestellt. Hinzu kommen die geschichtlichen Entwicklungen der außergerichtlichen Konfliktbeilegungen, sowohl im internationalen Bereich als auch auf nationaler Ebene der zwei Forschungsländer, sowie die aktuellen Rahmenbedingungen für die Anwendung der außergerichtlichen Konfliktbeilegungen. Im Folgenden wird dann ein kurzer Überblick über Gemeinsamkeiten und Unterschiede der außergerichtlichen Beilegungsmöglichkeiten von Konflikten und Streitigkeiten gegeben. Einerseits wird die alte albanische Konfliktschlichtung, basierend auf dem Gewohnheitsrecht, sowie die moderne Mediation dargestellt und andererseits die ausführenden Institutionen der außergerichtlichen Konfliktbeilegung und die Notwendigkeit der Anwendung außergerichtlicher Konflikt- und Streitlösungstechniken veranschaulicht. Es wird ferner über geschichtliche Entwicklungsprozesse der Rache und Blutrache bei den Albanern, als grundlegende Ursache für eine außergerichtliche Konfliktbeilegung, berichtet. Diese Betrachtung ist von großer Bedeutung, da bisher zahlreiche wissenschaftliche Arbeiten dieses Thema betreffend vorliegen, die ein erhebliches Vorkommen dieser archaischen Formen der Selbstjustiz bei den Albanern darstellen. Die Berichte der offiziellen staatlichen Quellen dokumentieren jedoch andere Fakten. Aus diesem Grund habe ich mich bemüht, in dieser Arbeit ein realistisches Bild dieser Problematik zu erarbeiten und wiederzugeben. Es werden Urteile der staatlichen kosovarischen Gerichte zu den Straftatbeständen Mord, versuchter Mord und Entführung dokumentiert und ausgewertet und daneben Entscheidungen außergerichtlicher Konfliktschlichter bzw. des albanischen Ältestenrates zu verschiedenen Straftaten dargelegt. Am Ende dieser Arbeit wird über die Ergebnisse der außergerichtlichen Konfliktbeilegungen in diesen drei Ländern gesprochen.

1.3 Methode

Entsprechend der Thematik wurden rechtshistorische und geschichtliche Literaturquellen dargestellt und ausgewertet. Darüber hinaus wurden Interviews mit Mitgliedern von „Ältestenräten", welche entsprechende Aufgaben des Kanuns1 wahrgenommen haben (s. 11. Buch des Kanun Lek Dukagjini), in Albanien und dem Kosovo durchgeführt und bewertet. Außerdem haben meine Erfahrungen als Teilnehmer an verschiedenen Instituten für Konfliktschlichtungen in Albanien, Kosovo und Deutschland Berücksichtigung gefunden. Es wird auch die Methode der Personenbefragungen angewandt. Die theoretischen Fragen der Arbeit wurden

---

[1] Im Kanun sind alle Gesetze, Ge- und Verbote, Richtersprüche und Verhaltensregeln, wie sie über die Jahrhunderte ungeschrieben gültig waren, als gesellschaftlicher Ordnungs- und Organisationsrahmen festgeschrieben.

anhand von drei Fallstudien erstellt. Diese Fallbeispiele aus der Staatsjustiz wurden zu den Tatbeständen Mord, Mordversuch und Entführung mit dem Hintergrund der Zahlung von Lösegeld durchgeführt. Bezüglich dieser Straftaten werde ich auch eine Analyse der außergerichtlichen Konfliktschlichtung durch den sog. Ältestenrat, als Institut des albanischen Gewohnheitsrechts, anschließen. Am Schluss dieser Arbeit werde ich über die geschichtliche Vergangenheit außergerichtlicher Konfliktschlichtungen berichten und versuchen, die untersuchten Fälle mit den heutigen Mediationsregeln aufzulösen.

„Jeder Konflikt ist lösbar."[2]

---

[2] Ein Spruch des finnischen Friedensnobelpreisträgers von 2008. Martti Ahtisaari (der ehemalige finnische Ministerpräsident), der als UNO-Vermittler auftrat und als „Architekt der Verfassung der Republik von Kosovo" bezeichnet wird. Er hatte mithilfe der Mediation einen wesentlichen Beitrag zum Erreichen von Frieden, beispielsweise im Kosovo und in Nordirland, geleistet.

2. Die Rolle von Gewohnheiten, Sitten und Bräuchen als Rechtsquellen bei den Albanern

Ein altes Sprichwort des römischen Dichters Prudentius besagt, dass *„jedes Volk anders ist und andere Sitten und Bräuche hat"*[3]. Dies gilt auch, für die albanischen Bräuche. Es erscheint fraglich, inwieweit es sinnvoll ist, fremde Sitten[4] und Bräuche[5] (bei den Albanern: *Gastfreundschaft, Stammesverband, Großfamilie, Ehre, versprechendes Wort* etc.) zu lernen und zu respektieren. Einige Sitten und Bräuche werden jedoch (bei den Albanern siehe § 593 Kanun des Lekë Dukagjini (KLD „Gesetz des Leka von Dukagjin"), welcher keine Unterschiede von Mensch zu Mensch machte[6]) auch heutzutage als Bestimmtheitsgebote in neue Verfassungen übernommen und in anderen Gesetzen vorgesehen. Gemäß den Idealen, Werten und Perspektiven eines vereinten Europas kann ich diese Vorgehensweise unterstützen. Die aktuelle Europapolitik lehrt uns, Sitten und Bräuche fremder Völker genauso zu achten wie die des eigenen Volkes[7]. Dadurch werden der Frieden und die Freiheit auf dem alten Kontinent bewahrt. Genau wie jedes andere Volk Europas, haben auch die gegenständlich untersuchten Länder neben der Rechtsordnung auch ihre Gewohnheiten[8]. Später wurden diese vom gesetzten Recht zurückgedrängt und teilweise parallel als primäre Rechtsquelle angewandt wie in Albanien und im Kosovo noch immer die Regel.

In der heutigen globalisierten Welt des 21. Jahrhunderts kann das Zusammenleben von Menschen verschiedener Herkunft und mit unterschiedlichen Lebensarten, wie den oben beschriebenen unterschiedlichen Volkstraditionen, oft zu Konflikten führen. Einen konstruktiven Weg zu finden mit diesen Konflikten umzugehen, ist eine der wichtigsten Aufgaben demokratischer Gesellschaften (Staaten). Denn es ist eine Tatsache, dass überall dort, wo Menschen miteinander zu tun haben, Konflikte entstehen können. In nahezu allen Beziehungen zwischen

---

[3] Vgl. Prudentius, Aurelius Clemens, (348-405), Gedichte gegen Symmachus (Contra Symmachum), übers. und eingeleitet von Tränkle, Hermann, Leipzig, 2008.
[4] „Sitte"- wird nach Brockhaus Enzyklopädie Bd. 17, Wiesbaden, 1973, S. 467, so definiert: „An Normen und Werte gebundene Regulierung des sozialen Handelns, die im Geltungsanspruch und den mit ihr verknüpften Sanktionen über Brauch und Gewohnheit hinausgeht, aber im Allgemeinen nicht die Formalisierung gesetzter Ordnungen` erreicht, wie sie Recht und Gesetz darstellen". Vgl. § 914 ABGB (Auslegung von Verträgen). Darüber hinaus insbesondere „die guten Sitten" §§ 879, 1295 Abs 2 ABGB.
[5] *„Brauch ist eine durch Alter bewährte Gewohnheit, die nur von Sitten hergeleitet ist"* – zitiert in: Hoke, Rudolf/ Reiter, Ilse: Quellensammlung zur österreichischen und deutschen Rechtsgeschichte, Wien, Köln, Weimar, Bohlau, 1993, S. 6. Vgl. § 346 UGB (Gebräuche im Geschäftsverkehr).
[6] Vgl. *Gjeçovi*, Shtjefën: Kanuni i Lekë Dukagjinit, Shkodër 2001.
[7] Ein Europa für die Bürger (2007-2013), vgl. URL: http://europa.eu/legislation_summaries/culture/l29015 _de. htm [Stand: 24.11.2011].
[8] "Gewohnheit ist eine Art von Recht, eingeführt durch Sitten, das wie ein Gesetz angenommen wird." zitiert, von: *Hoke,* Rudolf/ Reiter, Ilse: a.a.O.S.6.

Menschen, sei es im privaten, beruflichen, nachbarschaftlichen oder interethnischen Umfeld, entstehen immer Streitigkeiten und Konflikte. Diese Konflikte können sehr unterschiedlicher Natur sein und einen individuellen Hintergrund haben. Deshalb wird diese Arbeit am Beispiel von zwei Forschungsländern zeigen, welche außergerichtlichen Wege der Beilegung von Konflikten möglich sind. Diese Länder sind:

> Albanien, seit 28.11.1912 unabhängig und seit 01.01.2009 NATO-Mitglied, als nunmehr freie und eigenständige Gesellschaft.

> Kosovo, seit 17.02.2008 ein unabhängiger Staat, der bisher (10.03.2016) von 111 Länder anerkannt wurde, ist verfassungsrechtlich als multiethnische Gesellschaft verankert.

Nach einem kurzen Überblick über die Rechtssysteme dieser Staaten können Unterschiede vor allem in der Unabhängigkeit festgestellt werden. Während Albanien seit 1912 von der Besatzung des Osmanischen Reich befreit wurde, war Kosovo bis zum Jahr 1999 unter Besatzung von Serbien. Den gegenständlichen Ländern ist gleich, dass beide noch im letzten Jahrhundert unter der Besatzung des Osmanischen Reiches waren und nunmehr unitäre Staaten sind.

Mit den Fragen „Was ist eigentlich eine außergerichtliche Konfliktbeilegung?" und „Auf welche Weise können soziale oder ökonomische Konflikte ohne Einschaltung staatlicher Gerichte gelöst werden" beschäftigt sich nicht nur diese Arbeit, sondern auch, mit gewisser Regelmäßigkeit, die Rechtspraxis und Rechtspolitik der zwei ausgewählten Forschungsländer. Die außergerichtliche Konfliktbeilegung bei den Albanern hat eine lange historische Tradition, da jene von Beginn an eine entscheidende Rolle für das friedliche Zusammenleben der Gesellschaft spielte; vor allem weil diese rund 2000 Jahre unter fremden Hegemonien stand und eine Art Widerstandsrecht[9] konzipierte, das auch heutzutage in vielen Bereichen noch Anwendung findet. Die Albaner sind für ihre Art der Konfliktlösung auf nationaler Ebene bekannt. Bei den Albanern wird die gewohnheitsrechtliche Schlichtung außerdem als einer Art Paralleljustiz zum geltenden Strafrecht eingesetzt. In dieser Arbeit wird versucht, eine zusammenfassende Definition der außergerichtlichen Konfliktbeilegung zu finden, die für beide Länder zutreffend ist.

---

[9] Vgl. Art. 2 der Déclaration des droits de l'homme et du citoyen vom 26. August 1789 (Erklärung der Menschen- und Bürgerrechte), die den Widerstand gegen Unterdrückung so definierte: *„Der Endzweck aller politischen Vereinigungen ist die Erhaltung der natürlichen und unabdingbaren Menschenrechte. Diese Rechte sind die Freiheit, das Eigentum, die Sicherheit, der Widerstand gegen Unterdrückung"* siehe URL: http://www.global-ethic-now.de/gen-deu/0c_weltethos-und-politik/0c-02-menschenrechte/0c-02-136a-franz-erklaerung.php# *[Stand:27.12.11]*. In ähnlicher Weise wird über ein Widerstandsrecht im Art. 20 IV des Bonner Grundgesetzes gesprochen: *Gegen jeden, der es unternimmt, diese Ordnung zu beseitigen, haben alle Deutschen das Recht zum Widerstand, ...".* Grundgesetz für die Bundesrepublik Deutschland, BGBl, 23. Mai 1949, S.1.

Die Albaner haben das Gewohnheitsrecht geschaffen und angewandt, um ihre Autonomie gegenüber der fremden Zentralgewalt bewahren zu können. Das Gewohnheitsrecht der Albaner fand bei den neuen Arten der außergerichtlichen Konfliktbeilegung, welche Bestandteil der modernen Rechtsordnung sind, in speziellen Gesetzen (siehe v.a. neue Mediationsgesetze in Albanien[10] und Kosovo[11]) Berücksichtigung.

Bevor ich die Vielfältigkeit der Definitionen der außergerichtlichen Konfliktbeilegung darlege, möchte ich zunächst auf die wesentlichen Begriffe des Themas, wie z.B. Konflikt, Konfliktparteien, außergerichtlich, Schlichtung, Mediation und Schiedsspruch, eingehen und diese darstellen, um am Ende des Kapitels gerichtliche und außergerichtliche Verfahren in diesem Kontext abgrenzen zu können.

2.1 Die Bedeutung und Klärung der Begriffe: "Konflikt" und "Konfliktparteien"

Gegenstand jeder Mediation, Schlichtung oder jedes Schiedsspruchs ist der Konflikt. Wir hören sehr viel und sprechen sehr oft über Konflikte. Es gibt Sachkonflikte, Interessenkonflikte, Wertekonflikte, Zielkonflikte, Rollenkonflikte, Verteilungskonflikte, Beziehungskonflikte, Intrapersonalkonflikte, kalte- und heiße Konflikte etc. Aber was bedeutet eigentlich der Begriff "Konflikt"? Das Wort Konflikt kommt ursprünglich aus dem Lateinischen und wurde vom Substantiv "conflictus" abgeleitet, was so etwas wie aufeinanderstoßen bedeutet. Unter Konflikt wird damit im weiteren Sinne Zusammenstoß, Streit, oder Auseinandersetzung verstanden[12]. Eine andere Bedeutung des Begriffs Konflikt kommt ebenfalls aus dem Lateinischen, „(arma) configere", worunter das laute Zusammenschlagen der Waffen von Beginn einer Schlacht gemeint ist[13]. Es wird auch als "Widerstreit" übersetzt. Der Begriff "Konflikt" wird also vorrangig negativ betrachtet. Dabei brauchen die Menschen Konflikte, denn durch

---

[10] *Ligji për Ndërmjetësimin në zgjidhjen e Mosmarrëveshjeve (Ligji Nr. 8465102/1999)*, („Das Gesetz zur Vermittlung und Lösung durch Versöhnung von Streitigkeiten" Gesetz Nr. 8465102/1999). Dieses Gesetz hatte den Zweck, in Albanien eine einvernehmliche Beilegung der Streitigkeiten, *im Einklang mit den bestehenden Gesetzen und mit den „guten Sitten"*, zu erzielen.

[11] Ligji për ndërmjetësim (Ligji nr. Nr. 03/L-057), Gazeta zyrtare e Republikës së Kosovës, Prishtinë: VITI III, Nr. 41, 1 nëntor 2008, fq. 6-11. (Gesetz über Mediation Nr. 03/L-057 "Versammlung der Republik Kosovo, gemäß Artikel 65 Absatz (1) der Verfassung der Republik Kosovo; Zum Zweck der Regelung, Organisation, Betrieb und Beilegung von Streitigkeiten in der effektivsten Vermittlung; unter Beachtung der traditionellen Geschichte der Vermittlung im Kosovo sowie der Verbesserung des Rechtssystems im Kosovo; heute:Gesetz über Mediation".

[12] Vgl. *Stopkotte,* Eva–Maria,Vertiefende Einführung in: Dieselkamp/Eyer/Rohde/Stopkotte: Wirtschaftsmediation – Verhandeln in Konflikten, Paderborn 2004, S. 17.

[13] Vgl. *Beck,* Reinhilde / *Gotthard,* Schwarz: Konfliktmanagement, 2. Aufl., Augsburg 2001, S. 21.

die moderne technologische Entwicklung in den heutigen Unternehmen beispielsweise, wäre ohne Konflikte die Kreativität, Anpassungsfähigkeit und Zufriedenheit der Mitarbeiter sehr gering. Konflikte sind zur Weiterentwicklung erwünscht und bedeutsam[14]. Es gibt verschiedene Theorien zu Konflikten, deren Arten und Entstehung.

Nach Auffassung von Rechtssoziologen soll unter einem Konflikt, *"eine Situation verstanden werden, in der die Beteiligten unvereinbare Ziele anstreben und mindestens einer der Mitbewerber das Ziel auf dem Wege über die Eliminierung, Behinderung oder Bedrohung eines anderen Handlungsteilnehmers verfolgt"*[15]. Diese Definition des Konflikts vermittelt uns, wie durch sog. Verschiedene unvereinbare Ziele bei mindestens zwei Beteiligten, Uneinigkeit entstehen könnte. Bevor wir uns jedoch mit der Klärung des Begriffes "Konflikt" befassen und auf die dazu verfassten Theorien eingehen werden, möchte ich zunächst den Begriff der Konfliktparteien näher erläutern. *"Konfliktparteien sind direkt betroffene Personen und/oder Gruppen, deren Ziele unvereinbar sind und die im Konfliktgeschehen aktiv involviert sind, um ihre Interessen zu vertreten. Zu berücksichtigen sind darüber hinaus auch die indirekt betroffenen Personen und/oder Gruppen, die an der Konfliktregelung keinen Anteil haben, aber von den Konfliktfolgen betroffen sind"*[16].

Zusammenfassend lässt sich daher sagen, dass die sog. Angestrebten unvereinbaren Ziele, die Katalysatoren eines Konfliktes bzw. eines Streites zwischen den Beteiligten sind. Streitparteien können dabei natürliche und/ oder juristische Personen sowie größere soziale Einheiten bzw. Gruppen oder Staaten sein.

Wie bereits erwähnt, können Konflikte unterschiedlicher Art sein. Die zwei Wichtigsten möchte ich kurz darstellen. Einer ist der sog. *Innere oder persönliche Konflikt*, der innerhalb einer Person entsteht (diese Konfliktart wird in dieser Arbeit nicht näher behandelt). Die zweite Art entsteht, wenn es um die Beeinträchtigung der Beziehung zweier oder mehrerer Personen, Gruppen, Organisationen, Staaten etc. geht. Hier kann ein sog. *„äußerer oder sozialer Konflikt"* entstehen. Es ist aber auch häufig möglich, dass sich innere Konflikte äußerlich zeigen und äußere Konflikte innerlich verarbeitet werden[17]. Wenn es jedoch um die Frage geht, wie Kon-

---

[14] Vgl. *Rütinger*, Bruno/ *Sauer*, Jürgen: Konflikt und Konfliktlösen. Kritische Situationen erkennen und bewältigen, Leonberg 2000, S. 141.
[15] Vgl. *Röhl*, Klaus F., Rechtssoziologie. Ein Lehrbuch, Köln-Berlin-Bonn-München 1987, S. 454.
[16] Vgl. *Bilek*, Anita; Sator, Wolfgang Michal; Misak, Silvia- Politeia, Forum für Politische Mediation, S.20. Vgl. URL: http://www.aspr.ac.at/museum/mediation_abc.pdf [Stand:16.10.2011].
[17] Vgl. *Crisand*, Ekkehard: Methodik der Konfliktlösung. Eine Handlungsanleitung mit Fallbeispielen, Verlag Recht und Wirtschaft GmbH, Heidelberg 2004, S. 14.

flikte entstehen und bei unkontrollierten Streitigkeiten eskalieren können, ist auf folgende Abbildung von Autoren[18], die sich mit Konflikteskalationen nach dem Win-win-Prinzip beschäftigen, zurückzugreifen:

Abbildung 1   Stufen der Konflikteskalationen

No	Die Konflikteskalationsebene	
1	Verhärtung	
2	Polarisation	1. win-win
3	Taten statt Worte	
4	Sorge um Image und Koalition	
5	Gesichtsangriff und Gesichtsverlust	2. win-lose
6	Drohstrategien und Erpressung	
7	Begrenzte Vernichtungsschläge	
8	Zersplitterung	3. lose-lose
9	Gemeinsam in den Abgrund	

In dieser Abbildung werden die neun Stufen von Konflikteskalationen präsentiert. Die ersten drei Stufen rangieren auf einer win-win (Gewinn-Gewinn) Ebene, was bei einer direkten Verhandlung der Konfliktbeteiligten, Hoffnung auf eine friedliche Lösung gibt. Die zweite und dritte Phase wird ist durch verhärtete Positionen charakterisiert, was in der Regel mit einer Selbstvernichtung der Konfliktparteien einhergeht.

Daran angelehnt beschreibt Glasl[19] die Entwicklung der Konfliktebenen anhand folgender Schritte:

1. Ursache eines Konfliktes können unterschiedliche Meinungen zweier oder mehrerer Konfliktparteien sein. Die jeweiligen Standpunkte werden weiter hervorgehoben und verfestigt. Danach werden die verschiedenen Ansichten der Konfliktparteien während einer Debatte der anderen Konfliktpartei verdeutlicht, wodurch auch der Konflikt ernster wird. Die dritte Phase wird durch das Unverständnis des Konfliktgegners gekennzeichnet, wobei die Worte

---

[18] Vgl. *Schulze,* Annedore: Soziale Konflikte. Theorien und Interventionsmöglichkeiten. Vorlesungsskript, Humboldt-Universität zu Berlin, 2004; Vgl. *Glasl*, Friedrich: Konfliktmanagement. Ein Handbuch für Führungskräfte, Beraterinnen und Berater, Bern, Haupt Verlag, Freies Geistesleben 2004. S. 19.

[19] Vgl. *Glasl*, Friedrich: Konfliktmanagement. Ein Handbuch für Führungskräfte, Beraterinnen und Berater, Bern, Haupt Verlag, Freies Geistesleben, 2004. S. 234, 236. Vgl. *Glasl*, Friedrich: Selbsthilfe in Konflikten, 5., überarb. und erweiterte Auflage, Stuttgart 2008, S. 98 – 99.

durch Taten ersetzt werden. Laut Glasl besteht bis hierhin eine Win-win-Situation, wo die Konfliktparteien noch eine Möglichkeit haben, eine Klärung der nicht zu vereinbarenden Ansichten zu erreichen und jeweils als Gewinner aus dem Konflikt zu gehen.

2. Auf der vierten, fünften und sechsten Stufe befinden sich die Teilnehmer in einer Win-lose-Situation, die nur noch die Möglichkeit eines Gewinners lässt. Dies beginnt mit der Phase, in der das Image der Konfliktparteien angegriffen wird. Danach werden Sympathisanten für die eigene Sache gesucht, um Koalitionen zu bilden. Im Weiteren wird es zu einer verstärkten Vermischung von Wirklichkeit und erzeugten Feindbildern kommen. Es kommt zu einem endgültigen Vertrauensbruch zwischen den Parteien. Auf der sechsten Stufe werden Drohungen ausgesprochen, um die eigene Machtposition zu verdeutlichen. Erhöhtes Gewaltdenken kommt zum Vorschein. Laut Glasl sollten die Konfliktparteien ab der dritten Eskalationsstufe eine professionelle dritte Person einbeziehen.

3. Die letzten drei Stufen werden als Lose-lose-Ebene beschrieben. Die Absicht der Konfliktparteien, dem Anderen zu schaden steht im Vordergrund und die Chance, das ursprüngliche Problem zu lösen, ist nicht mehr gegeben. Daher wird nun von einem Vernichtungsfeldzug gesprochen, der schließlich den gemeinsamen Untergang bedeutet.

Es ist wichtig zu erwähnen, dass Konflikte oft diese sog. Heiße Phase erreichen können. Ab welchem Zeitpunkt ein Konflikt aber als heiß betrachtet wird und aus der Sicht der Konfliktparteien in einen Vernichtungsfeldzug mündet, wird von Psychologen wie folgt versucht zu beantworten: *„Konflikte werden heiß, wenn eine Partei sich ungerecht behandelt fühlt, wenn sie sich in ihren Rechten beschnitten, in ihren legitimen Ansprüchen benachteiligt fühlt, wenn sie Anlass sieht, der anderen Partei Pflichtverletzung oder Ausbeutung der Beziehung oder die Verletzung von Normen der Moral, der Gerechtigkeit oder des Anstandes vorzuwerfen. Man darf behaupten, dass heftige Konflikte im Kern immer auf dem Erlebnis gravierender Ungerechtigkeiten beruhen. Das heißt, zumindest eine Partei ist überzeugt, dass die andere geltendes Recht, geltende moralische Standards, geltende Gerechtigkeitsnormen oder legitime Erwartungen verletzt hat, auch wenn dies von der anderen Partei abgestritten, gar durch entsprechende Gegenvorwürfe beantwortet wird."*[20].

Um die Konflikte zu lösen, gibt es viele Möglichkeiten, ich werde jedoch nur zwei davon analysieren. Diese zwei Wege sind die gerichtlichen und die außergerichtlichen Wege. In diesem Zusammenhang werde ich mich mit den anerkanntesten Theorien über die Wege der Konfliktlösung beschäftigen.

---

[20] Vgl. Montada, Leo: Die Psychologie der Mediation III, FernUniversität Hagen 2005, Fn. 48, S. 18.

2.2 Alternative Wege und Mechanismen der Konfliktlösung

2.2.1 Historische Entwicklung

Im Lauf der Geschichte haben die Menschen, als Individuen und Völker, bzw. Staaten unterschiedliche Mechanismen und Formen entwickelt, mit Konflikten umzugehen. Die Geschichte hat uns gelehrt, dass ungelöste Konflikte oft gefährlich sein können. Auseinandersetzungen oder Streitigkeiten von Personen, Gruppen, Organisationen, Völkern oder Staaten, die ihre Anliegen und Interessen in den Vordergrund gestellt haben und auch in Zukunft weiterhin in den Vordergrund stellen werden. Aber diese Interessen sind unterschiedlich und deshalb entstehen auch unterschiedliche, oft unvereinbare Ziele, wodurch wiederum Konflikte oder Streitigkeiten entstehen können. Konflikte haben in der Vergangenheit leider auch oft zu Gewaltakten geführt. Wenn der ursprüngliche Konflikt nicht friedlich gelöst werden kann und unter der Oberfläche weiterbrodelt, spricht man von einer Konflikteskalation[21]. Eine Konflikteskalation liegt immer dann vor, wenn man den Konfliktgegner als Feind betrachtet und annimmt, dass er vorwiegend (auch ethnische oder politische) Benachteiligungs- oder Schädigungsabsichten[22] verfolgt oder durch Behinderungen, Verweigerungen, Nötigungen, Bedrohungen beeinträchtigen, verletzten oder gefährden könnte[23]. Jedes menschliche Zusammenleben bedarf somit einer Ordnung, die Willkür und die Launen der Stärkeren blockiert. Eine solche Ordnung muss im Notfall durch geeignete Mechanismen verwirklicht werden. Diese Mechanismen dürften nicht willkürlich ausgewählt werden, sondern müssen einem bestimmten Verfahren folgen.

In den Anfängen der Menschheits- und Rechtsgeschichte wurden solche Verfahren durch Gemeinschaftssitten, Moral, Naturrecht, Gewohnheitsrecht und durch dauernde Übung innerhalb der Gemeinschaft geschaffen. Oft wurden die Streitigkeiten und Konflikte zwischen den Menschen untereinander, unter Einbeziehung eines dritten, unparteiischen Vermittlers gelöst[24]. Wichtige und schützenswerte Rechtsgüter der Gemeinschaft, wie Leben, Leib, Freiheit, Ehre, und Eigentum, wurden durch die zuständigen Organe des sog. „Ältestenrates" geschützt und erhalten. Der Ältestenrat als Institution der Stammesgesellschaft, welcher ausschließlich aus Männern bestand und über eine angemessene Art der Strafe entschied, war stark mit der

---

[21] Nach dem französischen Wort *escalade*, worunter ursprünglich die Erstürmung einer Mauer oder Festung mit Hilfe von Leitern zu verstehen war.
[22] Vgl. *Messmer*, Heinz: Der soziale Konflikt: Kommunikative Emergenz und systemische Reproduktion, Stuttgart 2003, S.272.
[23] Vgl. *Montada*, Leo /*Kals*, Elisabeth: Mediation, Lehrbuch für Psychologen und Juristen, Weinheim 2001, S. 70 – 71.
[24] Vgl. *Georg*, Petra: Der Konflikt als Mittelpunkt der Mediation, 1. Auflage, München 2009, S. 4.

Kultur der Wiedergutmachung verbunden[25]. Im alten Ägypten wurden die Vermittler nach ihren Erfahrungen mit Konfliktbeilegungen ausgewählt[26]. Das sog. „*Institut der Weisen*" beispielsweise, das die gewählte Judikative im antiken Griechenland ersetzte[27]. Mit der Gründung des ersten Staates wurden diese Aufgaben jedoch der Gerichtsbarkeit übertragen und die Verantwortung von den Ältestenräten an den Staat delegiert[28]. Der Staat hatte eine spezielle Institution geschaffen, mit einer eigenen, besonderen Rechtsprechung, die als „Gericht" (*Quaestiones extraordinariae*) bezeichnet wurde und anfangs mit privaten Richtern besetzt war. Später übernahm das Gericht die Funktionen und Rollen eines dauernden Gerichtes (*Quaestiones perpetuae oder Quaestiones ordinariae*)[29]. An diesem sog. Staatlichen Gericht wurden die Konflikte und Streitigkeiten zwischen den Menschen durch den Staat gelöst. Mit der Gründung dieses Gerichtes verfolgte der Staat lediglich sein Interesse an einer verstärkten Einflussnahme.

Im römischen Recht wurden *Crimina publica* (Verbrechen) und *Delictum privata* (Vergehen) unterschieden. Im Kreis der Crimina publica waren nur die Straftaten gegen die Allgemeinheit (Volk bzw. Staat) geregelt.[30]. Primär wurden strafbare Handlungen aufgeführt, die sich gegen den Staat richteten und denen, in dem Fall eines Verstoßes, mit den harten staatlichen Gewaltmitteln „von Amtes wegen" (*ex officio*) begegnet wurde. Darüber hinaus schützten sie den *staatlichen* Gewahrsam. Eine öffentliche Bestrafung war allenfalls bei gegen die Gemeinschaft gerichteten Taten, wie etwa einem Verrat militärischer Vorhaben, denkbar[31]. Aufgrund dessen wurde im Zuge der Entstehung einer modernen Staatsgewalt, die Jurisdiktionsgewalt monopolisiert und durch Beamte ausgeübt.

Rechtsgüter, wie z. B. die öffentliche Sicherheit, haben sich im Laufe der Jahrhunderte für einen Staat als „grundlegend" und von der einschneidenden Bedeutung für die *Existenz des Staates* herausgestellt. Eine Verletzung dieser Rechtsgüter wurde und wird auch heutzutage[32] noch mit Strafe belegt. Stellt man diese Grundlagen *staatlicher Existenz* prinzipiell infrage,

---

[25] Vgl. *Schutz*, Fabian: Die homerischen Räte und die spartanische Gerusie, Düsseldorf 2011, S. 255.
[26] Vgl. *Wollermann – Müller*, Renate: Vergehen und Strafen: zur Sanktionierung abweichenden Verhaltens im alten Ägypten, Leiden 2004, S. 264.
[27] Vgl. *Reutner*, Ursula: Sprache und Tabu, Tübingen 2009, S. 344.
[28] Vgl. *Sahiti*, Ejup: Argumentimi në procedurë penale, Pristinë 2006, S. 63.
[29] Vgl. *Friedrich*, Samuel/ *Hoffmann*, Wilhelm / *Krüger*, Anton: Die Altertumswissenschaft, Leipzig 1835, S. 536.
[30] Vgl. *Hausmaninger*, Herbert & *Selb*, Walter: Römisches Recht, 9. Aufl. Wien, Köln, Weimar 2001, S. 276.
[31] Vgl. *Murati*, Rexhep: Rishikimi i procedures penale për shkak të fakteve dhe provave të reja, Prishtinë 2006, S. 53.
[32] Ein ähnliches Beispiel der Bestrafung von Straftätern ist auch in Österreich gem § 248 Abs 2 öStGB vorgesehen, wonach eine diversionelle Maßnahme bei der Herabwürdigung staatlicher Symbole ausgeschlossen ist.

hätten eine Vielzahl von Maßnahmen durch andere rechtsstaatliche Institutionen ergriffen werden müssen, um Straftäter für ihre Taten entsprechend zu maßregeln[33]. Die höchsten Sanktionen wurden für Steuervergehen oder Falschmünzerei verhängt, dafür kannte der Staat kein Erbarmen. Die meisten solcher Straftaten *"endeten für die Täter im Feuer oder im Vormittagsprogramm der „Spiele" – mit wilden Tieren"*[34] oder ihnen wurde ein angemessenes Grab verweigert, um ihnen ein Weiterleben unmöglich zu machen[35].

Demgegenüber ging und geht[36] der Staat bei den sog. Privaten Delikten wie Verletzung des Einzelnen, seiner Familie oder seines Eigentums milder vor. Sogar bei einem Mord wurde keine Klage ex officio begonnen, denn ein solches Delikt wurde als Angelegenheit der Sippe (Gens) des Getöteten betrachtet und durch sie sollte auch der Täter verfolgt werden[37]. So wird z. B. berichtet, dass noch im späten Mittelalter, nach dem flandrischen Recht, das Gericht, der Sippe oder jemandem aus der Gemeinde, das Recht zur Ausübung der Rache gegen den Verbrecher einräumte[38].

Aber auch das Gemeinwesen engagierte sich zur Herstellung des Friedens als Vermittler zwischen den Konfliktparteien[39]. Beispielsweise beim Volk der Albaner im Mittelalter. Dazu ist es wichtig zu wissen, dass bevor die Türken auf albanischem Territorium eingedrungen sind, im 14. Jahrhundert die sog. Statuten der Gemeinden (Stadtrecht von Gemeinden) bekannt waren. Die wichtigsten Statuten wurden handschriftlich verfasst und waren die Statuten von Shkodra (Statut von Scutari), Statuten von Durres, Tivar u.s.w. In den Statuten von Shkodra beispielsweise wurde auch die außergerichtliche Konfliktlösung durch die Schiedsrichter vorgesehen. So war im § 95 des Statuts von Shkodra normiert, dass ein Schiedsrichter ausgewählt und vereidigt wurde. Er sollte beliebig nach dem Wunsch der Konfliktparteien gewählt werden und später in Anwesenheit eines Notars das Urteil verkünden. Alles, was ein Schiedsrichter sagte und beschlossen hatte, sollte für immer unbestritten sein und dauerhaft gelten, im Einklang mit der Charta der Stadt[40].

---

[33] Vgl. *Feltes,* Thomas: Der staatliche Strafanspruch. Überlegungen zur Struktur, Begründung und Realisierung staatlichen Strafens; Als Habilitationsschrift vorgelegt der Juristischen Fakultät der Eberhard – Karls – Universität Tübingen, Überarbeitete Fassung vom Mai 1991, digitalisierte Version von 2009, S. 23.
[34] Kriminalität im Römischen Reich unter: http://www.rp-online.de/niederrhein-nord/xanten/nachrichten/kriminalitaet-im-roemischen-reich-1.1323412 [Stand:06.07.2011].
[35] Vgl. *Posener,* Georges: L'enseignement loyaliste. Sagesse egyptienne du Moyen Empyre, Genf 1976, S. 93.
[36] Ähnlich sieht es auch im § 87 öStGB bei einer absichtlichen schweren Körperverletzung mit schweren Dauerfolgen aus, die grundsätzlich der Diversion zugeführt werden können.
[37] Vgl. *Hausmaninger,* Herbert & *Selb,* Walter: a. a. O., S. 276.
[38] Vgl. *Warnkönig,* Leopold August: Flandrische Staats- und Rechtsgeschichte bis zum Jahr 1305, Band. III. Tübingen 1842, S. 160.
[39] Vgl. *Gierke*, Otto Friedrich: Das deutsche Genossenschaftsrecht, Band 1, Berlin 1868, S. 31.
[40] Statutet e Shkodrës në gjysmën e parë të shekullit XIV me shtesat deri më 1469 / Statuti di Scutari della prima meta del secolo XIV con le addizioni fino al 1469. Übersetzt aus dem Italienischen ins Albanische: Pëllumb

Wie bereits erwähnt erhielt mit der Gründung eines Staates die Pflicht zur Achtung von Rechtsgüter zur Erhaltung staatlicher Ordnung und letztlich auch zur Erhaltung des Staatssystems eine zentrale Bedeutung. Aus diesem Grund haben viele Völker im Laufe der Zeit, insbesondere gegen Ende des Mittelalters in der Zeit der Kodifikationen, diese Rechtsgüter schriftlich in Form einer Verfassung und im Rahmen eines speziellen Verfahrens, geleitet durch die zuständigen Gesetzgebungsorgane, erfasst[41]. Einige andere Völker jedoch wählten nicht den Weg der Verschriftlichung des Rechts, sondern überlieferten ihrer Rechte weiter mündlich „ius non scriptum" von Generation zu Generation, wie z. B. die Engländer ihr Case Law (Richterrecht) oder Common Law (Gewohnheitsrecht), mit Ausnahme eines kleinen schriftlichen Teils der englischen Verfassung, oder die Albaner ihren Kanun. Heutzutage wird jedoch davon ausgegangen, dass die modernen Staaten Gesetze formulieren und für den Fall der Nichteinhaltung entsprechende Sanktionen vorsehen und regeln. Die Rechtsordnung war und ist also ein Wesenselement der Gemeinschaft. Deshalb sagt man zu Recht, dass *"kaum ein anderes Kulturgebiet den Menschen mehr angeht, als die Rechtsordnung"*[42]. Heute gibt es vielfältige Rechtswidrigkeiten, wie „Beziehungsdelikte" oder „Kontaktdelikte", die als private Probleme gelten und denen, demzufolge keine staatlichen Sanktionen folgen. So werden Streitfälle zwischen Familienangehörigen, Ehepartnern, Nachbarn oder am Arbeitsplatz nicht sofort durch staatliche Einrichtungen geregelt, sondern durch die Konfliktparteien selbst. Gegebenenfalls können Konflikte auch durch einen neutralen Dritten gelöst werden, der sich aus verschiedenen Gründen als adäquat erweist[43]. Jedenfalls werden solche Streitfälle ausschließlich privaten Initiativen überlassen.

Die Rolle des objektiven Rechts für das Zusammenleben der Menschen in der Gesellschaft stellt sich wie folgt dar: *„Demnach ist das Recht im objektiven Sinn die für eine Rechtsgemeinschaft verbindliche Ordnung des menschlichen Zusammenlebens, die unter der Anforderung der Gerechtigkeit steht und allenfalls mit Zwang durchgesetzt wird"*[44].

Xhufi, Vjollca Lisi (2010). Über die Statute von Scutari (alb. Shkodra) wurde zum ersten Mal im Jahr 1907 von Leone Fontana berichtet. (Statuti di Scutari wird im Museum Civico Correr in Venezia aufbewahrt. Im Original gibt es 268 Artikel. Später wurden 11 hinzugefügt. Die 268 Köpfe gehören zu den ersten zehn Jahren des 13. Jahrhunderts und 11 Abschnitte sind Ergänzungen aus den Jahren 1392 bis 1479.

[41] Vgl. *Krisafi*, Ksenofon: Shteti dhe e Drejta në Iliri, in: Historia e shtetit dhe e së drejtës në Shqipëri, Tiranë 2007, S. 22-24.

[42] Vgl. *Engisch*, Karl: Einführung in das juristische Denken, 10. Auflage, Stuttgart 2005, S. 2.

[43] Vgl. *Maiwald*, Kai-Olaf, Professionalisierung im modernen Berufssystem: Das Beispiel der Familienmediation, Wiesbaden 2004, S. 23.

[44] Vgl. *Koziol*, Helmut / *Welser*, Rudolf: Grundriss des bürgerlichen Rechts, 13. Auflage, Wien 2006, S. 4.

2.2.2 Zuständige Personen für außergerichtliche Konfliktlösungen

Das Verfahren der Konfliktschlichtung ist für das Ergebnis unerheblich und kann durch verschiedene Institutionen umgesetzt werden. Einerseits können Angestellte staatlicher Gerichte und Mediationsverbände und andererseits Privatpersonen aber auch Politiker oder andere, vermittelnde Personen, sein.

Erstere sind Personen der Gerichte, die durch die Mechanismen der staatlichen Justiz, auf der Basis eines staatlichen Gesetzes handeln und beispielsweise bei schweren Straftaten schlichten. Die außergerichtlichen Verbände (Mediatoren, Schiedsrichtern) sind bei kleineren Straftaten und private Vermittler bei jedem anderen Bagatelldelikt gefragt. Politiker werden bei Konflikten und Streitigkeiten zwischen politischen Gruppen oder Staaten als Vermittler eingesetzt.

Die Vermittlung und Versöhnung bei den Albanern, als Volk mit jahrhundertealten Traditionen und Sitten, folgt besonderen Schlichtungsregeln entsprechend ihres eigenen Gewohnheitsrechts. Albanische Vermittler, die in der Geschichte als „Älteste" (alb. Pleqet) bekannt sind, haben ihre Tätigkeit als „Richter" bzw. „Schlichter" manchmal auch als „Vermittler" nicht auf der Basis eines staatlichen Gesetzes ausgeübt. Diese sog. „Weisen" haben ihre Tätigkeit in Rechtsprechung und Gesetzgebung auf der Basis des albanischen Gewohnheitsrechts (Volksrechts) verrichtet. Das albanische Gewohnheitsrecht war ein autochthones paralleles Recht, das im sog. Kanun beschrieben war, im Gegenzug zu den in albanischen Territorien installierten fremden Rechten, die durch Besatzer Albaniens umgesetzt worden sind. Auf die Geschichte, die Arten und die Rolle des Kanuns wird in den weiteren Kapiteln näher eingegangen werden[45].

Mediatoren sind Personen, die als unparteiliche, neutrale Dritte die Verhandlungen der Konfliktparteien unterstützen, um für ihre unvereinbaren Vorstellungen, Wahrnehmungen und Gefühle eine gemeinsame Lösung zu finden. Mediatoren sind immer neutral und werden nie die einzelne Partei beraten. In der Praxis kommen sie aus ganz unterschiedlichen Bereichen und Berufsgruppen. Sie könnten:
- professionelle Sozialisationsexperten sein wie z. B. Juristen, insbesondere Notare und Rechtsanwälte, aber auch Richter, soweit sie von der Geschäftsverteilung für diese Verfahren freigestellt wurden oder außerhalb ihres Richteramtes in genehmigter Nebentätigkeit arbeiten;

---

[45] Über den albanischen Kanun wurde vom Verfasser dieser Arbeit auch ein Text in deutscher Sprache veröffentlicht: *Qerimi*, Islam: Rolle und Herkunft des Kanuns bei den Albanern, München 2010.

- ausgewiesene Fachleute aus dem Bereich der *Mediation* in Albanien[46] und Kosovo[47]) sein;
- aus verschiedenen Wissenschaftsbereichen wie Psychologie, Pädagogik, Politologie, Soziologie, Sozialwissenschaften, Sozialarbeit, Kommunikationswissenschaften oder Theologie kommen und überwiegend in ihren angestammten Berufsfeldern, schwerpunktmäßig in den Bereichen Consulting, Coaching, Bildung und Recht tätig sein oder;
- engagierte Laien[48] sein, die Konfliktparteien bei einem Konflikt oder einer Streiterei zur Seite stehen und behilflich sind, den Konflikt friedlich zu lösen. Sie identifizieren keine Schuldigen, sondern ihre Aufgabe ist es, auf die Einhaltung grundlegender Gesprächsregeln zu achten. Sie helfen, den Dialog zwischen den Konfliktparteien wieder herzustellen.

2.2.3 Methoden der Konfliktlösung

Wie und ob die Konfliktparteien zu einer Konfliktlösung im Rahmen einer außergerichtlichen Konfliktbeilegung (Mediation, Schlichtung, Schiedsspruch etc.) oder durch die traditionellen Rechtssysteme gelangen werden, ist nicht problemlos zu beantworten. Dazu möchte ich jedoch (wie am Anfang dieser Arbeit) den Nobelpreisträger Ahtisaari zitieren: "Jeder Konflikt ist lösbar", und mich an dieser Stelle seiner These anschließen, mit der Einschränkung, dass die Instrumente der Konfliktschlichtung auch eingesetzt werden müssen, um diesen Erfolg zu erreichen. So kann ein Konflikt auf unterschiedliche Art und Weise und mit unterschiedlichen Mechanismen gelöst werden. Zunächst möchte ich hier auf die vier Möglichkeiten verweisen, die von Rechtsanthropologen[49] benannt werden:

1. bilaterale (unvermittelbare) Verhandlungen beider Konfliktparteien;
2. Vermittlung durch einen Dritten (auch Mediation genannt);
3. schiedsrichterliche Entscheidung durch einen Dritten und

---

[46] Bedingungen für Mediatoren in Albanien sind: Personen, die einen Studiengang der ersten Phasen nach der Gesetzgebung über die Hochschulbildung durchgeführt haben; die ein Alter von 25 Jahren erreicht haben; die nicht durch eine Gerichtsentscheidung einer vorsätzlich begangenen Straftat verurteilt wurden; die eine Mediationsausbildung bei der Landeskammer der Vermittler abgeschlossen haben, zugelassen wurden und lizenziert wurden, durch die Eintragung in das Register der Vermittler.

[47] Verordnung für die Schulung und Zertifizierung von Mediatoren der 28.10.2010. Bedingungen für Mediatoren im Kosovo sind: ein universitäres Diplom; Einreichung der Zertifikate über eine erfolgreiche Grundausbildung für Vermittler, welche von einem zertifizierten Anbieter für Weiterbildung für die Vermittlung ausgestellt worden ist; den Nachweis über sechs Sitzungen der Vermittlung, unter Aufsicht eines vorgesetzten Vermittlers; Zertifikat durch ein Gericht oder eine andere zuständige Behörde, die bestätigt, dass er/sie nicht für vorsätzlich begangene Straftaten zu mehr als sechs Monaten Gefängnis verurteilt worden ist, und zwei Empfehlungsschreiben als Beweis für hohe moralische Qualitäten.

[48] Vgl. *Albrecht*, Peter – Alexis: Jugendstrafrecht, 3. Auflage, München 2000, S. 186.

[49] Vgl. *Traianos*, Gagos/ *Minnen*, Peter van: Settling a Dispute. Tovard a Legal Anthropology of Late Antique Egypt: Law as Ann Arbor, University of Michigan Press, 1994, S. 30.

4. formaler Prozess vor Gericht.

Betrachtet man diese Alternativen der Konfliktlösung näher, scheint der sinnvollste Weg für eine Konfliktbeilegung eine Verhandlung beider Streitparteien über ihre Streitpunkte zu sein, die mit einer Übereinkunft beendet wird. Solche Verhandlungen werden auch von Psychologen[50] als der sicherste Weg einer Konfliktbeilegung betrachtet, denn hier haben die Konfliktparteien die Kontrolle über das Verfahren und das Ergebnis.

Eine weitere Möglichkeit der Konfliktbeilegung ist die sog. Alternative Methode der einvernehmlichen Konfliktlösung durch die Mediation. Ziel dieser Methode ist es, einen Kompromiss[51] auf einem außergerichtlichen Weg zu finden, der von mehr Toleranz[52] gegenüber der jeweils anderen Konfliktpartei geprägt ist. Ein solches tolerantes Verhalten, das nicht bloß duldet, sondern letztlich auch akzeptiert, kann Unstimmigkeiten zwischen Menschen oft friedlich durch einen neutralen Dritten[53] lösen. Eine solche friedliche Lösung der Konflikte kann durch eine sog. Win-win-Lösung erreicht werden, die als Sieg für alle Konfliktparteien (Medianten) betrachtet wird. Denn die beste Methode ist diejenige, bei der alle Konfliktparteien den *„größtmöglichen Nutzen von der Konfliktlösung haben und nicht nur ein schlechter Kompromiss erreicht wird. Dafür müssen konsequent die Bedürfnisse, Wünsche, Forderungen, Ängste und Vorbehalte aller Parteien herausgearbeitet werden"*[54]. Die dementsprechenden Verhandlungen orientieren sich an den einzelnen Bestimmungen der jeweiligen Art der durchzuführenden Mediation, damit als Ergebnis der Konfliktschlichtung die Wahrscheinlichkeit einer Win-win-Lösung steigt[55]. Eine Win-win-Lösung würde in einer Tabelle der sog. Spieltheorie[56], die als Grundlage einer Mediation nach der Verhandlungstheorie eine besondere Anwendung findet, wie folgt dargestellt:

---

[50] Vgl. *Thibault,* John W. & *Walker,* Laurens: Procedural justice: a psychological analysis, Hillsdale, New York 1975.

[51] Das lateinische Wort "comprōmissum, ī, n. (compromitto)", bezog sich auf das gegenseitige Versprechen streitender Parteien, sich der Entscheidung eines selbst gewählten Schiedsrichters zu unterwerfen und dessen Spruch anzuerkennen oder eine bestimmte, vorher beim Schiedsrichter niedergelegte Summe, als Strafe zu verlieren. Vgl. *Georges,* Karl Ernst: Ausführliches lateinisch-deutsches Handwörterbuch, Hannover 1913 (Nachdruck Darmstadt 1998), Band 1, Sp. 1372.

[52] Das lateinische Wort "tolerantia", bezog sich ursprünglich auf das geduldige Ertragen von Schmerzen, das zur Tugend der Tapferkeit gehörte.

[53] Die allgemeinen Personenbezeichnungen sind im folgenden Beitrag geschlechtsneutral zu verstehen.

[54] Vgl. *Bilek,* Anita/ *Sator,* Wolfgang/ *Silvia,* Michal – Misak: Politeia, Forum für Politische Mediation, S. 20. http://www.aspr.ac.at/museum/mediation_abc.pdf [Stand: 01.11.2011].

[55] Vgl. *Bessemer,* Christoph: Mediation – Die Kunst der Vermittlung in Konflikten, Baden 2009, S. 73.

[56] Vgl. *Fischer,* Roger/ *Ury,* William/ *Patton,* Bruce: Das Harvard Konzept. Sachgerecht verhandeln - erfolgreich verhandeln, Frankfurt am Main 1993; *Rieck,* Christian: Spieltheorie - Einführung für Wirtschafts- und Sozialwissenschaftler, Wiesbaden 1992, 7. Aufl., 2007.

Abbildung 2: **Die Spieltheorie**

Spieler1\Spieler2	A	B
A	(2,2)	(0,0)
B	(0,0)	(1,1)

Diese Spiele sind dadurch charakterisiert, dass ein Spieler genauso viel gewinnt, wie der jeweilige Gegenspieler verliert.

Hauptziel der Win-win-Lösung ist, durch die Schlichtung für die Konfliktparteien mehr Gewinn als Verlust (nicht nur materiell, sondern auch mental) zu erwirken. Mit diesem Schlichtungsinstitut soll der Mediator also lediglich die Verhandlung mit anerkannten, die Kommunikation unterstützenden Methoden vorantreiben und ist darüber hinaus nicht befugt, den Streit zu entscheiden. In diesem Verfahren wird die These der Unparteilichkeit des Vermittlers bekräftigt, weil keine Entscheidungen getroffen und keine Empfehlungen oder Vorschläge für eine mögliche Konfliktregelung formuliert werden. Erwähnenswert ist, dass es bei beiden Formen der Konfliktlösung keine Bindung an die Entscheidungen gibt und auch keine Sanktionen bei Nichteinhaltung der Verabredungen verhängt werden. Es gibt jedoch auch Situationen, die erst nach der sog. „Form der Selbstjustiz" frei für eine Schlichtung sind. In diesen Fällen wird durch einseitiges Nachgeben oder Durchsetzen zu lösen versucht. In der Regel besteht bei diesen Sachverhalten Ungleichgewicht zwischen den Machtpositionen der Konfliktparteien, entweder in objektiver- oder in subjektiver Sicht der nachgebenden Konfliktpartei[57]. In dem Fall bleibt dann oft nur noch ein Gerichtsverfahren als letzter Ausweg, das jedoch viel Zeit, Stress und Kosten verursacht und im Ergebnis offenbleibt.

2.3 Die Arten der Konfliktaustragung

Verschiedene Wissenschaftler[58], die sich mit dem Phänomen der Konfliktlösungen durch einen Dritten beschäftigen, unterscheiden zwischen einer destruktiven Konfliktaustragung und einer konstruktiven Konfliktaustragung, die schematisch wie folgt dargestellt werden können:

---

[57] Vgl. *Montada,* Leo, *Kals,* Elisabeth: Mediation, Lehrbuch für Psychologen und Juristen, Weinheim 2001, S.14.
[58] Vgl. *Janesch,* Adalbert/ *Liebhauser,* Astrid: Einführung in die Mediation, Klagenfurt 2006, S. 2; *Bessemer,* Christoph, Mediation – Die Kunst der Vermittlung in Konflikten, Baden 2009, S. 26-27.

Abbildung 3:   Die Arten der Konfliktaustragung

1. Destruktive Austragung:

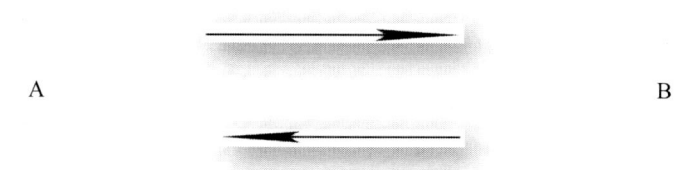

A   B

Nach diesem Schema wird die andere Person, das Gegenüber immer als das Problem angesehen. Dadurch wird der Konflikt im negativen Sinne verstanden, etwa als: „*Mir steht etwas Gegenüber*", in diesem Falle der Konfliktgegner bzw. die andere Person oder die andere Partei. In der Regel stehen die Konfliktparteien vor einer Schlichtung oder Mediation mit dieser Haltung zueinander.

2. Konstruktive Austragung:

A

Problem (Konflikt)

B

Bei dieser Konstruktion einer Konfliktbewältigung wird das Problem von den Konfliktparteien erkannt und gemeinsam gelöst. Die Konfliktparteien treten also für sich ein und arbeiten nicht gegen die andere Partei. In dieser Bereitschaftshaltung sollten die Beteiligten nach einer begonnenen Schlichtung oder Mediation zueinanderstehen, um gemeinsam über ein Problem verhandeln zu können und die eine faire Gesprächsführung zu ermöglichen.

Die sog. Konstruktive Austragung des Konfliktes hat also nicht in erster Linie das Ziel der Lösungsfindung, sondern vor allem das Bestreben einen Veränderungsprozess herbeizuführen, der weitere soziale Begegnungen anstoßen könnte. Da kooperativ unterschiedliche Interessen diskutiert, gegeneinander abgewogen und neu formuliert werden, kann eine Problemlösung angestrebt werden, die für alle Beteiligten annehmbar ist. Glasl beschreibt diesen sozialen Konflikt als eine Interaktion zwischen den Akteuren (Individuen, Gruppen, Organisationen usw.), von denen *"Unvereinbarkeiten im Denken, Vorstellen, Wahrnehmen und/oder Fühlen und/oder Wollen mit dem Anderen in der Art erlebt werden, dass im Realisieren eine Beeinträchtigung durch einen anderen Akteur erfolgt*"[59]. Hierbei sollte jedoch berücksichtigt werden, dass die meisten Veränderungsprozesse auf vorangegangenen Konflikten beruhen. Konflikte geben also auch Anlass zur positiven Weiterentwicklung wie z. B. im Sport oder in der Wissenschaft etc. und bedeuten, dass die Menschen die Fähigkeit zur Anpassung an ihre Umwelt haben[60], aber andererseits auch Unannehmlichkeiten, Stress, Leistungsverlust und Zerstörung. Demzufolge sind Konflikte überwiegend mit negativen Erfahrungen verbunden. Der außergerichtlichen Streitschlichtung, als Instrument friedlicher Konfliktbeilegung, sollte daher große Bedeutung beigemessen werden, da Konflikte und Streit auf diese Weise friedlich gelöst werden können.

2.4 Die Bedeutung und Abgrenzung der Begriffe: "Außergerichtlich", "Schlichtung", „Mediation" und "Schiedsspruch" aus deutscher Sicht

Nach vorherrschender Auffassung in der Literatur handelt es sich bei der außergerichtlichen Konfliktbeilegung um eine Vermittlung durch einen oder mehrere neutrale Dritte, welche/r mit zwei oder mehr Konfliktparteien eine Lösung bzw. Einigung zu erreichen versuchen. Im Vordergrund steht also der autonome, friedliche und flexible Konfliktlösungsversuch außerhalb staatlicher Justiz.

Außergerichtlich bedeutet dabei, dass die Konfliktparteien sich "privat", über eine Konfliktlösung, außerhalb der üblichen konventionellen Gerichtswege bzw. des staatlichen Systems einigen. Es gibt viele außergerichtliche Konfliktlösungsmodelle, wie z. B. Täter – Opfer – Ausgleich, Mediation oder Schiedsspruchstellen, die als Alternative zum üblichen traditionellen Gericht mittlerweile bedeutsam sind. Bei diesen Verfahren wird ein Ziel für die Zukunft vereinbart, anhand dessen die Konfliktparteien eine grundlegende Konfliktbereinigung erreichen wollen[61]. Dies bedeutet, dass anstelle eines Gerichtsverfahrens, zunächst ein Schlichtungs- Mediations- oder Schiedsspruchverfahren tritt. Darüber hinaus wird die Position des Richters durch einen Schlichter, Mediator oder Schiedsrichter ersetzt werden, auf den sich die Parteien vorher geeinigt haben und der dann, das Verfahren begleiten wird. Damit handelt es sich um eine rein privatrechtliche Einigung ohne Mitwirkung des Gerichts.

Die wichtigsten Konfliktlösungsverfahren im Bereich des „außergerichtlichen" Verfahrens sind die Mediation, das Schlichtungsverfahren, das Schiedsverfahren, die Alternative Dispute Resolution (ADR), der Täter-Opfer-Ausgleich, Med-arb-procedures, Moderation, fact-

---

[59] Vgl. *Glasl*, Friedrich: Konfliktmanagement - Ein Handbuch zur Diagnose und Behandlung von Konflikten für Organisationen und ihre Berater, 6. Auflage, Stuttgart 1999, S. 15.
[60] Vgl. *Schwarz*, Gerhard: Konfliktmanagement. Konflikte erkennen, analysieren, lösen, Wiesbaden 2001, S. 25.
[61] Vgl. *Pohlmann*, Nina: Neue Wege der Mediation, München 2009, S. 12.

finding, binding-advice, mini-trial, Conciliation *(als Besänftigung oder Versöhnung)* und Negotiation[62]. Es gibt also eine Vielzahl außergerichtlicher Konfliktbeilegungsmodelle, die in den unterschiedlichen Ländern auch mit unterschiedlichen Abkürzungen bekannt sind, wie beispielsweise das englische „ADR"[63] (Alternative Dispute Resolution), das deutsche „AKR"[64] (Außergerichtliche Konfliktregelung) sowie das albanische „ZAK"[65] (alb. Zgjidhja Alternative e Konflikteve). Diese verschiedenen Konfliktschlichtungsmodelle werden in der Regel auch die folgenden Begriffe uneinheitlich verwenden, die Grenzen können aber fließend sind und richten sich meistens nach dem Verständnis des Verwenders.

Der Begriff "**Schlichtung**" kommt aus dem deutschen Sprachraum. Als Schlichtung werden nach herrschender Meinung die außergerichtlichen Konfliktlösungsverfahren bezeichnet, in denen Streitparteien unter Einbeziehung eines Dritten und auf Basis eines Gesetzes (Rechts), zu einer einvernehmlichen und dauerhaften Lösung gelangen[66]. Es handelt sich also um Verfahren, bei denen der Dritte selbst eine Beurteilung des Konflikts und des Verhaltens der Parteien vornimmt und dann eine Lösung vorschlägt[67], die in der Regel ist und vertraglich festgehalten wird. Der Schlichter kann aber auch nur einen unverbindlichen Vorschlag machen, den die Parteien freiwillig entweder annehmen oder verwerfen können.

In der umfangreichen deutschsprachigen Literatur lassen sich folgende Definitionsversuche zum Begriff der Schlichtung finden: *„Die Schlichtung im weitesten Sinn soll das Entstehen von Streitigkeiten vermeiden oder bereits entstandene Streitigkeiten durch Herbeiführung einer Einigung der Parteien, allenfalls auch durch einen bindenden Schiedsspruch, beenden."*[68].

---

[62] Vgl. *Lücke*, Gerhard / *Wax*, Peter: Münchner Kommentar zur Zivilprozessordnung, München, 2. Auflage Band 3, ZPO, vor § 1025 Rn. 13, 2000; *Verschraegen*, Bea: Mediation und andere Formen alternativer Konfliktbeilegung; Studienjahr 2008/2009, Vgl. URL: http://www.univie.ac.at/mediation [Stand: 20.09.2010];

[63] „ADR" ist die Abkürzung für „Alternative Dispute Resolution" in den USA, die in der deutschen Übersetzung als „Alternative Konfliktregelung" zum staatlichen Gerichtsverfahren verstanden wird.

[64] Vgl. *Gottwald*, Walther/ *Strempel*, Dieter/ *Beckedorff*, Rainer/ *Linke*, Udo: Außergerichtliche Konfliktbeilegung, AKR – Handbuch, Neuwied, Kriftel, Berlin 1997.

[65] USAID; Programi sistemi i permbarimit te marreveshjeve dhe vendimeve ne Kosove (SEAD), Raport dhe re komandime per zhvillimin dhe zbatimin e suksesshem dhe efektiv te sistemit per zgjidhjen alterantive te mosmarreveshjeve, 30. April 2010.

[66] Vgl. *Frey*, Bruno. S./ *Külp*, Bernhard/ *Liefmann-Keil*, Elisabeth/*Zerche*, Jürgen, herausg. von Sanmann, Horst: Aspekte der Friedensforschung und Entscheidungsprobleme in der Sozialpolitik, Berlin 1971, S. 78.

[67] Vgl. *Meier*, Isaak (Professor an der Universität Zürich für Zivilprozessrecht), Schuldbetreibungs- und Konkursrecht, Privatrecht sowie Mediation: Mediation und Schlichtung in der Schweiz, vgl. URL: http://www.175jahre.uzh.ch[Stand: 03.01.2012]

[68] Vgl. *Kuderna*: Schlichtungsstellen für Rechtsstreitigkeiten aus dem Arbeitsverhältnis; DRdA 1978, S. 3.

Eine weitere Definition formuliert Schlichtung als *„Hilfeleistung zur Beendigung einer Gesamtstreitigkeit durch Abschluss einer Gesamtvereinbarung"*[69]. Im Kontext des Konfliktmanagements sind Schlichtung als auch Mediation Teilgebiete. Die Schlichtung ist dabei der Teil des Verfahrens, bei denen sich die Parteien der Entscheidung des Schlichters unterwerfen[70].

Eine andere Art der außergerichtlichen Konfliktlösung ist die **Mediation**. Das Konzept der Mediation kann jedoch verschieden sein. Jedes Land hat eigene und oft unstrukturierte Konfliktlösungsmodelle entwickelt. Abhängig von Kultur und Geschichte kann der Mediator unterschiedliche Funktionen und Aufgaben haben. Eine spezielle Methode der alternativen Beilegung von Konflikten und Streitigkeiten in Kommunikationsprozessen wird als Mediation bezeichnet. Sie wird von verschiedenen Autoren unterschiedlich erklärt. So werden außergerichtliche Konfliktlösungsarten beispielsweise als Klärungshilfe[71], Konfliktvermittlung[72], Konfliktregelung[73], Vermittlung durch einen Dritten[74] oder auch mit einem sog. Sammelbegriff als archetypischer Konfliktlösungsformen[75] bezeichnet.

Das sog. „Harvard-Konzept"[76] ist das wohl bekannteste umgesetzte Konfliktlösungsmodell. Nach diesem Konzept wird versucht zu erreichen, dass alle Konfliktparteien sich am Ende des Verfahrens als Gewinner fühlen. Es geht vor allem darum, wieder neues Vertrauen zwischen den Konfliktbeteiligten zu schaffen.

Es besteht aus den folgenden vier Grundelementen:

1. Menschen
2. Interessen
3. Möglichkeiten

---

[69] Vgl. *Hueck*, Alfred/ *Nipperdey*, Hans-Carl: Lehrbuch des Arbeitsrechts, 2. Band, Berlin, Frankfurt am Main 1957, Kollektives Arbeitsrecht; S. 526.

[70] Vgl. *Breidenbach*, Stephan: Mediation. Struktur, Chancen und Risiken von Vermittlung im Konflikt, Verlag Dr. Otto Schmidt KG, Köln 1995, S. 4.

[71] Vgl. *Thomann*, Chrisoph & Schulz von Thun: Klärungshilfe. Handbuch für Therapeuten, Gesprächshelfer und Moderatoren in schwierigen Gesprächen, Reinbek 1988.

[72] Vgl. *Falk*, Gerhard, Einführung in die Mediation (in der sozialen Arbeit) Hermagoras/ Mohorjeva, Klagenfurt-Laibach-Wien 2004, S. 382.

[73] Vgl. *Gottwald*, Walther/ *Strempel*, Dieter/ *Beckedorff*, Rainer/ *Linke*, Udo: Außergerichtliche Konfliktbeilegung, AKR – Handbuch, Neuwied, Kriftel, Berlin 1997; *Bannenberg*, Britta/ *Rössner*, Dieter u. a.: Mediation bei Gewaltstraftaten in Paarbeziehungen, Baden-Baden 1999, S. 17. Bannenberg betont, dass eine Vermittlung im Strafrecht besser nicht Mediation, sondern Konfliktregelung genannt werden sollte.

[74] Vgl. *Fuchs*, Hehn: Umweltmediation, Heft herausgegeben vom Förderverein Umweltmediation e.V.: Zur Implementierung der Umweltmediation in Deutschland, 1999, S. 10.

[75] Vgl. *Duss-von Werdt*, Josef/ *Mähler*, Gisela, *Mähler*/ Hans-Georg, (Hrsg.): Die andere Scheidung, Klett-Cotta, Stuttgart 1995, S. 15.

[76] Die Amerikaner Roger Fisher und William Ury entwickelten Anfang der 80ziger Jahre eine Strategie des „prinzipiengeleiteten Verhandelns". In Deutschland ist dieses Prinzip auch als „Harvard-Konzept" bekannt, welches im Ergebnis für beide Parteien zu einer „Win-win-Situation" führen soll.

4. Kriterien

Wird nach diesem Konzept gehandelt, sollten also zunächst die Menschen und deren Probleme, getrennt voneinander betrachtet werden. Es sollten die Interessen im Mittelpunkt stehen und nicht die Positionen und es sollten verschiedene Strategien überlegt werden, bevor eine Entscheidung getroffen wird. Am Ende sollte dann das Ergebnis auf objektiven Entscheidungsprinzipien aufbauen[77]. Nach diesem Konzept sind menschliche Grundbedürfnisse vor allem Sicherheit, wirtschaftliches Auskommen, Zugehörigkeitsgefühl, Anerkennung und Selbstbestimmung[78] und die sollten auch im Konfliktfall berücksichtigt werden.

Mediatoren sind keine Vermittler im engeren Sinne und auch keine Richter. Sie identifizieren keinen Schuldigen und verurteilen Unrecht, sondern ihre Aufgabe besteht lediglich darin, auf die Einhaltung grundlegender Gesprächsregeln zu achten. Sie helfen also dabei, den Dialog zwischen den Konfliktparteien wiederherzustellen.

Hier liegt auch ein wichtiger Unterschied zwischen einem **Mediationsverfahren** und einem **Schiedsrichterlichen** Verfahren. Bei letzterem werden sich die Konfliktparteien darauf einigen, ihren Konflikt einer Schiedsperson vorzutragen und von dieser eine Entscheidung erbitten. Im Gegensatz zur Mediation ist diese Entscheidung dann rechtsverbindlich und beendet die Rechtsstreitigkeit endgültig. Die Mediation dagegen ermöglicht den Konfliktparteien eine rechtsverbindliche Vereinbarung zu treffen, nachdem sie durch Austausch ihrer Positionen einen Konsens gefunden haben.

2.5 Die Klärung der Begriffe "Schlichten" (alb. Pleqeria) und „Schlichter" (alb. Pleqet) nach den albanischen Kanunen

Im weiteren Verlauf soll nun geklärt werden, wie ein Konflikt oder Streit außerhalb eines staatlichen Gerichts, das heißt von einer unabhängigen Institution, dem sog. „Rat der Ältesten" (alb. Pleqesia) oder dem „Dorfältesten" (alb. Pleqët e katundit), dem „Vermittler" (alb. Ndërmjetësuesi) bzw. „Gesandten" oder „Botschafter" (alb. I dërguari oder Mesiti) beigelegt werden kann. Hier stellt sich zunächst die Frage, wie ein albanisches Schlichtungsverfahren i.S.d. Gewohnheitsrechts zu definieren ist oder ob es sich überhaupt definieren lässt, um anschließend die wichtigsten Unterschiede zu einem Mediation- oder Schlichtungsverfahren zu erläutern.

---

[77] Vgl. *Roger,* Fisher/ Ury, William/Patton Bruce: Das Harvard-Konzept, Franfurt/Main 2004, S. 34.
[78] Vgl. *Roger,* Fisher/ Ury, William/Patton Bruce: a. a. O., S. 81.

In den alten albanischen Schlichtungsverfahren (alb. Pleqëria) wurden außergerichtliche Konfliktlösungsverfahren als Verfahren definiert, in denen Konfliktparteien unter Hinzuziehung eines Dritten, eines Schlichters bzw. des sog. Ältesten (idR ein oder mehrere Männer), auf der Basis des albanischen Gewohnheitsrechts (Kanun), zu einer einverständlichen, verbindlichen und dauerhaften Lösung gelangten.

Verfahrensgrundlage der Volksrichter, der sog. Ältesten war das alte albanische Gewohnheitsrecht (Volksrecht). Die i.d.S. durchgeführten außergerichtlichen Konfliktschlichtungen der Albaner sind eine Mischung von Mediations- und Gerichtsverfahren. Ähnlich dem Mediationsverfahren ist, dass die Konfliktparteien idR (jedoch nicht immer[79]) auf der freiwilligen Basis eine außergerichtliche Konfliktschlichtung durchführen. Wie bei einem Gerichtsverfahren steht am Ende dieses Schlichtungsverfahrens aber eine Entscheidung, die durch die Ältesten gefällt wird. Bemerkenswert ist, dass diese Form der außergerichtlichen Schlichtung durch die Ältesten, in albanischen Siedlungen als wichtigste Art der Konfliktlösung seit Jahrhunderten bis heute so praktiziert wird.

Aufgabe dieses sog. Ältestenrates bzw. Schlichters war und ist es, durch die Verhandlungen, die keine öffentliche Angelegenheit sind, den Streit zu entscheiden und den Konfliktparteien eine Einigung, Versöhnung oder Verzeihung zu vermitteln. Im Unterschied zur Mediation wird das Ältestenverfahren nicht nur für Zivildelikte, sondern auch für schwere Straftaten praktiziert.

Ein wichtiger Unterschied des albanischen Ältestenverfahrens im Vergleich zur Mediation ist, dass bei der albanischen Schlichtung gem. Gewohnheitsrecht Frauen die Rolle als Schlichter (Ältester) untersagt wurde. Bei einer Vermittlung hat die Frau jedoch eine besondere Rolle[80]. Es galt der Grundsatz, dass Frauen nicht „ins Blut fallen". Selbst wenn die Frau eigenhändig jemanden erschlägt, wird sie nicht zu Rechenschaft gezogen.

Des Weiteren hatten Frauen während der Vermittlung eines unmittelbaren Konflikts mit Waffengewalt, ein großes Privileg[81]. Sie waren nach dem Gewohnheitsrecht, im Falle einer Konflikteskalation berechtigt, in den Konflikt zwischen den Parteien einzuschreiten. Die Kon-

---

[79] In der Geschichte Albaniens gab es zahlreiche Aktionen von albanischen Bewegungen für allgemeine Versöhnungen, die auch die Konfliktparteien gezwungen haben an einem Tisch zu sitzen und den Konflikt zu beenden. Diese Versöhnungsfälle wurden meistens vor einem Volksaufstand gegen fremde Okupatoren durchgeführt, mit dem Zweck, den gemeinsamen Feind auch zusammen zu bekämpfen.
[80] Vgl. *Luçi*, Hasan: Kuvendi i Laberisë, Tiranë, 2009, S. 20 – 29.
[81] Vgl. *Luçi*, Hasan: a.a.O.,, S. 20 – 29.

fliktparteien waren währenddessen verpflichtet, dieses Vermittlungsrecht der Frauen zu akzeptieren und die Vermittlung wahrzunehmen[82]. So gibt es Fälle, in denen Frauen bei Konflikten eingeschritten sind, obwohl eine Partei mehrere Tote zu beklagen hatte und die andere Seite noch nicht einmal Verletzte. Trotzdem mussten die Parteien die Schießerei beenden[83]. Diese Pause solange, bis ein Mann oder mehrere Männer sich als Vermittler für eine weitere Vermittlung und Schlichtung engagierten. Das Leben der Frauen galt also als unantastbar. Die Tötung einer Frau in einer Vermittlungsrolle war unentschuldbar. Der Täter würde vom Haus des Mannes und dem Haus ihrer Eltern lebenslang verfolgt werden.

Die albanische Vermittlung ging viel weiter als die heutige Mediation. Die albanische Tradition der Vermittlungen, die als Vorphase der Schlichtungen galt, basierte auf einer strengen Regel, die besagt: "*Wenn man auf einer Seite der Konfliktparteien in Kampfhandlungen 100 Personen getötet werden und auf der anderen Seite niemand, dann sollte ein Vermittler eingeschaltet werden, damit die Waffen ruhen und das Feuer aufhört.*"[84] Der Vermittler adressierte die folgenden Worte an die Konfliktparteien: „*Lassen Sie die Kämpfe, nun bin ich dazwischen! Aufhören mit Waffen, Männer, ich bin dazwischen, mit wem soll ich eine Vereinbarung treffen?*"[85] Solche Worte eines Vermittlers beruhigten und gaben beiden Konfliktparteien die Möglichkeit einer friedlichen Schlichtung oder Versöhnung. Diese Tätigkeit des Vermittlers zwischen zwei Fronten schien gefährlich. Sein Leben war aber laut Kanun unantastbar. Die Konfliktparteien mussten ihre Waffen sofort ruhen lassen, sobald sie die Worte des Vermittlers hörten. Der Mord eines Vermittlers wurde stark bestraft und der Täter wurde durch die Mitglieder des Dorfes erschossen. Vermittler konnte auch eine Frau sein (jedoch nicht Schlichter[86]).

Im Sinne des albanischen Gewohnheitsrechts waren für die Konfliktschlichtungen zunächst die Gewohnheitsältesten (alb. Pleqët e zakonit) der Banner und Dörfer, dann die "Überältesten" (alb. *Stërpleq)* und zuletzt auch die Fahnenträger[87], die als Führer eines sog. Bajraks (aus dem türkischen: Bajrak, alb. Flamur) galten, zuständig.

---

[82] Vgl. *Gjecovi*, Shtjefen: Kanuni i Lekë Dukagjinit, Shkoder, 2001, S. 108, § 1226 (h).

[83] Vgl. *Gjecovi*, Shtjefen: a.a.O., S. 69, § 677.

[84] Vgl. *Elezi*, Ismet: Njohuri për të drejtën zakonore mbarëshqiptare, Prishtinë 2003, S. 90; Vgl. § 677 des KLD. Eigene Übersetzung aus dem Albanischen.

[85] Vgl. *Nova*, Koça: Dhënia e drejtësisë sipas së drejtës sonë zakonore, in: Etnografia shqiptare Nr.16, Tiranë 1989, S. 85; Siehe § 238 des KLD-Version von Mirdita und § 679 des KLD. Eigene Übersetzung aus dem Albanischen.

[86] Eine Frau konnte nicht Schlichter sein, denn im Kanun stand geschrieben, "den Frauen glaubt man nicht".

[87] Vgl. *Baxhaku*, Fatos / Karl Kaser: Die Stammesgesellschaften Nordalbaniens: Berichte und Forschungen österreichischer Konsuls und Gelehrter (1861-1917), Wien, Köln, Weimar, S. 276. Bajraktari hießen die Personen, welche während der Kriege der Türken gegen ihre Feinde eine besondere Kampfhandlung geleistet haben. Das Privileg ein Bajraktar zu sein, war vergleichbar mit einer Fahne eines Großherren in Konstantinopel.

Die Rolle der Gewohnheitsältesten war die Vermittlung und Schlichtung bei unterschiedlichsten Konflikten und Streitigkeiten. Im Rahmen ihrer Tätigkeit bekräftigten sie entweder die älteren Normen des Gewohnheitsrechts oder schafften durch Präzedenzfälle Neue, die für spätere Konfliktschlichtungen in analogerweise betrachtet wurden[88]. Die Ältesten (alb. Pleqët) waren also für die Angelegenheiten der Gesetzgebung und der Rechtsprechung zuständig.

2.6 Die Herkunft und Bedeutung der Begriffe „Mediation" und „Mediator"

In der Literatur werden Vermittler meistens „Mediator" genannt und das Vermittlungsverfahren „Mediation". Über die Herkunft und die Bedeutung der Begriffe Mediation und Mediator gibt es unterschiedliche Meinungen. Eine Betrachtungsweise geht vom alten religiösen und theologischen Sprachgebrauch aus. Danach ist die Vermittlung (mediatio) zwischen Mensch und Gott gemeint, welche durch Jesus Christus vollzogen wurde, dem Vermittler des menschlichen Geschlechts (mediator generis humani)[89]. Aber auch in uralten, tribalistischen Gemeinschaften wurden bereits Mechanismen zur Streitschlichtung entwickelt, die über die Herkunft des Begriffs *Mediation* Auskunft geben[90].

Der Begriff *Mediation* hat sowohl einen griechischen als auch einen lateinischen Ursprung und bedeutet in beiden Fällen so viel wie „vermittelnd". Deshalb haben alle sich entwickelten Vermittlungsarten, im Kern ihre ursprünglich zweitausend Jahre zurückliegende Bedeutung „in der Mitte sein". Bei den alten Griechen galt das Wort *mesitis* als Bezeichnung der Vermittlerin und *mesitaes* für den Vermittler[91]. Beide waren als *meseuein* verpflichtet, während ihrer *mesiteia* (Tätigkeit) die Mitte zu halten d. h. sich (neutral) zu verhalten[92]. Der Ursprung des Begriffs Mediation in der lateinischen Sprache liegt in den Begriffen *mediare*, soviel bedeutend wie „in der Mitte sein"[93] oder *medius*, was sich als „der in der Mitte

---

haben. Das Privileg ein Bajraktar zu sein, war vergleichbar mit einer Fahne eines Großherren in Konstantinopel.

[88] Vgl. *Elezi*, Ismet: Kanuni i Laberisë, Tiranë 2002, S. 12.
[89] Vgl. Friedemann, Voigt: Vermittlung im Streit, Tübingen 2006, S. 7.
[90] Vgl. *Wesel*, Uwe: Streitschlichtung im Schatten des Leviathan, NJW 2002, S. 415
[91] Vgl. *Duss-von Werdt*, Joseph: Einführung in die Mediation, Heidelberg 2008, S. 12.
[92] Vgl. *Duss-von Werdt,* Joseph: Homo mediator: Geschichte und Menschenbild der Mediation, 1. Auflage, Stuttgart 2005, S. 26.
[93] Vgl. *Gielkens*, Leo: Mehr als Sieg und Niederlage, Mediation als Erziehung zum Gewaltverzicht in der Jugendpastoral, Berlin 2007, S. 157.

befindlich, der Mittlere" übersetzen lässt[94]. Sich *medius* zu verhalten bedeutet also sich neutral zu verhalten oder einen Mittelweg einzuschlagen[95]. Daraus abgeleitet ist der Begriff *mediator (medioris)*, der Mittler oder die Mittelsperson. Die spätlateinische Bedeutung des Begriffs Mediation war jedoch politischer und wurde als friedensstiftende, versöhnende Vermittlung übersetzt[96]. Im alten lateinischen gab es aber auch die Vokabeln *mediatrix*[97] als Bezeichnung für die Vermittlerin und *mediator* für den Vermittler.

In der französischen Sprache wird der Vermittler als *Médiateur* bezeichnet, ebenfalls abgeleitet aus dem lateinischen Wort *medium*, die Mitte oder das vermittelnde Element[98]. Also ein „Medium" zwischen zwei Subjekten: dem Sender und dem Empfänger.

Im Englischen ist der Begriff "Mediation" ist aus dem Verb *to mediate*, was schlichten, vermitteln oder aushandeln bedeutet, entstanden und wurde synonym für den Begriff Vermittlung in den Neunziger Jahren eingedeutscht[99]. Allerdings wurde bis ins 18. Jahrhundert der Begriff „Mittler" und nicht „Vermittler" in der deutschen Sprache verwendet[100].

In der heutigen Zeit bedeutet Mediation im weitesten Sinne, die Beilegung von oder die Vermittlung in Gruppenkonflikten aller Art[101]. In der Rechtspflege wird der Begriff der "Mediation" für die Erarbeitung einer außergerichtlichen Konfliktlösung unter den Betroffenen verwendet.

Die albanische Sprache übersetzt den Begriff Mediation, nach dem neu in Kraft getretenen Mediationsgesetz (für Albanien und Kosovo), als Vermittlung (alb. *Ndermjetesimi*).

2.7 Der grundlegende Unterschied zwischen einem Gerichtsprozess und einer außergerichtlichen Konfliktbeilegung (Mediation)

In der Literatur gibt es verschiedene Definitionen für den Begriff „Gericht". Seit Mitte des 17. Jahrhunderts wurde in der deutschen Aufklärungsphilosophie das Adjektiv „öffentlich"

---

[94] Vgl. *Pfeifer*, Wolfgang: Art. „Konflikt", In: Etymologisches Wörterbuch des Deutschen, S.704; (Pfeifer 1999: Art. „Medium", S. 854).

[95] Vgl. *Rüssel*, Ulrike: Schlichtungs-, Schieds- und andere Verfahren außergerichtlicher Streitbeilegung - Versuch einer begrifflichen Klarstellung, in JuS 2003, S. 380, 383.

[96] Vgl. URL: http://www.in-mediation.eu/mediation/historie [Stand: 10.08.2010].

[97] Vgl. *Mertens-Fleury*, Katharina: Maria mediatrix – *mittellos mittel aller súnder*, in: Das Mittelalter: Berlin: Akad.-Verl., 2010, Vol. 15, Nr. 2, pp. 33-48.

[98] Vgl. *Drosdowski*, Günther: Duden, deutsches Universalwörterbuch A-Z, 3. Auflage, Mannheim 1996, S. 484.

[99] Vgl. *Breidenbach*, Stephan: Mediation:Struktur Chancen und Risiken von Vermittlung im Konflikt, Köln 1995, §1, S. 4; Montada, Leo/Kals, Elisabeth: Mediation. Lehrbuch für Psychologen und Juristen, Weinheim 2001, S. 1.

[100] Vgl. *Pannenberg*, Wohlfahrt: Grundzüge der Christologie, 6. Auflage, Gütersloh 1982, S. 121 – 123.

[101] Vgl. *Rose*, Arnold M/Rose Caroline, B, Intergroup Conflicts and its Mediation, in: Internat Soc. Sc. Bull., Vol. 6, (1954) Reprint, Wiesbaden 1966, S. 25 – 43.

(iudicium publicum), als sprachliches Äquivalent für die Bezeichnung des Staates, angewandt[102]. Seither wurde ein staatliches Gericht auch als öffentliches Gericht bezeichnet.

Heutzutage hat die Justiz den Begriff „Gericht" definiert. Die folgenden kurzen Definitionen bezeichnen ein Gericht als *"eine öffentliche Institution, die Verstöße gegen Gesetze bestraft und bei Streitigkeiten entscheidet"*[103] oder als *"Institution, die im Falle eines Rechtsstreits ein Urteil fällt und Strafen verhängen kann"*[104]. Hier wird deutlich, dass Gerichte, im Unterschied zu Mediationsstellen, für zivil- und strafrechtliche Angelegenheiten zuständig sind bzw. laut Rechtsordnung verpflichtet sind, über diese zu verhandeln. Im Gegensatz dazu findet eine Mediation idR bei zivilrechtlichen Streitigkeiten und kleineren Strafdelikten, die mit einer beschränkten Freiheitsstrafe festgesetzt sind, statt. Beide Definitionen stellen die Autorität des staatlichen Gerichts in den Vordergrund, welches bei jedem Verstoß gegen staatliche Gesetze die Kompetenz hat, eine Entscheidung zu treffen. Im Gegensatz dazu ist die Mediation ein freiwilliger Prozess zwischen den Konfliktparteien, welcher niemanden verpflichtet und idR aufgrund deren Eigeninitiative stattfindet.

Ein weiteres Argument die Verschiedenheit der beiden Konfliktlösungsmechanismen liefert folgende Definition der Justiz der Republik Albanien zum Begriff „Gericht": *"Durch die Gerichte kann die Justiz schließlich bestimmen, wer als Sieger in unvermeidbaren Konflikten zwischen Individuen, Organisationen und Gesellschaften (öffentliche und private) zwischen Regierung und rechtstreuen sowie Recht verletzenden Bürgern, hervorgeht."*[105].

Nach diesen Gerichtsdefinitionen liegen die Entscheidungsbefugnisse bei den höchsten staatlichen Gerichten. Das geht zulasten der außergerichtlichen Konfliktbeilegungsinstitutionen, denn die breiten Rechtsvollmachtszuständigkeiten von Richtern in Albanien und auch in Kosovo sind nachweisbar. In Albanien haben *"die Richter die Macht, alle strafrechtlichen Fälle sowie militärische Straf-, Zivil-, Verwaltungs- und sonstige Angelegenheiten, die gesetzlich festgelegt sind, zu untersuchen"*[106].

Aufgrund des so breiten Spektrums an wichtigen Aufgaben eines staatlichen Richters werden die Zuständigkeiten eines Mediators eingeschränkt.

---

[102] Vgl. *Jäger,* Hans-Wolf: "Öffentlichkeit" im 18. Jahrhundert!, Göttingen 1997, S.24.
[103] Vgl. *Razum,* Kathrin, Kunkel: Hueber Wörterbuch Deutsch als Fremdsprache: Das einsprachige Wörterbuch für Kurse der Grund- und Mittelstufe mit Tipps zum Wörter lernen, Mannheim 2003, S. 289.
[104] Vgl. URL:http://de.thefreedictionary.com/Gericht [Stand: 22.11.2010].
[105] Warum existieren die Gerichte? (Pse ekzistojne gjykatat?) Auf der URL: http://www.gjkr.gov.al/ [Stand:13.10.11] (Freie Übersetzung).
[106] Die Gerichte (Gjykatat), auf der URL: http://www.gjkr.gov.al/[Stand:13.10.11], (Eigene Übersetzung).

Worin aber nun die anderen Unterschiede zwischen einem traditionellen staatlichen Gericht und einer sog. Alternativen außergerichtlichen Konfliktlösung durch die Mediation bestehen, ist nicht einfach zu beantworten. Zunächst waren i.S.d. albanischen Gewohnheitsrechts die oben genannten Zuständigkeiten des heutigen Richters ursprünglich auch Aufgaben der Ältesten. Dazu gibt es ein breites Spektrum verschiedener Ansichten und Definitionen. Bevor ich mich mit einer klaren Abgrenzung dieser beiden Arten der Konfliktbeilegung beschäftige, möchte ich auf eine der wichtigsten Gemeinsamkeiten verweisen. Der Sinn und Zweck beider Konfliktlösungsmechanismen war und ist der Versuch, bestehende Konflikte und Streitigkeiten mit friedlichen Mitteln zu lösen.

Zur Abgrenzung beider Konfliktlösungsmechanismen kann Folgendes festgestellt werden. Ein Gerichtsverfahren zielt auf eine objektive Wahrheit und stellt den Konflikt zwischen einer Tathandlung und einer abstrakten Rechtsnorm ins Zentrum, während Mediation darauf zielt, Probleme zu lösen den beteiligten Personen aus dem Konflikt erwachsen sind[107]. Danach gibt es einen wichtigen Unterschied zwischen einem Gerichtsverfahren und einer außergerichtlichen Konfliktbeilegung. Im Gegensatz zum Gerichtsverfahren wird bei einer Mediation nicht darum gehen, die bzw. den „Schuldigen" zu finden oder die Anwendbarkeit einer sog. "abstrakten Rechtsnorm" zu begründen. Im Gegenteil soll den Parteien ermöglicht werden, Konflikte mit gegenseitigem Respekt zu bearbeiten und geholfen werden, ausgewogene und praktikable Lösungen zu finden, die für alle Beteiligten lesbar und umsetzbar sind[108]. Daher haben die Konfliktparteien bei einem außergerichtlichen Verfahren mehr Spielräume, um zu unkonventionellen Lösungen zu kommen, die den normierten Regelungen unterworfen werden müssen[109]. Für die Konfliktparteien bei einem Mediationsverfahren ist also der Maßstab nicht das Gesetz, sondern der Konsens. Hier stellt sich die Frage, welche **Vorteile** eine solche außergerichtliche Konfliktbeilegung gegenüber dem gerichtlichen Verfahren möglicherweise mit sich bringt.

In der Literatur herrscht die Meinung vor, dass zunächst die Konfliktparteien in einem außergerichtlichen Konfliktlösungsverfahren versuchen müssen, eine Einigung zu erreichen, um so ihr Kostenrisiko (ökonomisches Risiko) zu senken[110]. Durch diesen „ökonomischen Vorteil" würden sowohl die öffentlichen Kassen als auch die der Konfliktparteien geschont

---

[107] Vgl. *Iser*, Angelika: Supervision und Mediation in der sozialen Arbeit - Eine Studie zur Klärung von Mitarbeiterkonflikten, Tübingen 2008, S. 134.

[108] Vgl. *Besemer*, Christoph: Mediation - Die Kunst der Vermittlung in Konflikten, Karslruhe 2009, S. 67.

[109] Vgl. *Besemer*, Christoph: a. a. O., S. 67.

[110] Vgl. *von Olenhusen*, Peter Götz: Gerichtsmediation – Richterliche Konfliktvermittlung im Wandel, ZKM 2004, S. 104 (107).

werden. Darüber hinaus würde den Konfliktparteien auf dem Wege der außergerichtlichen Konfliktslösung mehr Zeit zur Verfügung stehen, um die Hintergründe des Konfliktes zu erkennen und ihre eigenen Interessen besser zu berücksichtigen[111].

Es wird weiter vermutet, dass eine außergerichtliche Konfliktslösung die auf Emanzipation des Betroffenen setzt, dessen Fähigkeit zur Selbsthilfe stärkt sowie dessen Bereitschaft, auch in Zukunft autonom und eigenverantwortlich mit Konflikten umzugehen[112]. Dadurch kann also eine tragfähige und nachhaltige Beziehung geschaffen werden.

Ein anderer Vorteil einer außergerichtlichen Konfliktslösung ist, dass sie im Gegensatz zu einem Gerichtsverfahren (meistens) nicht öffentlich durchgeführt wird d. h., von den Streitigkeiten dringt nichts an die Öffentlichkeit[113].

Weiterhin also vorteilhaft zu betrachten ist der Ausschluss von Verzögerungen des Verfahrens, da es regelmäßig schneller durchgeführt und auch beendet wird als ein Gerichtsverfahren. Denn einerseits kann die Vorbereitung eines Gerichtsprozesses viel Zeit in Anspruch nehmen, andererseits können nachfolgende Anfechtungsprozesse über mehrere Instanzen zu weiteren Verzögerungen führen. Im Gegensatz dazu kann eine außergerichtliche Konfliktbeilegung beginnen, sobald sich die Konfliktparteien über einen Vermittler und die Durchführung einer Vermittlung geeinigt haben[114].

Verläuft die außergerichtliche Konfliktbeilegung (Mediation) erfolglos, so bleibt für die Konfliktparteien die Möglichkeit ein gerichtliches Verfahren durchzuführen, weiter bestehen[115].

Am Ende eines außergerichtlichen Konfliktlösungsverfahrens steht bei positivem Ausgang die Einigung der Konfliktparteien in Form einer eigenverantwortlichen Entscheidung[116]. Nach einem Mediationsverfahren wird es also keine Verlierer geben, wie es bei Gerichtsverfahren in der Regel der Fall ist.

---

[111] Vgl. *Cornelius*, Jasmin: Mediation und systemische Therapie: Überlegungen zu einer Adaptierung des Mediationsverfahrens auf die speziellen Bedürfnisse von Paaren-Grenzen und Möglichkeiten, Bd.Vol.29. Frankfurt am Main 2010, S. 58; vgl. auch Bayerisches Staatsministerium für Arbeit und Sozialordnung, Familie und Frauen, Gerichtsinterne Mediation der bayerischen Sozialgerichtsbarkeit – Grundlagen, Erfahrungen und Praxis des Projekts am Bayerischen Landessozialgericht und am Sozialgericht München, vgl. URL: http://www.verwaltung.bayern.de/Anlage2804642/SozialgerichtlicheMediation.pdf [Stand: 28.11.2010].

[112] Vgl. *Weitz*, Tobias–Timo: Gerichtsnahe Mediation in der Verwaltungs-, Sozial- und Finanzgerichtsbarkeit, Frankfurt am Main 2008, S. 92.

[113] Vgl. *Kessl*, Fabian: Handbuch Mediation und Konfliktmanagement, Wiesbaden 2005, S. 115.

[114] Vgl. *Volkmann*, Judith: Mediation im Zivilprozess, Rechtliche Rahmenbedingungen für ein gerichtsinternes Mediationsangebot, 1. Auflage, Frankfurt 2006, S. 8.

[115] Vgl. *Eisele*, Jörg: Außergerichtliche Streitbeilegung und Mediation, Juristische Ausbildung (JURA) 2003, S. 656 (661).

[116] Vgl. *Kessl*, Fabian: a. a. O., S. 97.

Wir dürfen jedoch nicht vergessen, dass in einem Gerichtsprozess die Gefühle und Beziehungen des Klägers und der Beklagten außen vor bleiben und zumindest nicht in diesem Umfang Berücksichtigung finden werden. Dennoch können auch heutzutage zwei gut vertretbare Gründe, die für Gerichtsentscheidungen sprechen, gefunden werden: „Nachhaltigkeit der Konfliktbeilegung" und „konstante Ergebnisqualität". Dementsprechend genießt das Gerichtsverfahren nach wie vor großes Vertrauen in der Bevölkerung. Hinzu kommt, dass das Mediationsverfahren, als „jüngeres" Verfahren, weniger Praxiserfahrung vorzuweisen hat[117].

2.8 Definitionen der außergerichtlichen Konfliktlösung (Mediation und albanische Schlichtung)

2.8.1 Definitionen der Mediation

Aufgrund der Vielfältigkeit der verschiedenen Klärungsversuche des Begriffs Mediation bleiben oft Unklarheiten und offene Fragen bestehen. Besonders heutzutage findet Mediation vielfältig und vielseitig in vielseitigen Gebieten Anwendung und setzt unterschiedliche Methoden zur Zielerreichung ein. Daher ist es schwierig, Mediation allgemein und unmittelbar zu definieren.

In aller Kürze kann Mediation wie folgt erläutert werden: *"Mediation ist Verhandlung, die von einer dritten Partei durchgeführt wird"*[118] bzw. *"Verhandlung unter Hinzuziehung eines außenstehenden Dritten"*[119].

Anhand dieser Erklärungsversuche wird deutlich, dass in einem Mediationsverfahren das Eingreifen einer dritten Person nötig ist. Aber dieses Merkmal allein reicht nicht aus, um den Unterschied zwischen einem Mediationsverfahren und anderen Verhandlungen zu veranschaulichen und somit Richter, Schlichter, Schiedsrichter und Mediatoren voneinander abzugrenzen. Um zu klären, ob der Begriff der Mediation über die Jahrhunderte vergleichbar geblieben ist, soll auf eine Definition des deutschen Philosophen und Mathematikers Christian Wolf, aus dem Jahr 1754 zurückgegriffen werden. Er formulierte im § 768 seines Buches über die Mediation: *"Einen Mittler (Mediator) nennt man eine Person, welche sich bemüht, den Streit zwischen andern beyzulegen, ob sie gleich nicht das Recht dazu hat. Die Handlung aber,*

---

[117] Vgl. *Adamski,* Carolin: Wirtschaftsmediation im Vergleich zum Zivilprozess, Eine Gegenüberstellung beider Konfliktlösungsverfahren, Hamburg 2009, S. 61.

[118] Vgl. *Goldberg,* Stephen B. / *Sander,* Frank, E. A. /*Rogers,* Nancy. H.: Dispute resolution negotiation, mediation and other processes, Little, Brown, Boston 1992, S. 103

[119] Vgl. *Bastine,* Reiner: Scheidungsmediation – ein Verfahren psychologischer Hilfe. In Bundeskonferenz für Erziehungsberatung, Scheidungs-Mediation: Möglichkeiten und Grenzen (S. 14-37), Münster: Votum, 1995, zit. n. *Galuske,* Michael, Methoden der Sozialen Arbeit, Weinheim, München 2005, S. 209.

wodurch die Beylegung von einem Dritten entweder zustande gebracht, oder versucht wird, nennt man Vermittlung (mediatio). Der Mittler nimmt sich also der Sache von beyden Theile an, bey dem aber, was ihm gutdüncket, dörfen streitenden Partheyen es nicht bewende lassen. Da er das Recht, den Streit beyzulegen nicht hat; so ist seine Pflicht nur Bedingungen vorzuschlagen, unter welchen er vermeinet, das die Streitigkeit beygelegt werden könne; der streitenden Partheyen Meinung davon zu vehrnehmen und zu rathen, die entweder von ihm, oder von beyden Theilen vorgeschlagenen Bedingungen anzunehmen. Und weil er sich der Sache von beiden Theilen annimmt; so darf er nicht mehr auf des einen Theils Seite, als auf der anderen seyn; folglich dan man den, der dises thut, partheyisch (studiosum partium, partialem), der dieses aber nicht thut unparteyisch (impartialem) nennt; so muss er unparteyisch seyn, und deswegen nach dem gemeischaftlichen Nutzen und Gründen der Forderungen eines jeden Theils die Bedingungen beurtheilen. Daher erhellet, dass es auch dem Mittler zukomme, von den Bedingungen, welche von beyden Theilen angeboten werden, sein Gutdüncken zu sagen und die unbilligen Bedingungen, welche von einem, oder dem andern Theil angeboten zu werden, zu verwerfen."[120].

In dieser alten und langen Definition von Wolf zur Vermittlung werden bereits die wichtigsten Elemente für die erfolgreiche Durchführung einer Mediation genannt, die noch immer den Kern einer modernen Konfliktlösung bilden. Zunächst ist hier der sog. „Mittler" zu nennen, welcher im Mittelalter, im deutschen Sprachgebrauch, für die Person des Vermittlers bzw. Mediators stand. Aber nicht nur der Begriff wurde ähnlich verwendet, darüber hinaus ist auch auf seine ähnliche Rolle zu verweisen. Wie bei dieser alten Definition des 18. Jahrhunderts zur Vermittlung wird die Rolle eines Dritten während der Vermittlung zwischen Konfliktparteien in ähnlicher Weise dargestellt, wie in heute verwendeten Formulierungen wie, *"Mediation ist ein Verfahren, in dem eine neutrale dritte Person die Beteiligten darin unterstützt, die zwischen ihnen bestehenden Konflikte durch Verhandlungen einvernehmlich zu lösen."*[121]. Das bedeutet, Mediatoren und Mediatorinnen unterstützen bei der Suche nach individuellen, ausgewogenen und ggf. auch unkonventionellen Lösungen.

Es ist wichtig zu betonen, dass diese Verhandlungen zwischen den Konfliktparteien durch einen oder mehrere Mediatoren geleitet werden können, denn *"unter Mediation versteht*

---

[120] Vgl. *Wolff*, Christian: Grundsätze des Natur- und Völkerrechts, woraus alle Verbindlichkeiten und alle Rechte aus der Natur des Menschen in einem beständigen Zusammenhang hergeleitet werden, Halle 1754, S. 558 -559.

[121] Vgl. *Haynes*, John M.; *Bastine*, Reiner H.; *Link*, Gabriele; *Mecke*, Axel: Scheidung ohne Verlierer. Ein neues Verfahren sich einvernehmlich zu trennen. Mediation in der Praxis. München 1993, S. l2

man eine Vermittlung, bei der eine außergerichtliche oder alternative Streitbeilegung unter Anleitung eines oder mehrerer Vermittler durchgeführt wird"[122].

Aber auch nach Ansicht dieses Autors gilt, dass folgende Kriterien erfüllt sein müssen, um ein Mediationsverfahren erfolgreich gestalten zu können. Erstens die Akzeptanz aller Mediatoren und zweitens die Neutralität des Vermittlers, der über kontroverse Punkte und Forderungen aller Konfliktparteien urteilen muss und anschließend seiner Pflicht, nur Bedingungen vorzuschlagen nachkommen muss, ohne eine eigene Entscheidungsbefugnis zu haben. Er könnte zwar einen Beschluss im Sinne beider Konfliktparteien anbieten, falls eine Partei den Beschluss jedoch nicht akzeptiert, kann sie ihn verweigern. Wenn aber alle Bemühungen des Vermittlers scheitern, muss dieser sich zurückziehen.

Weitere wesentliche Elemente der Konfliktlösung sind einerseits die *Freiwilligkeit* der Teilnahme der Konfliktparteien an einem Mediationsverfahren und andererseits die *fehlende Macht* der Durchsetzung von Vollstreckungsmaßnahmen, im Fall einer Entscheidung der Mediatoren. Diese beiden Elemente werden nicht ohne Grund als die wichtigsten Grundsätze eines Mediationsverfahrens bezeichnet. Der Mediator hat nach dieser Auffassung keine Entscheidungskompetenz, sondern er schafft eine konstruktive Gesprächsbasis und sorgt für einen fairen Umgang der Gesprächsteilnehmer untereinander. Grundlegend für eine erfolgreiche Mediation sind *Kommunikation* und *Kooperation* als wesentliche Bestandteile der Mediation, wobei weniger die Historie des Konfliktes analysiert wird, sondern der Blick in die Zukunft gerichtet und nachhaltig sein soll.

Somit scheint die Mediation eine *"freiwillige Selbstregulierung von Konflikten unter Mitwirkung allparteilicher Dritter ohne Entscheidungsgewalt"*[123] zu sein, die eine generell freiwillige Bereitschaft der Beteiligten zur Konfliktschlichtung voraussetzt.

Anhand dieser Kriterien lässt sich ganz deutlich der Unterschied des Mediators zu einem Richter aufzeigen. Während nämlich der Mediator über keinerlei Entscheidungskompetenz verfügt und auch keine direkten Lösungsvorschläge macht, hat ein Richter hingegen die absolute Entscheidungshoheit.

Eine Vermittlung kann jedoch auch erst dann stattfinden, wenn der Vermittler neutral ist und den Beteiligten, aufgrund der Verhandlungsart des Vermittlers die Lösung nicht vorgegeben wird. Der Vermittler muss also stets neutral bleiben, sich nicht in den Konflikt einmischen und keinerlei Lösungsvorschläge unterbreiten. Er kann allenfalls Denkanstöße

---

[122] Vgl. *Strempel*, Dieter (Hrsg.), Mediation für die Praxis, Recht, Verfahren, Trends, Berlin 1998, S. 9.
[123] Vgl. *Falk*, Gerhard / *Heintel*, Peter / *Pelikan*, Christa: Die Welt der Mediation, Klagenfurt 1998, S. 289.

geben. Hauptaufgabe des Vermittlers ist also die Koordination der Gespräche bzw. die Begleitung des Prozesses. Eine analoge Definition dazu bekräftigt überwiegend diese erwähnten Eigenschaften des Mediationsverfahrens. Danach gilt Mediation als *"die Einschaltung eines (meist) neutralen und unparteiischen Dritten im Konflikt, der die Parteien bei ihren Verhandlungs- und Lösungsversuchen unterstützt, jedoch über keine eigene (Konflikt- oder) Entscheidungskompetenz verfügt"*[124], definiert. Die unterstützt vor allem die letzte These bezüglich mangelnder Entscheidungskompetenz und bekräftigt den Grundsatz, dass die Parteien eines Schlichtungsverfahrens jederzeit aus dem Verfahren aussteigen können, um in einen normalen Gerichtsprozess zurückzukehren oder einen solchen anzustreben.

Durch die Mediation haben die Konfliktparteien den Vorteil, im Rahmen ihrer Grund- und Freiheitsrechte zu handeln und nicht durch Dritte (Richter, Schlichter etc.) den Ausgang des Verfahrens bestimmen zu lassen, denn das Ergebnis liegt allein in den Händen der Beteiligten. Die Mediation dient also nicht der eigentlichen Wahrheitsfindung, ist aber für eine Koordination der verschiedenen Wahrheiten sehr hilfreich und brauchbar[125].

Anknüpfend an die obigen Bemerkungen ist Diskretion eine weitere notwendige Hauptvoraussetzung für eine erfolgreiche außergerichtliche Konfliktlösung. Aufgrund dessen kann schließlich Mediation als *"ein vertrauliches Verfahren, in welchem Streitpartner ihre Konflikte unter Mitwirkung von neutralen MediatorInnen ohne inhaltliche Entscheidungsbefugnis, eigenverantwortlich regeln"*[126], bezeichnet werden. Diese neutrale und unparteiische Verhaltensweise zeigt sich am folgenden Beispiel: Ein Streitpartner beklagt sich, dass der Tisch eines Kollegen im Büro ein peinliches Durcheinander ist. Der Mediator wiederholt dann diesen Satz nicht direkt, sondern konzentriert sich im weiteren Gesprächsverlauf auf die Frage der Sauberkeit des Büros im Allgemeinen. Denn die Entscheidungsmacht bei einer Konfliktschlichtung liegt bei den Konfliktparteien selbst. Sie kann durch eine gemeinsame Vereinbarung getroffen werden, die als eine Macht „von unten" zur Durchsetzung von Verhandlungen bezeichnet wird und, die Möglichkeit der Rückkehr zum Dialog in sich birgt[127]. Die Verpflichtung zur Diskretion gilt selbstverständlich sowohl für die Streitparteien als auch die Mediatoren, da sonst eine zweckmäßige Auseinandersetzung nicht möglich ist. Aus juristischer Sicht untersteht der Schutz der Vertraulichkeit den gesetzlichen

---

[124] Vgl. *Breidenbach*, Stephan: Mediation. Struktur, Chancen und Risiken von Vermittlung im Konflikt, Köln 1995, S. 4.
[125] Vgl. *Duss-von Werdt*, Joseph: Einführung in die Mediation, Heidelberg 2008, S. 10.
[126] Infoblatt 1998 Win-Win, Wien-Klagenfurt, S 1.
[127] Vgl. *Bessemer*, Christoph: Mediation – Die Kunst der Vermittlung in Konflikten, Baden 2009, S. 73.

Schweigepflichten und die Mediatoren müssen die Konfliktparteien über Umfang und Inhalt dieser Schweigepflichten aufklären. Nach dem Europäischen Verhaltenskodex für Mediatoren[128] beispielsweise wird der Mediator verpflichtet, alle Informationen aus dem Mediationsverfahren selbst oder aus damit im Zusammenhang stehenden Sachverhalten geheim zu halten. Einzige Ausnahme ist möglich, wenn er gesetzlich oder aus Gründen der öffentlichen Ordnung zur Offenlegung gezwungen ist. Diskretionspflicht gilt auch für Informationen, die eine der Parteien dem Mediator im Vertrauen mitgeteilt hat. Sie dürfen nicht ohne Genehmigung an die eine oder die anderen Parteien weitergegeben werden, es sei denn, es besteht eine gesetzliche Pflicht zur Weitergabe.

Auf dieser, zum Teil durchaus weit ausufernden Basis, werden Mediatoren idR nicht als Zeugen eines staatlichen Gerichtsprozesses berufen werden, wenn es um die Beweisführung von Tatsachen geht, die ihnen im Verlauf des Mediationsverfahrens bekannt geworden sind[129]. Der Grundsatz der Freiwilligkeit, Offenheit und Vertraulichkeit für die Konfliktparteien in der Darstellung ihrer Probleme, ist ein so zentrales Prinzip, das er während der gesamten Dauer des Mediationsverfahrens Bestand hat[130].

Ein weiteres zentrales Merkmal der Mediation ist die außergerichtliche Möglichkeit der Konfliktbeilegung. Die nächste Definition zeigt, inwiefern es Divergenzen zwischen einem staatlichen Gerichtsverfahren und der Möglichkeit der Regulierung wichtiger Probleme zwischen Parteien, auch durch einen unabhängigen alternativen Prozess, gibt. "*Mediation ist ein freiwilliger, von gesetzlichen und rechtlichen Zugeständnissen unabhängiger Prozess, in dem die beteiligten Personen oder Gruppen übereinkommen, unter dem Beistand, eines in der Sache neutralen und allparteilichen Dritten, ihre Konfliktpunkte offen zu legen, zu strukturieren und ihre gegensätzlichen Standpunkte auszutauschen.*"[131]. Die Möglichkeit der Parteien, in einem unabhängigen alternativen Prozess ihre Probleme zu regulieren, unterscheidet sich von einem staatlichen Gerichtsverfahren also enorm.

In der Folge der bisher dargestellten Erklärungen kann man zu dem Ergebnis kommen, dass "*Ziel und Wesensmerkmal der Mediation die autonome, konsensuale Regelung der*

---

[128] European Code of Conduct for Mediators, in englischer Version abgedruckt in ZKM 4/2004, S. 148, die hier zitierte deutsche Übersetzung in: Mediationsreport 8/2004, S. 3.
[129] Vgl. *Bessemer* Christoph: a.a.O., S. 64.
[130] European Code of Conduct for Mediators, ZKM 4/2004, S. 148.
[131] Vgl. *Sellnow*, Reinhard: Kreative Lösungssuche in der Mediation, in: Zeitschrift für Konfliktmanagement 3. Jahrgang 2000, S. 100.

Streitfragen, ggf. sogar Konfliktlösung durch die beteiligten Parteien ist."[132]. Eine andere Definition präzisiert, dass die Vermittlung eine Form der Streitbeilegung die meist als Mittel „*außerhalb des Zentrums des Rechtssystems ist, das die Gerichte einnehmen*"[133], praktiziert wird.

Allerdings fehlt es bisher an einer umfassenden Betrachtung des Mediationsbegriffes unter Berücksichtigung seiner inhaltlichen Vielfalt. Diese unterschiedlichen Aspekte der Mediation werden in folgender Definition zutreffend dargestellt: „*Vermittlung ist ein systemischer, zeitlich begrenzter, stufig strukturierter, zukunftsorientierter Prozess mit dem Ziel, Kommunikation und Kooperation zwischen den Konfliktparteien zu fördern, vorhandene Ressourcen freizusetzen, die Ausbildung von Alternativen und Optionen zu maximieren und eine Vereinbarung zwischen den Parteien auf der Grundlage ihrer subjektiven Interessenlage zu erreichen, die von beiden Seiten als fair akzeptiert werden kann. Mithilfe eines unparteiischen und neutralen Vermittlers erarbeiten die Konfliktparteien, eigenverantwortlich einvernehmliche Regelungen, unter Beachtung ihrer subjektiven Bedürfnisse und Interessen, um ihre aktuellen Konflikte zu entschärfen. Sie schaffen damit die Grundlage, zukünftige Streitigkeiten ebenfalls selbstständig und einvernehmlich zu regeln.*"[134].

Aufgrund der Eigenart der Herangehensweise der Mediation ist immer wieder ein neuer Blickwinkel, auf die Gestaltung der Beziehung zwischen den Konfliktparteien in der Zukunft, möglich. „*Kernaufgabe der Mediation ist es, die Zukunftsinteressen hinter den jeweils von den Beteiligten vertretenen Positionen aufzuschlüsseln. Die Interessen sollen sich so weit als möglich in der abschließenden Vereinbarung wiederfinden. Hierbei soll der Eine nicht auf Kosten des Anderen gewinnen.*"[135]. Ein solch interessengeleitetes Verfahren ist am Gericht nicht denkbar. Ein komplementäres Verfahren, neben diesem fest installierten gerichtlichen Prozessen, kann aber möglich sein.

Eine weitere Erklärung formuliert "*Mediation als Methode, mit der eine dritte neutrale Person zwei oder mehr Personen bei der Streitbeilegung unterstützt. Dabei handelt sich um ein nicht förmliches Verfahren mit dem Ziel, den Parteien zu einer Lösung aus freiem Willen*

---

[132] Vgl. *Trenczek*, Thomas: Formalisierung der Informellen Streitregelung, Zeitschrift für Konfliktmanagement 5/2005, S. 153.

[133] Vgl. *Strempel*, Dieter: Mediation für die Praxis, Berlin 1998, S. 9.

[134] Vgl. *Proksch*, Roland: Mediation – Vermittlung in familiären Konflikten: Einführung von Mediation in die Kinder- und Jugendhilfe, in: Heft des Instituts für soziale und kulturelle Arbeit Nürnberg, S. 20.

[135] Vgl. *Mähler*, Gisela und Hans-Georg: Mediation als Konsensverfahren, in: KON:SENS 4/1999 Zeitschrift für Mediation, Köln, S. 200.

zu verhelfen"[136]. Mithilfe der Mediation können die Streitparteien also wieder an einen Tisch gebracht werden, was auf anderem Weg vielleicht nicht möglich gewesen wäre. Sie können dann selbst beurteilen, ob es in ihrem Fall sinnvoll ist, den Rechtsweg zu beschreiten.

Abschließend möchte ich mit der kurzen Formulierung, *"Mediation ist ein Verfahren zur Konfliktlösung, bei dem allparteiliche Vermittler Hilfeleistung stellen"*[137] feststellen, dass Mediation, ein Verfahren ist, in welchem sich alle Teilnehmer freiwillig um eine Lösung des Konfliktes bemühen.

Eine Gemeinsamkeit aller Erklärungen besteht aber darin, dass sie Mediation häufig ähnlich definieren. Werden alle Elemente aus den verschiedenen Darlegungen zur Mediation zusammengefasst, könnte man sagen: *"Als Mediation werden alle vom Gericht unabhängigen Verfahren der Konfliktlösung bezeichnet, bei denen die Konfliktparteien übereinkommen, einen (meist) neutralen und unparteiischen Dritten, ohne eigentliche Entscheidungskompetenz einzuschalten, der sie bei der Suche nach einer einvernehmlichen, eigenverantwortlichen Lösung des Konfliktes unterstützt."*[138].

2.8.2 Die Definitionen der Mediation nach speziellen Anwendungsfeldern

Heutzutage ist die Mediation als Konfliktregelungsverfahren und Verfahren zur Unterstützung von Vertragsverhandlungen nicht mehr wegzudenken. Sowohl im privaten als auch öffentlichen Bereich findet Mediation Anwendung und beschränkt sich dabei nicht nur auf Konfliktlösungen zwischen Individuen. Mediation ist bei Konflikten in fast allen Lebenslagen denkbar ist, wie z. B. bei

- Familien-, Scheidungs- oder Trennungsstreitigkeiten,
- Auseinandersetzungen am Arbeitsplatz, mit Arbeitskollegen und Arbeitgebern,
- Konflikten zwischen Unternehmen,
- Erbauseinandersetzungen,
- Nachbarschaftsstreitigkeiten,
- Konflikten zwischen Mieter und Vermieter,
- Verbraucherstreitigkeiten,

---

[136] Vgl. Gesellschaft für Wirtschaftsmediation und Konfliktmanagement e.V.m München
[137] Vgl. *Gielkens*, Leo: Mehr als Sieg und Niederlage - Mediation als Erziehung zum Gewaltverzicht in der Jugendpastoral, Berlin 2007, S. 10.
[138] Vgl. *Tanner*, Mathias: Mediation in Minarettkonflikten? Lizenziatsarbeit im Fach Ethik, Departement für Evangelische Theologie der Christkatholischen und Evangelischen Theologischen Fakultät der Universität Bern 2007, S. 49.

- Konflikten an Schulen,
- Konflikten mit Behörden und
- Konflikten zwischen Gläubiger und Schuldner[139].

Mediation kann aber auch in verschiedenen Lebensbereichen möglich sein, beispielsweise
- in internationalen Streitfällen z. B. im Bereich des Sorge- und Umgangsrechts
- im Bereich der Wirtschaft,
- im Bereich des Baurechts,
- im Bereich der öffentlichen Verwaltung (Umweltmediation),
- im Zusammenhang mit Arzt-/Patientenkonflikten,
- im Bereich des Strafrechts, im Zusammenhang mit dem Täter – Opfer – Ausgleich (TOA),
- im Bereich politischer Konflikte[140], sogar auch
- im Sport[141].

In einigen Rechtsgebieten kann in dem einem oder anderen von mir ausgewählten Forschungsland ein Gericht möglicherweise erst dann angerufen werden, wenn zuvor eine außergerichtliche Konfliktbeilegung stattgefunden hat.

Das wichtigste Modell einer Mediation, das heutzutage in fast allen europäischen Ländern Anwendung findet, ist die *Familienmediation*[142]. Diese Art der Konfliktlösung wird für sehr produktiv gehalten. Aber auch bei Konflikten zwischen Eltern, Kindern und Erben, innerbetrieblicher Konflikten, Konflikten zwischen Nachbarn *(Nachbarschaftsmediation)*, Konflikten zwischen Schülern in der Schule *(Schulmediation)*[143], im Strafrecht[144] (TOA)[145], fand Mediation nach und nach Anwendung.

---

[139] Vgl. *Geobel*, Petra M.: Was leitet Mediation? Vgl. URL: http://www.mediation-goebel.de/Was_leis tet_Mediation_/was_leistet_mediation_.html [Stand: 28.08.10].

[140] Vgl. URL: http://www.bmj.bund.de/enid/Mediation_-_au ergerichtliche_Streitbeilegung/Mediation_-_Was_ist_das__od.html [Stand: 18.09.2010], Bundesministerium der Justiz, Was ist Mediation?.

[141] Vgl. URL: http://www.wermke-mediation.de/1.html [Stand: 19.09.2010].

[142] Vgl. *Bastine*, R. & Wetzel, A. Familienmediation: Empirische Untersuchungen und Modellprojekte in Deutschland und Österreich. In: F. Petermann & K. Pietsch (Hrsg.), *Mediation als Kooperation*. Salzburg 2000.

[143] Die Besonderheit bei dieser Mediation ist, dass sowohl Lehrer oder Sozialpädagogen als auch die Kinder selber die Rolle des Mediators übernehmen.

[144] Die Besonderheit der Mediation im Strafrecht ist, dass der durch die Straftat entstandene Konflikt zugunsten der Wiederherstellung des Rechtsfriedens in den Hintergrund rückt. Es erfolgt ein Ausgleich der Folgen der Tat durch eine freiwillige Leistung des Täters. Vgl. *Mühlfeld*, Stefanie: Mediation im Strafrecht, Frankfurt/M 2002, S. 137.

[145] Laut Ergebnissen der Umfrage des Schweizerischen Dachverbands für Mediation 2008 gibt es am häufigsten einvernehmliche Lösungen im Bereich von Strafsachen (74, -8 % Erfolgsquote).

Weitere vielfältige Einsatzmöglichkeiten finden sich in folgenden Bereichen: Im Bereich der *Wirtschaftsmediation* können Konflikte zwischen der Wirtschafts- und Arbeitswelt aufgelöst werden; die *Umweltmediation* erfasst Konflikte um Standorte für Industrieanlagen; *Verbrauchermediation* behandelt Konflikte zwischen Verbrauchern, Kunden und Anbietern; *Sportmediation* klärt Konflikte in Einzel- und Mannschaftssportarten, beim Training und im Wettkampf, wie Leistungsverweigerung unzufriedener Sportler, Machtkämpfe zwischen Mannschaftsmitgliedern und Streitigkeiten mit Eltern oder Spielerberatern.

Mediation wird jedoch nicht nur bei den individuellen Konflikten und Streitigkeiten eingesetzt, sondern auch in jenen Bereichen, in denen es um die Klärung von politischen Fragen geht. *Politische Mediation*[146] beispielsweise wird angewendet, wenn bei Streitigkeiten auf internationaler Ebene zwischen Nationalstaaten vermittelt werden soll und Konflikte mit diplomatischen Mitteln aus dem Völkerrecht gelöst werden sollen. Ein aktuelles Beispiel politischer Mediation ist der Balkan und der Nahe Osten. Hier dient mittlerweile die Mediation vor allem dazu, neue ethnische Konflikte zu vermeiden und den Aufbau eines interkulturellen und religiösen Verständnisses zu unterstützen. Diese Art der Mediation wurde bereits bei Konflikten zwischen Stadtstaaten im antiken Griechenland praktiziert, zum Beispiel zwischen Athen und Sparta. Dort wurden die Vertreter anderer neutraler Städte als Vermittler eingeschaltet[147]. Danach wurde, zum Beispiel im Jahre 1866 von Österreich, im Kriege gegen Preußen und Italien, die Vermittlung durch Frankreich in Anspruch genommen[148]. Mediation wird immer wichtiger für die Bewahrung des Friedens und der Sicherheit in der Welt, heute und auch in der Zukunft, denn nach der Hamburger Arbeitsgemeinschaft Kriegsursachenforschung (AKUF), wurden in der Zeit von 1945 bis 2007 238 Kriege gezählt, mit schätzungsweise bisher mehr als 6,7 Millionen Todesopfern und noch mehr Verwundeten[149].

"Wenn in einem Konflikt gesellschaftspolitische Interessen berührt sind und Akteure aus dem politischen System als Auftraggeber und/oder Konfliktparteien am Mediationsverfahren beteiligt sind"[150], dann sprechen wir von politischer Mediation.

---

[146] Die Politische Mediation unterscheidet sich von anderen Arten der Mediation, denn die Konfliktparteien sind Staaten, welche durch einen dritten, neutralen Staat oder eine Organisation, unter Zuhilfenahme des Völkerrechts, ihre Konflikte und Streitigkeiten beilegen wollen. Vgl. *Keller*, Mathias: Wenn Nationalstaaten sich streiten - Politische Mediation als ein Mittel der Konfliktlösung auf internationaler und nationaler Ebene, eingereicht als Hauptstudiumsarbeit im Wintersemester 2003/2004 an der Universität Siegen 2005, S. 9.

[147] Vgl. *Montada*, Leo / Kals, Elisabeth, Mediation, Ein Lehrbuch für Psychologen und Juristen, Belts PRV, Weinheim 2001, S. 3.

[148] Vgl.URL: http://de.academic.ru/dic.nsf/meyers/89373/Mediateur [Stand: 25.09.2010].

[149] Vgl.URL: http://www.sozialwiss.uni-hamburg.de/onTEAM/preview/Ipw/Akuf/kriege_archiv.htm [Stand: 28.09.2010].

[150] Vgl.URL: http://www.politeia.at/POLITEIA/silviartikel11.htm [Stand: 24.09.2010].

Die stetige Weiterentwicklung der Mediationsgesetze erfolgt aus einem Konglomerat aus positivem Gewohnheits- und moralischem Recht. Dieser Aspekt ist vor allem in der heutigen Zeit der Globalisierung interessant, denn Mediation ist ein Instrument zur Konfliktbewältigung, das in nationalen als auch in internationalen Beziehungen Anwendung finden kann. In diesem Zusammenhang möchte ich einen neueren Bereich der Konfliktbewältigung erwähnen, der die Möglichkeit bietet außergerichtlich Probleme zügig und flexibel zu lösen, die Umweltmediation.

Umweltmediation ist eine Möglichkeit, Auseinandersetzungen über umweltrelevante Projektvorhaben im Einvernehmen mit den Beteiligten zu regeln. Sie wird unbürokratisch als *"ein informelles Konfliktlösungsverfahren bezeichnet, in dem Konfliktparteien mithilfe eines neutralen Moderators (Mediator) in einem freiwilligen Verhandlungsverfahren versuchen, Interessen offenzulegen, Gegensätze zu diskutieren, alternative Lösungen zu finden und Handlungsoptionen zu entwickeln"*[151].

Eine andere Art der Mediation ist die Familienmediation. Mit der Gleichstellung der Geschlechter wurde ein Grundprinzip eines jeden demokratischen Rechtsstaates gewährleistet und jede Diskriminierung aufgrund des Geschlechtes unterbunden. Damit wurde auch eine weitere Form der außergerichtlichen Konfliktschlichtung, die Familienmediation anerkannt. Die folgende Definition über Familienmediaton bezieht sich auf die Folgen einer rechtsverbindlichen Vereinbarung nach einer Entscheidung, im Falle einer Trennung und/ oder Scheidung. Danach wird Mediation als *"ein außergerichtlicher Weg der Konfliktbearbeitung, in dem die Betroffenen von einen Mediator darin unterstützt werden, eine faire, rechtsverbindliche Vereinbarung über die Folgen von Trennung und Scheidung zu entwickeln"*[152], bezeichnet. Zentrales Anliegen dieses Verfahrens ist die Unterstützung des Paares, dergestalt, dass sie in der Lage sind, ihre Beziehung auf der Paarebene aufzulösen und trotzdem Eltern zu bleiben. Ziel ist, das Eltern-Kind Verhältnis so zu gestalten, dass das Kind zu beiden Elternteilen seine Beziehung aufrechterhalten kann. Eltern, die in der Mediation nach Lösungen suchen, sind eher in der Lage, dem Kind trotz Trennung oder Scheidung solche Rahmenbedingungen zu ermöglichen. Die Mediation findet auch in Familiensachen auf internationaler Ebene statt.

Eine weitere Definition zu Mediation wurde durch das Parlament und den Rat der Europäischen Union formuliert. Mit der damit verbundenen Richtlinie soll die Mediation als alternative Konfliktschlichtung in Zivil- und Handelssachen gestärkt werden. Im Sinne der

---

[151] Vgl. *Zilleßen*, Horst: STATUS UND ERFAHRUNGEN ZU UMWELTMEDIATION IN EUROPA, Symposium „Environmental Mediation in Europe", 22/23.11.2001, Vienna.
[152] Vgl. *Duss-von Werdt* , J./ *Mähler*, G./ *Mähler*, H. - G., Die andere Scheidung, Stuttgart 1995, S. 13.

Richtlinie bezeichnet die EU die Mediation als *"ein strukturiertes Verfahren, in dem zwei oder mehr Streitparteien mithilfe eines Mediators auf freiwilliger Basis versuchen, eine Vereinbarung über die Beilegung ihrer Streitigkeiten zu erzielen. Es schließt die Mediation durch einen Richter ein, der nicht für ein Gerichtsverfahren in der betreffenden Streitsache zuständig ist. Nicht eingeschlossen sind Bemühungen zur Streitbeilegung des angerufenen Gerichts oder Richters während des Gerichtsverfahrens über die betreffende Streitsache."*[153].

Ferner gibt es die sog. Richterliche Mediation. Wie bei allen anderen Arten der Mediation, führt auch diese Form der Konfliktbeilegung im Idealfall zu einer schnelleren Lösung des Konfliktes. Diese Form der Mediation gestaltet sich folgendermaßen: Nach Klageerhebung können sich die Parteien und ihre Anwälte bereit erklären, auch ohne die machtvolle Rolle eines Richters eine einvernehmliche Lösung zu finden. In einem *"freiwilligen Verfahren, in dem ein Konflikt miteinander konstruktiv, ergebnisorientiert und zukunftsorientiert gelöst wird. Die Beteiligten erarbeiten mit Unterstützung des richterlichen Mediators eine ihren individuellen Interessen angepasste Konfliktlösung gemeinsam und selbstverantwortlich. Der Mediator hat keine Entscheidungskompetenz, er schafft eine konstruktive Gesprächsbasis und sorgt für einen fairen Umgang der Gesprächsteilnehmer miteinander."*[154].

Ein weiteres spezielles Mediationsmodell ist die Wirtschaftsmediation, die wirtschaftliche Konflikte jeder Art, sei es aus kommerzieller Beziehung, Markttransaktionen, vertraglicher oder nicht vertraglicher Art, zum Inhalt haben kann. Schon im Italienischen Zivilgesetzbuch von 1754 findet sich eine Definition über die Funktion eines Wirtschaftsmediators: „*Mediator ist, wer zwei oder mehrere Parteien zum Herstellen eines Abschlusses in Verbindung bringt, ohne mit einer von ihnen verbunden zu sein, sei es durch Zusammenarbeit, Abhängigkeit oder Vertretung.*"[155].

Nach heutiger Auffassung ist *"Mediation (Wirtschaftsmediation) ein von einem neutralen Dritten moderiertes Konfliktlösungsverfahren, dessen charakteristisches Merkmal ein von den Konfliktparteien gemeinsam erarbeiteter, akzeptierter und vereinbarter Ausgang, unter größtmöglicher Schadensbegrenzung, bei gleichzeitiger Wahrung der persönlichen*

---

[153] Die EU Direktive 2008/52/EC of the European Parliament and the council of 21st May 2008 on certain aspects of mediation in civil and commercial matters.
[154] Vgl. URL:http://www.lsg.nrw.de/50_service/60_mediation/Flyer_Richterliche_Mediation-neu.pdf [Stand:17.09.2010]. Richterliche Mediation in der Sozialgerichtsbarkeit des Landes Nordrhein-Westfalen.
[155] Vgl. *Duss-von Werdt*, Josef: Weiterbildendes Studium Mediation, Mediation in Europa, Hagen FernUniversität, Gesamthochschule Hagen 1999, S. 22.

sowie geschäftlichen Interessen aller Kontrahenten"[156]. Eine spezielle Methode der Beilegung von Konflikten in Unternehmen ist als Coaching bekannt.

Über die Mediation im Strafrecht wurde auf internationaler Ebene ein UN-Resolutionsentwurf erlassen, der „Grundsätze bei der Anwendung von sog. Restaurative Justice Programmen in Kriminalangelegenheiten"[157] enthält. Diese sind aber auch in der Empfehlung des Europarats „On Mediation in PennalMaters" Nr. R (99) 19 vorgesehen. In der heutigen Zeit stößt die außergerichtliche Konfliktschlichtung "ADR" in der Europäischen Union auf zunehmendes Interesse[158]. Als Anhang an die Empfehlung Nr.19/99 des Ministerkomitees des Europarats, über die Mediation in Strafsachen, wurde eine besondere Empfehlung für die Schlichtung in Strafsachen, konkret die Versöhnung von Opfern und Tätern von Verbrechen, ausgestellt. Die Rolle und die Geltung der Mediation dabei wird wie folgt dargestellt: *„Diese Richtlinien gelten für jedes Verfahren, bei dem Opfer und Täter, falls sie sich aus freien Stücken dafür entscheiden, in die Lage versetzt werden, sich aktiv an einer Regelung der Folgen einer Straftat, mithilfe eines unparteiischen Dritten (Vermittlers) zu beteiligen."*[159].

2.9 Die Definitionen und Arten der außergerichtlichen Konfliktbeilegung nach dem albanischen Gewohnheitsrecht (Kanun)

Im Gegensatz zur modernen Konfliktschlichtung in Form von Mediation wird nun dargestellt, wie Vermittlungen und Schlichtungen nach den alten albanischen Kanunen ablaufen. Dabei werden, trotz aller Abgrenzungsschwierigkeiten und regionalen Besonderheiten der albanischen Kanunen, auch ihre Gemeinsamkeiten dargestellt. Im Lauf der Geschichte wurde das parallel geltende mündliche Volksrecht der Albaner, durch den sog. Kanun kodifiziert. In den albanischen Territorien (*heute: Albanien, Kosovo, sowie große Teile Griechenlands, Mazedoniens und Montenegros*) waren vielfältige Kanunen bekannt.

Dort, wo die gesellschaftliche Entwicklung die schnellsten Fortschritte beim Aufbau staatlicher Strukturen machte, wurde auch das Gewohnheitsrecht zuerst durch geschriebenes Recht abgelöst. Die Bevölkerung Südalbaniens beispielsweise verlor als einer der Ersten ihren

---

[156] Vgl. *Lenz*, Christina/*Mueller*, Anders: Business Mediation, Einigung ohne Gericht, Landsberg 1999, S. 73.
[157] UN Basic Principles on Restorative Justice, Resolution: 2000/14 vom 27. Juli 2000.
[158] Vgl. URL: http://ec.europa.eu/civiljustice/adr/adr_gen_de.htm [Stand: 03.10.2010].
[159] EUROPARAT MINISTERKOMITEE - Empfehlung Nr R (99) 19des Ministerkomitees an die Mitgliedstaaten bezüglich Mediation in Strafsachen (Täter-Opfer-Ausgleich).

Kanun der Labëria, während dort, wo die Entwicklung stockte, (Nordalbanien) eher das Gewohnheitsrecht (Kanun) bewahrt wurde[160].

Die Institute der Vermittlung und der Schlichtung waren allen albanischen Kanunen bekannt. Sie waren nicht nur eingeschränkt bei Konflikten mit Motiven der Rache und der Blutrache anwendbar, sondern auch bei familiären Konflikten, Eigentumsfragen oder gesellschaftlichen Anliegen. Die Tätigkeit der Vermittler und Schlichter erfolgte auf Basis der Normen der Kanunen.

Der Vermittler wird in albanischer Sprache allgemein als *Ndërmjetësuesi* bezeichnet. Jedoch kann diese Bezeichnung je nach Konfliktschlichtungsbereich anders sein. Bei der Vermittlung der Verlobung unterstützt der Gesandte (alb. *Shkuesi – mësiti*). Um eine Grenze zu ziehen oder die Zeichen einer alten Grenze neu zu befestigen, kommt der Älteste (alb. *Plak*) und zur Vermittlung des Blutes, der Bürge des Blutes (alb. *Dorëzanet e gjakut*).Es ist also irreführend, wenn die Begriffe Schlichter (alb. Plaku) und Vermittler (alb. Ndermjetesi) in den albanischen Kanunen oft als Synonyme verwendet wurden.

In albanischen Territorien wurden viele verschiedene, regionale Kanunen angewendet. Die drei Wichtigsten waren jedoch der Kanun des Lek Dukagjini, der Kanun des Skanderbeg, der Kanun der Labëria. Vermittlung und Schlichtung spielte bei den Albanern also von Anfang an eine positive und vorteilhafte Rolle für die Prävention bei Konflikten und Streitigkeiten und wurde nicht nur bei Konflikten mit Rache- und Blutrachemotiven, sondern auch in vielen anderen Lebensbereichen eingesetzt. Geschichtlich sind viele Gewohnheitsälteste bekannt, die in den albanischen Gebieten einen großen Beitrag zur Vermittlung und Versöhnung des albanischen Volkes geleistet haben. Erwähnenswert sind hier z. B. die albanischen Frauen und Männer der Stämme Gjokuta, einem Dorf im südalbanischen Kuçi, die einen wichtigen Beitrag zur Vermittlung zwischen den Suljoten und dem Ali Pashe Tepelenas in den Jahren 1777 – 1881 und bei vielen anderen Konflikten und Streitigkeiten leisteten[161]. In Nordalbanien war die Familie Gjomarkaj aus dem Dorf Orosh, in der Nähe von Mirdita, die bekannteste Familie die nach dem Kanun des Lek Dukagjini eine Tätigkeit des Obersten Gerichtes ausübte und dieses Recht erbte und vererbte[162].

---

[160] Vgl. *Qerimi* Islam: Rolle und Herkunft des Kanuns bei den Albanern, München 2010, S. 4.
[161] Vgl. *Luçi,* Hasan: Kuvendi i Laberisë, Tiranë 2009, S. 20 – 29.
[162] Vgl. *Meçi,* Xhemal: Kanuni i Lekë Dukagjinit- Në Variantin e Mirditës, Tiranë 2002, S. 28.

Im Kosovo wurden und werden folgende Vermittler sehr hoch geschätzt: Ali Binaku, Xhemajl Obria, Ramadan Shabani, Rexhe Hyseni, Brahim Kurti, Avdyl Hoxha, Ali Pasoma, Sinan Qelaj, Feriz und Rizah Zekolli etc.

2.9.1 Der Kanun des Lekë Dukagjini[163]

In dieser Arbeit werde ich mich hauptsächlich mit dem Kanun des Lekë Dukagjini befassen, weil er, was Vermittlungen und Schlichtungen angeht, als wichtigste und bekannteste Zusammenstellung des albanischen Gewohnheitsrechtes galt, und noch heute, teilweise parallel zur Staatsjustiz, für die Selbstjustizfälle der Rache und der Blutrache angewandt wird.

Über die Herkunft des Kanun des Lek Dukagjini (KLD, alb. Kanun i Lekë Dukagjinit) gibt unterschiedliche Meinungen. Nach einer Meinung findet man ihr Zeichen erstmals in der Zeit des Paganismus[164]. Andere gehen davon aus, dass die ersten Spuren in den katholischen albanischen Stämmen[165] zu verzeichnen waren. Im Gegensatz dazu sind einige Wissenschaftler davon überzeugt, dass gegen eine bereits länger zurückliegende erste Anwendung des Kanuns die mangelhaften Spuren im Romanischen sprechen[166].

Doch der Kanun wurde ungefähr im 13. Bis 14. Jahrhundert, zeitgleich mit der Okkupierung der albanischen Territorien durch die Osmanen, erstmals eingeführt und angewendet. Einige Autoren sind der Ansicht, der Kanun wurde durch Lek Dukagjini selbst verfasst[167]. Abgesehen von der nicht mehr feststellbaren und unterschiedlich gesehenen Entwicklungszeit des Kanuns, war er das wichtigste Regelwerk, das die nordalbanische Bevölkerung zusammengestellt hatte und konnte als eine moderne Verfassung angesehen werden.

Durch die Erschaffung des Gewohnheitsrechts ist das albanische Volk seit Jahrhunderten aufgefordert, seine Konflikten und Streitigkeiten friedlich, mithilfe der

---

[163] Der Kanun wurde nach dem Namen des albanischen Fürsten Lekë Dukagjini (1410 – 1481) benannt. Das Kernland des Kanuns ist Dukagjin, d. h. das Hochland von Lezha, Mirdita, Shala, Shoshi und Nikaj-Merturi, sowie die Dukagjin-Ebene im heutigen westlichen Kosovo. Diesen Kanun hat Franziskanerpater Shtjefën Gjeçovi bzw. Gjeçov (1874-1929) systematisch erfasst und die definitive Fassung des Kanuns wurde in Shkodra 1933 posthum - vier Jahre nach der Ermordung Pater Gjeçovis durch serbische Freischärler veröffentlicht. Schließlich wurde der Kanun von der Münchner Publizistin und Albanienkennerin Marie Amelie Freiin von Godin (1882-1956), in Zusammenarbeit mit ihrem langjährigen Freund Ekrem Bey Vlora (1885-1964), ins Deutsche übertragen und in den Jahren 1953 bis 1956 auch in der 'Zeitschrift für vergleichende Rechtswissenschaft' veröffentlicht.
[164] Vgl. *Thallozcy*, Ludwig: Kanuni i Lekes, Illyrische Albanische Forschungen, München und Leipzig 1916, S. 410.
[165] Vgl. *Tajani*, F.: Le storie albanesi, epoca terza, Salerno 1886, S. 11.
[166] Vgl. *Nopcsa*, F.B.: Burimi i Kanunit të Lekë Dukagjinit, "Djalëria", Wien, 4, 1920, S. 5–6.
[167] Vgl. *Hahn*, J.G.v.: Reise durch. S. 21; Seiner, Franz: Bajraqet e Shqipërisë, "Bota shqiptare", Tiranë 1943, S. 27.

Vermittler zu lösen. So ist im § 909 KLD deutlich beschrieben: *"Im Falle einer Straftat eines Albaners gegen einen anderen Albaner, wird man sich unter Verwendung des geltenden Rechts bemühen, den Fall mittels Unterhändlern und/oder mit Geiseln zu lösen. Aber es darf keinesfalls deshalb jemand ermordet werden, da "Blut nicht die Schuld tilgt"*[168].

Der § 668 des KLD bestimmt, dass als Vermittler bei den Konflikten und Streitigkeiten ein Mann, eine Frau, ein junger Mann, eine junge Frau oder ein Priester infrage kommt. Die einzige Anforderung an die Vermittler war Vertraulichkeit und Unparteilichkeit bei den Konfliktlösungen, welche auch heute noch in den Vermittlungsgesetzen als moralische Werte hoch geschätzt werden.

Die Rolle des Vermittlers ist im KLD selbst vorgesehen, er soll im Namen des Täters bei der Familie des Opfers um Vergebung bitten. Der § 668 des KLD bezeichnet die Vermittlung als eine Situation, *"in der sich jeder einmischte, um über böse Worte zu entscheiden und die Rache abzuwenden, aus der Totschlag und anderem Verderben entstehen könnte."*[169] Diese Formulierung ist jedoch nicht abschließend und stellt nicht allgemein befriedigend die unterschiedlichen und speziellen Arten von Vermittlungen dar, da außerhalb dieser Definition auch noch andere Vermittlungsarten, wie z. B. Vermittlungen beim Verlöbnis, die Vermittlung des Blutes und die Vermittlung in einem Streit bei einem Waffenstillstandsgelöbnis usw. existierten.

Eine wichtige Stellung bei der außergerichtlichen albanischen Konfliktschlichtung hatte laut §§ 1126 – 1145 KLD die Familie Gjonmarkaj, über die man in einem eigenen Kapitel des 11. Buches sowie an zahlreichen anderen Stellen Regelungen findet, wobei das Haus Gjonmarkaj als "Grundstein des Kanun" bezeichnet wurde.

Eine spezielle Art der Vermittlung zwischen Konfliktparteien, die mit Gewehren (Büchsen) in einem Kampf waren, konnte in einem Verfahren i.S.d. § 238 KLD – Variante von Mirdita[170], einer Unterform des KLD die speziell im Gebiet von Mirdita angewendet wurde, durchgeführt werden. Zuerst sollte sich der Vermittler den Konfliktparteien vorstellen und diese, darüber hinaus, zum sofortigen Waffenstillstand aufrufen. Wenn sich der Vermittler aus einer fernen Position um Gehör bemühte, schoss er mit einer Waffe in die Luft, damit er so die Aufmerksamkeit der Kampfparteien erregte[171].

---

[168] Vgl. *Gjeçovi*, Shtjefën: Kanuni i Lekë Dukagjinit, Shkodër 2001, S. 86. (Eigene Übersetzung).
[169] Vgl. *Gjeqovi*, Shtjefën: a.a.O. S. 68; Basha Eqrem, Elsie Robert, Ismajli Rexhep, Der Kanun, Pejë 2001, S. 175.
[170] Vgl. *Meçi*, Xhemal: Kanuni i Lekë Dukagjinit, Në Variantin e Mirditës, Tiranë 2002.
[171] Vgl. *Meçi*, Xhemal: a.a.O., S. 114.

Eine weitere Art der Vermittlung ist in § 965 KLD zu finden, der die Vermittlung des Blutes (albanisch – dorzanët e gjakut) behandelt. Darunter ist eine Situation zu verstehen, *"in der sich jemand bemüht, sich im Haus eines Erschlagenen mit dem Täter auszusöhnen"*[172].

Als Blutgeld wurden von den Ältesten unterschiedliche Zahlungen festgesetzt. Folgender Fall[173] zeigt, dass diese Regeln auch heute noch gelten:

Der Hauptälteste aus Dukagjin Avdyl Hoxha berichtet von einem Fall über die alte, noch praktizierte Blutgeldzahlungsregelung, der seinem Cousin im Jahre 1996 widerfahren ist. Dieser besuchte eines Tages seine Schwester in Mitrovica und entschließt sich, am Abend mit ihr in einem Restaurant fein essen zu gehen. Der Cousin Avdyl Hoxhas war sich jedoch nicht bewusst, dass in diesem Restaurant oft auch Schaffner und Buskontrolleure verkehren. Es entstand eine Auseinandersetzung zwischen den Kontrolleuren und Hoxhas Cousin. Ein Wort gab das Andere. Ein Schaffner griff den Cousin an, woraufhin der Cousin sich mit einem Messer verteidigte, was er bei sich trug. Der Schaffner erlitt eine große Stichwunde und starb an den Folgen des großen Blutverlustes. Der Cousin wurde daraufhin verhaftet und ins Gefängnis gebracht.

<u>Entscheidung der Ältesten:</u>
Einige Zeit später wendete sich ein gewisser Bajram Kurti – (bekanntester Ältester in der Region von Mitrovica) an Avdyl Hoxha. Bajram Kurti erklärt Hoxha, das er ein enger Verwandter des Schaffners war. Sie kommen ins Gespräch. Am Ende des Gespräches einigten sich beide Parteien und Avdyl Hoxha zahlte dem Angehörigen 100.000 DM.

Das Besondere an dieser Vermittlungsart ist, dass das oft langwierige Vermittlungsverfahren, welches durch die Familie des Ermordeten beliebig hätte abgebrochen werden könnten, umgangen wurde.

Eine Blutsversöhnung gem. § 969 KLD konnte auf zweierlei Weise erreicht werden:
1. In dem Herzensfreunde ins Haus des Erschlagenen und des Pfarrers gehen;

---

[172] Vgl. *Gjeqovi*, Shtjefen: Kanuni i Lekë Dukagjinit, Shkodër 2001, S. 90; Vgl. Basha *Eqrem* /*Elsie* Robert/ *Ismajli*, Rexhep: Der Kanun, Pejë 2001, S. 217. (Übersetzung ins Deutsche von Marie Amelie Freiin von Godin, veröffentlicht im Kosovo, Peja 2001).

[173] Interview mit Avdyl Hoxha dem Hauptältesten von Dukagjin. Interview wurde in der Oda Von Junik durchgeführt.

2. Durch den Auszug der Häuptlinge der Familie des Gjomarkaj oder der Jungmannschaft des Stammes. Diese Familie hatte die Autorität der höchsten gerichtlichen Instanz gem. des KLD. Ihr wurde diese Autorität aufgrund ihrer kämpferischen Handlungen für das Osmanische Reich verliehen. Sie hatte die Fahne während des Krieges mit den Türken gehalten, und als Frieden war, wurde sie als höchste Autorität der Gerichtsbarkeit bestimmt. Deshalb wurde diese Familie als „Grundstein des Kanuns" bezeichnet. Der Gjomarkaj erhielt für die Schlichtung eines Totschlags 500 Groschen.

Nach § 240 des KLD – Version von Mirdita wurde die Blutsversöhnung folgendermaßen vorgesehen: Sich um eine Versöhnung zu bemühen, ist Pflicht des Kanuns. Das Haus des Täters hatte einen Anspruch darauf, eine Versöhnung zu verlangen. Ein starker Mann wird nicht als schwach angesehen, wenn er sich um die Blutsversöhnung bemüht. Nach dem Kanun sollte es eine Ehre sein, dass das Haus des Täters die Blutversöhnung verlangte. Egal ob von einem starken oder von einem kleinen Haus, mit weniger oder keinen Männern. Es wurde gesagt: "Egal wer du bist, Du schuldest ihm Blut! Das Gewehr tötete einseitig! Nun verlange Versöhnung!"

Aber es ist auch interessant die Situationsfälle nach §§ 988-990 KLD zu nennen, wobei einige solcher Vermittlungen, am Ende mit dem Erfolg einer Blutsbrüderschaft gelöst wurden. In diesem Fall trank jede Partei am Ende das Blut der jeweils anderen Partei. Danach betrachteten sich alle als Söhne oder Väter. Die Blutsbrüderschaft kam einer Taufpatenschaft gleich, die ein neues Verhältnis untereinander schuf und nunmehr auch Heiraten untereinander unmöglich machte. Wenn wir über albanische Vermittlung anfangen sprechen, wurde bisher nur die Rolle des Vermittlers bei Streitigkeiten und Konflikten mit strafrechtlich relevanten Sachverhalten, wie Vergehn oder Verbrechen, dargestellt. Die Funktion des Vermittlers und Schlichters war jedoch viel breiter, denn sie kamen auch bei Konflikten und Streitigkeiten in familiären und gesellschaftlichen Bereichen zum Einsatz oder wurden im Rahmen von Eigentumsstreitigkeiten gerufen. Es konnte dadurch eine friedliche Lösung durch Vermittler oder im Rahmen einer Generalamnestie zustande kommen (§§ 965-990 KLD).

Besonders erwähnenswert ist die Rolle der Vermittler, die sie laut § 37 KLD im Rahmen von Vermittlungen beim Verlöbnis ausüben. In diesem Zusammenhang wird die Vermittlung als eine Situation verstanden, *"in der jemand (ein Gesandter, alb. Shkuesi, Mësiti) bei den Eltern eines Jünglings oder Mädchens als Fürsprecher auftritt und vermittelt, dass jenes Mädchen in die Obhut des bestimmten Jünglings übergeben bzw. übernommen werden kann"*[174]. Diese Vermittlungsart war sehr bekannt, da bei den Albanern der Grundsatz galt, dass *"keine Frau ohne Vermittler (alb. Mësiti) heiraten"*[175] darf. Hier wird deutlich, wie oft die Hilfe eines Vermittlers für diese Tätigkeit in Anspruch genommen wurde. Dieser Vermittler hatte das Recht, für die Eltern des Jünglings, wie auch für die des Mädchens zu sprechen. Für seine Arbeit bekam er stets eine entsprechende Entlohnung bzw. die sog. „*Vermittlungsschuhe*" des Bräutigams. Diese Belohnung bekam er auch, wenn er vom Hause des Mädchens als Vermittler beauftragt wurde.

Der Älteste, Vermittler und Fahnenträger Preng Bajraktari aus Albanien, berichtete über einige Fälle und Ursachen von Konflikten, die zu einer Vermittlung führten. So beschreibt er einen Fall in einem Dorf der Gemeinde Lezha, wo die Konfliktparteien vor einigen Jahren über einen Wasserbrunnen gestritten hätten. Aus dieser Streitigkeit heraus kam es zu einer Schießerei, wo der Täter, ein 55-Jähriger aus Dukagjini, mit einem Maschinengewehr auf einen 50-Jährigen Mann aus dem Gebiet Puka, geschossen hatte. In dieser Konfliktschlichtung hatte als Ältester auch Herr Bajraktari teilgenommen. Die Konfliktparteien wurden durch diese Form der Konfliktschlichtung ohne Entschädigung des Blutes versöhnt. Die Ältesten hatten den früheren Konfliktparteien den Vorschlag gemacht, sie sollten entweder Freunde oder Paten werden[176]. Ähnlich wie der KLD hat auch der Kanun des Hochlandes[177] (alb. Kanun i Malësisë së Madhe) die Konfliktregelungen normiert, sodass ich hier nicht weiter darauf eingehen werde.

2.9.2 Der Kanun des Skanderbeg[178]

Eine andere wichtige Quelle des albanischen Gewohnheitsrechts war der Kanun von Skanderbeg (alb.: Kanun i Skënderbeut, KS), der auch Kanun von Arberia (alb. Kanun i

---

[174] Vgl. *Gjeqovi*, Shtjefën: a. a. O., S. 12; *Basha*, Eqrem /*Elsie*, Robert /*Ismajli*, Rexhep: a. a. O., S. 62 (Übersetzung ins Deutsche von Marie Amelie Freiin von Godin).

[175] Vgl. *Peinsipp*, Walter: "Das Volk der Shkypetaren. Ein Beitrag zur Rechtsarchäologie und zur soziologischen Anthropologie des Balkans", Wien, Graz 1985, (Übersetzung ins Albanische „Populli i shqipeve të malit – Një kontributë në "Arkeologjinë" e Drejtësisë dhe antropologjinë sociologjike të Ballkanit"), Tiranë 2005, S. 89.

[176] Mein Interview mit Preng Bajraktari dem Ältesten und Fahnenträger (alb. Flamurtari, türk. Bajraktar) des Kushenini, Albanien, am 13.07.2011.

[177] Der Kanun wurde nach dem Namen dem hohen Bergland des Malësia e Madhe benannt. Er wurde vor allem von den Stämmen der Kastrati, Hoti, Gruda, Kelmendi, Kuc, Krasniqi, Bytyqi und Gashi, also in dem Gebiet zwischen dem Shkodrasee im Westen und dem Hochland von Gjakova im Osten, nördlich des Geltungsgebiets des Kanuns des Lekë Dukagjini, anerkannt und eingehalten.

[178] Dieser Kanun wurde nach dem albanischen Fürst Skanderbeg (1405 – 1468) benannt. Dieser Kanun hatte in dem Gebiet Zentralalbaniens (Kruja, Mat, Dibra, Val, (Elbasan), von den Flüssen Mat - Fan im Norden bis hin zum Fluss Shkumbin (Librazhd) im Süden und vom Adriatische Meer im Westen bis hin zu den östlichen Grenzen von Dibra und Ohrid im Osten, Rechtskraft. Diesen Kanun hat Dom Frano Ilia systematisch erfasst und im Jahr 1993 veröffentlicht.

Arbërisë) genannt wurde. Dieser Kanun bezeichnete den Vermittler als denjenigen, *"der sich zwischen Konfliktparteien einmischt, die eine Streitigkeit oder den Kampf begonnen haben"* (§ 675 KS)[179]. Als Vermittler konnten der Banner (alb. Flamurtari, türk. Bajrak), das Dorf, der Stamm, der Mann, die Frau oder der Priester auftreten. Vermittler konnten aber auch mehrere Personen sein (§ 677 KS). Der Banner wurde als erster "ältester Mann" mit der Funktion des Ältesten beauftragt (§ 1747 KS). Als Ältester wird ein weiser Mann bezeichnet, *"der mit den Vorschriften des Kanuns vertraut ist und der die Rechtsprechung anwendet sowie die Rechtsfragen laut Kanun und nach den lokalen Gewohnheiten vermittelt"* (§ 1758 KS)[180]. Über die verschiedenen Personen der Ältesten bzw. ihre Funktionen, finden sich in den §§ 1758-1881 KS nähere Informationen.

Dieser Kanun formuliert Konfliktschlichtung wie folgt:

"Die Versöhnung ist ein Prozess, der von zwei oder mehrere Personen (Schlichtern) für die eigene Sache oder jede gegenseitige Beziehung stattfindet, sei es als selbst bezeichnete oder verallgemeinerte, sowie jede Vereinbarung, die durch eine Unterstützung mittels Worten, eines Zeugen oder eines Gläubigers oder auch durch ein schriftliches Dokument, was immer versiegelt werden soll, erreicht wird". (§ 1991KS)[181]

Dieser Kanun gilt für jeden, der:

"eine Beschwerde, einen Streit oder Konflikt mit jemandem hatte. Der- oder diejenige sollte entweder selbst oder mit dem Gegner direkt, versuchen das Problem zu lösen oder Freunde zur Vermittlung hinzuziehen. Wenn dies nicht gelingt, dann sollten die Schlichter im Gericht, nach dem Kanun Geiseln als Pfand (alb. Pengjet) einziehen.(§ 2366 KS)[182].

Den Konfliktparteien wird das Recht gegeben, einen eigenen Alten Mann als Schlichter zu wählen. Ihm sollten die Konfliktparteien die Geiseln geben und die Frage des Vermittlungsthemas genau schildern, damit der Älteste im Vermittlungsverfahren, gemeinsam mit den anderen Ältesten, gut informiert ist (§ 2376 KS). Diese sog. Geiseln (Pfand) sind Zeichen, die von den Konfliktparteien in die Hände der Ältesten gelegt werden, um die Bereitschaft bzw. die Einwilligung zu signalisieren, sich der Durchführung und dem Urteil der Ältestenschlichtung zu unterwerfen. Gegenstände, die als Geiseln in Betracht kamen, waren

---

[179] Vgl. *Ilia*, Frano-Dom: Kanuni i Skanderbegut, Milot 1993, § 675 (Eigene Übersetzung).
[180] Vgl. *Ilia*, Frano-Dom: a.a.O. § 1758 (Eigene Übersetzung).
[181] Vgl. *Ilia*, Frano-Dom: a.a.O, § 1991 (Eigene Übersetzung)
[182] Vgl. *Ilia*, Frano-Dom: a.a.O, § 2366 (Eigene Übersetzung).

eine Tabakbüchse, eine Waffe oder ein Messer. Es gab kein Ältestenverfahren ohne Geiseln. Jede Konfliktpartei brachte ihre eigenen Geiseln mit und übergab sie ihrem jeweiligen Ältesten. Am Ende der Schlichtung sollten sie an die Konfliktparteien zurückgegeben werden. Im Falle der Unzufriedenheit einer Partei mit dem Schlichterspruch des Ältesten konnten die Geiseln an einen anderen Ältesten übergeben werden. Die anderen Ältesten mussten dann nicht wieder die gesamte Konfliktsache erörtern, sondern nur die Rechtsmäßigkeit des Schlichterspruchs des ersten Ältesten überprüfen.

Es gab verschiedene Arten von Entscheidungen durch Älteste. Bei Straftaten wurde eine Bestrafung des Täters, bzw., seiner Familie, durch verschiedene Sanktionen wie Todesstrafe, Verbannung (für immer oder zeitlich) oder andere Strafmaßnahmen erreicht. Ein Konflikt konnte aber auch durch eine Blutversöhnung, meist verbunden mit einer Zahlung von Blutgeld, geschlichtet werden. Zu einer sog. Blutsversöhnung kam es, wenn das Haus des Erschlagenen, dem Haus des Täters (Mörders), durch sog. Blutgläubiger und durch bestimmte Versöhnungszeichen, Blut schenkt und der Täter durch Zahlung von Blut nach dem Kanun (§ 3062 KS), die Versöhnung annimmt. Die Versöhnungszeichen wurden in allen albanischen Kanunen dargestellt. Nach § 3086 KS wird eine Zeremonie der Blutversöhnung folgendermaßen durchgeführt: Freunde und Gutgesinnte gingen ins Haus des Ermordeten und richteten im Aufstehen folgende Worte an den Hausherrn: *„Wir haben hier den XY (Täter) verbunden hinter uns, wir bitten Sie (als Herr des Blutes) ihn zu entbinden"*. Wenn in diesem Fall der Hausherr (nach dem Kanun hatte er das Blutnahmerecht) die Gäste zum Sitzen aufforderte, wird der Täter mit verbundenen Händen und mit bedecktem Kopf am Ende des Zimmers sitzen und die Gäste bitten den Hausherrn, ihn zu entbinden. Solange der Täter nicht entbunden wurde, konnten keine Kaffe getrunken werden. Wurde er entbunden, dann war dies ein Zeichen der Verzeihung (§ 3086 KS; § 674 KLD). Eine andere Möglichkeit, die als Versöhnungszeichen galt, war das sog. Geschenkte Blutbrot und das Kreuz an der Tür des Täters. Gem. § 3138 KS war das geschenkte Blutbrot ein Mahl, das die Familie des Täters im Haus der Familie des Erschlagenen aß. Das Kreuz an der Tür des Täters wurde gem. § 3139 KS vom Hausherrn der Familie des Erschlagenen mit einem Bei eingeritzt, mit den Worten: *„Für dieses Blut gibt es keine Wörter und Beschwerden mehr."* (§ 3142 KS).

Für die Schenkung (Verzeihung) des Blutes musste der Hausherr die Zustimmung aller Hausmänner haben (§ 3066 KS). Laut § 3080 KS konnte das Blut einer ermordeten Frau nur durch ihre Eltern verziehen werden.

2.9.3 Der Kanun der Labëria[183]

Als wichtige dritte Quelle des albanischen Gewohnheitsrechts gilt der Kanun der Labëria (KL) oder Priesters Julius (alb. Kanun i Labërisë oder Kanun i Papa Zhulit).

In § 96 des KL wurden folgende Arten von Ältestengerichten normiert:
1. Ältestengericht der Ortschaft – Bruderschaften, Nachbarschaft, Cetta (alb. Vellazerive, lagjes, cetes)
2. Ältestengericht des Dorfes (alb. Katundit)
3. Regionales Ältestengericht (alb. Krahines)
4. Interregionales Ältestengericht (alb. Ndërkrahinore)

An dieser Stelle möchte ich kurz die wichtigsten Vorschriften des Kanuns der Labëria darstellen.

Nach § 97 KL Abs. 1 soll das Ältestengericht von den interessierten Parteien angerufen werden und aus einem oder zwei Gewohnheitsmännern für jede Partei zusammengesetzt werden, je nach Aufforderung.

In § 99 KL wird das Ältestengericht der Ortschaft besprochen. Dessen Aufgabe es ist, strafrechtliche Konflikte, Eigentumskonflikte oder familiäre Streitigkeiten zu klären und zu schlichten, die innerhalb des Hauses vom Hausältesten nicht geschlichtet werden konnten.

Der § 101 KL konkretisiert, dass der Rat der Dorfältesten idR aus einem oder zwei Ältesten beider Konfliktparteien besteht. In besonderen Straffällen könnten auch je Partei drei Älteste teilnehmen.

In 104 § KL wird über die Anfechtung eines Urteils der Ältesten gesprochen. Danach kommt eine Anfechtung gegen ein Urteil in dem Fall infrage, wenn eine der interessierten Parteien mitbekommt, dass dieses Urteil aufgrund von Einseitigkeit oder Bestechungen gefällt wurde. Es darf dann nicht umgesetzt werden und es wird verlangt, es für nichtig zu erklären. Das regionale Ältestengericht wird gemäß § 108 KL mit einem oder zwei berühmten Gewohnheitsältesten besetzt, die beide Parteien vertreten. Im § 108 Abs. 2 KL ist vorgesehen, dass dieses Ältestengericht ad hoc nur für bestimmte Fälle organisiert wird.

Im § 110 Abs. 2 KL ist die Vollstreckungspflicht für Urteile des regionalen Ältestengerichts geregelt.

---

[183] Der Name dieses Kanuns ergibt sich aus dem Gebiet Laberia, in dem der Kanun angewandt wurde. Genauer gesagt die Gegend von Vlora, Himara, an der Küste, in Kurvelesch, Rrezome, Kardhiq, Tepelena, Mallakastra und selten auch bei der Bevölkerung der Hohen Berge von Laberia, Toskeria und Cameria. Diesen Kanun wurde, einer mündlichen Überlieferung zufolge, von einem Priester namens Papa Zhuli verfasst. Später wurde dieser Kanun von Prof. Ismet Elezi systematisch erfasst und im Jahr 2006 veröffentlicht. Vgl. Elezi, Ismet: Kanuni i Laberisë, Tiranë 2006, S. 65 – 69.

Der § 112 KL beschreibt die Tätigkeiten des interregionalen Ältestengerichts. Im § 112 Abs. 1 KL wird bestimmt, dass dieses Institut der Ältesten eine außergewöhnliche Organisation ist, das Gerichtstätigkeiten nur bei schweren Konflikten (Straftaten), die zwischen Dörfern der unterschiedlichen Regionen eingetreten sind, aufnimmt. Das interregionale Ältestengericht entscheidet i.S.d. § 112 Abs. 3 KL über den Konflikt durch Versöhnung, wobei für beide Parteien die Verpflichtung gilt, die Vereinbarung einzuhalten.

Nach § 671 KL wird der Vermittler *"als derjenige, welcher für die Versöhnung einer, zweier Personen, Häuser oder Brüderschaften einsetzt, die aufgrund einer Rache, eines Konflikts, Streitigkeiten oder ihrer Meinungsverschiedenheiten Hilfe benötigen*[184]. Als Vermittler könnten männliche oder weibliche Gutgesinnte, Verwandte, Freunde sowie Brüder oder Schwestern sein, die das Vertrauen und die Autorität beider Familien in Konflikt, Streit oder Fehde, genießen.

Im folgenden § 672 KL werden die Eigenschaften eines Vermittlers beschrieben. Nach dieser Vorschrift sollte der Vermittler ein ehrlicher, intelligenter, gelehrter, unparteiischer und gerechter Mensch sein, der gute Kenntnisse der Sitten des Landes aufweist, der Sorgfalt und Feingefühl für die Parteien im Konflikt zeigt und sein Ziel in der Lösung der Streitigkeit zwischen den Konfliktparteien sieht sowie darin die Vergebung und Versöhnung zu erreichen. Er hilft bei der Aussöhnung der Streitparteien, um wieder Verständnis zwischen ihnen zu erreichen.

In diesem Kanun gab es, wie auch bei den vorherig erwähnten Kanunen, verschiedene Arten der außergerichtlichen Konfliktschlichtung. Diese Arten der Konfliktregelung wurden durch verschiedene Paragrafen des Kanuns vorgeschrieben. So wurden z. B. gem. § 203 KL die Entscheidungen des Vermittlers bei Vermittlungen zwischen Brüderschaften aufgrund von Eigentumsrechten getroffen, falls sie selbst keine Lösung finden konnten.

Eine weitere Schlichtungsart sind die Vermittlungen im Falle der Entführung einer Braut, wobei versucht wird beide Familienkontrahenten zu versöhnen, um dadurch die unbewilligte Heirat zu legitimieren (§ 254 KL).

Weitere, nicht so bedeutende Vermittlungen, sind ebenfalls normiert, wie Vermittlungen bei Konflikten im Fall der gemeinsamen Jagd (§ 447 KL), bei Uneinigkeit der Parteien im Falle der Nichterfüllung von Verträgen (§ 456 Abs. 2 KL) und Vermittlungen im Falle der Bewilligung der Verlobung (§ 216 Abs. 1 KL). Darüber hinaus sind auch Vermittlungen im Falle von Unstimmigkeiten zwischen Hirten und dem Besitzer einer Herde

---

[184] Vgl. *Elezi*, Ismet: Kanuni i Laberisë, Tiranë 2006, S. 219, (Eigene Übersetzung).

bezüglich Schadenersatzansprüche (§ 522 KL) und Unstimmigkeiten zwischen Arbeitgeber und Arbeitnehmer (§ 578 KL) erfasst. Darüber hinaus gab es auch andere albanische Kanunen, die aber keinen besonders großen Einfluss auf Konfliktschlichtungen der albanischen Bevölkerung hatten, sodass diese hier keine Berücksichtigung finden.

2.9.4 Zusammenfassung

Nach dieser Darstellung der Grundzüge dreier wichtiger albanischer Kanunen kann festgestellt werden, dass das albanische Volk seit Hunderten von Jahren durch eigene Rechtsvorschriften, basierend auf dem Gewohnheitsrecht, die Mechanismen der außergerichtlichen Konfliktschlichtung angewandt hat. Es gibt keinen Lebensbereich, in dem die Konflikte und Streitigkeiten entstehen können, für den keine anpassenden Normen verfasst wurden, um die Prinzipien der Konfliktschlichtung anzuwenden.

Neben dieser traditionellen außergerichtlichen Konfliktschlichtung sind bei den Albanern heutzutage, noch andere Arten der außergerichtlichen Konfliktbeilegung nach positivem Recht bekannt. So findet die Mediation heute in verschiedenen Lebensbereichen Anwendung.

Im Folgenden werden Herkunft und Bedeutung der Mediation und ihrer Modelle im Kosovo und in Albanien näher erläutert.

3. Ein Überblick über die Rechtssysteme in Albanien, und in Kosovo

Ziel dieses Kapitels ist ein Rechtsvergleich zwischen den wesentlichen rechtlichen Unterschieden, aber auch Gemeinsamkeiten, der Rechtssysteme Albaniens, und des Kosovo. Als Rechtssystem werden die Normen des Verhaltens bezeichnet[185]. Das Rechtssystem wird auch Rechtsordnung genannt. Dieser Begriff beschreibt die Gesamtheit der in einem Territorium gültigen Rechtsnormen[186], die niemanden außerhalb und niemanden über dem Normengefüge stehen lässt[187]. IdR damit versteht man darunter im nationalen Recht die Verfassungsnormen, die einfachgesetzlichen Normen (das Strafgesetzbuch oder das Bürgerliche Gesetzbuch), Satzungen und Verordnungen und in einigen Ländern auch andere Rechtsquellen, wie das ungeschriebene Gewohnheitsrecht oder die Urteile des Verfassungsgerichts.

Der Begriff des Rechtssystems bezeichnet die Grundstruktur der internationalen Staatengemeinschaft, also jene Organisation, die sich mit den Rechten und Pflichten der Mitglieder und der Verteilung der Zusammenarbeit befasst[188].

Um von einem Rechtssystem in einem Land zu sprechen, muss es sich um einen Rechtsstaat handeln. Nur durch Rechtsstaatlichkeit und Rechtsicherheit werden die Voraussetzungen für eine freie und selbstbestimmte Entwicklung der Bürger geschaffen[189].

Das Recht als System von Normen zu begreifen bedeutet, jede Veränderung des Rechts als Veränderung von Normen, sei sie bezweckt oder nicht, wahrzunehmen.

3.1 Albanien

3.1.1 Die geschichtliche Entwicklung des albanischen Rechtssystems

Obwohl auf dem Territorium der heutigen Staaten Albanien und Kosovo, schon immer Albaner gelebt haben, werde ich in der Absicht absichtlich beide Rechtssysteme darstellen. Der Grund für diese getrennte Darstellung liegt in der spezifischen geschichtlichen Entwicklung ihrer

---

[185] Vgl. *Nick,* Peter: Ohne Angst verschieden sein: Differenzerfahrungen und Identitätskonstruktionen in der multikulturellen Gesellschaft, Franfurt/Main 2003, S. 18.

[186] Vgl. *Robert,* Rüdiger: Bundesrepublik Deutschland - politisches System und Globalisierung: Eine Einführung, Münster 2007, S. 69.

[187] Exemplarisch, VwGH 24.05.1963, VwSlg 6035 A.

[188] Vgl. *Konert,* Katharina: Die unterschiedliche Behandlung im Welthandels- und Umweltvölkerrecht und ihr Einfluss auf die Herausbildung eines Solidaritätsprinzips, Berlin 2010, S. 10.

[189] Vgl. *Yilmazoglu,* Deniz Lara: Ursachen und wirtschaftliche Folgen korrupter Behörden, München 2007, S. 17.

Rechtssysteme. Bereits im ersten Kapitel dieser Arbeit wurde beschrieben, dass die albanischen Territorien im Laufe der Geschichte ständig von fremden Herrschern besetzt wurden. Albanien hatte am 28. November 1912 seine Unabhängigkeit erklärt und wurde 1913 auch als eigenständiger Staat anerkannt. Diese Anerkennung der Unabhängigkeit bedingte auch die Abtretung des Kosovos an Serbien und Montenegro. Nach dem Zweiten Weltkrieg wurde der Kosovo innerhalb der sozialistischen Republik Jugoslawien aufgenommen. Seit 1999 stand es dann unter dem Protektorat der UNO und seit 17. Februar 2008 gilt der Kosovo als unabhängiger Staat. Aus diesem Grund ist eine unabhängige Darstellung beider Rechts-systeme notwendig.

Die Geschichte des unabhängigen Rechtssystems in Albanien beginnt im Jahr 1912. Am 28. November 1912 trat in Vlora ein Nationalkongress aus Vertretern aller albanischer Gebiete (auch des Kosovo mit seinem Vertreter Isa Boletini) zusammen. Leiter dieses Kongresses war Ismajl Qemajl Bej Vlora. An diesem Tag wurde Albanien unabhängig und es wurde eine provisorische Regierung gestellt. Darüber hinaus wurde ein 18- köpfiger Ältestenrat (Pleqësia) zur Unterstützung und Kontrolle der Regierung gebildet. Dieser Rat hatte aber kein Recht, sie zu stürzen[190]. Diese neuen Unabhängigkeitsvertreter des albanischen Volkes waren jedoch nicht für die verfassungsrechtliche Gründungsurkunde von 1913 und das Organisationsstatut[191] von 1914, als Verfassungsrahmen der neuen Herrschaft, verantwortlich. Diese Grundlagen schafften die Diplomaten der damaligen Großmächte, unter Leitung des Fürsten Wilhelm zu Wied[192].

Sie gestalteten die Gerichte von Verwaltung unabhängig (§107 Statut von Albanien). Die Justiz wurde vierstufig aufgebaut (§159 SA) und reichte von Ältestenräten, die in den Dörfern Geldbußen für Sachbeschädigungen in der Landwirtschaft verhängen durften, über Friedensrichter für Bagatellfälle, erstinstanzliche Gerichte bis hin zu drei Berufungsgerichten (§§ 160 -166 SA). Nur der Fürst konnte noch andere Gerichte schaffen (§167 SA)[193].

Gemäß § 159 des albanischen Statuts wurden als Gerichtsbehörden der Ältestenrat, die Friedensrichter, die Gerichte der ersten Instanz und das Berufungsgericht bezeichnet. Der Ältestenrat, der in jedem Dorf ansässig war und gemäß § 160 SA gesetzmäßig zusammengesetzt wurde, konnte Handlungen, die zu Schäden in der Landwirtschaft führten, mit Geldbußen zwischen 10 und 100 Franken ahnden. Die Friedensrichter wurden gem. § 161 SA

---

[190] Vgl. *Hoxha*, Teuta: Ismajl Qemajli: Përmbledhje dokumentesh, Tiranë 1982, S. 11. Nr. 203.

[191] In diesem Dokument wurde festgelegt, dass Albanien eine konstitutionelle Monarchie sein sollte. Hier wurden auch Grundsätze zur Regierung, über die Polizei und die Verwaltung festgehalten.

[192] Vgl. *Schmidt*-Necke, Michael: Die Verfassung Albaniens (mit einem Anhang über die Verfassung der Republik Kosovo, Wiesbaden 2009, S. 13.

[193] Vgl. *Schmidt*-Necke, Michael: a. a. O., S. 25.

durch fürstliches Dekret ernannt. Sie waren zuständig für Streitfälle in Zivilsachen, mit einem Streitwert von bis zu 100 Franken ohne Berufung, und mit Berufung bei einem Streitwert von 200 bis zu 500 Franken und in Strafsachen entschieden sie ohne Berufung über strafbare Handlungen, die mit bis zu drei Monaten Haft bestraft werden konnten. Während dieser Zeit wurden nicht nur Konflikte und Streitigkeiten aus dem Zivilbereich von außergerichtlichen Institutionen der Vermittlung und Versöhnung bzw. Ältesten laut dem alten Gewohnheitsrecht geschlichtet, sondern auch Strafrechtsfälle[194].

Mit Beginn des Ersten Weltkrieges stand Albanien kurz unter der Herrschaft (6. Februar – 3. September 1914) des deutschen Adeligen Wilhelm zu Wied (1876-1945). Während dieser Zeit begann ein Krieg zwischen den Truppen von Esat Pasha und denen Wied's, was zum Ergebnis führte, dass Wied Albanien am 5. September 1914 verließ[195]. Kurz darauf wurde am 4. Oktober 1914 Esat Pasha durch den Senat als Präsident und Regierungschef gewählt. Damit wurde die republikanische Staatsform wiederhergestellt. Österreich-Ungarn hatte diese albanische Staatsform sofort anerkannt. Am 15. Dezember 1914 musste die albanische Regierung wegen des serbischen Druckes die diplomatischen Beziehungen zu Österreich-Ungarn wieder abbrechen. Im Jahr 1916 wurde ein albanischer Landesteil von Italien besetzt. Trotz allem wurde Albanien bis zum November 1918 zum größten Teil (2/3) von Österreich-Ungarn besetzt, nur kleinere Landesteile hielten Italiener, Serben und Griechen. Die Albaner konnten sich für die Österreicher sehr begeistern, denn sie stellten den Albanern, für den Fall des Sieges der Mittelmächte im Krieg, sogar die Wiederherstellung der Unabhängigkeit des albanischen Staates unter österreichischem Schutz in Aussicht[196]. Im Januar 1920 einigten sich Frankreich und England über die Aufteilung Albaniens, weswegen in Lushnja vom 21. – 31. Januar 1920 ein gesamtalbanischer Kongress stattfand mit dem Ziel, eine provisorische Verfassung zu erlassen und die Pläne der genannten Staaten abzulehnen. Darüber hinaus wurde auf diesem Kongress auch eine Delegation für die Pariser Friedenskonferenz bestimmt[197]. Am 17. Dezember 1920 wurde die Souveränität Albaniens vom Völkerbund erneut anerkannt[198], mit den Grenzen von 1913, sodass die Italiener ihre Truppen abziehen mussten. Die Außengrenzen waren zwar anerkannt, aber im Land wurde die politische Situation sehr

---

[194] Vgl. *Ukaj*, Bajram, Denimet në të drejtën shqiptare, Prishtinë 2006, S. 107.
[195] Vgl. *Zenelaj*, Eqrem, Çështja shqiptare nga këndvështrimi i diplomacisë dhe gjeopolitikes së Austro-Hungarisë (1699 -1918), S.415.
[196] Vgl. *Hirschfeld*, Gerhard/Krumeich, Gerd/ Renz, Irina: Enzyklopädie Erster Weltkrieg, Paderborn 2009, S. 325.
[197] Vgl. *Bernath*, Mathias/Schroeder, Felix von/Bartl, Gerda: Biografisches Lexikon zur Geschichte Südosteuropas, Band 3, München 1978, S. 427.
[198] Vgl. *Markus* W. E. Peters, Geschichte der Katholischen Kirche in Albanien 1919-1993, Wiesbaden 2003, S. 19.

unkontrollierbar, denn im gleichen Jahr der Anerkennung und Bildung der neuen Regierung, wurde in Nordalbanien eine katholisch orientierte Republik von Mirdita, unter Führung von Gjon Marka Gjoni ausgerufen[199]. Im Februar und März 1921 fanden die ersten albanischen Parlamentswahlen statt. Am 08.12.1922 wurde durch das Parlament die sog. „das erweiterte Statut von Lushnja" (alb. Statuti i zgjeruar i Lushnjes) verabschiedet. Es wurde von einer zwölfköpfigen Kommission erarbeitet. Technisch gesehen galt dieses Statut als Verfassungsänderung, die Kompetenzen der Staatsorgane neu regelte und Grundrechte definierte[200].

Auf der Basis des Statuts von Lushnja (SL)[201] wurde die Gewaltenteilung klar festgeschrieben. Die Exekutive lag beim Hohen Rat, der den Fürsten provisorisch vertrat und die Regierung ausübte. Die Legislative nach §§ 1 – 4 SL hatte das Parlament inne. Nach §§ 26, 28 SL hatte das Parlament das Recht mit absoluter Mehrheit über Gesetzentwürfe der Regierung zu entscheiden und konnte gem. § 63 SL selbst Gesetzesinitiative einbringen. Es kontrollierte gem. §§ 40-42 SL die Regierung und klagte sie gegebenenfalls vor dem Obersten Gericht an, wählte gem. § 45 SL den Hohen Rat und sprach der Regierung i.S.d. § 66 SL das Vertrauen oder Misstrauen aus.

Fan Noli bildete im Jahr 1924 eine liberale Regierung in Albanien und verlor durch den politischen Putsch des Gegners Ahmet Zogu (1895–1961) die Macht. Dieser Putschist war während der Zeit zwischen den Weltkriegen der wichtigste Mann in Albanien. Am Anfang 1920 startet er seine politische Karriere als Innenminister. Am 6. Januar 1925 wurde er dann als Ministerpräsident im Amt eingesetzt und wenig später, noch im selben Monat, am 31. Januar 1925 zum Präsidenten der Republik ernannt. Am 7. März verabschiedete er eine neue Verfassung nach dem Vorbild der USA, die dem Präsidenten die volle Macht sicherte[202].

Am 1. September 1928 wurde er König einer Erbmonarchie. Eine von ihm erlassene Verfassung gab ihm unbegrenzte Macht, sowohl in der Legislative, in der Judikative als auch in der Exekutive[203]. Er hielt politische Parteien für zwecklos und verbot sie. Alle Mitglieder seines Parlaments bedürften vor Amtsantritt seiner Zustimmung[204]. Zu dieser Zeit galt

---

[199] Vgl. *Kohl,* Christine: Albanien, München 1998, S. 65.
[200] Vgl. *Schmidt-Necke*, Michael: Die Verfassungen Albaniens (mit Anhang über die Verfassung der Republik Kosovo), Wiesbaden 2009, S. 29.
[201] "Das erweiterte Statut von Lushnja" war in 129 Artikel und 4 Kapitel aufgeteilt.
[202] Vgl. *Clewing,* Konrad/Sundhaussen, Holm/Nehring, Karl/Hösch, Edgar: Lexikon zur Geschichte Südosteuropas, Wien, Köln, Weimar 2004, S. 34.
[203] Vgl. *Renat,* Ndarurinze, Albanien: Auf den Spuren Skanderbegs, Berlin 2010, S. 66.
[204] Vgl. Kohl, Christine von: Albanien, München 1998, S. 7.

Albanien als parlamentarisches Königreich mit Ahmet Zogu als König von Albanien[205]. Das Land nahm eine fortschrittliche Entwicklung, denn es wurden viele neue Gesetze mit westlicher Orientierung kodifiziert, aber auch alte Vermittlungs- und Versöhnungstechniken zur Regulierung gesellschaftlicher Beziehungen anerkannt[206].

Bereits 1939 wurde Albanien wiederum von Italien annektiert. Deshalb floh der albanische König Zogu I. ins Ausland. Am 16. April 1939 wurde Viktor Emanuel III. von Italien als König von Albanien ausgerufen und als rechtmäßiger Träger der sog. Skanderbeg-Krone bestätigt[207].

In der Zeit von 1943-1944 wurde Albanien von den nationalsozialistischen Truppen Deutschlands besetzt. Nach dem Abzug dieser, übernahm Enver Hoxha am 5. Januar 1945 die Macht und ließ die albanische Volksrepublik ausrufen. Während seines kommunistischen Regimes war er als einer der größten Despoten des letzten Jahrhunderts bekannt[208]. Unter Hoxhas Regierung wurden die Konfliktregulierungsmechanismen nach dem alten Gewohnheitsrecht völlig zerstört. Am Anfang haben seine Kommunisten viele juristische Maßnahmen unternommen, damit Konflikt- und Streitschlichtungen nicht vor einer alten traditionellen Institution stattfinden konnten. Anfangs hatten sie die sog. "Blutversöhnungskommission" entwickelt, die sich in Zusammenarbeit mit den lokalen Selbstverwaltungsautoritäten in der Rolle der Vermittler und Versöhner engagierten[209]. Diese Kommissionen haben jedoch schwerste Sanktionen gegen die Bluträcher, wie Todesstrafe und Deportation ganzer Familien des Täters in eine andere Region, verhängt[210].

Hoxhas Regime lehnte sich anfangs stark an die UdSSR und an Stalins Prinzipien an. Hoxha hatte eine Volksfrontregierung gebildet. Nach Stalins Tod 1953 kühlten die Beziehungen zu Russland ab, bis Enver Hoxha 1960 eine Rede in Moskau hielt. Er verurteilte die Politik Hrustchows, der sich immer von der Politik Stalins distanzierte. Damit waren die guten Beziehungen zwischen der UdSSR und Albanien endgültig beendet. Ein Jahr darauf brach Albanien die diplomatischen Beziehungen zu Sowjetunion ab und ließ die Mitgliedschaft im Warschauer Pakt ruhen, der 1955 als Gegengewicht zum westlichen Verteidigungsbündnis (NATO) geschaffen wurde. Im Jahr 1968 trat Albanien endgültig aus diesem Pakt aus. Albanien hatte nunmehr einen Partner im fernen Asien gefunden. Die guten Beziehungen mit

---

[205] Vgl. *Bajrami*, Arsim: Demokracia parlamentare, 4. Aufl. Prishtinë 2005, S. 277.
[206] Vgl. *Elezi*, Ismet: Kanuni i Laberisë, Tiranë 2006, S. 21.
[207] Vgl. *Neuwirth*, Hubert: Widerstand und Kollaboration in Albanien 1939-1944, Wiesbaden 2008, S. 27.
[208] Vgl. *Kohl*, von Christine: Albanien, München 1998, S. 145.
[209] Vgl. *Mile*, Klementin, Gjakmarrja:mes kanunit dhe shtetit, Tiranë 2007, S. 38.
[210] Vgl. *Elezi*, Ismet, Vrasjet për hakmarrje e për gjakmarrje në Shqipëri, Tiranë 2000, S. 56.

China dauerten an, solange Enver Hoxha Gelder aus dem fernen Land bekam. Als China die Rückzahlung der Kredite im Jahr 1975 aus Albanien forderte, kündigte Albanien die Beziehung auf. Im Jahr 1978 stellte China jede Unterstützung für Albanien ein[211].

Zwischen den Jahren 1961 und 1972 wurde das Rechtssystem in Albanien grundlegend geändert. Das Justizministerium wurde abgeschafft und durch das Innenministerium ersetzt. Die Rechtsanwaltschaft wurde durch die sog. Rechtshilfebüros ersetzt und die Militärgerichtsbarkeit aus der Verfassung gestrichen[212].

Nach dem Bruch der Beziehungen zu Russland und später zu China isolierte sich Albanien immer mehr. Erst nach dem Tod Enver Hoxhas 1985, mit der Nachfolge von Ramiz Alia als Staatspräsident und Führer der kommunistischen Partei, kam es wieder zu einer langsamen und vorsichtigen Öffnung Albaniens nach außen. Im Jahr 1990 gab es in Albanien Massendemonstrationen gegen die kommunistische Herrschaft. Das Volk forderte eine Demokratisierung des Landes. Das kommunistische System brach zusammen[213].

Seit 1990 entwickeln sich langsam demokratische Rechte. Es wurde eine Oppositionspartei, die sog. *Demokratische Partei Albaniens* am 12. Dezember 1990 unter Führung von Sali Berisha, gebildet und Religionsfreiheit wieder zugelassen, die zuvor seit 1967 verboten war. Die ersten freien Wahlen fanden am 31.03.1991 statt. Obwohl die Demokratische Partei Albaniens die Wähler in den Städten für sich gewinnen konnten, wählte die Landbevölkerung die kommunistische Partei. Sie brachten der kommunistischen Partei eine Zweidrittelmehrheit und damit 162 der 250 Sitze im Parlament[214].

Am 29. April 1991 wurde die sog. Provisorische Organisationsverfassung von einer außerparlamentarischen Expertengruppe erarbeitet und beschlossen. Diese Verfassung setzte alle alten Gesetze außer Kraft, sofern sie mit der neuen Verfassung und den Prinzipien von Demokratie, Pluralismus und Marktwirtschaft kollidieren[215].

In diesem ersten Verfassungsgesetz wurden wesentliche rechtsstaatliche Prinzipien, wie parlamentarische Demokratie, Gewaltenteilung und die wichtigsten Grundrechte verankert[216].

---

[211] Vgl. *Ponisch,* Gabriele/*Niegelhell,* Anita: Wir sind immer im Feuer: Berichte ehemaliger politischer Gefangener im kommunistischen Albanien, Wien, Köln, Weimar 2001, S. 61.

[212] Vgl. *Schmidt-Neke,* Michael: Die Verfassungen Albaniens (mit Anhang zur Verfassung der Republik Kosovo) 1990, Wiesbaden 2009, S. 47.

[213] Vgl. *Woyke,* Wichard/ *Gruner,* Wolf D.: Europa-Lexikon: Länder, Politik, Institutionen, München 2004, S. 365.

[214] Vgl. *Renat,* Ndarurinze, Albanien: Auf den Spuren Skanderbegs, Berlin 2010, S. 89.

[215] Vgl. Munzinger – Archiv. Länder aktuell 39. *Adamovich,* Ivan- Baron: Entstehung von Verfassungen, Tübingen 2004, S. 207.

[216] Im Artikel 2 des Verfassungsentwurfs von 1991 wurde Albanien als Republik und demokratischer Rechtsstaat bezeichnet, der sich für soziale Gerechtigkeit, auf den Schutz der Freiheit und Menschenrechte und den

Am 22. März 1992, ein Jahr später, fanden neue, vorzeitige Wahlen statt, wobei nunmehr die demokratische Partei und ihre Koalitionspartner eine Zweidrittelmehrheit erlangten und stärkste Parlamentsfraktion wurden. Wegen der Unruhen verließen Zehntausende Albanien. Ramiz Alia musste am 3. April 1992 von seinem Amt zurücktreten. Am 9. April 1992 wurde Sali Berisha zum Staatspräsident Albaniens gewählt[217].

Am 22. November 1998 wurde in einem Referendum vom Volk die Verfassung Albaniens angenommen, und am 28. November 1998 trat diese Verfassung in Kraft. Damit wurde Albanien eine parlamentarische Republik, ein demokratischer Rechtsstaat auf der Grundlage von Pluralismus und Gewaltenteilung, der freien Meinungsäußerung und Religionsfreiheit und der Achtung von Minderheiten[218]. Diese Verfassung wurde nach dem Vorbild der italienischen Verfassung und des deutschen Grundgesetzes entworfen. Sie ist eine Abkehr vom Präsidialsystem, das beide großen politischen Lager bis zur Krise von 1997 favorisiert hatten[219]. Diese Verfassung sieht vor, dass der Staat Albanien als parlamentarische Republik mit einem Mehrparteiensystem besteht. Das Gerichtssystem sieht drei Instanzen vor: die Gerichte der ersten Instanz (Amtsgerichte), die auch als Herzstück der Justiz bezeichnet werden, mit 300 Richtern und 341 juristischen Sekräteren; 6 Berufungsgerichte mit 47 Richtern und 97 administrativen Mitarbeitern; und den Obersten Gerichtshof. Jede Ebene befasst sich mit Zivil-, Straf-, Handels- und Verwaltungsangelegenheiten. Militärgerichtsbarkeit wird in der Strafjustiz in zwei weitere gerichtliche Ebenen geteilt. 5 Militärgerichte, deren örtliche Zuständigkeit sich durch ein besonderes Dekret des Präsidenten der Republik etabliert hat, werden als Gerichte der ersten Instanz bezeichnet. Neben diesen 5 Militärgerichten besteht ein Berufungsgericht. Diese Gerichte befassen sich mit militärischen Straftaten im Krieg, dem Geiseln und anderen, durch Gesetz oder das Berufungsgericht besonders geregelten Spezifikationen.

Die Richter des Obersten Gerichtshofs werden vom Staatspräsidenten, unter Zustimmung des Parlaments, für neun Jahre ernannt.

---

und den politischen Pluralismus einsetzt. Im Artikel 8 wird über politische Parteien und Organisationen gesprochen. Im Artikel 29 über das Wahlrecht.

[217] Vgl. *Merkel*, Wolfgang: Systemtransformation: Eine Einführung in die Theorie und Empirie der Transformationsforschung, 2. überarbeitete und erweiterte Auflage, Wiesbaden 2010, S. 343.

[218] Vgl. *Michael*, Schmidt-Neke, Die Verfassungen Albaniens (mit einem Anhang über die Verfassung der Republik Kosovo) 1990, Wiesbaden 2009, S. 296.

[219] Vgl.URL: http://www.worldlingo.com/ma/dewiki/de/Verfassung_Albaniens [Stand: 21.02.2011].

Abbildung 4: Die wichtigsten Institutionen des heutigen Rechtssystems der Republik Albanien

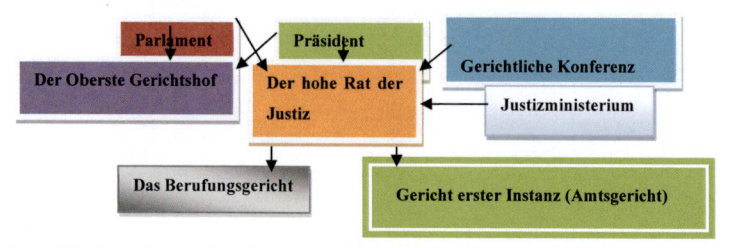

```
        Parlament      Präsident
                                    Gerichtliche Konferenz
Der Oberste Gerichtshof   Der hohe Rat der
                          Justiz         Justizministerium

        Das Berufungsgericht    Gericht erster Instanz (Amtsgericht)
```

Nach dieser Tabelle ist festzustellen, dass das Verfassungsgericht der Republik Albanien außerhalb des normalen Justizsystems steht.

Es ist eine gesonderte Gerichtsbarkeit, zuständig für die Kontrolle der Verfassungsmäßigkeit von Gesetzen und anderer normative Rechtsakte. In der Verfassung der Republik Albanien erhält der Verfassungsgerichtshof eine wichtige institutionelle Position. Artikel 124 bis 134 der Verfassung widmen sich dem Verfassungsgericht als eigenständige Verfassungsgerichtsbarkeit. Diese Bestimmungen legen u.a. die Zusammensetzung, Bestellung und den Status von Richtern seines Vorsitzenden fest sowie Art und Umfang der verfassungsrechtlichen Befugnisse und Kontrollen. In einem Bericht der Kommission der Europäischen Gemeinschaft aus dem Jahr 2004, über den Stabilisierungs- und Assoziierungsprozess, wurde die Verfassung Albaniens bewertet. Sie wurde als geeignet für eine demokratische Entwicklung bezeichnet. Leider kann man Gleiches nicht für die Einhaltung der Verfassung sagen. Oftmals werden Verfassungsbestimmungen und sogar Entscheidungen des Verfassungsgerichts von den demokratischen Institutionen selbst nicht beachtet oder Fristen werden nicht immer korrekt eingehalten (z. B. die Entscheidung des Verfassungsgerichts über die Amtsenthebung des früheren albanischen Generalstaatsanwalts, die vom Parlament ignoriert wurde oder im November 2001, die Frist für die Verabschiedung eines neuen Gesetzes über die Rückgabe von Eigentum)[220].

Im Juni 2009 hatte bei den Parlamentswahlen die demokratische Partei PDSh (46,9 %) eine knappe Mehrheit gegenüber der PSSh (45,3 %) erreicht. Sali Berisha blieb weiter Regierungschef von Albanien.

Mit dem Sturz des kommunistischen Herrschaftsregimes 1991 begann auch die Rückübereignung von Ländereien an die eigentlichen Eigentümer. Bei diesem Prozess mussten die alten Regeln des Kanuns durch die Vermittler angewendet werden. Sie wurden wegen ihres

---

[220] KOMMISSION DER EUROPÄISCHEN GEMEINSCHAFTEN, Bericht der Kommission der Europäischen Gemeinschaften vom Brüssel, den 26.3.2003, SEK (2003) 3392003.

Alters an den Prozessen beteiligt, denn sie erinnerten sich noch an die früheren Grenzen zwischen den Ländereien. In den nordalbanischen Territorien fand die Verteilung anders statt, als in den restlichen Gebieten Albaniens. Der Prozess verlief nicht planmäßig, viele Menschen waren unzufrieden mit den Gerichtsurteilen, denn der Staat war wegen fehlender Kapazitäten nicht in der Lage die Konflikte friedlich, unter Anwendung der entsprechenden Gesetze, zu lösen[221]. Es wurde wieder auf außergerichtlichen Konfliktschlichtungsmechanismen zurückgegriffen, um die Probleme zwischen den alten und neuen Eigentümer der Ländereien zu lösen. Das albanische Gewohnheitsrecht wurde wieder neu belebt und parallel dazu im Jahr 2003 ein Gesetz zur Vermittlung (Nr. 9090) erlassen.

3.1.2 Der Weg Albaniens in die internationalen Organisationen

Der Staat von Albanien stellte im Jahr 1995 den Antrag auf Abschluss eines Stabilisierungs- und Assoziierungsabkommens (SAA). Seit 31.01.2003 waren die Verhandlungen zwischen der EU und Albanien über das Stabilitäts- und Assoziationsabkommen im Gange. Es dauerte bis zum 12.06.2006, bis der Staatspräsident von Albanien in Luxemburg das Abkommen mit der EU unterzeichnete. Diese Prozesse führten dazu, dass Albanien am 28. April 2009 seine Bewerbung für eine EU-Mitgliedschaft einreichte[222].

Albanien erhielt am 3. April 2008 beim Gipfeltreffen in Rumänien eine Einladung zum Militärbündnis und unterzeichnete am 9. Juli 2008 in Brüssel die Beitrittsprotokolle. Ihr Beitritt wurde für den NATO-Gipfel im April 2009 in Kehl und Straßburg geplant und von allen NATO-Mitgliedern ratifiziert und am 1. April 2009 vollzogen[223]. Ein wichtiger weiterer Schritt für Albanien in der EU ist seit dem 15. Dezember 2010 umgesetzt. Seitdem dürfen albanische Bürger visafrei für drei Monate in Mitgliedsstaaten des Schengener Abkommens einreisen.

---

[221] Vgl. *Trimcov*, Eno: Democracy, Intellectuals and the State, The Case of Albania, Tirana, 2005, S. 132.
[222] Vgl.URL: http://www.europarl.europa.eu/parliament/expert/displayFtu.do?language=de&id=73&ftuId=FTU_6.4.1.html [Stand: 07.03.2011].
[223] Vgl. URL: http://de.consenser.org/book/export/html/1880 [Stand: 08.03.2011].

3.2 Kosovo

3.2.1 Die Entwicklung des kosovarischen Rechtssystems

Das Gebiet des Kosovo war ursprünglich durch den illyrischen Stamm der *Dardanen*[224] besiedelt. Sie werden als Vorfahren der albanischen Kosovaren betrachtet[225]. Schon vor 2400 Jahren hatten die Dardanen ihr Königreich Dardania aufgebaut[226]. In historischen Quellen heißt es, dass der dardanische König nicht nur selbst den Staat regierte, sondern unter seinen Unterstützern auch die klügsten Männer waren[227].

Im Jahr 168 v. Christus, nachdem Gentius als letzter illyrischer König von den Römern geschlagen wurde, ist auch Dardania durch Eroberung gefallen. Die Dardaner lebten fortan unter der Herrschaft des Römischen Reiches. Obwohl sie keine Unabhängigkeit genossen, gab es ein hohes Maß an lokal überwachte Autonomie[228].

Nach der Teilung des Römischen Reiches im Jahr 395 blieb der an das Oströmische (Byzantinische) Reich angrenzende Teil Dardaniens römisch. Ab dem 4. Jh. Wanderten slawische Stämme (unter ihnen Serben und Montenegriner) in das Gebiet der Dardanen ein und besiedelten es bis zum Ende des 7. Jahrhunderts zu großen Teilen[229]. Auch während der byzantinischen Herrschaftszeit gab es eine Art der Selbstregierung der Dardanen. Das sog. Albanische Gewohnheitsrecht war dem byzantinischen Rechtssystem jedoch völlig unbekannt[230]. Während des 11. Und 12. Jahrhunderts herrschten im Kosovo Bulgaren und Byzantiner[231]. In dieser Zeit wurden die Illyrier (auch Dardanen) in *Arberia* umbenannt[232].

Im 12. Jahrhundert war es den Serben gelungen, auf Illyrisch-dardanischen Gebiet die Dynastie der Nemanidjen in ein eigenes Staatswesen, mit einem serbischen Königtum und einer serbisch-orthodoxen Nationalkirche, umzuwandeln[233]. Etwas später, im 13. – 14. Jh.

---

[224] Der Name Dardan kommt vermutlich aus dem Illyrischen. Im Albanischen hat er die Bedeutung dardhë, auf Deutsch Birne. Kosovo hieß auch Dardanien, weil es im Kosovo viele Birnbäume gab. Aber nicht nur Birnen, sondern Äpfel und anderes Obst und Gemüse sowie reichlich Bodenschätze.

[225] Vgl. *Thunmann*, Johannes E.: Untersuchungen über die Geschichte der östlichen europäischen Völker, I. Teil, Leipzig 1974, S. 249.

[226] Vgl. Historia e Shqipërisë vëll.I, Tiranë, 1959, S. 86.

[227] Vgl. *Perzhita*, Luan: Mbretëria Dardane, Histori e shkurtër e shtetit 2400 – vjeçar, 2009, S. 29.

[228] Vgl. *Jacques*, Edwin: Shqiptarët, Historia e popullit shqiptar nga lashtësia deri në ditët e sotme, Tiranë, 1996 S. 153. Übersetzung aus dem Englischen durch Edi Seferi. Originaltitel: „The Albanians: An Ethnic History from Pre- Historic Times to the Present." North Carolina 1995.

[229] Vgl. *Perzhita*, Luan: a.a.O., S. 65.

[230] Vgl. *Elezi*, Ismet/ *Hysi*, Vasilika: Politika Kriminale, Tiranë 2006, fq. 52-53.

[231] Vgl. *Funke*, Hajo/*Rhotert*, Alexander: Unter unseren Augen: ethnische Reinheit - die Politik des Regime Milosevic-Regimes und die Rolle des Westens, Berlin 1999, S. 64.

[232] Vgl. *Frasheri*, Sami: "Shqipëria ç'ka qënë, ç'është e ç'do të bëhetë", Prishtinë 2007, S. 24.

[233] Vgl. *Hösch*, Edgar: Geschichte der Balkanländer, München 1988, S. 57-72.

Wurde der serbische Staat zur Hegemonialmacht auf dem Balkan und Stefan Dušan ließ sich 1335 im Kosovo bzw. Prizren zum „Zaren der Serben und Römer" krönen[234]. Stefan Dušans Reich wurde nach byzantinischem Muster unter Führung des serbischen Adels verwaltet. Die weitgehenden Rechte von Adel und Kirche wurden 1349 in einem umfassenden Rechtskodex, dem sog. Zakonik Kodex des Stefan Dušan (Kodex Cara Dusana[235]) festgehalten.

Der serbische Staat erlitt am 28.06.1389 auf dem Amselfeld (alb. Fushe Kosove) einen Todesstoß, als die vereinigten serbischen, bosnischen, kroatischen, bulgarischen und albanischen Truppen, unter Führung des serbischen Fürsten Lazar, von Sultan Murad I. (1359/89) besiegt wurden. Murad fiel in dieser Amselfeld-Schlacht, aber auch Lazar geriet in Gefangenschaft und wurde noch auf dem Schlachtfeld hingerichtet[236].

Ab 1455 stand der Kosovo nunmehr unter osmanischer Herrschaft. Die osmanische Zeit im Kosovo kann in drei Perioden untergliedert werden:

1. Die Eroberungsperiode (1388–1455), als Serbien dem Osmanischen Reich tributpflichtig wurde und Teile des Kosovo unter direkten osmanischen Einfluss gerieten.

2. Die Periode der osmanischen Zentralverwaltung (1455–1878), als die Territorien des Reiches in Großprovinzen (Beylerbeylik, Vilayet) eingeteilt wurden, deren Gouverneure in der Regel den Rang eines Paschas hatten und direkt von Istanbul ernannt wurden. Das Kosovo gehörte gegen Ende des 15. Jahrhunderts dann zur Großprovinz Rümelins (wörtlich: römisches Land), die aus mehreren Sancaks (osman. Provinzen) bestand[237]. Das Territorium des heutigen Kosovo erstreckte sich über die Sancaks Üsküp (Skopje, heute in Mazedonien) und Vushtrri, wobei der größere Teil zu Vushtrri zählte. Sie bestanden aus mehreren Bezirken (Kaza bzw. Nahiye), in denen osmanische Kadis (Religionsrichter) ihre Sitze hatten. Die unmittelbar ernannten Kadis waren für alle denkbaren rechtlichen Angelegenheiten ihrer Bezirke zuständig. Die kleinste Verwaltungseinheit bildete das Dorf bzw. das Stadtviertel (Mahalle). Deren Vorsteher wählte die lokale Bevölkerung. Obwohl Gouverneure und Richter Muslime sein mussten, waren die Dorf- bzw. Stadtviertel-Vorsteher in den christlichen Orten auch Christen. Sie hatten eine wichtige Stellung im osmanischen Verwaltungssystem, weil sie vor

---

[234] Vgl. *Ohme*, Heinz: Das Kosovo und die Serbische Orthodoxe Kirche, Öffentlicher Vortrag 14. Juni 1999 Humboldt-Universität zu Berlin Theologische Fakultät, Seminar für Kirchengeschichte.

[235] Vgl. URL: http://www.dusanov-zakonik.com/indexr.html [Stand: 24.01.2011].

[236] Vgl. *Jacques*, Edwin: Shqiptarët, Historia e popullit shqiptar nga lashtësia deri në ditet e sotme, Tiranë 1996 S. 195. Übersetzung aus dem Englischen durch Edi Seferi. Originaltitel: "The Albanians: An Ethnic History from Pre-Historic Times to the Present", North Carolina 1995.

[237] Vgl. *Gashi,* Musa: Disa Fakte mbi Kosoven, Shkup 1997.

allem bei der Festsetzung der Steuern und bei der Ausbildung von Soldaten eng mit den osmanischen Behörden zusammenarbeiten konnten[238].

Im 16./17. Jahrhundert war der Kosovo aus den Verwaltungseinheiten Vushtrri, Prizren, Dukagjin und Skutari (Shkodra) gebildet[239].

Nach den Tanzimat-Reformen (1840) im Vilajet von Kosovo wurden die sog. Osmanischen Vilajetsgerichte gebildet. Sie setzten sich aus dem Berufungsgericht, dem Gerichtshof, dem Strafgericht und dem Handelsgericht zusammen. Diese Gerichte beschäftigten sich mit den Delikten aus den Bereichen Steuerzahlung, Buße und Gebühren[240].

Aufgrund des Gesetzes über Vilajet (1864) wurde der Kosovo in sog. Sanxhaken, drei territorial-administrative Verwaltungseinheiten eingeteilt, Skutar (Shkoder), Prizren, und Skopje. 3. In der Periode der albanischen Frage (1878–1912) versammelte sich am 10. Juni 1878 in der Stadt Prizren eine Gruppe albanischer Intellektueller aus dem Kosovo und gründete die Liga von Prizren (alb. Lidhja e Prizrenit). Dies markierte den Beginn einer albanischen Nationalbewegung im Kosovo, die sich an erster Stelle gegen die serbischen und montenegrinischen Herrschaftsansprüche stellte[241]. Dieser Initiative der albanischen Nationalbewegung fehlte es allerdings an internationaler Anerkennung. Während der Tagung des Berliner Kongresses im Juli und August 1878 wurde zwar die Souveränität Serbiens und Montenegros festgeschrieben, die albanische Bevölkerung des Kosovos blieb jedoch weiter unter osmanischer Herrschaft[242].

In der Hauptstadt des Vilajet von Kosovo, Pristina, bildete sich im März 1879 eine Bewegung, um gegen komplexe und korrupte osmanische Gerichte vorzugehen. Diese Bewegung, geleitet von Zija Prishtina, präsentierte im Mai 1879 an der Hohen Pforte, im Namen der Sandsack von Pristina, eine Petition mit der Forderung nach einer Einrichtung unabhängiger Gerichte und der Abschaffung der osmanischen Armee[243]. Aus diesem einen Grund war es erlaubt worden, dass die Pforte neben den offiziellen Gerichten auch als

---

[238] Vgl. *Hacısalihoğlu*, Mehmet: Die Zeit der Osmanenherrschaft, in: Bernhard Chiari, Agilolf Keßelring (Hrsg.), Wegweiser zur Geschichte Kosovo, 3. durchgesehene und erweiterte Auflage, Paderborn u.a. 2008, S. 34-41.

[239] Vgl. *Aliu*, Agni/*Stavileci*, Esat: Qeverisja Lokale, Njoftime themelore dhe shqyrtime krahasimtare, Tetovë, Prishtinë 2009, S. 128.

[240] Vgl. *Kajtazi*, S. Bashkim: Ndërtimi i sistemit gjyqesor të pavarur ne Kosovë, Prishtinë 2010, S. 17.

[241] Vgl. *Hacısalihoğlu*, Mehmet: Die Zeit der Osmanenherrschaft, in: Bernhard Chiari, Agilolf Keßelring (Hrsg.), Wegweiser zur Geschichte Kosovo, 3. durchgesehene und erweiterte Auflage, Paderborn u.a. 2008, S. 34-41.

[242] Vgl. *Petritsch*, Wofgang/*Kaser*, Karl/ *Pichler*, Robert: Kosovo Kosova; Kosovo 1285 bis 1913, Der lange Weg zum Frieden, Klagenfurt/Celovec 2004, S. 74.

[243] Vgl. *Abdyli*, Ramiz/ *Bakalli*, Emine: *Historia 11*- Gjimnazi i shkencave shoqërore, Libri Shkollor, Prishtinë 2004, S. 159.

Albanisches Gericht fungierte[244]. Während dieser Zeit wurde in der Pforte ein Verfassungsgericht, ein Schariagericht und ein Gericht des unteren Niveaus geführt[245].

Während der gesamten Zeit osmanischer Herrschaft in den albanischen Territorien, bis zum Jahr 1912, wurde auf dem Gebiet des Kosovo, parallel zur Scharia, ein Rechtssystem auf Basis des albanischen Gewohnheitsrechts, des Kanuns des Lek Dukagjini, aufgebaut. Dieser Kanun hatte sogar Vorrang vor anderen Rechtssystemen staatlicher oder religiöser Art[246].

Zwischen den Jahren 1912 und 1945 wurde im Kosovo das albanische Gewohnheitsrecht parallel zum staatlichen Recht praktiziert. Die jugoslawischen Gesetze wurden von der albanischen Bevölkerung als fremde Gesetze betrachtet, die mit Gewalt von den Besatzern eingebracht wurden[247].

Nach Ende des Zweiten Weltkrieges (1945) wurde zunächst innerhalb des Demokratischen Föderativen Jugoslawien ein kosovarisches Rechtssystem gebildet. Auf Basis der Bundesverfassung von 31. Januar 1946 der Föderativen Volksrepublik Jugoslawien, später ersetzt durch das Verfassungsgesetz vom 13. Januar 1953 und die Verfassung von 07. April 1963 der Sozialistischen Föderativen Republik Jugoslawien blieb dieses kosovarische Rechtssystem bis zum Zerfall der SFRJ bestehen. Während dieser Zeit gab es immer wieder Höhen und Tiefen. Die Entwicklung des Rechtssystems war stark abhängig vom allgemeinen jugoslawischen Rechtssystem und dem staatlichen Gesellschaftsgefüge der Sozialistischen Föderativen Republik Jugoslawien. Die Entwicklung des jugoslawischen Sozialismus nahm einen deutlich demokratischeren Verlauf im Vergleich zu dem in anderen sozialistischen Staaten des Ostblocks. Die sog. Selbstverwaltung (alb. Veteqeverisja) wurde auf allen Ebenen durch die Verfassung, als Basis des sozialistischen Gesellschaftssystems, integriert[248].

Der jugoslawische Sozialismus basierte also auf der sog. Selbstverwaltung und auf dem gesellschaftlichen Eigentum. Im Vergleich zu anderen sozialistischen Ländern war das damalige jugoslawische System im Bereich des Schutzes der Menschenrechte sehr fortschrittlich. Der jugoslawische Sozialismus konnte zu Recht als eine milde Form des Sozialismus bezeichnet werden[249].

---

[244] Vgl. *Bajrami,* Arsim: E Drejta kushtetuese II, Prishtinë 1998, S. 14.

[245] Vgl. *Rushiti,* Liman: Ndarja territoriale dhe rregullimi administrativ i Kosovës 1878 – 1941, Prishtinë 2004, S. 29.

[246] Der Kanun, Das albanische Gewohnheitsrecht nach dem sogenannten Kanun des Leke Dukagjini kodifiziert von Shtjefen Gjeçovi, ins Deutsche übersetzt von Marie Amelie Freiin von Godin, Pejë 2001, S. 5; Ulqini K, Bajraku në organizimin e vjetër shoqëror, Tiranë 1991, S. 16.

[247] Vgl. *Halili,* Ragip, Sanksionet penale sipas të drejtës zakonore në Kosovë, Prishtinë 1985, S. 45.

[248] Vgl. *Kajtazi,* S. Bashkim: a.a.O., S. 13.

[249] Vgl. *Galic,* Aleša: Das Slowenische Zivilprozessrecht zwischen Transmission, Kontinuität und Transformation, S. 119 siehe Link: http://www.ritsumei.ac.jp/acd/cg/law/lex/rlr27/AlesGalic.pdf [Stand.16.12.2011].

fortschrittlich. Der jugoslawische Sozialismus konnte zu Recht als eine milde Form des Sozialismus bezeichnet werden[249].

Dennoch erlitt das jugoslawische Rechtssystem auf gesetzgeberischer Ebene als auch bei der Rechtsanwendung, schwere und tief greifende Eingriffe sozialistischer Ideologie und Rechtslehre[250]. Während Titos Regierungszeit war in Jugoslawien eine Unabhängigkeit der Justiz zwar auf formeller Ebene garantiert, in der Praxis gab es aber häufig Eingriffe der Politik, besonders im Kosovo. Im Jahr 1971 kam es auf jugoslawischer Bundesebene zu einer Verfassungsänderung, die den Kosovo als autonome Provinz anerkannte.

Im ehemaligen Jugoslawien war der Kosovo eine von acht föderalen Einheiten und hatte den Status der autonomen Provinz. Kosovo wurde als autonomer Teil Serbiens bezeichnet, aber die Bundesverfassung machte klar, dass Kosovos verfassungsmäßige Ordnung parallel zur serbischen existierte und ihr nicht untergeordnet war. Der Kosovo hatte seine eigene konstitutionelle Verfassung, Legislative, Exekutive und Judikative Körperschaften sowie einen Sitz im föderalen Präsidentschaftsrat mit Vetorecht[251].

Seit Inkrafttreten der Bundesverfassung 1974 bestand die SFRJ gemäß Art. 2 aus sechs Teilrepubliken (Slowenien, Kroatien, Bosnien und Herzegowina, Montenegro, Serbien und Mazedonien) und zwei autonomen Provinzen innerhalb Serbiens (Vojvodina und Kosovo)[252].

Nach dieser Bundesverfassung konnten die Grenzen des Kosovo nicht durch eine andere Bundeseinheit verletzt werden. Der föderale Status Kosovos war Ausdruck des Rechts auf Selbstbestimmung des Volkes des Kosovo und i.S.d. Bundesverfassung konnte dieses fundamentale Recht nicht unilateral abgeschafft werden[253]. Der Kosovo bekam nunmehr auch das Recht der Gründung und der Organisation seines eigenen Gerichtssystems. Es wurden die Gerichte aller Instanzen und verschiedene Gerichtsarten geschaffen, um eine föderale Einheit zu gewährleisten[254].

Im Zeitraum zwischen 1974 – 1981 war der Höhepunkt unabhängiger Organisation und Funktion des Rechtssystems im Kosovo. Selbst ein Verfassungsgericht wurde eingerichtet.

---

[249] Vgl. *Galic*, Aleša: Das Slowenische Zivilprozessrecht zwischen Transmission, Kontinuität und Transformation, S. 119 siehe Link: http://www.ritsumei.ac.jp/acd/cg/law/lex/rlr27/AlesGalic.pdf [Stand.16.12.2011].

[250] Vgl. *Šipec*, M. Med liberalnim in socialnim civilnim procesom (Zwischen liberalem und sozialem Zivilprozess), Podjetje in delo, 1999, 6-7, S. 1207.

[251] Vgl. *Malcolm*, Noel: Kosovo. A Short History, New York 1998. S. 327–328.

[252] Ustava Socialistične Federativne Republike Jugoslavije (1974) (Verfassung der SFRJ von 1974).

[253] Vgl. URL: http://www.kosova.de/archiv/politik/nationaler_bericht.html [Stand: 22.01.11].

[254] Vgl. *Clausing*, Silke: Dissertationarbeit: Die Implementierung der Resolution 1244 (1999) des VN Sicherheitsrates im Lichte des Brahimi Reports, Universität München, S. 9-10.

Während dieser Zeit wurde dennoch parallel außergerichtliche Konfliktschlichtung praktiziert. Es wurden viele Konflikte und Streitigkeiten durch die Ältestenräte geschlichtet.

Das kosovarische Rechtssystem, das auf der Basis der jugoslawischen Bundesverfassung von 1974 errichtet wurde, wurde mit Aufhebung der Autonomie am 28. März 1989 durch das serbische Parlament, de facto unwirksam[255]. Es folgten die Abschaffung der kosovarischen Verfassung, der Gesetze, der Institutionen und des Personals.[256].

Am 26. Juni 1990 beschloss das serbische Parlament ein „Gesetz zu Verfahren der Republiksorgane bei außerordentlichen Umständen" und begann dies im Kosovo anzuwenden[257]. Am 2. Juli 1990 haben die albanischen Abgeordneten des kosovarischen Parlaments darauf mit einer Unabhängigkeitserklärung für den Kosovo reagiert. Am 13. Juli 1990 entschied Milosevic, das kosovarische Parlament aufzulösen und seine Regierung abzulösen[258].

Am 7. September 1990 verabschiedeten ehemalige kosovarische Abgeordnete, im Untergrund die Verfassung der „Republik Kosovo" und ein Jahr darauf, im September 1991, wurde nach einem albanischen Referendum die „Republik Kosovo" proklamiert[259]. Diese Republik wurde aber nur von Albanien anerkannt[260]. Eine parallele Schattenstruktur wurde etabliert. Ein Jahr später wählten die Kosovo-Albaner den Schriftsteller Ibrahim Rugova, Anführer der Demokratischen Liga Kosovo, zum Präsidenten der „Republik Kosovo". Gleichzeitig wurde ein Parlament gewählt, das jedoch nicht zusammentrat. Rugova ernannte ferner eine Regierung, die ihre Amtsgeschäfte aus dem Exil wahrnahm[261].

Nach dem Friedensvertrag von Dayton (1995) und der Stationierung von NATO-Truppen in Bosnien, erschien den Kosovaren der friedliche Widerstand als erfolglos und die UÇK (Ushtria Çlirimtare e Kosovës), die sich Befreiungsarmee des Kosovo nannte, trat 1996 in Erscheinung, um zum bewaffneten Kampf für die Unabhängigkeit des Kosovo

---

[255] Vgl. *Von Kohl* Christine/ *Libal*, Wolfgang: Kosovo gordischer Knoten des Balkan, Wien 1992, S. 116.
[256] Vgl. Schneider, Wieland: „Kosovo/Kosova in der albanisch-serbischen und der internationalen Auseinandersetzung", Diplomarbeit Universität Wien, Juni 2008, S. 25.
[257] Vgl. *Marko,* Joseph: Die staatsrechtliche Entwicklung des Kosovo von 1913-1995, aus Marko Joseph (Hg.) Gordischer Knoten Kosovo/Durchlagen oder entwirren?, Baden Baden 1999, S. 16.
[258] Vgl. *Libal,* Wolfgang: Das Ende Jugoslawiens- Chronik einer Selbstzerstörung, Wien 1991, S. 133.
[259] Vgl. *Nordhausen,* Frank/*Hoti,* Bardhyl: Entkommen: Tagebuch eines Überlebenden aus dem Kosovo, Berlin 2000, S. 224.
[260] Vgl. *Zeihe,* Julia: Der UN-Sicherheitsrat zwischen Reformbedarf und Selbstblockade, Interventionsstrategien im institutionellen Konflikt 1990 – 2005, München 2007, S. 21.
[261] Vgl. *Krämer,* Franziska: Die Politik Deutschlands in der Kosovofrage, Potsdam 2009, S. 55.

überzugehen²⁶². Ihre Aktionen gegen serbische Streitkräfte wurden im Jahr 1998 weiter intensiviert.

Am 6. Februar 1999 kam es zu Friedensgesprächen zwischen der jugoslawischen Führung und den Kosovo-Albanern (Rambouillet-Verhandlungen). Die albanische Seite unterzeichnete am 18. März den Vertrag. Wegen der Verweigerung der Unterzeichnung von Seiten Milosevic[263] wurden am 24. März 1999 die Kampfhandlungen im Kosovo wieder aufgenommen[264]. Es kam zu NATO-Luftangriffen gegen serbische Streitkräfte. Es dauerte 78 Tage bis zum Abzug serbischer und jugoslawischer Streitkräfte am 10. Juni 1999[265].

Nach dem Abzug serbischer Truppen wurde der Kosovo durch eine Resolution (1244/1999) des Sicherheitsrates unter ein Protektorat der Vereinten Nationen gestellt[266]. Dadurch wurde die Grundlage für eine militärische Mission[267] durch die KFOR geschaffen. Die Aufgaben der KFOR-Mission in Kosovo waren die Sicherung und Aufrechterhaltung der öffentlichen Sicherheit, die Demilitarisierung der Region und die Unterstützung der UN-Mission durch zivil-militärische Kooperationen. Eine weitere in der SR-Resolution vorgesehenen Aufgabe war eine zivile Mission UNMIK zu schaffen, die mit dem Aufbau eines, nach internationalen Standards funktionierenden Rechtssystems, zu beginnen. Es sollte die Förderung der Menschenrechte sowie die Wahrung von Recht und Ordnung beinhalten und ein sicheres und multiethnisches Leben im Kosovo ermöglichen[268].

Das gesamte Rechtssystem wurde unter UNMIK-Aufsicht gestellt. Der Chef der Mission wurde ein Generalsekretär der UN als Sonderbeauftragter. In seiner Person konzentrierten sich sämtliche Exekutiv- und Legislativfunktionen[269].

Die Verantwortung für die Justiz konzentrierte sich bei UNMIK und wurde nicht an kosovarisches Justizministerium abgegeben. Richter und Staatsanwälte wurden ausschließlich vom SRGS ernannt, versetzt und abberufen. Die kosovarische Behörden hatten lediglich Vorschlagsrechte[270]. Während dieser Zeit übte die UNMIK alle klassischen Funktionen eines

---

[262] Vgl. *Kalcic*, Vladimiro: Sie kämpften nur einen Sommer: Antikriegsroman, München 2010, S. 296.
[263] Vgl. *Bruno*, Schoch/*Reinhard* Mutz/*Ulrich*, Ratsch: Friedensgutachten 1999, Münster 1999, S. 65-66.
[264] Vgl. *Mensink*, Dagmar/*Liebsch*, Burkhard: Gewalt verstehen, Berlin 2003, S. 338.
[265] Vgl. *Drentwet*, Christine:Vom Nachrichtenvermittler zum Nachrichtenthema Metaberichterstattung bei Medienereignissen, Dissertation, Ludwig- Maximilians Universität München 2008, Wiesbaden 2009, S. 117.
[266] SR-Resolution 1244 v. 10.06.1999, UN-Doc. S/RES/1244 (1999).
[267] SR-Resolution 1244 v. 10.06.1999, UN-Doc. S/RES/1244 (1999). Par. 7.
[268] SR-Resolution 1244 v. 10.06.1999, UN-Doc. S/RES/1244 (1999). Par. 11.
[269] UNMIK, Regulation on the Authority of the Interim Administration in Kosovo v. 25. 7.1999, UN- Doc.UNMIK/REG/1999/1, Sektion 1.
[270] UNMIK, Regulation on a Constitutional Framework for Provisional Self-Government v. 15.05.2001, UN-Doc. UNMIK/REG/2001/9, Chapter 9.4.8.

Staates aus, quasi als Ersatz zu den nicht vorhandenen Staatsstrukturen[271]. In dieser Eigenschaft erklärte UNMIK zunächst alle jugoslawischen Gesetze, die zum Stichtag des 22. März 1989 gültig waren, für weiterhin anwendbar. Daneben galten die Gesetze und Verordnungen, die nach dem 10. Juni 1999 unter der UN-Übergangsverwaltung in Kraft getreten sind[272].

Im Falle der Konkurrenz der Rechtsquellen hatten die unter UN-Verwaltung erlassenen Gesetze, Verordnungen und Entscheidungen der UNMIK hoheitlichen Charakter und damit Vorrang gegenüber den alten jugoslawischen Bestimmungen[273]. Weiterhin wurden einige Gesetze und Regelungen, die in der Zeit zwischen 1989 bis 1999 verabschiedet wurden, durch UNMIK ausnahmsweise nach genauer Prüfung anerkannt[274]. Diese nach 1989 eingeführten Gesetze waren oft diskriminierend, da ihre Regelungen nur bestimmten ethnischen Gruppen vorbehalten waren[275]. Die UNMIK hat im Jahre 1999 solche diskriminierende Gesetze widerrufen und als ungültig erklären[276]. Die während des Krieges in Belgrad beschlossenen Gesetze wurden ebenfalls im Jahre 1999 von der UNMIK widerrufen[277]. Diese gesetzlichen Veränderungen markierten nicht nur das Ende des Milosevicregimes, sondern auch die Trennung vom Rechtssystem des ehemaligen Jugoslawien und Serbien. Für den Kosovo bedeutete es einen schwierigen Übergang in ein demokratisches System und die freie Marktwirtschaft.

Das anwendbare Recht des Kosovo, nach der Initialisierung der UNMIK (1999), besteht aus:

1) Den Dekreten, verkündet von besonderen Vertreter des Generalsekretärs und dessen ausgefertigten subsidiären Dokumenten *(UNMIK-Vorschriften einschließlich der Rahmenverträge, was der höchste Rechtsakt im Kosovo ist, und den Statuten)*;

---

[271] Vgl. *Stahn*, Carsten: International Territorial Administration in the Former Yugoslavia. Origins, Development and Challenges Ahead, Heidelberg Journal of International Law, Stuttgart, 61/1/2000, S. 114.

[272] (UNMIK/REG/1999/1, v. 25/07/1999, in der Sektion 3 Anwendbares Recht in Kosovo; Bajrami, Arsim: Demokracia parlamentare, 4. Aufl. Pristina 2005, S. 59.

[273] UNMIK/REG/1999/1, v. 25/07/1999, in der Sektion 3 Anwendbares Recht in Kosovo.

[274] Vgl. URL: http://www.pristina.diplo.de/Vertretung/pristina/de/04/Sonstiges/Seite__Recht_20Kosovo.html [Stand: 22.02.2011].

[275] Vgl. *Malcom*, Noel: A Short History, New York 1988, S. 349. Im Sommer 1991 wurde ein Gesetz für rückkehrwillige Serben und Montenegriner in den Kosovo erlassen, das fünf Hektar Land zusicherte.

[276] Vgl. URL: http://www.geo21.ch/ethz/2006-07/essays/E4-Kosovo.pdf [Stand: 22.02.2011], Benjamin Ganz Essay: Katastersystem im Kosovo (Serbien) S. 14.

[277] Es handelte es sich um 53 Gesetze aus der Regierungszeit des ehemaligen serbischen und jugoslawischen Präsidenten Slobodan Milosevic. Das Hauptargument des kosovarischen Parlaments war: Die Gesetze hätten den Privatisierungsprozess blockiert.

2) Dem vor dem 22. März 1989 in Kraft getretenen Gesetzen und noch gültigen Gesetzen (*Gesetze aus der Zeit der autonomen Provinz Kosovo, ehemalige Landesgesetze des Kosovo sowie einige Gesetze der ehemaligen Sozialistischen Republik Jugoslawien*);

3) Dem im Kosovo nach dem 22. März 1989 geltenden Recht, als subsidiär Recht zum Ausfüllen von möglichen Rechtslücken, soweit die Vorschriften nicht diskriminierend sind;

Im Falle eines Konflikts hatten die Dekrete *(Verordnungen und Satzungen der UNMIK)* und die unter ihr ausgefertigten Dokumente Vorgang[278].

Darüber hinaus hat das Verfassungsgericht eine Rahmenstruktur international geltender Rechte geschaffen, die unmittelbar im Kosovo gilt. Dazu zählen die internationalen Übereinkünfte über Menschenrechte, einschließlich der Allgemeinen Erklärung der Menschenrechte, die Europäische Konvention zum Schutze der Menschenrechte und Grundfreiheiten (zusammen mit ihren Protokollen), der Internationale Pakt über bürgerliche und politische Rechte (zusammen mit Protokollen), die Übereinkommen zur Beseitigung jeder Form von Rassendiskriminierung, das Übereinkommen zur Beseitigung jeder Form von Diskriminierung der Frau, das Übereinkommen über die Rechte des Kindes, die Europäische Charta für Regional- oder Minderheitensprachen und die Rahmenkonvention des Europarates über den Schutz der nationalen Minderheiten.

Die wichtigsten Aufgaben der UNMIK waren der Aufbau einer Übergangsverwaltung, der Einsatz internationaler Polizei sowie der Aufbau der Justiz einschließlich des Strafvollzugssystems.

Trotz dieser Mission konnten sie nicht die hohe Zahl der Verbrechen im Jahr 1999 verhindern. Die Statistiken zeigen, dass während der Zeit von Juni 1999 bis Dezember 1999, 454 Morde, 190 Entführungen und 1.327 Brandstiftungen registriert wurden[279]. Der Justiz fehlten Verwaltungsstrukturen und Gefängniskapazitäten. Viele der Festgenommenen wurden nach ihrer Festnahme, mangels Unterbringungsmöglichkeiten im Gefängnis, sofort wieder freigelassen[280].

Im März 2007 plädierte der Sondergesandte des UN-Generalsekretärs für eine zukünftige Unabhängigkeit des Kosovo unter internationaler Aufsicht. Am 17. Februar 2008 wurde durch das kosovarische Parlament die Unabhängigkeit des Kosovos von Serbien

---

[278] UNMIK/REG/1999/1, v. 25/07/1999, in der Sektion 3 Anwendbares Recht im Kosovo. Art. 1 der VO Nr. 2000/59 vom 27.10.2000 zur Änderung der VO UNMIK Nr. 1999/24 über im Kosova das anwendbare Recht.

[279] Vgl. UNMIK Police-Crime Statistics, war verfügbar unter: www.civpol.org/unmik/stats/1999/whole.htm [Stand:15.08.2000].

[280] Human Rights First, Kosovo: Protection and Peace- Building, August 1999, S. 6.

beschlossen. Bis zum achten Jahr der Unabhängigkeit am 17. Februar 2008 erkannten 111 der UN-Mitgliedstaaten die Republik Kosovo als selbstständige Republik an[281].

3.2.2 Das heutige kosovarische Rechtssystem

Im Kosovo gilt heute eine Verfassung, die am 15. Juni 2008 in Kraft getreten ist und, die den Kosovo als parlamentarische Republik bezeichnet. Die Verfassung sieht eine Gewaltenteilung (Art. 4) nach Exekutive, Legislative und Judikative vor. Wegen internationaler Präsenz wird noch immer eine Machtteilung in den lokalen Institutionen der Republik Kosovo durch die ICO, EULEX und UNMIK beschränkt.

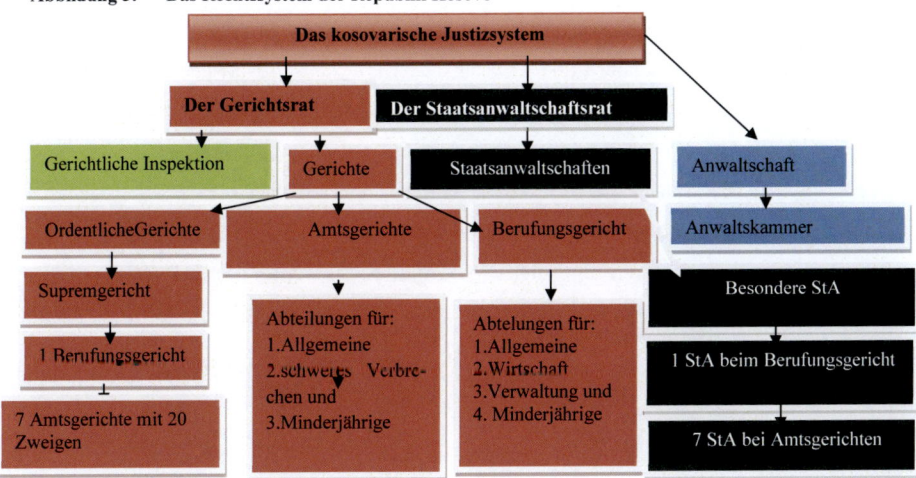

Abbildung 5: Das Rechtssystem der Republik Kosovo

Seit 1. Januar 2013 ist im Kosovo ein neues Gesetz über die Organisation der Gerichte in Kraft getreten, welches mit dem Strukturaufbau und mit den Ebenen der Gerichte beinahe zu dem albanischen Gerichtssystem steht. Der Kosovo hat die rechtliche Tradition der kontinentalen Justiz geerbt.

Nach der Unabhängigkeit formierte sich langsam eine eigenständige Rechts – und Verwaltungsstruktur. Am 15.06.2008 traten die Verfassung sowie die ersten Gesetze der

---

[281] Vgl. URL: http://www.mfa-ks.net/?page=2,33 [Stand: 15.02.2013].

Republik Kosovo in Kraft. Seit dem 9. Dezember 2008 wird die politische Entwicklung des Kosovo durch die Rechtsstaatlichkeitsmission der EU („EULEX Kosovo") überwacht[282].

Im Jahr 2008 ist auch ein Mediationsgesetz in Kraft getreten, das eine neue Methode der außergerichtlichen Konfliktbeilegung für Kosovaren darstellt. Parallel zu den staatlichen Gerichten und Ältestenräten, die auf Basis des Gewohnheitsrechts arbeiten, kann außerdem die Mediation als Unterstützung eines friedlichen Lebens im Kosovo eingesetzt werden. Sie ist eine weitere Alternative für die Lösung von Konflikten.

3.3 Zusammenfassung

Das albanische Rechtssystem hat im Vergleich zum kosovarischen einen längeren Bestand. Es wurde seit 1912 mit Ausnahme der Okupierung während des Zweiten Weltkrieges durch Musolini als autonom bezeichnet. Im Gegenzug dazu wurde das kosovarische Rechtssystem bis zum Jahr 2008, als die erste angewandte Verfassung durch das kosovarische Parlament in Kraft getreten ist, durch fremdes Regime aufgebaut und kontrolliert. Heutzutage basieren die Verfassungen beider Staaten auf demokratischer Staatsform und haben ferner das Prinzip der Gewaltenteilung verankert. Es gelten die Menschenrechte und es besteht die Möglichkeit der Selbstgestaltung von Gesetzen zum Schutz vor Eingriffen des Staates. Ein freies Wahlrecht ist festgeschrieben. In der Verfassung dieses Staates ist die Unabhängigkeit der Justiz verankert. Außerdem wurden die Gesetze über die außergerichtliche Konfliktbeilegung als alternative Konfliktlösung in beiden Ländern verankert.

---

[282] Vgl. URL: http://www.eulex-kosovo.eu/docs/info/20100608council%20decision.pdf [Stand: 25.01.2011].

4 Die Geschichte der weltweiten außergerichtlichen Konfliktbeilegung sowie der Mediation und der albanischen Schlichtung

4.1 Die Geschichte der Mediation

Im Laufe der Geschichte haben sich unterschiedliche Vermittlungsarten und Konfliktbewältigungsregelungen bei den Völkern ausgebildet. Dabei sind nicht nur die albanischen und österreichischen Völker eigene Wege bei außergerichtlichen Konfliktbeilegungsverfahren gegangen, sondern auch viele andere Völker.

Das Institut der Vermittlung, als eine Art der Konfliktbeilegung, wurde in unterschiedlichen Regionen weltweit, ebenso in unterschiedlichen sozialen Schichten und bei unterschiedlichen Konfliktarten angewendet[283].

Es ist eine Tatsache, dass seit Beginn der Menschheitsgeschichte, der Mensch darauf angewiesen war, in Gemeinschaft zu leben. Das Zusammenleben in der Gemeinschaft bringe aber auch, damals wie heute, sich Konflikte[284] oder Streitigkeiten[285] mit sich. Deshalb sind Vermittlungsversuche seit bekannt werden der ersten Menschen und deren Gemeinschaften verbreitet.

Über diese die Rolle, die ein Vermittler als Friedensbringer bei den Konflikten und Streitereien im Zusammenleben zwischen den Menschen in einer Gesellschaft gespielt hat, wurde in vielen Büchern, Zeitschriften, Kanunen und Gesetzen berichtet bzw. geschrieben. Wegen unterschiedlicher Kulturen und Rechtssysteme der Völker sowie Formen und Mechanismen ihrer Schlichtungen findet man neben Gemeinsamkeiten, oft auch Besonderheiten. Schlichtungen waren historisch schon früh, vor der Zeit der traditionellen Gesellschaften[286] (vormoderne Gesellschaft) bekannt. Darüber hinaus existierten sie bereits in der Zeit des alten Ägyptens und bei anderen Gemeinschaften wie Griechenland, Spanien, China, Japan, Jordanien, Melanesien, in Lateinamerika und bei unterschiedlichen afrikanischen Volksgruppen[287].

---

[283] Vgl. *Althoff*, Gerd: Spielregeln der Politik im Mittelalter. Kommunikation in Frieden und Fehde, Darmstadt 1997, S. 9.

[284] Der Begriff Konflikt wurde im 18. Jahrhundert aus dem Lateinischen entlehnt und leitet sich ab von *conflictus* = Zusammenstoß, Widerstreit, Zwiespalt.

[285] Das altgermanische Wort *strit*, in der ursprünglichen Bedeutung von Widerstreben, Starrsinn, Aufruhr - später wurde es zum Oberbegriff für Kampf, Hader, Wettstreit, Rechtskonflikt, Meinungsstreit.

[286] Vgl. *Lopez*, Gerard / *Bornstein*, Serge: Victimologie Clinique, Paris 1995, S. 247-248.

[287] Vgl. *Bessemer*, Christoph (2002): a.a.O., S. 151.

Für bereits existente Vermittlungsrituale spricht auch der Fall von Eskimo-Bevölkerungsgruppen. Dort wollte die Familie eines Opfers, den Mörder in seiner Familie akzeptieren, unter der Sanktion, die Frau des Ermordeten zu heiraten[288]. Ähnlich wurde auch bei den amerikanischen Indianern vorgegangen. Dort war es üblich, dass nach der Versöhnung, der Mörder dem Clan des Opfers übergeben wurde, um den Verlust der Arbeitskraft des verstorbenen Mitglieds zu ersetzen[289].
Diese alten Mechanismen waren bereits in den alten religiösen Schriften wie der Bibel oder dem Koran beschrieben. So wurde z.B. für die Schaffung von Frieden des göttlichen Geistes oder "pax Priorität" nach dem alten Gewohnheitsrecht verlangt, dass Feindseligkeiten und Konflikte zwischen den Parteien nicht von einem Zustand der Angst vor Vergeltung oder Rache begleitet werden soll, sondern Ruhe, ohne Einschüchterung geschaffen werden soll[290]. Über eine Vermittlung durch einen Dritten wurde in allen heiligen Schriften berichtet. Im Matthäusevangelium (18, 15-17) z.B. wurde erwähnt, wie Jesus empfahl, die Außenstehenden zu einem Konflikt hinzuzuziehen, wenn die Konfliktparteien selbst, nicht im direkten Gespräch eine Lösung fanden[291]. Auch im Islam wurde der Prophet Mohammed als erfolgreicher Mediator der islamischen Gemeinde hoch geschätzt. Es wird sogar berichtet, dass seine Anhänger das Fasten am jüdischen Versöhnungstag hielten und ihr Gemeinschaftsgebet am Freitagmittag feierten, um ein Zusammenleben in Frieden und Harmonie aufzubauen[292]. Auch im Judentum war Mediation ein akzeptiertes Verfahren, das bis heute aufrechterhalten wird. Die jüdische Gemeinde in New York hat als Erste, ein großes Mediationsforum zum Zweck der Vermittlung in Konflikten gegründet[293]. Im Buddhismus gibt es auch Berichte zu Mediation[294]. Die Mediation ist also in jeder Religion ein allgemein bekanntes und akzeptiertes Verfahren.
Über eine solche alte gesellschaftliche Tradition in der Vermittlungsgeschichte der älteren albanischen Völker berichtet Thallotczy. Seiner Meinung nach wurden die Instrumente zur Lösung von Konflikten zwischen Menschen, von ihnen selbst entwickelt, was dieser Tradition

---

[288] Vgl. *Halili*, Ragip, Viktimologjia, Prishtinë 2007, S. 158.

[289] Vgl. *Bruhl*, H. Lewy: Problemes de la Sociologie Criminelle - Traite des sociologie, bei Gurvich G. Tom, 2. Auflage, Paris 1958, S. 216 – 217.

[290] Vgl. *Šeparović*, Zvonimir: Viktimologija – Studije zrtvama, Informator, Zagreb 1998, S. 101-102.

[291] Vgl. *Besemer*, Christoph: Mediation. Vermittlung in Konflikten, Freiburg 1993, S. 47.

[292] Vgl. *Bauschke*, Martin: Der Spiegel des Propheten: Abraham im Koran und im Islam, Frankfurt am Main 2008, S. 104.

[293] Vgl. *Mayer*, Helene, Claude-Helene: Trainingshandbuch interkulturelle Mediation und Konfliktlösung: Didaktische Materialien zum Kompetenzerwerb, 2. Auflage, Münster 2008, S. 81.

[294] Vgl. *Wiesinger*, Stefan, *Lhamo,* Ani Jinpa: Ars nova mediativa. Ein Dialog in Achtung und Achtsamkeit, in: *Gerda* Mehta, *Klaus* Rückert (Hrsg.), Demokratie, Carl-Auer-Systeme Verlag, Heidelberg 2003, S. 319.

einen paganen Ansatz verleiht. Ferner erklärt Tallotczy, dass laut sittlicher albanischer Rechte, die ersten bekannten Vermittler Versöhnungsbotschafter hießen. Die Botschafter wurden, ganz unabhängig von der Religion des einen oder anderen, von den Streitparteien selbst bestimmt oder von den Vorsitzenden[295].

Die historischen Wurzeln der Konfliktbeilegung sind in der Zeit der Uralten zu finde, wo in den tribalen Gemeinschaften erstmals von dem sogenannten Institut der „Ältesten" berichtet wird[296]. Die „Ältesten" wurden als Rechtsprecher in einem Verfahren bei Konflikten und Streitigkeiten zwischen den Menschen hinzugezogen. Sie übernahmen eine Rolle analog der des modernen Richters, sogar ihre Entscheidungen (Urteile) waren überwiegend verbindlich für die Konfliktparteien[297].

Die Berufung eines Ältesten war in der Geschichte als ein Institut bekannt, welches zur Implementierung und Verbesserung von Gesetzen eingesetzt wurde[298]. Es wurden öffentliche Prozesse entwickelt, Zeugenaussagen für beide Konfliktparteien eingeführt, um anschließend eine gerechte Entscheidung in Bezug auf die konkreten Fragen zu fällen[299]. Die Ältesten hatten also zwei Funktionen: Die Erste war, Ordnung und Disziplin in der Organisation des Stammes aufzubauen, den sie führten und die Zweite, den Schutz ihrer Interessen im Gebiet des Dorfes oder Bannes sicherzustellen[300].

Im alten China wurde schon immer Wert auf Konsens, Kooperation und Harmonie gelegt[301]. Dafür wurden Vertrauenspersonen (z.B. Dorfälteste) als Vermittler für Streitigkeiten eingesetzt, um einvernehmliche Lösungen zwischen den Konfliktparteien zu finden[302]. Über den Vorzug einer außergerichtlichen Konfliktslösung sagt deshalb auch ein altes chinesisches Sprichwort: *„Es ist besser an Hunger zu sterben, als ein Dieb zu werden; es ist besser zu Tode schikaniert zu werden, als einen Prozess zu beginnen."*[303]. Aufgrund dieser alten Tradition werden noch heute in der Volksrepublik China 950 Tause„d "Volks-Versöhnungs-Komit"es"

---

[295] Vgl. *Thallotczy*, Ludwig: Kanuni i Lekës, Illyrisch – Albanische Forschungen, München, Leipzig 1916, S. 410.

[296] Vgl. *Sahiti*, Ejup: Dëshmia e dëshmitarit si provë në procedurën penale, Prishtinë 1993, S. 31.

[297] Vgl. Historia e Shqiperisë, Tiranë 1959, 1. Auflage, S. 47.

[298] Vgl. *Frasheri*, Sami: Shqipëra ç'ka qenë, ç'është dhe ç'do të bëhet?, Prishtinë 2007, S. 21.

[299] Vgl. *Hasluck*, Margaret: Kanuni shqiptar, Übersetzung aus Englischen ins Albanische: Leka Ndoja, Lisitan, 2005, S. 20 - 21.

[300] Vgl. *Peinsipp,* Walther: Populli i Shqipeve të Malit, Überstezung aus Deutschem ins Albanische von Gladiola Kraja, Tiranë 2005, S. 63. Originalbuch: „Das Volk der Shkypetaren. Ein Beitrag zur Rechtsarchäologie und zur soziologischen Anthropologie des Balkans.", Graz 1985.

[301] Vgl. *Luhmann*, Nichlas: Das Recht der Gesellschaft, Frankfurt am Main 1993, S. 167.

[302] Vgl. *Schäffer*, Hartmut: Mediation: Die Grundlagen, Würzburg 2004, S. 171.

[303] *Justice* Robert F. Utter: Dispute Resolution in China. Family Court Review, 62 Washington 1990, S. 65.

organisiert, mit über 6 Millionen Mediatoren[304]. Dadurch wird jährlich in 7 - 8 Millionen Konflikten vermittelt, die eine Erfolgsquote von bis zu 90 % haben[305].

Die Rolle des Vermittlers wird bis weit in die Antike zurückverfolgt, bis zum griechischen Staatsmann Solon (ca. 649-560/59 v. Chr.), welcher als erster Vermittler in Europa ausgewählt wurde[306]. Andere Autoren erklären Sokrates, ein im fünften Jahrhundert vor unserer Zeit lebender bedeutender Dichter, Staatsmann und Philosoph, als ersten Vermittler an, da er immer wieder nach seiner Meinung gefragt wurde oder bei einer Familienfehde als Schlichter eingesetzt wurde[307].

Über die Konfliktbeilegung in der Antike wissen wir, dass es der Rekrutierungen von Personen für die Vermittlung im Falle einer Konfliktsituation in der Gesellschaft gab[308]. In der Zeit der Römer bestand eine Institution namens „*mediator amicabillis*", was in der deutschen Sprache jemand wie „freundschaftlicher Vermittler" bedeutet. Er bot streitenden Parteien seine Dienste an. Mit dem Ausbau der Gerichtsbarkeit und der Prozessgesetzgebung verlor die Vermittlung dann aber zunehmend an Bedeutung. Streitende Parteien überließen die Streiterledigung fast ausschließlich den staatlichen Gerichten[309].

Die außergerichtliche Konfliktbeilegung fand in der europäischen Geschichte bereits im Mittelalter Anwendung[310]. Es ist bekannt, dass bis 1648 die Vermittlung die Arbeit eines sog. „arbitrators" war. Dies wurde in der einschlägigen zeitgenössischen Fachliteratur aber nicht diskutiert. So heißt es: „*Die Politische Mediation hatte bis zum Westfälischen Frieden für die Juristen keine große Bedeutung.*"[311]. Seit diesem historischen Friedensereignis von 1648 wurde der Westfälische Frieden einer der der bekannteste und meist präsentierte Anwendungsfall der Vermittlung (Mediation). Zugetragen hatte sich diese Vermittlung wie folgt: Papst Urban VIII (1623-1644) entsandte seinen Nuntius und Diplomaten Fabio Chigi als „mediator pacis", um am Ende des 30-jährigen Krieges in Münster zu vermitteln. Zusammen mit Alvise Contarini erfolgte die Friedensstiftung nach 5-jähriger Vermittlungsarbeit. Diese

---

[304] Vgl. *Jia*, Wenshan: Chinese Mediation and its Culture Foundation. In G.M. Chen & R. Ma (Eds) Chinese Coflict Management and Reslution, Norwood, CT: Ablex Publishing 2002. S. 289.
[305] Vgl.URL: http://sites.google.com/site/erroessler/mediation2, [Stand: 21.09.2010], Konflikte lösen ohne Verlierer.
[306] Vgl. *Duss-von Werdt*, Joseph: Mediation und Macht. Zeitschrift für Konfliktmanagement 3, 1, 2000, S. 119.
[307] Geschichte der Mediation, http://www.mediation-in-halle.de/cms/index.php?option=com_content&task=view&id=13&Itemid=27 [Stand: 19.09.2010].
[308] Vgl. *Feroviq*, Abedin: Kufiri i politikes së drejtë alias i pushteteve në shtetin ligjor, Ulqin 2007, S. 381.
[309] Vgl. URL: http://www.kanzlei-silke-vogel.de/downloads/mediation.pdf [Stand: 19.09.2010].
[310] Vgl. *Kimminich*, Otto: Einführung in das Völkerrecht: 4. ergänzte und verbesserte Auflage, München, London, New York, Paris 1990, S. 305.
[311] Vgl. *Lehnsdorf*, Jörg: Die Vermittlung im Völkerrecht zwischen 1648 und 1815, Dissertation, vorgelegt an der Universität Hamburg S. 9.

beiden Diplomaten kamen als neutrale Vermittler zum Friedenskongress nach Münster, wo der 30-jährige Krieg für beendet erklärt wurde. Während dieses Kongresses wurden die Vertreter von Staaten unterschiedlicher Größe, Einflussnahme und unterschiedlichen Charakters, auf eine Ebene gebracht. Das Bedeutsame dieser ersten Vermittlern war, dass es hier keine Diskriminierungen oder gar Ausgrenzungen gab, sondern alle Souveränität beanspruchten und den jeweils anderen als Vertragspartner akzeptierten[312].

Im Mittelalter war auch die strafrechtliche Konfliktschlichtung bekannt. Mit dieser Konfliktlösungsmethode wurde ein Schadensausgleich durch Wiedergutmachung eines Unrechts angestrebt. Die Konfliktparteien haben den Schlichterspruch eines Dritten angenommen, welcher auch die Umsetzung der verhandelten Ergebnisse überwachte[313].

Während des 17. Jahrhunderts beschäftigten auch einige Autoren aus dem deutschen Sprachraum mit der Vermittlung (Mediation), in Wien beispielsweise Johann Friedrich Wilhelm Neumann, in Jena Ernst Friedrich Meurer und in Basel Johann Wolfgang Textor[314]. Im „Danske "ov", einer dänischen Rechtskodifikation aus dem Jahre 1683, ist der Originalbegriff Mediation, als Bezeichnung für die friedliche Konfliktlösung der Streitparteien, bereits zu finden[315].

Im Jahr 1702 wurde ein Dissertationsthema von Friedrich von Stephani an der Universität Viadrina in Frankfurt an der Oder mit dem Titel „De officio et jure mediatorum pacis" bearbeitet. Darüber hinaus wurden von Christian Wolf (1679-1754) die Unterschiede zwischen Mediation, Schiedsgericht und Schlichtung geklärt[316].

Die Vermittlung zwischen Ehegatten mithilfe der Mediation war schon vor dem Beginn der Französischen Revolution (seit 1790) in Frankreich bekannt, wurde aber nur für eine kurze Zeit angewendet[317].

Im 19. Jahrhundert wurden in England erste Schlichtungsstellen, hauptsächlich für Streitigkeiten im Wirtschaftsleben geschaffen[318]. Im Jahr 1896 trat der sog. Conciliation Act in Kraft. Es wurde damit keine ständige Schlichtungsstelle gegründet, aber es wurde das

---

[312] Vgl. *Mann*, Golo: "Das Zeitalter des dreißigjährigen Krieges", Propyläen Weltgeschichte, Band 7, 1. Halbband, Frankfurt/M. - Berlin - Wien.

[313] Vgl. *Montada*, L. / *Kals*, F.: Mediation, ein Lehrbuch für Psychologen und Juristen, Belts PRV, Weinheim 2001, S. 2.

[314] Vgl. *Bliemetsrieder*, Thomas/ *Boenisch*, Bianca/ *Stumpf*, Hildegard: Bildungskultur und soziale Arbeit - vom stellvertretenden Verstehen zum gelingenden Handeln, Sandro, München 2010, S. 208.

[315] Vgl. *Boserup*, Hans: The Mediation Process - possibilities and limitations, Universität Aarhus 1998, S. 54.

[316] Vgl. *Dus von Werdt*, Joseph: homo mediator, Stuttgart 2005, S. 52.

[317] Vgl. *Fröhberg*, Johan: Mediation - Grundlagen der Alternative zum Rechtsstreit, München 2002, S. 5.

[318] Vgl. URL: http://www.otmarberger.de/site.php?action=i_0_0#anker7 [Stand: 19.09.2010]. *Berger*, Otmar: Konfliktberatung, Mediation, Choaching.

Handelsministerium als Schlichter zwischen Arbeitgebern und Arbeitnehmer bestimmt, um deren Konflikte und Streitigkeiten zu untersuchen und in Verhandlungen eine gemeinsame Lösung zu finden. Im Weiteren kamen Schlichtungsgesetze wie der Industrial Courts Act (1919), die Conditions of Employment and National Arbitration Order (1940) und die Industrial Disputes Order (1951)[319] hinzu. Ferner wurde in England und Wales seit 1974 die Mediation „Conciliation" empfohlen[320], denn durch den Family Law Act von 1996 wurde die Bedeutung der Mediation erkannt und auch öffentlich gefördert[321]. Heutzutage kann neben den Konfliktparteien, die eine außergerichtliche Konfliktlösung beantragen, auch das Gericht gemäß der Vorschrift 26.4 der Civil Procedure Rules von 1998 den Konfliktparteien vorschlagen oder gegen ihren Willen beschließen, eine außergerichtliche Konfliktlösungsmethode in Anspruch zu nehmen. Das gerichtliche Verfahren wird in dieser Zeit ausgesetzt[322].

Bemerkenswert war die Entstehung der sog. Mediationsverfassung (Vermittlungsurkunde) von Napoleon aus dem Jahr 1803, die unter dem damaligen französischen Militärdiktator und späteren Kaiser Napoleon Bonaparte entstand. Der war als Vermittler für die Schweiz, welche zu dieser Zeit ein diktiertes föderalistisches System von 19 Kantonen organisierte, tätig[323].

Auch der Österreich-Ungarische-Ausgleich von 1867 wird als Resultat einer geschickten und langwierigen Vermittlung durch die Wechseldiplomatie betrachtet, der durch Kaiserin Elisabeth und Ferenc Deák vollzogen werden konnte[324]. Der Liberale Deák hatte sich in der Rolle des Vermittlers, nach dem politisch-historisch positiven Beispiel der nationalen ungarischen Revolution von 1848/49, bei der es fast zu einem Zusammenbruch von Wien und Habsburg kam, engagiert. Durch seine Tätigkeit als Vermittler konnte der Österreichisch–Ungarische Ausgleich 1867 stattfinden, der zur Entstehung der sog. k.u.k. (kaiserlich und königlich) Monarchie oder "Donaumonarchie", führte. Die Schlacht gegen die ungarischen Aufständischen wurde, mithilfe des russischen Zaren, gewonnen. Dieser Konflikt zwischen den beiden Nationen wurde durch die Vermittlung des Liberalen Ferenc Deák gelöst. Er erfüllte

---

[319] Vgl. *Strinati*, Dominic: Capitalism, the State and Industrial Relation, London 1982, S. 49.
[320] Vgl. *Walker*, Janet - A.: Family Mediation in England: Strategies for Gaining Acceptance. Mediation Quarterly, 1991, S. 253 – 264.
[321] Vgl. *Burton*, Frances LLB, LLM, Barrister Senior Lecturer in LAW London Guildhall University: Guide to the Family Law Act 1996, London 1996, S. 10 – 11.
[322] The Civil Procedure Rules 1998, 1998 No. 3132 (L. 17)
[323] Vgl. *Kölz*, Alfred:Quellenbuch zur neuen schweizerischen Verfassungsgeschichte, Band 1, Bern 1992, S. 159.
[324] Vgl. *Eickhoff*, Mathias: Ungarn, Ostfildern 2009, S. 35.

die Forderungen der militärischen ungarischen Aufständischen derart, dass Ungarn ein eigenes Parlament und eigene Ministerien mit weitgehenden Entscheidungsbefugnissen bekam und damit eine, zumindest partiell, von Österreich unabhängige politische Handlungsfähigkeit. Darüber hinaus wurde auch eine gemeinsame Budget–Kommission für den ungarischen Anteil am Staatshaushalt gegründet. Franz Joseph I. wurde zum ungarischen König der zwei gleichberechtigten Länder, in einer Personalunion, gekrönt und damit war der Konflikt beider Nationen Geschichte[325].

Die außergerichtliche Konfliktbeilegung hat also eine lange Tradition, die von einigen Völkern, bis in die Gegenwart, als Konkurrenz zum staatlichen Rechtssystem betrachtet wird, beispielsweise von der albanischen Bevölkerung. Im Gegensatz zu den alten, informellen albanischen Mechanismen der außergerichtlichen Konfliktbeilegung, sind in der Geschichte von Österreich solche Methoden eher als internationale Vermittlungskraft bekannt. So hat die Rolle Österreichs als Vermittler zur Überwindung einer politischen Teilung Europas, in der internationalen Gesellschaft eine lange Tradition. Hat sich doch Heinrich Lamasch, als Vermittler bei der Haager Friedenskonferenz und an Internationalen Schiedsgerichten eingesetzt[326].

Am Anfang des letzten Jahrhunderts wurde durch die Friedenskonferenz von Den Haag am 18. Oktober 1907 ein Abkommen zur friedlichen Beilegung internationaler Streitfälle[327] verabschiedet, in der Praxis jedoch nicht eingesetzt. In diesem Jahrhundert begann eine neue Ära der Vermittlung (Mediation), durch Erweiterung der Anwendung in den USA, im Rahmen der UNO und in vielen anderen Staaten und regionalen Organisationen der Welt. In den USA begann die Entwicklung der Mediation mit den chinesischen und japanischen Einwanderern Mitte des 19. Jahrhunderts, indem sie zur Lösung ihrer Konflikte Vermittlungszentren in Nordamerika errichteten[328]. Die erste außergerichtliche Konfliktlösung fand im Jahr 1920 statt. Später, im Jahr 1947, kamen in den Arbeitskämpfen um den Kongress „Federal Mediation and Conciliation Service" Mediatoren für Konfliktvermittlungen über Arbeitsverträge in der Industrie zum Einsatz[329]. In den späten sechziger Jahren wurde die "Alternative Dispute

---

[325] Vgl. *Altmann*, Gerhard / *Fiebiger*, Heinrich / *Müller*, Rolf: Mediation: Konfliktmanagement für moderne Unternehmen, 3. Auf. Weinheim, Basel 2005, S. 13.

[326] Vgl. *Verdroß*, Alfred / *Heinrich,* Lamasch (1853 -1920) in: Österreichische Zeitschrift für öffentliches Recht und Völkerrecht, Bd. XVII, H. 3-4/ 1967, S. 214-219.

[327] Vgl. *Bach*, Ulrike: Feminismus und Mediation: Zentrale Werte der Mediation aus weiblicher Sicht - Betrachtungen zur Geschlechterdifferenz, München 2010, S. 30.

[328] Vgl. *Polman*, Nina: Neue Wege der Mediation, München 2009, S. 5.

[329] Vgl. *Mayer*, Helene / Claude-Helene: Trainingshandbuch interkulturelle Mediation und Konfliktlösung: Didaktische Materialien zum Kompetenzerwerb, 2. Auflage, Münster 2008, S. 84.

Resolution"[330] als eine Säule der Mediation entwickelt. In den Siebziger Jahren kam dann das Harvard-Konzept[331] hinzu, eine neue Strategie des „prinzipiengeleiteten" Verhandelns.

Seit dem Inkrafttreten der Charta der Vereinten Nationen am 24. Oktober 1945 wird auch im Kapitel VI der Satzung von einer friedlichen Beilegung von Streitigkeiten gesprochen, wobei der Sicherheitsrat (SR) das Recht hat, in jedem Stadium eines Streitfalles Verfahren und Methoden zur Streitbeilegung zu empfehlen[332]. In Artikel 33 (1) dieser Charta wird darauf hingewiesen, wenn *„die Parteien, deren Streitigkeit, oder die Fortdauer dieser, geeignet ist, den Weltfrieden und die internationale Sicherheit zu gefährden, sollen zunächst Bemühungen für eine Beilegung durch Verhandlung, Untersuchung, Vermittlung, Vergleich, Schiedsspruch, gerichtliche Entscheidung, Inanspruchnahme regionaler Einrichtungen oder Abmachungen oder durch andere friedliche Mittel eigener Wahl, stattfinden".*

Die in Artikel 33 der Charta der VN vorgesehene Mediation, welche friedliche Beilegung von Streitigkeiten vorsieht, wird auch aufgrund von Initiativen einzelner Staaten oder Organisationen in politischen Konflikten angewendet, denn keine andere Institution verfügt über die Erfahrung, Kompetenz, Fähigkeit zur Koordination und Unparteilichkeit, wie die Vereinten Nationen. Dies zeigte sich in den Fällen in Osttimor und danach auch im Kosovo[333].

Im Kosovoverfahren hatten die langjährigen Verhandlungen unter internationaler Vermittlung zwischen den Albanern und den Serben allerdings zu keinem friedlichen Ergebnis geführt, weshalb die Lage völlig außer Kontrolle geriet und die NATO in diesem Konflikt für einen Schutz der albanischen Zivilbevölkerung sorgen musste. Diese Internationale Vermittlung kann meiner Ansicht nach nicht als Mediation bezeichnet werden, denn die Konfliktparteien wählten ihre Mediatoren nicht selbst aus, was eigentlich der wichtigste Grundsatz der Mediation ist. Darüber hinaus wurden die Konfliktparteien mit ihren Wünschen an eine Konfliktlösung nicht mit berücksichtigt. Außerdem sollten sie die Lösungspunkte vorstellen, selbst eine Einigung erreichen und am Ende selbst sollten die Entscheidungen respektiert und vollstreckt werden, ohne einen Einfluss auf die Anderen. Deshalb sollte in diesem Fall die internationale Vermittlung höchstens als eine imponierte eigene Art der Konfliktschlichtung

---

[330] Vgl. *Haft*, Fritjof: Verhandlung und Mediation, Die Alternative zum Rechtsstreit, München 2000, S. 243. ADR ist die Abkürzung für „Alternative Dispute Resolution", eine Mediationsart in den USA, die in der deutschen Übersetzung als „Alternative Konfliktregelung" zum staatlichen Gerichtsverfahren bezeichnet wird.

[331] Vgl. *Fisher*, Roger/*William*, Ury/*Bruce*, Patton: Das Harvard-Konzept. Der Klassiker der Verhandlungstechnik, Frankfurt/Main 2004.

[332] Art 33 ff. der Satzung der Vereinten Nationen (SVN), BGBl 120/1956 idF BGBl III 29/2001.

[333] Vgl. URL: http://www.unric.org/de/charta?start=6 [Stand: 18.09.2010].

bezeichnet werden, aber auf keinen Fall als ursprüngliche Mediation[334]. Es sind nicht nur diese erwähnten Punkte, die den Elementen der Mediation widersprechen. Auch die Konfliktparteien selbst verhielten sich gegen die Regeln. So erlaubte die serbische Seite (als Konfliktpartei) den kosovarischen Unterhändlern im Februar 1999 nicht, vom Flughafen Prishtina zum französischen Schloss Rambullet zu fliegen, um über den Status des Kosovo zu verhandeln.

In Schweden wurde die Mediation seit den Siebziger Jahren praktiziert, allerdings nur bei Konflikten im Zusammenhang mit der elterlichen Sorge. Mediation wird hier als Alternative zu Sorgerechtsverfahren von den Gerichten angeboten und kann in Familienberatungsstellen auf freiwilliger Basis durchgeführt werden[335]. In den Achtzigern (in England, Irland, Frankreich, Deutschland und der franz. Schweiz) und in den Neunziger Jahren (in den übrigen Ländern) hat sich dies nach und nach im gesamten westlichen Kulturraum ausgebreitet.

Im ehemaligen Jugoslawien hatten Schiedsverfahren in den Sechziger Jahren und Anfang der Siebziger Jahre Anwendung gefunden. Es ging um die außergerichtliche Konfliktschlichtung im Bereich des Zivil- und Handelsrechts[336].

In Kanada beschäftigt sich die "Uniform Law Conference" seit August 2000 mit der Frage, ob in diesem Bereich ein einheitliches Gesetz erlassen werden sollte[337]. Jedoch gab es dort bereits 1978 eine rechtliche Rahmenordnung für informelle Konfliktlösung, die zunehmend und erfolgreich zur Regelung von Umweltkonflikten eingesetzt wird[338]. Heutzutage ist auch die zivilrechtliche Anwendung der Mediation gesetzlich geregelt[339].

In Japan hat der Rat für die Reform des Justizwesens im Juni 2001 eine Reihe von Empfehlungen abgegeben, zu denen auch eine umfassende gesetzliche Regelung der ADR-Verfahren gehört[340].

In Nordeuropa, Finnland, Norwegen und Dänemark, wird Mediation seit den Neunziger Jahren alternativ zu Gerichtsverfahren angeboten[341]. In Dänemark gibt es bei Umgangs- und

---

[334] Vgl. *Qerimi*, Islam: Die Bemühungen und Opfer der Albaner zur friedlichen Lösung der Konflikte mit anderen Ethnien auf dem Balkan, München 2011.
[335] Vgl. URL: http://www2.law.uu.nl/priv/cefl/reports/pdf2/Sweden.pdf [Stand: 25.09.2010].
[336] USAID – Program: Sistemi i përmbarimit të marreveshjeve dhe vendimeve në Kosovë (SEAD), [Stand: 30.04.2010].
[337] Vgl. URL: http://www.chlc.ca/fr. [Stand: 13.04.10].
[338] Vgl. *Holzinger*, Katharina/ *Weidner*, Helmut: Das Neusser Mediationsverfahren im politischen Umfeld: Befragungsergebnisse und – methodik, Wissenschaftszentrum Berlin für Sozialforschung (WZB), Berlin 1997, S. 7.
[339] Kanadisches Mediationsgesetz vom 15 April 2011 (National Mediation Rules). Siehe: http://www.adrcanada.ca/resources/documents/National_Mediation_Rules_2011April15withtaxnote_001.pdf[Stand: 08.03.2012].
[340] Vgl. URL: http://www.kantei.go.jp/foreign/judiciary/2001/0612report.html [Stand: 14.08.10].
[341] Vgl. URL: http://www.streitkultur-stade.de/download/Mediation%20in%20Europa.pdf [Stand: 24.09.2010].

Sorgerechtsstreitigkeiten einen Termin mit dem Richter, der dann ein Mediationsverfahren anrät. Scheitert die Mediation, entscheidet der Richter[342].

Auch in Australien wurde Mediation erfolgreich in das zivil- und strafrechtliche Gerichtswesen integriert. Mediation findet unabdingbar statt, es sei denn, es handelt sich um Gewaltdelikte, Sexualverbrechen und Verbrechen mit Vermögensschäden über 200.000 AUD[343].

Die außergerichtliche Konfliktbeilegung hat auch in der Schweiz eine lange Tradition. Dort wird seit 1291 die Mediation als Möglichkeit genutzt, die verschiedenen Teile der Konföderation zusammenzuhalten[344]. Heute wird sie dort von Friedensrichtern, Gerichten und Ombudsleuten praktiziert. Allerdings findet die Mediation vor allem im Scheidungsrecht Anwendung, wofür seit dem 01.01.2000 sogar ein spezielles Gesetz gilt. Dort wird gem. Art. 111 ZGB eine Ehescheidung durch eine „Schnellscheidung" ermöglicht. Einzige Voraussetzung ist, dass sich die Parteien vor Einleitung des Scheidungsverfahrens vollständig über alle Fragen geeinigt haben[345]. In letzter Zeit wird auch im Strafrecht die Mediation im Rahmen des Täter-Opfer-Ausgleichs durchgeführt[346].

In Deutschland hatte der Gesetzgeber in den 70er Jahren gem § 45 Abs 1 JGG als Diversionsmaßnahme von einer Strafverfolgung abgesehen, wenn der Täter eine Wiedergutmachung für den verursachten Schaden übernahm, oder einen Geldbetrag zugunsten einer gemeinnützigen Einrichtung zu zahlen akzeptierte[347]. Außerdem wurde im Jahr 1982 Mediation erstmals vorgestellt[348] und erst zehn Jahre später insbesondere im Kontext mit Familienangelegenheiten[349], wie Trennung und Scheidung praktiziert. Heutzutage wird dort die außergerichtliche Konfliktlösung im zivil- als auch Diversion im strafrechtlichen Bereich als informelle Erledigungsstrategie erfolgreich angewendet[350]. Dieses Instrument der

---

[342] Vgl. URL: http://www2.law.uu.nl/priv/cefl/reports/pdf2/Denmark.pdf [Stand: 12.09. 2010].

[343] Vgl. URL: http://www.calsky.com/lexikon/de/txt/m/me/mediation.php [Stand: 23.09.2010].

[344] Vgl. *Probst,* Rajmond - R. "Good Offices" in the Light of Swiss International Practice and Experience. Dordrecht: Martinus Nijhoff 1989.

[345] Vgl. URL: http://www175jahre.uzh.ch [Stand: 07.10.2010]. *Meier,* Isaak: Mediation und Schlichtung in der Schweiz.

[346] Vgl. *Riklin,* Franz: Mediation: Ein Weg in der Strafjustiz, Luzern 2001, S. 4.

[347] Vgl. *Feltes,* Thomas: Jugendrecht im Konflikt zwischen Normen und Erziehung, 1. Aufl. München, Wien, Baltimore 1978, S. 189.

[348] Vgl. *Besemer,* Christof: Mediation, Vermittlung in Konflikten, Baden 2007, S. 46 .

[349] Vgl. *Dörr,* Claus: Die Entwicklung des Familienrechts seit 1989 - Eherecht, elterliche Sorge, Umgangsbefugnis, Kinderherausgabe, Ehewohnung und Hausrat, in: NJW 1991, S. 77.

[350] Vgl. *Feltes,* Thomas: Diversion statt Strafe?: Probleme und Gefahren einer neuen Strategie strafrechtlicher Sozialkontrolle, Hans-Jürgen Kerner (Herausgeber) Hamburg: Kriminalistik Verl. 1983, S. 55-94. Nach einem Beitrag von Feltes wurde nachgewiesen, dass anhängiger Strafverfahren sehr oft vor dem Eintritt in das gerichtliche Verfahren erledigt wurden. Darüberhinaus wurde über Möglichkeiten und Grenze der Diversionsmodelle besprochen.

außergerichtlichen Konfliktlösung ist in der Strafprozessordnung und Jugendgerichtsgesetz verankert. Es ist für leichte Straftaten vorgesehen wie Sachbeschädigung, Diebstahl oder Beleidigung. In Deutschland wurde im Jahre 2000 die außergerichtliche obligatorische Konfliktschlichtung gemäß § 15a EGZPO für anhängige Zivilsachen bestimmt. Nach dieser Vorschrift werden die Parteien, die Vermögensstreitigkeiten im Wert bis zu 750 € (nachbarschaftsrechtliche Streitigkeiten, Ehrverletzungen) haben, vor einer Gütestelle bei einer gütlichen Einigung begleitet, bevor sie eine Klage vor den Amtsgerichten erheben können[351]. Darüber hinaus wurde ein Gesetzentwurf zur Förderung der Mediation am 15. Dezember 2011 durch den Bundestag verabschiedet[352]. An vielen Universitäten wird mittlerweile die Mediationsausbildung als Studium angeboten.

4.2. Die geschichtliche Entwicklung der außergerichtlichen Konfliktbeilegung bei den Albanern

Bei den Albanern haben außergerichtliche Methoden zur Lösung von Konflikten traditionell bedingt einen hohen Stellenwert in der Gesellschaft. Die alte Tradition der Albaner, die auf Volksphilosophie basiert und von einer Generation zur Nächsten weitergereicht wird, ist die Vermittlung und Versöhnung im Falle von Konflikten und Streitereien nach dem Motto: "Besser die Konfliktparteien gut zu versöhnen, als sie streiten zu lassen" oder "Besser eine Prävention, als eine Sanktion"[353].

Die Wurzeln der albanischen Vermittlung und Konfliktschlichtung finden sich bereits im Altertum[354] in den Fällen der Rache und der Blutrache[355] der Illyrier[356]. Die alten Illyrer

---

[351] Einführungsgesetz zur Zivilprozessordnung (Gesetz zur Förderung der außergerichtlichen Streitbeilegung v. 15. 12. 1999, BGBl I, S. 2400).

[352] Vgl. URL: http://dipbt.bundestag.de/dip21/btd/17/080/1708058.pdf [Stand: 10.03.2012].

[353] Vgl. *Elezi*, Ismet: Njohuri për të drejtën zakonore mbarëshqiptare, Prishtinë 2003, S. 90.

[354] Vgl. *Pupovci*, Syrja: Burimet për studimet e Kanunit të Lekë Dukagjinit, Studime historike, Nr. 2. Tiranë, 1971. S. 75; *Zojzi*, Rrok: Aspekte të Kanunit të Skënderbeut të para në kuadrin e përgjithshëm të së drejtes kanunore, Studime historike Nr. 4, Tiranë 1974, S. 175.

[355] Die Blutrache oder Blutfehde (alb. Gjakmarrja), als erste Form der primitiven Strafe, war nicht ausschließlich Privatrache, sondern Familien- oder Geschlechterrache. Sie wurzelt in der primitiven Gesellung, der Blutsgenossenschaft der Sippe. Sie war typisch für Gesellschaften, in denen das Recht nicht von einer Zentralgewalt (König oder Staat) garantiert wurde. In solchen archaischen Gesellschaften mussten der Einzelne und seine Familie/ Sippe das Recht selbst in die Hand nehmen, um es zu verwirklichen. Blutrache bedeutete, dass die Tötung eines Mannes zur Folge hatte, dass ein männliches Familienmitglied des Opfers gegenüber dem Täter oder einem nahen männlichen Verwandten des Täters in gleicher Weise reagieren musste.

[356] Vgl. *Peinsipp*, Walter: "Das Volk der Shkypetaren. Ein Beitrag zur Rechtsarchäologie und zur soziologischen Anthropologie des Balkans", Wien, Graz 1985, Übersetzt ins Albanische: "Populli i shqipeve të malit – Një kontributë në "Arkeologjinë" e Drejtësisë dhe antropologjike sociologjike të Ballkanit, Tiranë 2005, S. 17. Illyrer sind nach Meinung der meisten wissenschaftlichen Autoren als Vorfahren der Albaner anzusehen.

werden von den Historikern als Vorfahren des albanischen Volkes angesehen[357]. Bei diesem Schlichtungsverfahren wurden die Schlichter Älteste bzw. Rat der Ältesten (al„. "Ple"et", sin„. "Pl"ku") genannt[358]. Die Illyrer nutzten diese Institutionen einerseits für die Schlichtung ihrer Konflikte, anderseits aber auch für die Verteidigung ihres Landes vor Feinden[359]. Die Rolle der weisen Männer dabei war die Rechtsprechung und Vermittlung bzw. Schlichtung der Konfliktparteien, immer aufgrund des staatlichen Rechts und des Rechts des fremden Regimes[360]. Bei dieser Konkurrenzrechtstradition in der Rechtsprechung wurden besonders die Regeln des traditionellen Gewohnheitsrechts angewandt. Aus diesem Grund wird das Gewohnheitsrecht als, originäres albanisches Institut[361], von der albanischen Bevölkerung in fast fanatischer Weise aufbewahrt und verteidigt und von Generation zu Generation mündlich überliefert[362]. Es regelte während der Geschichte die juristischen Beziehungen in zahlreichen Lebensbereichen. Zu den wichtigsten Anwendungsbereichen des Außerstreitverfahrens zählte Familien-, Zivil-, Straf- und Prozessrecht. Aufgrund der Tatsache, dass das Gewohnheitsrecht eine so große Rolle im Leben der Albaner spielte, wurde es auch a„s "Verfassung" der Albaner bezeichnet. So hatte auch der ehemalige Professor Ejup Statovci zum Ausdruck gebracht, dass *„das Gewohnheitsrecht mehr als eine Verfassung ist, mit der es manchmal gleichgesetzt wird. Es ist mehr als jedes Gesetz. Es ist zugleich eine Verfassung, aber auch ein Code, auch ein Gesetz, es ist nahezu ein gesamtes juristisches und gesellschaftliches System, das auch Normen beinhaltet, die nichts mit Recht oder juristischen Institutionen zu tun haben."*[363].

Während der Zeit der Besatzung der albanischen Territorien durch Fremde, zunächst die Römer, danach Slawen, Bysanten, Osmanen und Habsburger praktizierten die Albaner parallel zum integrierten Recht, immer auch ihre Statuten (die Stadtrechte). Darüber hinaus

---

2005, S. 17. Illyrer sind nach Meinung der meisten wissenschaftlichen Autoren als Vorfahren der Albaner anzusehen.

[357] Vgl. *Thunmann*, E. Johann: Untersuchungen über die Geschichte der östlichen europäischen Völker, I. Teil, Leipzig 1774, S. 249. Nach Thunmann: Albaner sind Nachfahren der alten Illyrer.

[358] Vgl. *Frasheri*, Sami: Shqiperia ç'ka qenë, çështë e çdo të bëhetë?, Prishtinë 2007, S. 21.

[359] Vgl. *Jaques,* Edwin: "The Albanians: An Ethnic History from Pre-Historic Times to the Present, North Carolina 1995, übersetzt aus dem Englischen ins Albanische Edi Seferi, Shqiptarët – Historia e popullit shqiptar nga lashtësia deri në ditët e sotme, Tiranë S. 92.

[360] Vgl. *Godin*, Marie Amelie Freiin von: Der Kanun - Das Gewohnheitsrecht nach dem sogenannten Kanun des Leke Dukagjini kodifiziert von Shtjefen Gjeçovi, ins Deutsche übersetzt. Peja, 2001, S. 14; *Laurasi,* A, *Zaganjori*, Xh. *Elezi*, I., *Nova,* K.: Historia e shtetit dhe e së drejtës në Shqipëri, Kreu VI e drejta zakonore shqiptare, Tiranë 2007, S. 231.

[361] Vgl. *Karan*, Milenko: Krvna Osveta, Beograd 1985, S. 71.

[362] Vgl. *Halili*, Ragip: Sanksionet penale sipas të drejtës zakonore në Kosovë, Prishtinë 1985, S. 34-35.*Pupovci*, Syrja, Burimet për studimet e Kanunit të Lekë Dukagjinit, Studime historike, nr. 2. Tiranë 1971, S. 75.

[363] Vgl. *Statovci*, Ejup: Një monument madhor i kulturës së lashtë shqiptare, Përparimi – Revistë shkencore, Nr. 5, Prishtinë 1990, S. 517. Eigene Übersetzung aus dem Albanischen.

wurden die Kanunen, als Quelle des albanischen Gewohnheitsrechts angewendet, die für die Regulierung des Zusammenlebens zwischen den Albanern standen[364].

Das albanische Volk hatte seinen ersten eigenen souveränen Staat während der illyrischen Zeit verloren, als Königin Teuta im Kampf gegen die Römer im Jahre 168 v. Chr. geschlagen wurde. Aufgrund dessen hatte das albanische Volk über 2000 Jahre unter wechselnder, fremder Herrschaft und deren Rechtssystemen leben müssen. Es ist also bemerkenswert, dass während der Zeit der Besetzung der Römer, das Gewohnheitsrecht des albanischen Volks parallel zum Lex Romana angewandt wurde[365]. Nach der Teilung Roms im Jahr 395 traten die albanischen Territorien dem Oströmischen Reich bzw. Byzanz bei. Während dieser Zeitperiode wurde das albanische Gewohnheitsrecht parallel zu den byzantinischen Gesetzen und Gerichten praktiziert, obwohl oft die Strafrechtspflege des albanischen Gewohnheitsrechts vom byzantinischen Recht nicht anerkannt wurde und sogar dagegen verstieß[366].

Auch während der türkischen Besatzung ab dem 15. Jahrhundert bis zum Jahre der Unabhängigkeitserklärung von Albanien 1912 war parallel zur Scharia[367], dem traditionellen albanischen Gewohnheitsrecht auf albanischem Territorium, gültig[368]. Es wurde sogar in einigen Gebieten (Nordalbanien) als rechtmäßige Ordnung von den Staatsführern anerkannt[369].

An die fremden Herrscher knüpft das albanische Volk überwiegend schlechte Erinnerungen, was Rechtsanwendung und Gleichstellung des albanischen Volkes zu anderen Nationen anbelangt. Während ihrer Herrschaft auf albanischem Territorium (heutiges Albanien, Kosovo, Mazedonien, Epirus in Griechenland, Montenegro und Südserbien) stiegen die albanischen Volksgruppen kontinuierlich, als Menschen zweiten Ranges ab[370]. Auf diesem Grund wurden die Gesetze, die diese fremden Herrscher erlassen hatten, vom albanischen Volk nie als eigene Gesetze angenommen. Es betrachtete solche Gesetze, als ein Mittel der Assimilation fremder Herrschaften[371]. Denn, das albanische Volk verhielt sich nach dem Prinzip von Rousseau,

---

[364] Vgl. *Kaser*, Karl: Hirten, Kämpfe, Stammeshelden. Ursprünge und Gegenwart des balkanischen Patriarchats. Wien 1992, S. 290 – 291.

[365] Vgl. *Stipcevic*, Aleksander: "Ilirët, historia, jeta, kultura", Prishtinë 1980, S. 8.

[366] Vgl. *Elezi*, Ismet/*Hysi*, Vasilika: Politika Kriminale, Tiranë 2006, S. 52-53.

[367] Vgl. *Ulqini*, Kahreman: Bajraku në organizimin e vjetër shoqëror, Tiranë 1991, S. 16. Die Scharia ist ein Gesetz im Islam, welches meist in Ländern mit eher fundamentalistischer Ausprägung angewandt wird.

[368] Vgl. *Stempin*, N. Wilhelm: Das albanische Gewohnheitsrecht aus der Perspektive der rechtlichen Volkskunde, München 2001, S. 5.

[369] Vgl. *Gashi*, Dardan / *Steiner*, Ingrid: Albanien. Archaisch, orientalisch, europäisch. Wien 1994, S. 65.

[370] Vgl. *Noli*, Fan-Stelian: "George Castrioti Scanderbeg" New York 1947, S. 12; *Jacques*, Edwin, "The Albanians: An Ethnic History from Pre-Historic Times to the Present", 1995, North Karolina, Übersetzung von Edi Seferi, Tiranë, S. 216.

[371] Vgl. *Zavallani*, Tajar: "Histori e Shqipnis", Londer 1966, S. 53-54.

wonach *„jedes Gesetz, das das Volk nicht beschlossen hat, nichtig ist; es ist überhaupt kein Gesetz"*[372]. Eine solche Verletzung der Gerechtigkeitsnormen würde zur Schlechterstellung einer Bevölkerungsgruppe beitragen, wobei aus einer solchen Benachteiligung Feindseligkeit entstehen kann[373], was wiederum zu Massenprotesten und Volksrebellion führen kann[374]. Aufgrund dessen war die albanische Bevölkerung empört und als Protest hatte sie sich entschlossen, ein paralleles Rechtssystem aufzubauen[375], damit sie unabhängig, durch eigenes autochthones Gewohnheitsrecht, ihre Konflikte und Streitigkeiten lösen können. Dieses parallele Rechtssystem basierte auf den Normen des mündlich überlieferten Gewohnheitsrechts (Volksrechts), Kanunen genannt, und entstand als ein Konzept, das seit jener Zeit als "Verfassung der Albaner"[376] bezeichnet wird.

Die bekannte englische Albanologin Miss Edith Durham hat sich folgendermaßen über die Rolle der albanischen Sitten und Gebräuche geäußert: *„Andere Reiche kamen und gingen, aber sie vergingen auf der Schulter des Albaners, wie das Wasser auf dem Rücken der Rose und er bewahrte seine Gebräuche und seine Identität"*[377]. Sie drückte damit aus, dass die Albaner durch das Bewahren ihrer Sprache und der Kultur überlebten.

Die Installation eigener kolonisatorischer Rechtssysteme durch die Besatzer und der Boykott dieser durch das albanische Volk führte dazu, dass die Albaner eigene Regeln für ein Rechtssystem auf den Prinzipien des Gewohnheitsrechts bzw. des Kanuns verankerten, wobei die Verfahren zur außergerichtlichen Konfliktschlichtung über die Vermittlung und Versöhnung mündlich (la„. "ius non scriptum") weitergereicht wurden. Die albanische außergerichtliche Konfliktschlichtung wurde durch die Ältesten (alb. Pleqësia)[378] als Schlichter umgesetzt. Warum nun ein Volk ein fremdes Rechtssystem nicht respektiert und sich diesem misstrauisch gegenüberstellt, erklärt Radbruch: *„Wenn Gesetze den Willen zur Gerechtigkeit bewusst verleugnen, dann schuldet das Volk ihnen keinen Gehorsam, dann müssen die Juristen*

---

[372] Vgl. *Rousseau,* Jean-Jacques: Der Gesellschaftsvertrag. In: Politische Schriften Bd.1. Paderborn 1977, S. 103.
[373] Vgl. *Bierhoff,* Hans-Werner: Ärger, Aggression und Gerechtigkeit. In H.W. Bierhoff / U. Wagner (Hrsg.), Aggression und Gewalt. Phänomene, Ursachen und Interventionen, Stuttgart 1998b, S. 26 – 47.
[374] Vgl. *Moore,* Christopher W.: The Mediation process. Practical strategies for resolving conflicts. San Francisco 1986.
[375] Vgl. *Laurasi,* Aleks/ *Zaganjori,* Xhezair/ *Elezi,* Ismet/ *Nova,* Koco: Historia e shtetit dhe e së drejtës në Shqipëri, Kreu VI E Drejta Zakonore Shqiptare, S. 231, Tiranë 2007.
[376] Vgl. *Luarasi,* Aleks:"Edrejta zakonore shqiptare" in: "Historia e Shtetit dhe së Drejtës në Shqipëri", Tiranë 2007, S. 232.
[377] Vgl. *Durham,* M. Edith: original: The Burden of the Balkans, London 1905; alb. Übersetzung: Brenga e Ballkanit 1991, S. 104.
[378] Das Wort Pleqësia hat nach der albanischen Sprache zwei Bedeutungen: Eine steht für einen älteren Herrn, und die zweite für einen Menschen, der nach dem Gewohnheitsrecht den Beruf des Richters ausübt.

den Mut finden, den Rechtscharakter abzusprechen."[379]. Entsprechend diesem Grundsatz hatte sich auch das albanische Volk während der Zeit ihrer Besatzung verhalten. Die fremden Besatzungsmächte richteten auf den albanischen Territorien also ihre Besatzungsrechtssysteme mit entsprechenden Gesetzen ein. Die albanische Bevölkerungsmehrheit wurde jedoch in ihren Menschenrechten verletzt und schließlich aus dem Land vertrieben. Es bestand zwar ein einheitliches Rechtssystem, das theoretisch für alle Bevölkerungsgruppen galt, in der Praxis wurden jedoch die Angehörigen der verschiedenen Volksgruppen unterschiedlich behandelt. So wurde z. B. bei derselben Tat das rechtlich abweichende Verhalten eines Mitgliedes des fremden Gewaltherrschers anders sanktioniert, als das, eines Albaners[380]. Aufgrund solcher Ungerechtigkeit musste sich die albanische Bevölkerung für ihr Zusammenleben auf einem minimalen Niveau ein eigenes Rechtssystem organisieren. Die Möglichkeit dieser Parallelorganisation beschreibt Hoerster sehr treffend: *„Falls tatsächlich eine größere Anzahl von Bürgern, insbesondere von Richtern und sonstigen Amtsträgern, bestimmte Rechtsnormen moralisch ablehnen und deshalb auch nicht befolgen, so kann dies im Prinzip über kurz oder lang zur Existenz neuer, und zwar gewohnheitsrechtlicher Normen führen, durch die die moralisch abgelehnten Rechtsnormen ihre bisherige rechtliche Verbindlichkeit einbüßen."*[381]. Das war letztlich auch der Fall nach dem Boykott des staatlichen serbischen Systems in den Neunziger Jahren. Die albanische Bevölkerung im Kosovo versuchte über die Ältesten die Gestaltung einer parallelen Gerichtsbarkeit für die Schlichtung verschiedener Konflikte und Streitigkeiten bei der albanischen Bevölkerung. Bydlinski meint dazu: *„Wenn man an die Diskriminierung bestimmter Gruppen von Mitmenschen in den letzten achtzig Jahren denkt, die von noch relativ milden Anfängen bis zum brutalen Massenmord gereicht haben verlieren selbst formal „korrekt" erlassene Gesetzesbefehle, in krassen Fällen, materiell den Rechtscharakter."*[382]. Deshalb hat das albanische Volk im Kosovo während des ganzen letzten Jahrhunderts für Freiheit und eigene Rechte gegenüber den fremden Besatzern gekämpft. Die These von Espinoza dazu, die über den Affekt einer analogen Betrachtungsweise ausführt,

---

[379] Vgl. *Radbruch,* Gustav: Gesamtausgabe. Rechtsphilosophie III, Heidelberg 1990, S. 90.
[380] Vgl. *Qerimi,* Islam: Eine Analyse der Kriminalitätsentwicklung im Kosovo zwischen 1989 und 2000/ 2002 unter Berücksichtigung der geschichtlichen und politischen Fakten, 1. Aufl. München 2010, S. 7; *Ukaj,* Bajram, Denimet në të drejtën penale të Shqipërisë, Prishtinë, 2006, S. 145-147; *Kelmendi,* Muhamet: Kosova para clirimit nga pushtuesi serbo-sllav, Prishtinë 2008, S. 11. Der Autor beschreibt die Situation während der illegalen Installation der italienischen Institutionen, nach der Okupation Albaniens am 7. April 1939, wobei die neu in Kraft getretenen Gesetze von der albanischen Bevölkerung nicht respektiert wurden. Die albanische Bevölkerung hat in dieser Zeit das alte albanische Gewohnheitsrecht angewendet.
[381] Vgl. *Hoerster,* Norbert: Was ist Recht? Grundfragen der Rechtsphilosophie, München 2006, S. 87.
[382] *Bydlinski,* Franz: Grundzüge der juristischen Methodenlehre, Wien 2005, S. 74.

behauptet, dass *„der Affekt gegenüber Dingen, die wir uns als notwendig vorstellen, bei sonst gleichen Umständen lebhafter ist, als gegenüber einem möglichen oder zufälligen, das heißt einem nicht notwendigem Ding"*[383]. In einer ähnlichen Weise wurden die Vermittlungen und Versöhnungen für die Albaner als notwendig und lebhaft für die ankommende Freiheit betrachtet und durch die Institution der Vermittlung eine Sicherheit der Vereinbarung und des guten Verständnisses zwischen den Parteien in einen Konflikt gegeben[384]. Darüber hinaus wurde, durch die Mehrzahl der Versöhnungen zwischen albanischen Familien, Stämmen, Dörfern und Regionen (Flamuri), eine Art Volksversöhnung verbreitet. Aufgrund dessen wurden die Vermittlungen der Ältestenräte, wichtigster Faktor und eine Voraussetzung, den Volksaufstand gegen die fremden Herrscher auf dem Gebiet Albaniens zu gewinnen.

In der Geschichte der Albaner wurden auch organisierte außergerichtliche Konfliktlösungsfälle durchgeführt, die von den Prinzipien der Privatkonfliktschlichtung zwischen zwei Konfliktparteien durch einen Ältesten, abgewichen. Diese Fälle wurden meistens vor oder während einer Besatzungszeit durchgeführt, mit dem Ziel des Befreiungsaufstands gegen die fremden Besatzer[385]. Sie hatten während der Zeit der außergerichtlichen Vermittlungswege so viele Versöhnungen wie möglich erreicht, um dadurch den albanischen Widerstandskämpfern zu versichern, dass sich im Krieg das Volk nicht mehr untereinander bekämpft, sondern nun den Besatzer als Feind hat[386]. Im historischen Zusammenhang damit stehen: die Liga von Lezha 1444 (alb. Lidhja e Lezhes), die Liga von Prizren 1878 (alb. „Lidhja e Prizrenit") und die Blutversöhnungen der Neunziger Jahre im Kosovo, als Widerstand gegen das Regime von Milosevic. Diese sog. "Zwangsversöhnungen" mussten während des Krieges streng eingehalten werden und für Rechtsbrecher durch die Ortseinwohner mit der Todesstrafe sanktioniert[387]. Dennoch gab es nach Kriegsende viele, die alte Konflikte wieder aufgenommen haben.

Wie für viele andere ethnische Gruppen hat die außergerichtliche Konfliktbeilegung nicht nur in der Geschichte eine wichtige Rolle gespielt, sondern auch heute in der modernen Gesellschaft noch eine große Bedeutung. Dieses alte Instrument, welches bei den

---

[383] *Spinosa*, de Benedictus: Die Ethik, Stuttgart 1982, S. 204.
[384] Vgl. *Elezi*, Ismet: Vrasjet për hakmarrje e për gjakmarrje në Shqipëri, Tiranë 2000, S. 28.
[385] Über die organisierten albanischen Vermittlungen für die Blutversöhnungen, wurde vom Verfasser dieser Arbeit ein spezieller Beitrag mit dem Titel: "Die Institutionen der Rache und der Blutrache bei den Albanern", veröffentlicht auf der kriminologischen Website, siehe auf der URL. http://www.polizei-newsletter.de/documents/2009_Qerimi_Kanun.pdf [Stand: 13.10.11].
[386] Mein Interview mit Avdyl Hoxhas, welcher als wichtigster weiser Mann in der Region Dukagjini gilt.
[387] KL § 660 – Die Hinderung der Rache in der Zeit des Krieges.

Konfliktregelungen zwischen Albanern praktiziert wurde, wird auch heutzutage parallel zur staatlichen Justiz, in Albanien als auch im Kosovo und anderen Territorien, wo Albaner leben, angewendet.

5. Die positive außergerichtliche Konfliktregelung in Albanien und Kosovo

Für den weiteren Verlauf dieser Arbeit möchte ich kurz die Abgrenzung des Begriffes „positives Recht" im Gegenzug zu dem „Naturrecht" und „Gewohnheitsrecht" als Rechtzerzugungsquellen darstellen.

In der Antike galt das Recht als „Geschenk der Götter"[388]. Es wird festgestellt, dass das Naturrecht als erste Rechterzeugungquelle entwickelt ist. Dieses Recht wird als eine Art „universalrechtliches Minimum"[389] bezeichnet. Die Römer, die diesen Begriff erfunden haben, nannten ihn „das allgemeine Menschlicherecht"[390]. Die folgende Defintion erläutert den wichtigsten Unterschied zwischen dem gesetzten, bzw. positiven Recht und dem Naturrecht. *„Das gesetzte Recht wird als positives Recht bezeichnet, weil es seine Existenz, im Gegensatz zum „natürlichen" Recht, der menschlichen Rechtsetzung verdankt."*[391]. Darüberhinaus hat das positive Recht einen Zwangscharakter, welcher von der mit der höchsten Gewalt im Staate Betrauten verhängt wird, im Gegensatz dazu wird bei Missachtung des Naturrechts auf einem sanktionsmächtigen Willen zum Beispiel Gottes zurückgeführt.

Hinsichtlich des Unterschieds zwischen der Gewohnheit als Rechtserzeugungsquelle und dem positiven bzw. geschriebenen Recht werde ich mich auf die folgende Definition beziehen: *„Es unterscheidet sich also Gewohnheit vom geschriebenen Recht, dadurch dass dieses auf einem ausdrücklichen Befehl beruht, jene aber Rechtswirksamkeit durch die stillschweigende Zustimmung der höchsten Gewalt hat."*[392].

Es ist zu erwähnen, dass der Ältestenrat in Albanien und im Kosovo auf Gewohnheitsrecht beruht; eine Rechtserzeugung in heutigen modernen Staaten, die wir in unserem Thema abhandeln, ist nicht realistisch aus praktischen Gründen, denn bei solchen Staaten sind mehrere Organe mit Aufgaben der Rechtsetzung betraut[393].

---

[388] Vgl. *Lübtow,* Ulrich von: Savigny und die historische Schule, in: Dieter Wilke: Festschrift Zum 125jährigen Bestehen der Juristischen Gesellschaft zu Berlin, Berlin 1984, 397 ff.

[389] Vgl. *Schröder,* Jan: Politische Aspekte des Naturrechts in der zweiten Hälfte des 17. Jahrhunderts: Die Begründung des staatlichen Rechtserzeugungsmonopols in: Klippel, Diethelm: Naturrecht und Staat. Politische Funktionen des europäischen Naturrechts. Schriften des Historischen Kollegs, Kolloquien 57, München 2006, S.19.

[390] Vgl. *Gans,* Eduard: Naturrecht und Universalrechtsgeschichte, Tübingen 2005, S. 24. (Zuerst brachten den Begriff: „jus naturae" (Naturrecht) die römische Juristen mit Instikt: „quod natura omnia animalia docuit" in Verbindungr und später „jus gentium", als „Rechte der Völker", welcher mit der heutigen Bedeutung des Naturrechts verstehen läßt).

[391] Vgl. *Bydlinski,* Peter: Bürgerliches Recht, I. Allgemeiner Teil, 4. aktualisierte Aufl., Wien 2007, S. 11.

[392] Vgl. *Struve,* Georg Adam: Syntagma iurisprudentia, secundum ordinem Pandectarum concinnatum (erstmals 1658) (Jena 1672) exerc. 2, Nr. 19, 55.

[393] Vgl. *Mayer,* Heinz: Öffentliches Recht. Einführung in die Rechtswissenschaften und ihre Methoden, Teil 1, Wien 2011, S. 16.

abhandeln, ist nicht realistisch aus praktischen Gründen, denn bei solchen Staaten sind mehrere Organe mit Aufgaben der Rechtsetzung betraut[393].

5.1 Albanien

5.1.1 Die Rechtsgrundlagen

Das Gewohnheitsrecht in Albanien findet zum Teil noch heute parallel zum modernen Recht Anwendung, besonders in Gegenden, wo die Staatsgewalt schwach ist oder wenig Vertrauen genießt. Die Tradition der Albaner sieht vor, dass Konflikte und Streitigkeiten nicht der Staat regelt, sondern, unter Zuhilfenahme von traditionellen Schlichtern, die Angelegenheiten des Zivilrechts und teilweise die Konflikte im Strafrechtsbereich, geregelt werden.

Nach Ende der kommunistischen Herrschaft in Albanien im Jahr 1990 hatten sich einige, von Kommunisten verfolgte Gruppen von Missionaren, entschieden, eine Initiative zu gründen, mit dem Ziel der Versöhnung aller Bürger von Albanien. Seit Beginn ihrer Mission im Jahr 1991 wurden durch dieses Versöhnungskomitee bereits viele Hundert Menschen versöhnt. Im März 1999 wurde durch das albanische Parlament das „Gesetz zur Beilegung der Konflikte durch Versöhnung" verabschiedet, was die Arbeit des Komitees legalisierte. Die Entscheidung der Legalisierung dieses Komitees hatte das Gericht von Tirana am 18. Oktober 2000 gefällt. Anschließend verfasste das Komitee eine Strategie für die nationale Versöhnung, mit den wichtigen Grundsätzen und Zielen wie Versöhnung, Zusammenleben, Prävention von vorsätzlichen Tötungen aus dem Motiv der Rache und der Blutrache, die Gleichstellung der Geschlechter und die Integration der Albaner in die zivilisierte Welt[394].

Die außergerichtliche albanische Konfliktschlichtung wird als "Alternative Beilegung der Streitigkeiten" (alb. Zgjidhja Alternative e Mosmarreveshjeve ZAM) bezeichnet. Albaniens Übergang in eine demokratische Gesellschaftsform und in die freie Marktwirtschaft, brachte eine Reihe neuer rechtlicher Probleme für albanische Bevölkerung. Der noch nicht funktionierende Staatsapparat führte häufig zu Problemen und Konflikten mit den Bürgern des Landes. Zunehmend wurde den Konflikten mit Selbstjustiz begegnet. Unter diesen Bedingungen zeigte sich, dass die albanische Tradition der Vermittlung und Versöhnung eine lebensfähige und erfolgreiche Option in der albanischen Gemeinschaft ist. Das erste „Gesetz

---

[393] Vgl. *Mayer,* Heinz: Öffentliches Recht. Einführung in die Rechtswissenschaften und ihre Methoden, Teil 1, Wien 2011, S. 16.
[394] REPUBLIKA E SHQIPËRISË KOMITETI I PAJTIMIT MBARËKOMBËTAR, vgl URL: http://www.pajtimi.com/index.php?faqe=rrethnesh [Stand:11.11.2011].

zur Beilegung der Konflikte durch Versöhnung" wurde im Jahr 2003 erweitert und nunmehr durch ein aktuelles „Gesetz über die Mediation in Konflikten" ersetzt, welches vom Parlament am 24. Februar 2011 verabschiedet wurde und in Kraft trat. Dieses Gesetz berechtigt das Justizministerium zur Schaffung und Aufrechterhaltung einer „Nationalen Kammer von Mediatoren", über die dann ein Register der Vermittler und Vermittlungen erstellt werden kann. Das Gesetz verpflichtet ferner die Richter, in bestimmten Fällen Parteien zur Mediation zu laden. Ein positiver Impuls in Richtung Mediation in Albanien, die als wichtiges und beschleunigendes Instrument der Entscheidungsfindung dient und die Transparenz an den Gerichten erhöht. Der Anwendungsbereich des in Kraft getretenen albanischen Gesetzes der Vermittlung[395] (Artikel 2\1) bestimmt alle Streitigkeiten aus den Bereichen des Zivil-, Handels-, Familien- und Strafrechts als zur Vermittlung i.S.d. Gesetzes geeignet. Im Letzteren kann es zu einem Mediationsverfahren kommen, wenn auf Verlangen des verletzten Anklägers oder durch Berufung des Beklagten nach den Artikeln 59 StGB und 284 aStPO, durch das Gericht verhandelt wird. In diese Gruppe fallen 24 Straftaten, 17 Vergehen und 7 Verbrechen. Das Bestreben dieses Gesetz ist, die Zahl der Selbstjustizfälle zu senken. Das Gericht, die Staatsanwaltschaft oder die jeweils zuständige Behörde empfiehlt den Parteien im Rahmen ihrer Gesetzesbefugnisse, Streitigkeiten durch Schlichtung zu lösen.

5.1.2 Mediation im Strafrecht - Wiederherstellende Gerechtigkeit (alb. Drejtesia Restauruese)

In Albanien hatte nach Ende des Kommunismus, in einem Projekt, Rasim Gjoka den ersten außergerichtlichen Tatausgleich durchgeführt. Mediationen in strafrechtlichen Konflikten sind wesentlich schwieriger durchzuführen, weil sie nicht nur große Schmerzen bei den Opfern verursachen, sondern oft auch auf den Angeklagten selbst, mit dem Gefühl der Reue zu kämpfen hat. Bevor ich mich mit Mediation im strafrechtlichen Bereich in Albanien beschäftige, möchte ich auf die Definition des Europarates verweisen. Danach wird Mediation im Strafrecht als Justiz Restoration (alb. Drejtesia Restaurue–e - DR) bezeichnet. *"Täter-Opfer-Ausgleich ist ein Verfahren, bei dem Opfer und Täter, falls sie sich aus freien Stücken dafür entscheiden, in die Lage versetzt werden, sich aktiv an einer Regelung der Folgen einer Straftat, mithilfe eines unparteiischen Dritten (Vermittler), zu beteiligen."*[396]

---

[395] Albanisches Mediationsgesetz Nr.10, 385, dt. 24.2.2011.
[396] Anhang an die Empfehlung Nr. R (99) 19 des Europarates über Mediation im Strafrecht.

Die gleichen Prinzipien, dass das Gericht die Konfliktparteien zu einem Mediationsverfahren in Strafverfahren auffordern soll, finden sich auch im § 14 aMG:

1. Das strafrechtliche Gericht fordert die Parteien, in Übereinstimmung mit den §§ 333 und 338 aStPO[397] auf, den Streit durch Mediation zu lösen, die gem. § 2 Absatz 3 aMG festgelegt ist. Den Parteien wird eine Frist im Einklang mit der Natur gegeben, den Streit zu klären.

2. Jede Partei hat das Recht, den Streit jederzeit wieder vor Gericht zu verhandeln.

In Albanien ist auch in den Fällen des § 59 aStGB (Aussetzung der Vollstreckung einer Freiheitsstrafe) und des § 284 aStPO (Berufung)[398] die Mediation vorgesehen. In § 59 aStGB wird definiert, dass "Wer durch strafbare Handlungen nach den vorgesehenen Paragrafen § 90 (Schlägerei), § 91 (Schwere Verletzung aus Fahrlässigkeit), § 92 (Leichte Verletzung aus Fahrlässigkeit), § 112/1 (Hausfriedensbruch), § 119 (Beleidigung), § 120 (Verleumdung), § 121 (Verletzung der Privatsphäre), § 122 (Verbreitung von privaten Geheimnissen), § 125 (Nichtzahlung von Mitteln für das Leben), § 127 (Ungerechte Entfernung des Kindes vom rechtlich autorisierten Betreuer), § 148 (Buchveröffentlichung eines anderen in eigenem Namen), § 149 (illegale Buchvervielfältigung eines Anderen) und § 254 (Verletzung des Hausfriedens) dieses Strafgesetzes geschädigt wird, ist berechtigt, sich als Partei an das Gericht zu wenden, die Anklage zu bestätigen und Schadensersatz zu verlangen.

Nach § 284 aStPO werden so,,. "Kriminelle Handlungen" von den §§ 89, 102/105, 106, 130, 239, 240, 241, 243, 264, 275 und 318 aStGB als Straffälle anerkannt, wobei die Strafverfolgung nur mit der Anrufung des Gerichts durch das Opfer beginnen kann. Die Anrufung kann jedoch in jedem Stadium des Verfahrens zurückgenommen oder wieder aufgenommen werden. Die Beschwerde ist an die Staatsanwaltschaft oder Kriminalpolizei zu richten. Im aStGB[399] in den Fällen der §§ 90-92, 112/ 1, 119-122, 125, 127, 148, 149, 254 (Schlägerei, schwere und fahrlässige Körperverletzung, Verletzung der Wohnung, Beleidigung, Verleumdung) und den §§ 85 (Tötung aus Fahrlässigkeit), 89 (vorsätzliche leichte Körperverletzung), 102/1 (Homosexuelle Beziehungen durch Gewalt mit Erwachsenen), 105

---

[397] aStPO Gesetz Nr.7905 vom 21.3.1995, geändert durch Gesetz Nr.8813 vom 13.06.2002, (LIGJ Nr. 7905, dt. 21.3.1995, KODI I PROCEDURËS PENALE I REPUBLIKËS SË SHQIPËRISË, i ndryshuar me ligjin nr.8813 të dt. 13.06.2002).

[398] aStPO a. a. O.

[399] aStGB (KODI PENAL I REPUBLIKËS SË SHQIPËRISË). Strafgesetzbuch der Republik Albanien wurde durch das Gesetz Nr. 7895, 27.01.1995 genehmigt und geändert durch das Gesetz Nr. 8204 vom 10.04.1997, wiederum geändert durch das Gesetz Nr. 8279 vom 15.01.1998 und letztmals geändert durch das Gesetz Nr. 8733 vom 24.01.2001.

(Sexuelle oder homosexuelle Beziehungen durch Amtsmissbrauch), 106 (Sexuelle oder homosexuelle Beziehungen innerhalb der Familie oder in Pflegefamilien), 130 (Erzwingen oder Behinderung des Zusammenlebens oder der Trennung in der Ehe), 239 (Beleidigung wegen der Dienstausführung), 240 (Verleumdung von Amts wegen), 241 (Verleumdung gegen den Präsidenten der Republik), 243 (Angriffe gegen die Familienmitglieder der Person, welcher eine staatliche Aufgabe erfüllt), 264 (die Verpflichtung an einem Streik (nicht) teilzunehmen), 275 (böswillige Verwendung von Telefongesprächen) und 318 (Beleidigung eines Richters). Die Strafverfolgung durch Staatsanwaltschaft oder die Kriminalpolizei erfolgt nur auf Basis einer Beschwerde des Opfers oder des Geschädigten gegen den Angeklagten. Im Kontext des § 338 der aStPO wird der Versöhnungsversuch wie folgt definiert: *"Im Falle von Straftaten, die auf den Antrag des Verletzten verfolgt werden, lädt das Gericht die geschädigte Partei und den Angeklagten ein und schlägt ihnen vor, eine einvernehmliche Konfliktlösung zu erreichen. Wenn der Verletzte (Geschädigte) bzw. der Kläger seine Anklage zurückzieht und der Beklagte akzeptiert dies, wird der Richter entscheiden, das Verfahren einzustellen. Ansonsten setzt es den Tag der gerichtlichen Verhandlung fest und macht den Parteien bekannt, dass sie sich durch einen Anwalt unterstützen lassen können."*[400]

Für die aufgeführten Straftaten nach Artikel 284 der aStPO, geändert durch Gesetz Nr.8813 vom 13.06.2002, ist der Anreiz für die Anrufung eines Vermittlers groß, weil in jedem Verfahrensstadium die Einleitung des Strafverfahrens zurückgezogen werden kann.

5.1.3 aJStG (Jugendbereich)

Im Gegensatz zu Kosovo gibt es in Albanien kein Jugendstrafgesetzbuch oder ein ähnliches spezielles Gesetz (lex specialis). Die §§ 54 und 59 der Verfassung Albaniens sehen einen speziellen staatlichen Schutz für Minderjährige vor[401]. Das Gesetz „der Vermittlung und Lösung der Konflikte" (Mediation) vom Jahr 1999 gilt für Straftaten durch Vergehen ohne Altersbegrenzung. Außerdem wird im strafrechtlichen Bereich, z.B. im § 42 des aStGB, über die Aufklärung der Personalität des minderjährigen Straftäters gesprochen. Im § 42 Nr. 1 aStGB wird erläutert, wie die Justizbehörde Informationen über die persönlichen, familiären und gesellschaftlichen Lebensbedingungen des jugendlichen Verdächtigten sammelt, mit dem Ziel, die Verantwortlichkeit und die Stufe der Verantwortung zu klären, die Wichtigkeit der

---

[400] aStGB (KODI PENAL I REPUBLIKËS SË SHQIPËRISË). Strafgesetzbuch der Republik Albanien (Eigene Übersetzung).
[401] Die Verfassung der Republik Albanien Nr. 2260, vom: 28.11.1998, geändert durch Gesetz Nr. 9904, dt. 21.4.2008.

Tat für die Gesellschaft zu bewerten und die möglichen Maßnahmen zu verhängen. Im § 81 aStPO wird die Zuständigkeit einer Justizbehörde im Falle der Begehung einer Straftat von einem Minderjährigen definiert. Im § 81 (1) aStPO wird bestimmt, dass wenn einige zusammenhängende Verhandlungen die Zuständigkeit eines normalen Gerichts befürworten, und die anderen ein Gericht, welches sich mit Angelegenheiten Minderjähriger beschäftigt, gilt, dass das Letztere die gesamte Verhandlung durchführt, ausgenommen, wenn ausdrücklich von einer Trennung der Gerichte ausgegangen wird. In § 290 1. b. aStPO wird bestimmt, dass eine Person nicht strafrechtlich verantwortlich ist, wenn sie nicht volljährig ist. In § 12 Abs. 1 aStGB für strafrechtliche Verantwortung wird jede Person zurechnungsfähig, welche in der Zeit der Begehung eines Verbrechens mindestens 16 Jahre alt ist. Danach darf in § 51 das Maß einer Gefängnisstrafe für Minderjährige bis zum 18. Lebensjahr die Hälfte der Länge einer Haftstrafe für Erwachsene nicht übersteigen. Als Höchststrafe für Minderjährige können demnach zwölf Jahre und sechs Monate verhängt werden. Im § 52 Abs. 1 kann das Gericht eine Aussetzung der Strafe im Falle des geringeren Unrechts, Umständen der Tatausführung und des vorherigen Lebensverhaltens des Täters, beschließen.

Nach den Vorschriften der Strafprozessordnung sind jedoch weder Richter, Staatsanwalt noch ein gerichtlicher Polizeibeamter berechtigt, ein laufendes Ermittlung- oder Strafverfahren an eine Mediationsstelle zu delegieren. Vorausgesetzt, die Straftaten wurden von den zuständigen Behörden im Mediationsgesetz zur Schlichtung vorgesehen und Täter und Opfer wollen mit freiem Willen eine außergerichtliche Vereinbarung erreichen, um das gerichtliche Verfahren zu vermeiden. Diese Vereinbarung sollte durch das Gericht dann auch als gültig betrachtet werden. Selbst im Falle von Minderjährigen enthält die aStPO also keine Bestimmungen, dass Jugendliche von Haft, Untersuchung oder Verurteilung verschont bleiben können. Der Rechtsschutz der Kinder wird jedoch nach § 54 (1) der albanischen Verfassung durch den Staat gewährleistet. Außerdem ist Albanien vielen internationalen Institutionen beigetreten, wie z. B. dem CHILDREN'S HUMAN RIGHTS CENTRE OF ALBANIA – CRCA[402], die eine Diversion im Strafrecht für Minderjährige empfiehlt.

---

[402] Vgl. CHILDREN'S HUMAN RIGHTS CENTRE OF ALBANIA – CRCA Defence for Children International – DCI Albania, TIRANË, 2008. Übereinkommen über die Rechte des Kindes: Allgemeine Bemerkung Nr. 10, § § 37 und 40. Der UN-Ausschuss für die Rechte von Kindern und Jugendlichen in Konflikten mit dem Gesetz sieht vor, dass staatliche Behörden verschiedene Möglichkeiten im Umgang mit Kindern, die mit dem Gesetz in Konflikt geraten sind, haben: Die erste ist der gerichtliche Prozess und die zweite können Maßnahmen, ohne Gerichtsverfahren sein – wie die Abweichung vom gerichtlichen Verfahren, auch als Diversion bekannt. Auf jeden Fall sollen alternative Strafen bevorzugt verwendet werden, wann immer dies möglich ist, damit eine restaurative Gerechtigkeit hergeleitet werden kann. Anmerkung: Das Übereinkommen über die Rechte des Kindes von der Generalversammlung der Vereinten Nationen wurde am 20. November 1989 verabschiedet. Diese Konvention hat die Republik Albanien im Jahr 1992 ratifiziert.

Trotz des Fehlens von Rechtsvorschriften im Strafrechtbereich, die speziell zur Ermöglichung von Alternativen (Diversion) vorgesehen sein sollten, begann im Jahr 2006 ein Pilotprojekt, welches Schulungsmaßnahmen für Polizeibeamte, Richter und Staatsanwälte bezüglich eines Mediationsverfahrens für junge Straftäter bietet. Ferner wurden Vereinbarungen über die Modalitäten des Programms getroffen. In leichten Fällen der Kriminalität, bei denen die Täter im Alter zwischen 14-21 Jahren sind, konnten spezialisierte Polizeieinheiten für Minderjährige bei beiden Parteien und der Familie des Täters erfragen, ob sie einer Mediation zustimmen. Wenn sie einverstanden waren, wurde ihnen die Möglichkeit einer Vermittlung gegeben, und wenn die Vereinbarung innerhalb von 40 Tagen erreicht wurde, erfolgte keine weitere Aktion. War der Täter jünger als 18 Jahre, wurde in der Regel von der Familie des Straftäters die Zahlung einer Entschädigung vereinbart[403].

Das FZKM hat in einem Projekt (2006 – 2009) durch die Unterstützung einer Delegation der Europäischen Kommission in Tirana und der UNICEF einen großen Erfolg erzielt. Während dieser Zeit konnten durch ihre Schlichtungsaktivitäten zwischen jugendlichen (zwischen 14 und 21 Jahren) Tätern und Opfern, in etwa 1150 strafrechtlichen Konflikten, die überwiegend Tatbestände der Schlägerei, kleinere Verletzungen oder Beleidigung umfassten, Versöhnungen erreicht werden[404].

In Fällen, wo Straftaten von Jugendlichen und Heranwachsenden (14 – 21 Jahre) begangen werden, kann mit der Mediation die höchste Klärungsquote erzielt werden. Vorausgesetzt, die Straftaten wurden von den zuständigen Behörden im Mediationsgesetz zur Schlichtung vorgesehen und Täter und Opfer wollen mit freiem Willen eine außergerichtliche Vereinbarung erreichen, um das gerichtliche Verfahren zu vermeiden. Diese Vereinbarung sollte durch das Gericht dann auch als gültig betrachtet werden. Nach den Vorschriften der Strafprozessordnung ist jedoch, der Richter, die Staatsanwalt oder ein gerichtlicher Polizeibeamter nicht berechtigt, ein laufendes Ermittlung- oder Strafverfahren an eine Mediationsstelle zu delegieren. Selbst im Falle von Minderjährigen enthält die aStPO also keine Bestimmungen, dass Jugendliche von Haft, Untersuchung oder Verurteilung verschont bleiben können.

---

[403] Vgl. SISTEMI I BURGJEVE NË SHQIPËRI (Gefängissystem in Albanien)- Reformat në Drejtësinë për të Miturit dhe Roli i Institucioneve Kushtetuese, Qendra Shqiptare për Rehabilitimin e Traumës dhe Torturës, Tiranë, 2010, S. 44.
[404] Promovimi dhe Konsolidimi i Drejtësisë Restauruese dhe Ndërmjetësimi Viktimë-Kundërvajtës për të Miturit, Vgl. URL: http://www.mediationalb.org/mat.php?l=a&idm=135&idr=55 [Stand:11.10.11].

Die albanische Staatspolizei hat sich gleichermaßen bemüht, durch Veränderungen in ihren Strukturen, Konfliktschlichtung möglich zu machen. Die Prioritäten ihrer Arbeit haben sich insofern verschoben, dass sich ein Teil ihrer Beschäftigung jenen Fällen vermehrt widmet, die eine Quelle für weitere schwere Straftaten sein könnten, da sie Leben und Gesundheit anderer Menschen gefährden könnten. Die Zahl der Todesopfer, die seit den Neunziger Jahren Opfer von Rache- und Vergeltungsdelikten geworden sind, beläuft sich mittlerweile auf 9870 Menschen[405]. Etwa 1000 Kinder können seitdem die Schule nicht mehr besuchen, da sie aus Angst vor Rache und Vergeltung in ihren Häusern festsitzen[406]. Deshalb sollte die Konfliktbeilegung durch die außergerichtliche Schlichtung noch stärker als bisher praktiziert werden, damit ein normales Leben für diese eingeschlossenen Menschen wieder möglich wird. Es ist auch zum Schluss erstaunlich, dass die Ergebnisse der Weltgesundheitsorganisation zeigen, dass die Verletzungs- und Ermordungsrate mit einem Messer, bei albanischen Jugendlichen und Heranwachsenden die Höchste weltweit ist[407].

5.1.4 aZivilrecht (Mediationsgesetz)

Im albanischen Gesetz der Vermittlung bei der außergerichtlichen Konfliktschlichtung Nr. 10 385, dt. 24.02.2011, außergerichtliche Konfliktschlichtung folgendermaßen definiert: *"Die Vermittlung ist die außergerichtliche Tätigkeit, in der die Parteien eine Vermittlung bei einer dritten Person oder einer Gruppe von Personen zwecks Erreichung einer akzeptablen Lösung des Streits suchen, welche nicht gegen das Gesetz verstößt"*[408]. Dieses Gesetz regelt Angelegenheiten im Zusammenhang mit der Beilegung einer Streitigkeit außerhalb gerichtlichen Wege, die für die gerichtliche Zuständigkeit nicht zwingend sind.

Im Sinne des Art. 13 dieses Gesetzes wird das Verfahren für die Mediation im Zivilverfahren vorbestimmt.

Die Vermittlungs- und Versöhnungsmöglichkeiten der albanischen Gesetzbücher finden sich den §§ 171, 361 aZPO. Dort sind die Versöhnungsversuche des Richters in der Vorbereitungsphase und in speziellen Gerichtsverhandlungen bezüglich Familien- und

---

[405] Vgl. URL: http://lajme.shqiperia.com/lajme/artikull/iden/1047010117/titulli/Gjakmarrja-ne-Shqiperi-ne-nivele-te-larta [Stand: 24.04.2011].

[406] Vgl. *Emcke*, Caroline: BLUTRACHE IN ALBANIEN- Im Wendekreis der Angst, in ZeitOnline, 20.0 8.2009 Nr.35.

[407] Vgl. Philip, Alston, Sonderberichterstatter der Vereinten Nationen für außergerichtliche Konfliktschlichtung, Mission in Albanien (15. bis 23. Februar 2010), S.3. Pressemitteilung, Vgl. URL: http://www2.Ohchr.Org/english/issues/executions/docs/ALBANIA_PressStatement_23022010.doc [Stand: 29.11.2010].

[408] aMediationsgesetz Nr.10, 385, dt. 24.02.2011 (Ligji për ndërmjetsimin në zgjidhjen e mosmarrveshjeve). (Eigene Übersetzung)

Eheangelegenheiten vorgesehen. Zutreffend ist das für die Vorschriften §§ 78, 203, 207, 262, 281-284, 486, 511, 625, 973-981 aBGB[409], (Vertretung ohne Beiträge, Miteigentum, Teilung des Eigentums, Schadensersatz, Vertrag über Mediation) und § 66 (Vereinbarung über den ehelichen Eigentum), § 125 (Auflösung der Ehe nach Vereinbarung), §§ 134 – 136 (Vereinbarung zur Auflösung der Ehe), § 221 (Kinder-Konflikte) aFGB[410] und §§ 165, 189 (30-Tage Verfahren und Fristen), §§ 191-195 (Lösung von Konflikten in Arbeitsbeziehungen und bei Tarifverträgen, für das Nationale Arbeitsamt und Bezirksämter, die Initiativen zu dem Abkommen vorschlagen), §197 (private Büros für Mediation) aAGB[411]. Es wird auch im „Gesetz zur Ratifizierung des Europäischen Übereinkommens über die Beziehungen mit Kindern"[412] Nr. 7/b (Freundschaftliche Vereinbarung und die Lösung durch Versöhnung) die Möglichkeit gegeben, Konflikte und Streitigkeiten durch freundschaftliche Vereinbarung und Lösungen durch Einigung zu erreichen.

5.1.5 Mediationsstiftungen und ihre Tätigkeiten

Im Dezember 1995 wurde die albanische Stiftu„g "Konfliktlösung und Versöhnung von Streitigkei"en" (alb. Fondacioni për Zgjidhjen e Konflikteve dhe Mosmarrëveshjeve FZKM) von einem Team aus Rechtsexperten, Soziologen und Kulturschaffenden gegründet. Diese Stiftung ist nicht staatlich, gemeinnützig, säkular und offen für die Zusammenarbeit mit Vereinen, anderen Stiftungen und Organisationen. Allein im Jahr 2004 konnten durch den FZKM 2587 Konflikte verschiedener Art geschlichtet werden[413].

Nach den blutigen Auseinandersetzungen in der Finanzkrise des Jahrs 1997 in Albanien wurde von der albanischen Justiz ein breiterer Aktionsplan auf mehreren Ebenen des Rechtsbereichs verfasst. Dieser Schritt wurde auch durch die Stiftung der Offenen Gesellschaft für Albanien OSFA[414] (alb. Fondacioni i Shoqërisë së Hapur për Shqiperinë) unterstützt, die

---

[409] aBürgerliches Gesetzbuch Nr. 7850, dt. 29.07.1994, (geändert durch das Gesetz Nr. 8536, dt. 18.10.1999 und Nr. 8781, dt. 03.05.2001. KCRSH).
[410] aFamiliengesetzbuch, Nr. 9062, dt. 08.05.2003 (KODI I FAMILJES).
[411] Arbeitsgesetzbuch der Republik Albanien (Gesetz Nr.7961) vom 17. Juli 1995 Nr.7961, dt. 12.07.1995 („Kodi i Punes i Republikes të Shqiperisë").
[412] Gesetz Nr. 9359 vom 24.03.2005 „Für die Ratifizierung des Europäischen Übereinkommens über die Beziehungen mit Kindern".
[413] Die Stiftung leistet einen Beitrag zur Demokratisierung der albanischen Gesellschaft mit Hilfe von Vermittlung bei Streitigkeiten, die durch Individuen oder sozialen Gruppen entstehen. Vgl. URL: http://www.mediationalb.org/mat.php?l=a&idm=17&idr=9 [Stand: 11.10.11].
[414] OSFA- Open Society Foundation for Albania, gegründet durch George Soros. Die Tätigkeiten de Mediationszentren des Justiz Programs "Soros" - Stiftung sind: Identifizierung und Lösung von Konflikten, Schulungen und gesellschaftliches Bewusstsein über alternative vermittelnde Institutionen, Ausbau der Vermittlungstätigkeit, Lösen von Konflikten und Streitigkeiten, Ausbildungs-Programm für Frieden und Konfliktlösung im

gegen das Phänomen der Selbstjustiz Abhilfe schaffPrioritättät der Stiftung ist die Unterstützung von Konfliktschlichtung und Mediation. Zum Start ihres Programms hatte die OSFA das Ziel, sich im Zeitraum von 200 bis 2005 an der Errichtung von acht Zentralen für die alternative Schlichtung und Mediation im Konfliktmanagement von FZKM auf kommunaler Ebene, zur Stärkung der albanischen Justiz, zu beteiligen. Seit 2005 sind Zentralen in den Städten Tiranë, Vlorë, Berat, Shkodër, Mat, Dibër, Gjirokastër und Korçë, errichtet worden.

Im Jahr 2000 wurde das Programm der des Täter-Opfer-Ausgleichs von der Stiftung für Konfliktlösung und Versöhnung von Streitigkeiten (AFCR) umgesetzt, die eine nicht staatliche Organisation ist. Diese Vermittlung funktioniert auf Basis des sog. norwegischen Modells, einem zwischennationalen Vermittlungsdienst in Zusammenarbeit mit der Polizei, Staatsanwaltschaft und der Gemeinde. Die Zusammenarbeit von albanischen und norwegischen Vermittlungsdiensten führte im Zeitraum Januar 2005 - Oktober 2008 zur Vermittlung in 609 Straftaten mit geringem Risiko für die Gemeinschaft, an der auch Minderjährige beteiligt waren[415].

Das FZKM hat in einem Projekt (2006 – 2009) durch die Unterstützung einer Delegation der Europäischen Kommission in Tirana und der UNICEF einen großen Erfolg erzielt. Während dieser Zeit konnten durch ihre Schlichtungsaktivitäten zwischen jugendlichen (zwischen 14 und 21 Jahren) Tätern und Opfern, in etwa 1150 strafrechtlichen Konflikten, die überwiegend Tatbestände der Schlägerei, kleinere Verletzungen oder Beleidigung umfassten, Versöhnungen erreicht werden[416].

Die wichtigsten internationalen Institutionen, die albanische Stiftungen der Konfliktlösung und Versöhnung bisher unterstützt haben und noch heute unterstützen, sind das Ministerium für Auswärtige Angelegenheiten Dänemarks (Danish International Development Agency), Ministerium für auswärtige Angelegenheiten Norwegens, der norwegische Mediation Service, die Soros-Stiftung, die Kommission für Demokratie der amerikanischen Botschaft, der Europarat, die Europäische Kommission in Tirana, die britische Botschaft, UNICEF, die Botschaft von Finnland, USAID (CAAHT – Coordinated Aktion Against Human

---

Konfliktlösung im Schulalter und die Veröffentlichung der Arbeiten und Aktivitäten zu erreichen. siehe: URL: http://www.soros.al/trashegimia/drejtesia.htm#c1 [Stand: 11.10.11.].

[415] *Gjoka*, Rasim: Vermittlung zwischen dem Straftäter und Opfer, Wiederherstellende Gerechtigkeit (Ndërmjetësimi midis viktimës - autorit të veprës penale, Drejtësia Restauruese) S. 53, in: Manual për punonjesin e sherbimit të proves, OSCE 2009, Tiranë.

[416] Promovimi dhe Konsolidimi i Drejtësisë Restauruese dhe Ndërmjetësimi Viktimë-Kundërvajtës për të Miturit, Vgl. URL: http://www.mediationalb.org/mat.php?l=a&idm=135&idr=55 [Stand:11.10.11].

Traficking, Word Learning, ARD-Programm) und viele andere Partnern. Viele von ihnen sind auch weiterhin unterstützend und als Partner der Mission tätig, die alternative Vermittlung in Albanien zu befähigen und zu stärken.

Im März 2009 wurde in Durres, in Zusammenarbeit mit dem Kreisgericht von Durres und der Stiftung für Konfliktlösung, ein „Amt für die Beilegung von Handelsstreitigkeiten durch Vermittlung" gegründet. Dadurch könnten bereits viele Handelsstreitigkeiten für Firmen und Privatpersonen durch Mediation gelöst werden und viele weitere sind im Prozess. Die Quote liegt bei derzeit 56 % erfolgreich geschlichteter Fälle. An einem Bezirksgericht von Durres beispielsweise wurde durch Unterstützung des Justizministeriums eine Gruppe von zehn Personen mit den Fähigkeiten und der Rolle des Vermittlers vertraut gemacht. In einem Zeitraum von 18 Monaten konnten dort mehr als 80 Fälle durch Vermittlung aufgelöst werden. Dadurch konnten über acht Millionen USD Bargeld bzw. Vermögenswerte freigegeben werden[417].

5.2 Kosovo

5.2.1 Die Rechtsgrundlage

Die kosovarische Legislative hat ebenfalls daran gearbeitet, Gerichtsprozesse schneller bearbeiten zu können. Bevor das Gesetz der außergerichtlichen Streitbeilegung im Kosovo verabschiedet wurde, galt die jugoslawische ZPO für außergerichtliche Streitbeilegungen auf dem Territorium des Kosovos. Seit 2001 ist „Partners Kosova[418]–Center für Konfliktmanagement" die wichtigste Institution für Vermittlungen und Trainings im Lande. PK war Gründungsmitglied des Vermittlungsrates, zusammen mit USAID, UNDP und CSSP. Nach der Unabhängigkeit des Kosovos am 17. Februar 2008 hat das Parlament der Republik Kosovo gemäß Artikel 65 Absatz (1) der Verfassung der Republik Kosovo, ein Gesetz zur außergerichtlichen Streitbeilegung (Mediation)[419] verabschiedet. In diesem Gesetz wurde

---

[417] Es wird Erfolg des Projekts der Vermittlungen an den Gerichten in Albanien verzeichnet. (Shenohet sukses ne projektin per ndermjetesimin ne gjykata ne Shqiperi), in Raporteri 22.04.2011, siehe Link: http://www.raporteri.com/shenohet-sukses-ne-projektin-per-ndermjetesimin-ne-gjykata-ne-shqiperi/ [20.01.2012].

[418] „Partners Kosova" ist eine lokale NGO und engagiert sich für den Aufbau einer nachhaltigen einheimischen Integration der Zivilgesellschaft und einer Kultur des Wandels und des Konfliktmanagements. „Partners Kosova" ist eines von vierzehn „Centren von Partnern für Demokratische Änderungen (PDC)", eine internationale NGO, die 1989 gegründet wurde. PDC durch stellt durch seine Center lebenswichtige Kommunikation, Verhandlung und kooperative Planung zur Verfügung und schult Fähigkeiten Tausender Bürger, Nicht-Regierungsorganisationen, kommunaler und nationaler Regierungschefs in über 55 Ländern. Siehe URL. http://www.partnerskosova.org/index.php?lang=sq [Stand: 26.10.2011].

[419] Gesetz über Vermittlung (Ligji për ndërmjetësim Nr. Nr. 03/L-057), Gazeta zyrtare e Republikës së Kosovës, Prishtinë: VITI III, Nr. 41, 1 nëntor 2008, fq. 6-11.

festgestellt, dass die geschichtliche Tradition der Streitbeilegung der Albaner, im Rahmen des avantgardistischen Rechtssystems im Kosovo, berücksichtigt und respektiert werden muss. Das Gesetz zur Vermittlung (Mediation) wird für die Zwecke der Regulierung des Vermittlungsverfahrens und ihrer Organisation, der Verbesserung der Justiz im Kosovo sowie für die Auflösung von Streitigkeiten[420] in wirksamer Weise durch Mediation, entsprechend der Ehrung der historischen Tradition der Vermittlung im Kosovo, eingesetzt.

5.2.2 Mediation im strafrechtlichen Bereich

5.2.2.1 Erwachsenenstrafrecht

Die Vereinbarung über die Anerkennung der Schuld durch den Täter wurde zum ersten Mal im Kosovo durch die UNMIK-Verordnung Nr. 26/2003 am 06.07.2003 umgesetzt, welche in der kosovarischen Strafprozessordnung erstmals am 20.04.2004 in Kraft getreten ist. Im Kapitel XXVI des kStGB von 2004 wurde erstmals über Diversionsmaßnahmen gesprochen. Hier waren folgenden Möglichkeiten vorgesehen: die Aufhebung, Unterbrechung und der Verzicht auf die Verfolgung kleinerer Straftaten. Gem. § 226 (1) konnte die StA mit Zustimmung des Verletzten auf eine Anklage verzichten, wenn eine Straftat nur mit Geldstrafe bzw. mit einer Freiheitsstrafe bedroht ist, deren Höchstmaß drei Jahre nicht übersteigt. Ferner solche, die sich aus der Beschaffenheit des Vergehens, der Tatumstände, der Wichtigkeit der Tat und des Täters ergeben, wenn der Täter selbst die Verantwortlichkeit übernimmt, dass er gemäß der Auflagen der StA handelt und die ausgesprochene Auflagen erfüllen wird, damit die Folgen der Straftat minimalisiert oder eliminiert werden, wie im Folgenden:

1) Eliminierung des Schadens oder Schadensgutmachung;
2) Die Zahlung eines Geldbetrages gegenüber einer öffentlichen oder humanitären Institution oder eines Fonds für den Schadensersatz des Opfers von Straftaten.
3) Erbringung einer gemeinnützigen Leistung.
4) Wenn der Täter binnen sechs Monaten die Aufgaben erfüllt, wird die Strafanzeige ruhen oder die Ermittlungen eingestellt.

Nach § 228 Abs. 1 kStPO kann der StA eine Strafanzeige für Straftaten, deren Strafmaß bei einer Geldstrafe oder Freiheitsstrafe von höchstens drei Jahren liegt, zur Mediation freigeben. Bevor die StA eine solche Entscheidung trifft, berücksichtigt sie die Art und Beschaffenheit des

---

[420] Laut Mediationsgesetzes des Kosovo ist jede Art von Streitigkeiten zwischen Parteien dem Gesetz unterworfen.

Vergehens, die Tatumstände, die Persönlichkeit des Täters und seine Vorstrafen für gleiche oder andere Straftaten und letztlich das Ausmaß seiner strafrechtlichen Verantwortlichkeit.

Nach § 228 Abs. 2 kStPO wird die Mediation durch einen unabhängigen Mediator geleitet. Der Mediator ist verpflichtet, die von der Staatsanwaltschaft entsendete Sache zu akzeptieren und muss sicherstellen, dass der Inhalt der späteren Vereinbarung im Verhältnis zur Schwere und den Folgen des Vergehens steht. Nach § 228 Abs. 3 kStPO kann eine Vereinbarung durch Mediation nur mit Zustimmung des Beklagten und des Verletzten erreicht werden.

Nach der Kenntnisnahme der Vereinbarung verwirft der Staatsanwalt gem. §228 Abs. 4 kStPO die Strafanzeige. Der Mediator hat den StA im Falle einer nicht erreichten Einigung sowie über die Gründe für derartige Ausfälle zu informieren. Die Frist für eine Einigung sollte drei Monate nicht überschreiten. Ist die Strafanzeige gem. § 228 Abs. 4, 5 kStPO zurückgenommen worden, hat der Geschädigte kein Recht mehr, die Strafverfolgung vorzunehmen oder fortzusetzen, so Artikel 62 Absätze 2 und 4 dieses Kodexes. Der Mediator hat den Geschädigten über den Verlust dieses Rechts zu informieren, bevor sich der Geschädigte mit der Vereinbarung einverstanden erklärt.

Der Beschuldigte wird nach der Anerkennung seiner Schuld darüber informiert, welche Vorteile eine solche Anerkennung der Schuld bezüglich seiner Straftat mit sich bringt. Einen solchen Vorteil sieht auch § 308 A Abs. 1 Punkt 3 kStPO vor, der einen Vorschlag seitens der Staatsanwaltschaft an den Richter über eine Milderung der Strafe vorsieht.

Letztlich wurde beschlossen, dass Fälle im Zusammenhang mit Immobilien-, Wirtschafts-, beschäftigungspolitischen Fragen und Strafsachen, in Übereinstimmung mit Artikel 228 der kosovarischen Strafprozessordnung (mit Strafandrohungen der Geldstrafe oder Freiheitsstrafe bis zu 3 Jahren), vermittelt werden können. Zuvor mussten jedoch Art und Schwere der Straftat, die Umstände, unter denen sie begangen wurde, die Persönlichkeit des Täters, seine Überzeugungen und seine strafrechtliche Verantwortlichkeit berücksichtigt werden[421]. Es ist erwähnenswert, dass die o.g. nun im Kapitel XIV der neuen Strafprozessordnung 2013 als alternative Verfahren aufgenommen wurden. Nun kann die Staatsanwaltschaft nach § 229 der neuen kStPO die alternativen Verfahren oder Diversion gem.

---

[421] USAID - Programm: Sistemi i përmbarimit të marrëveshjeve dhe vendimeve në Kosovë (SEAD-System der Ausführung der Vereinbarungen und Beschlüsse zum Kosovo), 30. April 2010. Nach meinem Interview am 15.11.2012 mit der Richterin Jeta Jashanica am Bezirksgericht in Prishtina bzgl. der Frage, ob Diversion möglich ist, wenn die Tat den Tod eines Menschen zu Folge gehabt hat, berichtete Richterin Jeta Jashanica, dass nach einer fahrlässig begangenen Straftat gegen den Beschuldigten die Klage erhoben wird, jedoch wird das Gericht die Strafaussetzung verhängen und ihn zur einer psychischen Rehabilitation zuweisen. Sobald der Täter geheilt wird, widerruft das Gericht die Strafaussetzung und verhängt ihm die Strafe.

§ 184 kStPO (welche kein alternatives Verfahren i.S.d. kStPO ist) anwenden, soweit dies in ihre Zuständigkeit gem. § 49 kStPO fällt.

Es ist bekannt, dass gerade die Gerichte im Kosovo mit vielen hunderttausend ungelösten Fällen belastet sind. Nach einem Report des Kosovarischen Gerichtsrates wurden für das Jahr 2010 223.891[422] umgeleitete Rechtsfälle aufgeführt und für das darauffolgende Jahr circa 224.000[423]. Wichtige Erkenntnisse, die für eine Anwendung des Vermittlungsgesetzes sprechen. Ein Richter am Kreisgericht des Kosovo bearbeitet durchschnittlich 24 Streitfälle[424] im Monat. Im Kosovo sind Richter jedoch noch immer in nicht ausreichender Zahl vorhanden. Die außergerichtlichen Arten der Konflikt- und Streitlösungen sind für die Albaner also von großer Bedeutung.

Von einer noch immer schwach ausgeprägten Gerichtsbarkeit im Kosovo spricht auch der Bericht der Europäischen Kommission für das Jahr 2009. Die kosovarische Gerichtsbarkeit war zu diesem Zeitpunkt und ist es auch noch immer, auf internationale Unterstützung angewiesen[425].

Es wurde empfohlen zahlreiche Maßnahmen zugreifen, um Gerichtsprozesse zu verkürzen und die Arbeitsbelastung an den Gerichten zu reduzieren. Zur weiteren Stabilisierung des Justizsystems des Kosovos wurden viele Schulungen und Seminare für die Justizbehörden von der OSZE organisiert, mit dem Ziel, deren professionelle Anforderungen zu erhöhen[426].

Über die Lage der anhängigen Streitfälle an den kosovarischen Gerichten äußerte sich ein Professor der Rechtswissenschaftlichen Fakultät der Universität von Prishtina, Herr Prof. Dr. Vesel Latifi[427]. Er bezeichnet die Entscheidung des Präsidenten des Obersten Kosovarischen Gerichtes, Herrn Fejzullah Hasani, als falsch, wonach von den Gerichten zunächst nur die Streitfälle, die vor 2009 anhängig gemacht worden sind, verhandelt werden sollen. Er hält diese Entscheidung für verfassungswidrig und illegitim. Aufgrund dieser Regelungen werden die kosovarischen Bürger nunmehr gezwungen, zur Klärung ihrer akuten

---

[422] Kosova Sot, 05.10.2010, Prishtinë, S. 34.

[423] Vgl. *Hasani*, Fejzullah, Präsident des Obersten Gerichtshofes des Kosovo, am 07.11.2011 in: Radio Evropa e Lire vgl. URL: http://www.evropaelire.org/content/article/24383716.html [Stand: 09.11.2011].

[424] Der allgemeine, jährliche Report der regulären Gerichte des Kosovo von 2012, vgl. URL:http://www.kgjk-ks.org/repository/docs/RAPORTI_VJETOR_Pergjithshm_2010_SHQIP_87998 8.pdf [Stand: 04.08.2011].

[425] European Commission: Enlargement Strategy and Main Challenges 2009–2014, S. 15.

[426] Vgl. *Qerimi*, Islam & *Hyseni*, Latif: Të drejtat e autorit dhe plagjiati me theks te veçantë në Kosovë, in: Trendi Global 4, Victory, Wissenschaftliche Zeitschrift des Instituts für wissenschaftliche Forschungen, Prishtinë, 2010, S. 91.

[427] Prof. Dr. Vesel Latifi, interviewt am 04.08.2011 in Prishtina.

und aktuellen Probleme, Konflikt und Streitigkeiten, an die alten Mechanismen der Konfliktschlichtung durch die Ältestenräte anzuknüpfen.

5.2.2.2 kJStG – (Jugendbereich)

Das erste kosovarische Jugendstrafgesetz (kJStG)[428] aus dem Jahr 2004 hat erstmals Diversionsmaßnahmen für Minderjährige[429] vorgesehen. Dieses Gesetz wurde im Jahr 2010 durch ein neues sog. Kodi i Drejtësisë për të Mitur[430] (Juvenile Justice Code) Jugendstrafgesetzbuch JGG ersetzt. So sind im Kapitel V dieses Gesetzbuches die Diversionsmaßnahmen für junge minderjährige[431] und erwachsene minderjährige[432] Straftäter vorgesehen. Im § 16 kJGG wird über das Ziel dieser Maßnahmen gesprochen. Ziel solcher Maßnahmen soll die Hinderung der Anordnung eines Strafverfahrens gegen den Jugendlichen oder Heranwachsenden sein, damit ihm bei der Rehabilitation in die Gesellschaft geholfen werden kann und einer Wiederholung präventiv entgegengewirkt werden kann. Im Kapitel XVII dieses Gesetzbuches wird über die Durchführung (Vollziehung) der Diversionsmaßnahmen gesprochen. So sind gem. § 83 (1) kJGG zuständig für die Verhängung dieser Maßnahmen: die StA, der Jugendrichter oder das Gericht. Gem. § 83 (2) kJGG überwacht die Behörde, die diese Maßnahme verhängt, die Ausführung der verhängten Maßnahme. § 81 (3) kJGG besagt, dass – wenn der Minderjähriger eine Diversionsmaßnahme nicht erfüllt – überprüft die Bewährungshilfe den Sachverhalt und die Gründe für das Scheitern der Durchführung und wird die Behörde, welche diese Diversionsmaßnahme verhängt hat, und die zuständige StA darüber informieren.

Aus der Natur dieser Maßnahmen wird die StA zur zuständigen Instanz für eine Verhängung der Diversionsmaßnahme, denn nach dem kStGB und des kJGG ist die StA beauftragt, die Ermittlungen aufzunehmen. So ist im § 56 (1) kJGG vorgesehen, dass für die Straftaten, die mit Freiheitsstrafe von weniger als drei Jahren oder mit Geldstrafe bestraft werden, der Staatsanwalt beschließen kann, vorbereitende Ermittlungsschritte nicht einzuleiten, obwohl ein dringender Verdacht besteht, dass der Minderjährige eine Straftat begangen hat; wenn der Staatsanwalt somit der Auffassung ist, dass das Verfahren gegen den

---

[428] Jugendstrafgesetz des Kosovo, Verordnung der UNMIK Nr. 2004/8, 20.04.2004.
[429] Im § 2 1. 1.2 kJGG für Minderjährige wird jede Person im Alter von 14 – 18 Jahren als „Minderjährige" bezeichnet. Gem. § 2 1. 1.5 kJGG wird jede Person von 18 – 21 Jahren als „junger Erwachsener" bezeichnet.
[430] Kodi i Drejtësisë për të Mitur kJGG (Juvenile Justice Code) Nr. 03/L-193 vom 8. Juli 2010.
[431] Im § 2 1 1.3 kJGG als „junger Minderjähriger" wird jede Person im Alter von 14 – 16 Jahre bezeichnet.
[432] Im § 2 1 1.4 kJGG wird jede Person im Alter von 16 – 18 Jahre als „Erwachsener Minderjähriger" bezeichnet.

Minderjährigen gemäß der Natur der Straftat nicht angebracht ist, den Umständen, unter denen sie begangen wurde, das Fehlen von schweren Schäden oder Folgen für das Opfer sowie der Vergangenheit des Minderjährigen und seiner persönlichen Eigenschaften.

Der § 7 Abs 1 – 7 kJGG bestimmt die möglichen Diversionsmaßnahmen und Sanktionen gegen straffällige Minderjährige. So sind gem. § 7 (1) Maßnahmen, die auf Minderjährige verhängt werden können, Diversions- und Erziehungsmaßnahmen. So wird im § 7 (3) bestimmt, dass gegen Minderjährige, die zum Zeitpunkt der Tat noch nicht das Alter von sechzehn Jahren erreicht haben, nur Maßnahmen verhängt werden dürfen.

Im § 8 kJStGB wird das Gericht zunächst in der ersten Linie bei der Verhängung jeder Maßnahme oder Sanktion das beste Interesse des Minderjährigen berücksichtigen. Das Gericht berücksichtigt auch Umstände wie Art und Schwere der Straftat, das Alter, den psychologischen Entwicklungsstand, Charakter und Tendenzen, die Motive, die ihn zur Begehung der Straftat beeinflusst haben, seine Erziehung in dieser Phase, die Umwelt und die Lebensumstände, ob eine frühere Maßnahme oder Sanktion oder sonstige Umstände, die möglicherweise Einfluss auf die Aufrechterhaltung der Verhängung der Maßnahme oder Sanktion haben können.

Nach § 7 (1) kJGG ist vorgesehen, dass Diversionsmaßnahmen gegen einen Minderjährigen für Straftaten mit einer Geldbuße oder bis zu drei Jahren Gefängnis bestraft werden können oder für eine fahrlässig Straftat, die durch Fahrlässigkeit begangen wurde, welche das Höchststrafmaß nicht über fünf Jahre Gefängnis übersteigt, ausgenommen Straftaten die als Folge Tötungen haben, verhängt werden.

Im § 17 (2) kJGG sind die Voraussetzungen für alternative Diversionsmaßnahmen nach erfolgter Vermittlung beschrieben. Diese Voraussetzungen sind:

- Das Hinnehmen der Verantwortlichkeit des Jugendlichen für die von ihm begangene Straftat (§ 17 Z 2.1.);
- Die Bereitschaft des Täters, eine Versöhnung mit dem Geschädigten zu erreichen (§ 17 Z 2.2), und
- Die Einwilligung des Jugendlichen, seiner Eltern oder sonstiger Erziehungsberechtigter, für die Vollziehung der Diversionsmaßnahmen (§ 17 Z 2.3)

(3) Der Staatsanwalt wird sofort über die unerfüllte Auflage aus der Diversionsmaßnahme vom Jugendlichen informiert, welcher über eine Wiederaufnahme der Ermittlungen entscheiden kann.

Im § 18 1. kJGG sind die Arten der Diversionsmaßnahmen aufgezählt. Diese Maßnahmen sind:

1. Die Versöhnung zwischen dem jugendlichen Täter und dem Verletzten (Geschädigten), eingeschlossen einer Bitte um Verzeihung des Täters bei dem Verletzten (Geschädigten) (§ 18 Z 1.1);
2. Die Versöhnung zwischen dem Jugendlichen und seiner Familie (§ 18 Z 1.2);
3. Eine Entschädigung des Täters gegenüber der geschädigten Partei auf Basis der erreichten Vereinbarung zwischen dem Verletzten (Geschädigten) und dem Jugendlichen oder seines gesetzlichen Vertreters, im Klang mit der finanziellen Lage des Jugendlichen (§ 18 Z 1.3);
4. Der reguläre Schulbesuch (§ 18 Z 1.4);
5. Die Annahme von Beschäftigung oder Ausbildung in einem Beruf angemessen seiner Fähigkeiten (§ 18 Z 1.5);
6. Die Durchführung einer gemeinnützigen Arbeit, die mit den Fähigkeiten des jugendlichen Straftäters übereinstimmen (§18 Z 1.6);
7. Erziehung über die Verkehrsregeln (§ 18 Z 1.7), und
8. Psychologische Beratung (§ 18 Z 1.8).

Da in den amtlichen Statistiken der Republik Kosovo keine geführten Diversionsmaßnahmen dokumentiert sind[433], besteht die Notwendigkeit, Informationen aus anderen Quellen zu gewinnen. So wird berichtet[434], dass im Jahr 2011 die Amts-, und Bezirksstaatsanwälte im Kosovo 1802 Strafanzeigen gegen Minderjährige bearbeitet haben. In der gesamtkriminalen Statistik im Kosovo beteiligten sich Minderjährige mit 7%. Obwohl also eine große Anzahl von Straftaten von Minderjährigen begangen wurden, zeigen die Statistiken eine sehr kleine Zahl von Bearbeitungen dieser Fälle. Von diesen gelösten Fällen für 938 Minderjährige wurden Diversionsmaßnahmen durchgeführt. Es ist erstaunlich, dass Minderjährige im Alter von sechs bis elf Jahren eine Vielzahl der Straftaten begehen, darunter verschiedene Diebstähle innerhalb und außerhalb der Familie. Diversionsmaßnahmen erfolgen hauptsächlich auf der Kreisebene von Prishtina, Mitrovica, Prizren, Prizren, Peja und Gjakova. Angesichts der Komplexität der Persönlichkeit der Minderjährigen hat die Staatsanwaltschaft gefordert, den Strafverfahren gegen die Täter geringfügiger Straftaten besondere Aufmerksamkeit zu widmen und die Fälle sofort innerhalb der Staatsanwaltschaftsbehörde zu bearbeiten anstatt Fälle allen Staatsanwälten zuzuordnen.

---

[433] Vgl. URL. http://esk.rks-gov.net/dmdocuments/Statistikat%20e%20Jurisprudences%20per%20persona%20te%20mitur%202011.pdf [Stand: 01.09.2012]. Statistikat e Jurisprudencës për persona të mitur 2011. Die Statistiken der Justiz des Kosovo für Minderjährige für das Jahr 2011.

[434] Vgl. Etleva Skonja: Të miturit e inkriminuar, bombë sociale për shoqërinë in: Lajmonline, siehe URL. http://lajmonline.com/?nav=21.2&id=6600 [Stand: 01.09.2012].

5.2.3 Zivilrecht (Mediationsgesetz)

Eine Stufe weiter in diesem Prozess, ist das Parlament des Kosovo gegangen. Die alten „Sittenregeln" des Kosovo haben auch hier großen Einfluss auf die Vorschriften zur Vermittlung gehabt. Aufgrund der geschichtlichen Tradition der Konfliktschlichtung hat das Parlament der Republik Kosovo gemäß Artikel 65 Absatz (1) der Verfassung der Republik Kosovo, am 08. September 2008 ein Gesetz zur außergerichtlichen Streitbeilegung (Mediation) erlassen. In diesem Gesetz wurde die geschichtliche Tradition der Streitbeilegung bei den Albanern als Gewinn für das Rechtssystem des Kosovo betrachtet.

Laut § 2 dieses Gesetzes wird Mediation als *"eine außergerichtliche Tätigkeit eines Mediators bezeichnet, die von einer dritten Person durchgeführt wird, zum Zweck der Lösung von Meinungsverschiedenheiten. Der Vermittlungsausschuss und die Parteien unterliegen in ihrer Tätigkeit den Vorschriften des Gesetzes und müssen im Einklang mit den Bestimmungen dieses Gesetzes handeln"*[435].

Es gibt noch eine weitere Möglichkeit der Vermittlung. Sie findet sich im Verbraucherrecht. Zweck des Gesetzes ist der Schutz von Verbraucherinteressen sowie eine Vermittlungsmöglichkeit zwischen Konzernen und Verbrauchern und zwischen Einzelhändlern und Verbrauchern (§ 34.5 kosovarisches Verbraucherschutzgesetz) zu schaffen[436]. Nach diesem Gesetz wird die Vereinigung für Verbraucherschutz als Vermittler zwischen zentralen Behörden und Verbrauchern sowie zwischen Händlern und Verbrauchern, mit dem Zweck des Schutzes für die Verbraucher eingesetzt.Rechtsvorschriften zum Urheberrecht und verwandten Schutzrechten sehen vor, dass kollektive Vereinigungen und Vertreter der Nutzer die Mediation nutzen können, um bestimmte Streitigkeiten in solchen Zusammenhängen zu lösen (§ 182 UrhRG)[437].

Das Gesetz über landwirtschaftliche Flächen hat im § 37 Mediation als eine Form der Streitbeilegung zwischen den Parteien eingeführt, für Unstimmigkeiten zwischen den Parteien im Zusammenhang mit der Ausstellung von landwirtschaftlichen Nutzflächen[438].

Mediation wurde auch im Gesetz gegen Diskriminierung im § 7.4 eingeführt. Sie wird dort wie folgt definiert: „*Mediationen oder Schlichtungsverfahren sind gemäß dem anwend-

---

[435] LIGJI Nr. 03/L-057, 2008 PËR NDËRMJETËSIM (Kosovarisches Mediationsgesetz), Eigene Übersetzung.
[436] LIGJI Nr. 2004/17, 2004 PËR MBROJTJEN E KONSUMATORËVE (Kosovarisches Verbraucherschutzgesetz).
[437] Urheberrechtsgesetz und verwandte Schutzrechte. (Ligji Nr.2004/45, 2006).
[438] Gesetz über die landwirtschaftlichen Flächen, Ligji Nr. 02/L-26, 2005.

baren Recht Verfahren, auf die jedermann zurückgreifen kann, um Verstöße gegen dieses Gesetz aufzuklären."[439].

Zuletzt berechtigt die Verordnung über die Rechtliche Hilfe auch die Kommissionen zur Rechtshilfe, die mit primär rechtlichen Informationen, Beratungs- und Unterstützungsangeboten bei rechtlichen Verfahren, auch die Mediation, Schlichtung und andere alternative Verfahren zur Streitbeilegung anbieten dürfen (§ 9.1 (i) VO über rechtl. Hilfe)[440].

5.2.4 Mediationsstiftungen und ihre Aktivitäten

Das sog. „Ombudsmann-Gesetz" sieht vor, dass der Bevölkerung des Kosovo Vermittlungs-, Versöhnungs- und Konfliktlösungsmöglichkeiten geboten werden (Abschnitt 4.2)[441]. Im Kosovo beschäftigt sich mit der Rolle des Vermittlers „Partners"[442], CSSP[443] und die UNDP[444]. Ihre Aufgabe ist die Versöhnung der albanischen und serbischen Gemeinschaften im Kosovo. Das Ziel ist es, nachhaltige Versöhnung innerhalb der Gemeinschaft zu erreichen und die Zusammenarbeit im gesamten Wiedereingliederungsgebiet sowie die wirtschaftliche Entwicklung der Gemeinschaft in Mitrovica regionalstrategisch zu verbessern[445].

Im Kosovo wurde am 22.12.2010 durch den Mediationsausschuss des Rechtsministeriums die Entscheidung für die Wahl der Mediatoren gefällt. Seit 08.02.2011 gilt eine Verordnung für die Wahl der Mediatoren sowie für die Ausbildung in der Mediation.

Bis 2011[446] gab es im Kosovo keine speziellen Vermittlungsverbände, die sich ausschließlich mit der Vermittlung beschäftigten und das Gesetz der Vermittlungen sah auch keine solchen Verbände vor. Im kosovarischen Vermittlungsgesetz waren jedoch zwei Formen der

---

[439] Gesetz gegen Diskriminierung, welches von der UNMIK-Verordnung 2004/32 ausgestellt wurde. (Eigene Übersetzung).

[440] Verordnung über die Rechtliche Hilfe Kommission, UNMIK-Verordnung Nr. 2006/36.

[441] Gesetz über die Institution des Bürgerbeauftragten im Kosovo (Ombudsmann-Gesetz), UNMIK-Verordnung Nr.2000/38, geändert durch die Verordnung durch die UNMIK-Verordnung Nr. 2006/06.

[442] Partners-Kosova (Partner Center for Conflict Management) ist eine lokale NRO mit einer Mission zum Aufbau einer nachhaltigen einheimischen Zivilgesellschaft und einer Kultur des Wandels und Konfliktmanagements.

[443] Der Verein für integrative Mediation ist ein gemeinnütziger Verein mit Sitz in Berlin. CSSP hat sich zum Ziel gesetzt, den interethnischen Dialog und Kooperation zu verbessern, die Umsetzung von Friedensprozessen zu unterstützen und in lokalen Konflikten mittels Integrativer Mediation – einer selbstentwickelten Methodologie – zu vermitteln.

[444] UNDP für 2010 - 2011, reagiert mit seinem Programm im Kosovo auf die Herausforderungen des Übergangs von einer Post-Konflikt-Gesellschaft in eine Demokratie mit lebensfähigen Institutionen, Rechtsstaatlichkeit und einer wettbewerbsfähigen Marktwirtschaft.

[445] Vgl. URL: http://www.partnerskosova.org/index.php?option=com_content&view=article&id=49&Itemid=53 &lang=en [Stand: 14.12.2010].

[446] Im Juli 2011 wurde durch den Vermittlungsausschuss, dem Ministerium der Justiz unterstellt war, die Zertifizierung der ersten 74 Vermittler (Mediatoren) der Republik Kosovo organisiert.

Vermittlung vorgesehen. Einmal die institutionellen Sponsoren, darunter sind Gerichte, private Unternehmen und Verbände zu verstehen, deren Aufgabe es ist, Standards für Mediatoren zu schaffen und das Verhalten von Mediatoren zu beobachten. Die ersten Schritte für die Gründung und Implementierung des kosovarischen Vermittlungsgesetzes wurden mit dem Programm von USAID in den Jahren 2006 und 2007, für Fälle der Gerichte der Gemeinde von Gjilan, begonnen[447]. Mit diesem Programm hatte der Justizrat des Kosovo ein Pilotprojekt für Mediation durch die Amts- und Bezirksgerichte für Zivilsachen in Gjilan vorgesehen. SEAD (System für die Ausführung der Vereinbarungen und Beschlüsse) zufolge, galt dieses Projekt als misslungen, weil sich das kosovarische Ministerium der Finanzen über die Frage der Entlohnung der Vermittler nicht einigen konnte. Letztlich wurde beschlossen, dass Fälle im Zusammenhang mit Immobilien-, Wirtschafts-, beschäftigungspolitischen Fragen und Strafsachen, in Übereinstimmung mit Artikel 228 der kosovarischen Strafprozessordnung (mit Strafandrohungen der Geldstrafe oder Freiheitsstrafe bis zu 3 Jahren), vermittelt werden können. Zuvor mussten jedoch Art und Schwere der Straftat, die Umstände, unter denen sie begangen wurde, die Persönlichkeit des Täters, seine Überzeugungen und seine strafrechtliche Verantwortlichkeit berücksichtigt werden.

5.3 Vergleichende Betrachtung und Schlussfolgerungen

Wie bereits dargestellt sind im kosovarischen Strafrechtsbereich sowohl für Erwachsene als auch für jugendliche Straftäter Diversionsmaßnahmen in speziellen Strafgesetzbüchern vorgesehen. Im Gegensatz dazu hat Albanien in verschiedenen Paragraphen des aStGB und der aStPO sog. alternative Maßnahmen bestimmt, die Haftstrafen ersetzen können. Außerdem hat Albanien kein spezielles Strafgesetzbuch für Minderjährige. Albanien regelte diese alternativen Maßnahmen durch das StGB 2008 und Kosovo 2004 im StGB und JGG.

In Kosovo und Albanien sind Informationen zum inhaltlichen Verständnis der Vorschriften in der Praxis aufgrund kaum auffindbarer Ausführungen nahezu nicht vorhanden.

Ein wichtiger gemeinsamer Punkt in den beiden Forschungsländern ist die Beantragung der Verhängung dieser Maßnahmen. So ist die StA die wichtigste Behörde, die eine Diversionsmaßnahme verhängt, jedoch wird diese Aufgabe auch durch Richter bzw. den Richtern (Strafkammer) durchgeführt.

---

[447] USAID - Programm: Sistemi i përmbarimit të marrëveshjeve dhe vendimeve në Kosovë (SEAD-System der Ausführung der Vereinbarungen und Beschlüsse zum Kosovo), 30. April 2010.

Gemeinsames Ziel der Anwendung dieser strafprozessualen alternativen Maßnahmen ist das Ziel einer Erleichterung, in weiteren Bereichen von Verfolgung und Strafe abzusehen gegen eine Erfüllung der bestimmten Leistungen. Daher wird diese Maßnahme im Interesse der raschen Wiederherstellung des Rechtsfriedens geboten sein, denn es besteht die Notwendigkeit, viele Straftaten wegen Geringfügigkeit des Unrechts nicht durch ein strafprozessuales Verfahren durchzuführen. Stattdessen kann die StA durch die Abwägung der Schuld, der Folgen der Tat und des Verhaltens des Beschuldigten nach der Tat in Betracht ziehen, eine Diversionsmaßnahme in Form einer Geldzahlung oder einer anderen Leistung zu verhängen.

Die StA im Kosovo kann nach dem kStPO mit Zustimmung des Verletzten auf eine Anklage verzichten, wenn eine Straftat nur mit Geldstrafe bzw. mit einer Freiheitsstrafe bedroht ist, deren Höchstmaß drei Jahre nicht übersteigt. (Im Vergleich dazu wird in Albanien eine Bewährungsstrafe festgesetzt, wenn die Freiheitsstrafe fünf Jahre nicht übersteigt.) Die Entscheidung der StA ergibt sich aus der Beschaffenheit des Vergehens, den Tatumständen, der Wichtigkeit der Tat und des Täters, aus der Fragestellung, ob der Täter selbst die Verantwortlichkeit übernimmt und sich erklärt, sich gemäß den Auflagen der StA zu verhalten und die ausgesprochenen Auflagen zu erfüllen, um die Folgen der Straftat zu minimalisieren oder zu eliminieren.

Es ist festzustellen, dass speziell im Jugendstrafrecht der zwei Forschungsländer alternativen Maßnahmen prinzipiell auf den absoluten Vorrang der Spezialprävention abstellen müssen. Nach den hier dargestellten Fakten der zwei Länder wurde eine geringere Rückfallsquote bei jenen Tätern erkannt, denen eine Diversionsmaßnahme auferlegt wurde, als bei gerichtlich Verurteilten.

Zum Schluss dieses Vergleichs kann festgehalten werden, dass Strafe in den zwei Forschungsländern mit modernen demokratischen Gesellschaften nur als letztes Mittel (ultima-ratio-Grundsatz) eingesetzt werden sollte. Verstärkt im Vordergrund sollten Diversionsmaßnahmen stehen, wie die Erbringung gemeinnütziger Leistungen, Wiedergutmachung und außergerichtlicher Täterausgleich sowie – insbesondere bei opferlosen Delikten – der Entzug der aus der Tat gewonnenen Vorteile zugunsten der Staatskasse. Diversion sollte für kleinere und mittelschwere Kriminalität grundsätzlich als primäre Sanktion eingeführt werden.

6 Besonderheiten der außergerichtlichen Konfliktbeilegung nach dem Gewohnheitsrecht

Im Verlauf dieser Arbeit wird versucht, die spezielle Schlichtung nach dem ungeschriebenen Gewohnheitsrecht bzw. Volksrecht (Kanun) der Albaner zu erklären. Das albanische Rechtssystem basiert nicht nur auf dem positiven Recht, sondern es werden heute noch Regelungen und Grundsätze des Gewohnheitsrechts bzw. des Kanuns für Konflikt- und Streitlösungen herangezogen.

Ob und wie wichtige Gemeinsamkeiten und Unterschiede zwischen der Mediation und der albanischen Schlichtung auf der Basis des Kanun, als zwei Arten der Konfliktbeilegung, die bei den albanischen Staaten vorhanden sind, ist nicht so einfach zu beantworten. Dazu werde ich zunächst die wichtigsten Besonderheiten bei der außergerichtlichen Konfliktschlichtung, durch die Ältesten bei den Albanern, die von wichtiger Bedeutung sind, darstellen. Aus der Geschichte der Albaner wissen wir, dass eine Schlichtung ohne Einschaltung des staatlichen Rechtssystems Vorrang vor anderen, staatlichen oder kirchlichen Konfliktlösungsmöglichkeiten hatte. Die Schlichtung konnte im Streitfall durch gewählte und hoch angesehene Dorfälteste als Dorfri„hter"(alb. "Pleq"), als Vermittler oder Schlichter erfolgen. Das erste wichtige Element ist also die Möglichkeit der informellen Konfliktlösung. Darin, und in der Wahrnehmung der Rechtsprechung, lag ihr Aufgabenbereich. Basierend auf der Beschreibung des anwendbaren Gewohnheitsrechts werden später die Rechtsinstrumente der außergerichtlichen Konfliktschlichtung sowie die Verfahren, durch die sie ausgeführt wurden, dargestellt.

Während die Ziele beider Konfliktschlichtungsmechanismen, der alten albanischen Kanunen und der Mediation, sich weitestgehend entsprechen, sind die rechtlich verliehene Autorität und der Verfahrensablauf sehr unterschiedlich. Die Arbeit wird daher die Kompetenzen und die daraus entwickelten Abläufe vergleichend untersuchen und auf gegenwärtige Problembereiche eingehen. Heute ist Mediation in allen Bereichen des gesellschaftlichen Lebens zu beobachten. Sie wird teilweise auch als Streitbeilegung bezeichnet. Mediation unterscheidet sich, wie auch die albanische Schlichtung, von anderen alternativen Konfliktlösungsmodellen oder von den staatlich geregelten Partizipations- und Gerichtsverfahren, durch die Einbeziehung eines neutralen Konfliktmittlers, des Mediators. Er wird oft auch als Übersetzer oder Katalysator bezeichnet.

Beim Vergleich der albanischen Konfliktschlichtungsmethoden nach dem Gewohnheitsrecht und der Mediation werde ich auf folgende Themenschwerpunkte eingehen:

- Die Freiwilligkeit der Teilnahme der Konfliktparteien an einem außergerichtlichen Verfahren;
- Die Teilnahme eines neutralen Vermittlers bzw. alb. Ältesten;
- Neutralität und Unparteilichkeit eines Vermittlers bzw. (idR) alb. Ältesten;
- Versuch des Erreichens einer schnellen und unbürokratischen Wiedergutmachung zwischen den Konfliktparteien;
- Die Kompetenz des Schlichters als „Rechtsexperte";
- Die Anrufinitiative der Schlichtung durch die Ältesten;
- Einschränkungen für Frauen als Konfliktpartei;
- Einschränkungen für Frauen in der Tätigkeitsausübung;
- Die Gefahren der Tätigkeitsausübung;
- Die Form der Erfassung des Schlichtungsverfahrens (schriftlich bzw. nicht schriftlich)
- Die aktive Rolle von Beweisen und die Bewertung dieser in der Streitlage;
- Die Verfahreninstanzen und die Verfahrensteilnehmer;
- Die Entscheidungsmacht;
- Die Beschwerdemöglichkeiten;
- Die Vollstreckung der Entscheidungen;
- Die Vererbung der Tätigkeit.

6.1 Die Freiwilligkeit der Teilnahme der Konfliktparteien an einem außergerichtliche Verfahren

Nach Untersuchungen, wer Anregungen für eine traditionelle Vermittlung bei den Albanern machte, kommt man zum Ergebnis, dass im Prinzip die Anfrage für eine Vermittlung überwiegend von jener Konfliktpartei erfolgte, die an der Konfliktschlichtung ein besonderes Interesse hatte. In den meisten Fällen behauptet eine Partei, in ihren Rechten verletzt geworden zu sein. Es war aber auch möglich, dass beide Konfliktparteien oder in seltenen Fällen sogar die Fahnenträger oder Kreishäupter selbst, eine um eine Vermittlung ersuchten. In letzteren Fällen ergriff der Schlichter eigenhändig die Initiative, indem er sich selbst zu einer Konfliktpartei begab und dieser den Vorschlag der Vermittlung machte.

So z. B. bei einem Konflikt zweier albanischer Familien über ein gekauftes Grundstück eines Serben in Vushtrri. Hier war der berühmte Schlichter Riza Zekolli freiwillig bereit, diesen Konflikt zu schlichten.

Vor Kriegsausbrüchen, in denen die Albaner gegen fremde Besatzer kämpften, haben immer besondere Schlichtungsmechanismen stattgefunden. In den 90er Jahren z. B. wurden die Konflikte und Streitigkeiten der Albaner im Kosovo durch den sog. „Rat der Versöhnung der Blut-, Verletzungs- und Konfliktfeindschaften" (alb. Keshilli per Pajtimin e Gjaqeve, Plageve dhe Ngaterresave), geführt vom Professor Anton Çetta, in einer speziell organisierten Art geschlichtet. Nach dieser Art sollten alle Familien, die in einem Konfliktzustand des sog. Fehdeverhältnisses standen, die Hand strecken für die Versöhnung bzw. ihr Blut bei der Familie des Täters verzeichnen, für das ihres ermordeten bzw. verletzten Mitglieds. All das sollte der Vereinigung aller Albanern dienen, damit sie zusammen für die Freiheit gegen die serbischen Besatzer kämpfen konnten.

Der Anruf eines Schlichters nach dem albanischen Gewohnheitsrecht erfolgt meistens von der Partei, die aufgrund einer rechtswidrigen Handlung gegen das Gewohnheitsrecht oder positive Recht verstoßen hat. Dies gilt nicht nur im Bereich des Zivilrechts, sondern wird auch im Strafrecht praktiziert. Besonders erwähnenswert ist, dass in Fällen besonders schwerer Verstöße gegen die Grundsätze des albanischen Gewohnheitsrechts, die Ältesten eine Vermittlung bzw. Schlichtung auch ablehnen können. So haben die Kanunen für folgende Fälle keine Möglichkeit der Vermittlung vorgesehen:

- Im Falle der Tötung eines Hausfreundes[448], denn nach § 602 des KLD & § 572 KS & § 43 Abs. 2 des KL *"gehört das Haus des Albaners Gott und dem Freunde"*.
- Nach § 601 (d) des KLD & § 3355 des KS wegen sexueller Belästigung einer Frau, außer in extrem außergewöhnlichen Fällen.

Für den Fall der Tötung erklärt Durham in ihrem Buch, wie ein Mann aus dem Bergen von Malësia in Nordalbanien, wegen eines großen Preises, den aus Montenegro bekam, zu einem Mann als Hausgast kam. Der Gastgeber tötete seinen Hausgast. Später als der Bruder des Mörders darüber informiert wurde, hat auch er seinen Bruder sofort getötet, weil dieser den Hausfreund im Besa[449] getötet hat[450]. Dieses Geschehen beschreibt eine alte Tradition der Albaner: *"Wegen des Vaters, Bruders und des Vetters, sogar wegen des Sohnes kann verziehen werden, wegen des Freundes jedoch niemals."*[451] Solange die Familie des Gastes gegenüber

---

[448] Als Freund wurde jener bezeichnet, der Kaffee getrunken oder Brot in einem Haus gegessen hatte oder der welcher in einen Trust (Schutz alb. Besa) eines anderen genommen wurde, sogar wenn nur jemand seinen Namen gerufen hatte. Vgl. *Elezi,* Ismet: E drejta zakonore penale, Tiranë 1983, S. 148 – 170.

[449] Nach dem Kanun gab es unterschiedliche Varianten von Besa, was etwa auf Deutsch Begriffe wie gegebenes Wort, Versprechen, Ehre, Ehrenwort und Gottesfriede umfasst.

[450] Vgl. *Durham,* Edit. M.: Brenga e Ballkanit, Tiranë 1991, S. 484.

[451] Vgl. *Siebert,* Paul: Albanien und die Albanesen - Landschafts- und Charakterbilder, Wien 1910, Übersetzung im Albanischen, S. 20; Elezi, Ismet, Njohuri për të drejtën zakonore mbarëshqiptare, Prishtinë 2003, S. 155. Vgl. § 649 des KLD, § 679 Abs. 2 des KL.

dem Mörder des Freundes nicht Rache nimmt, wird ihm der Kontakt zu anderen Freunden verboten, weil der einen Freund unter Gastfreundschaft bei sich zu Hause eingeladen hatte und er in seinem Haus getötet wurde.

Im zweiten Fall, dem Fall der sexuellen Belästigung, werden die sexuellen Beziehungen durch Gewaltanwendung des Täters gegen eine Frau, z. B. nach § 711 des KL, bezeichnet. Diese Tat wird mit der Todesstrafe, durch den Mann der misshandelten Frau, ihres Vaters oder Bruder sanktioniert. Für diese Straftat gegen eine Frau wurde nach den Normen des albanischen Kanuns von 1868 nicht nur die Todesstrafe für Vergewaltigung verhängt, sondern auch für den Versuch solcher Beziehungshandlungen[452].

6.2 Die Teilnahme eines neutralen Vermittlers bzw. al. Ältesten

Laut des albanischen Gewohnheitsrechts ist vorgesehen, dass *"jeder Mensch im Sinne des Kanuns der Gebirge beauftragt ist, dem Freund entgegenzukommen (ihm Grund zu geben), wenn er an seiner Tür mit einer Beschwerde ankommt und die Geisel (den Pfand) vorzustellen, wobei jeder seinen Ältesten bestimmt"*[453].

Das Institut der Ältesten hat über Jahrhunderte wie ein Gericht in einer Gesellschaft mit Stammes-Anordnung funktioniert, einer Gesellschaft, die auf einem niedrigen Niveau der wirtschaftlichen und kulturellen Entwicklung war und trotzdem die natürliche Wirtschaft dominiert hat. Die alten albanischen Schlichter mussten aus einem Haus mit gutem Ruf kommen, den Kanun grundlegend kennen und in der Vermittlung Erfahrung haben. Die Personen, die das Institut des Ältestenrats bildeten, mussten ehrlich und vertraulich sein. Meist waren sie alt, seriös und aus Familien, die Ehrlichkeit bewiesen hatten, gekommen. Wenn drei Generationen aus demselben Haus die Funktion eines Ältesten ausübten, dann wurde automatisch das Recht der Schlichtung an die darauffolgende Generation vererbt. Das Haus wurde dann „Haus der Ältesten" (alb. Shtepia e pleqeve) genannt, wie z. B. das Haus von Gjomarkaj (Dorf Oroshi der Gemeinde Mirdita) in Nordalbanien, in dem der „Grundstein des Kanuns" gelegt wurde. Im Gegensatz dazu stehen die heutigen Mediatoren. Ihnen wird ihre Funktion wird nicht vererbt, sondern sie müssen die vorgeschriebenen Voraussetzungen erfüllen und eine entsprechende Mediatorausbildung erfolgreich absolvieren. Mediatoren können ihre Tätigkeit also an ihre Nachfolger auch nicht automatisch weitergeben.

---

[452] Vgl. *Elezi,* Ismet: E drejta zakonore penale e shqiptarëve, Tiranë 1983. S. 148 – 170.
[453] Vgl. *Ulqini*, Kahreman: Instituti i bajrakut, "Etnografia shqiptare" 14/1985.

6.3 Die verschiedenen Arten von Ältestenräten und Vermittlern und deren Aufgaben

Im albanischen Gewohnheitsrecht bzw. den Kanunen gibt es vielfältige Formen von Ältestenräten. Die Wichtigsten waren die großen und die kleinen Ältestenräte.

- a) Der große Ältestenrat (alb. Pleqnia, Kuvendi) war zuständig für die wichtigsten Aufgaben der Gesellschaft. Seine wichtigsten Aufgaben war es, für das Zusammenleben der Gesellschaft zu sorgen. Dazu zählte die Vermittlung bei Problemen mit der Nutzung von Wasser oder die Vermittlung in Fällen der Tötung mit dem Motiv der Blutrache, denn diese Probleme galten oft als Ursache einer großen Eskalation mit schwerwiegenden Folgen.
- b) Der kleine Ältestenrat (alb. Pleqnia e vogel) befasste sich mit den Problemen zwischen den Menschen, die meistens innerhalb des Dorfes verursacht wurden, wie z. B. mit Problemen wegen des Baus eines Durchgangs, mit Schuldenproblemen oder mit Problemen des täglichen Zusammenlebens.

Über wichtige politische Fragen stimmten die Ältesten gem. §§ 1176-1178 KLD mit dem Volk gemeinsam in der sog. Volksversammlung (alb. Kuvendi i popullit) darüber ab, ob eine ausgesprochene Entscheidung zurückzuweisen ist oder Bestand hat. Zu dieser Volkssammlung kamen die Menschen nach dem Grundsatz: von jedem Haus ein Mann. Der Leiter der Volksversammlung eröffnete die Sitzung mit diesen Worten: „Der Banner ist versammelt um die Fragen zu erörtern, nach dem Gott und der Kanun verlangten". Wenn es zu einem Gesetzerlass gekommen war, mussten alle Volksversammlungsbeteiligten einen Eid ablegen, indem sie mit gestreckten Gewehren das Symbol des Kreuzes formten und schworen, dass sie diesem Gesetz treu bleiben werden und es nicht verletzt werden[454].

Gem. §§ 1161 - 1167 KLD hatte jedes Dorf seine eigenen Ältesten, die das Recht hatten, das Dorf zu Beratungen zusammenzurufen, um über die Buße und das Ausschelten[455], ohne Zustimmung der Überältesten, zu entscheiden.

Die Überältesten (alb. Strapleqet) gem. § 1168 des KLD und § 1857 des KS waren Vertreter des Volkes, die das Recht hatten, ihre Stimme zu erheben, wenn sie sahen, dass das Volk durch ungesetzliche Urteile und Beschlüsse bedrückt wurde. Im § 1176 des KLD wird über die Stimme des Volkes beim Gericht gesprochen. Danach wird dem Volk garantiert, wenn ihm eine Entscheidung der Häupter und Ältesten nicht gefällt, hat das Volk das Recht sich nicht

---

[454] Vgl. *Peinsipp*, Walter: ebd., S. 77. Vgl. §§ 1146 – 1160 des KLD.
[455] Gem. § 1179 des KLD wird das Ausschelten als Strafe vorgesehen, wobei eine Familie bzw. Haus ausgestoßen wird, aus der Fürsorge entlassen wird, aus der Sippen- und Stammesgemeinschaft verjagt wird und ihr das Recht jeder Gnade und Ehre, sowohl vom Dorf als auch vom Stamm, entzogen wird.

anzuschließen. Dann werden die Häupter und Ältesten über diese Angelegenheit erneut tagen. Die albanischen Schlichter mussten sehr gute Kenntnisse des Gewohnheitsrechts bzw. des Kanuns haben. Im § 992 des KLD ist geschrieben: *"Die Ältesten sind die Ersten der Brüderschaften oder die Vorsitzenden der Stämme, deren Amt sich auf die Grundsätze des Kanuns stützt"*, um einen Streit zu schlichten oder eine Feindschaft zu versöhnen. Im Art. 994 des KLD steht zudem: *"Es werden die Ältesten und Männer, die für ihre Weisheit bekannt sind und welche an vielen Versöhnungsversammlungen teilgenommen haben, gerufen"*. Aus diesem Artikel kann man schließen, dass die Ältesten den Kanun verfolgten und konform den Regeln des Kanuns die Kompetenz hatten, Gerechtigkeit zu erteilen bzw. das Urteil oder betreffende Sanktionen gemäß des Kanuns zu verkünden.

Die soziale Lage der Schlichter wurde bei ihrer Benennung nicht berücksichtigt. Der Rat der Ältesten wurde als "Gericht des Volkes" wegen seiner Fähigkeiten und seines Verständnisses verschiedener Lebensumstände anerkannt und deshalb als Richter, der diese Lebensumstände auch gründlich interpretiert und gem. des Gewohnheitsrechts handelt, geschätzt. Die Schlichter waren in der Regel weder von lokaler noch von staatlicher Autorität abhängig oder von solcher ernannt worden. Meistens wurde auch die wirtschaftliche Position der Schlichter nicht berücksichtigt, um ihn in seiner Rolle zu schulen. Aber in einigen albanischen Regionen gab es dennoch Aufnahmekriterien, beispielsweise dass ein Schlichter aus einer großen Familie oder aus einem Stamm kommen sollte.

Jeder albanische Schlichter, der mit der Aufgabe der Konfliktschlichtung betraut wurde, musste seine Tätigkeit als Vermittler ausüben. Wenn er sie verweigerte, dann wurde diese Handlung durch die Häupter und Banner mit einer Geldstrafe sanktioniert, um ihn zu überzeugen, den Sachkonflikt zwischen den Parteien zu schlichten und eine Entscheidung darüber zu fällen. Wichtigster Grundsatz bei der albanischen Schlichtung durch die Ältesten war dabei die Gleichheit der Streitparteien im Gerichtsverfahren[456].

Die Tätigkeit des Vermittlers bzw. Schlichters nach dem albanischen Kanun war unterschiedlich, je nach seinem Anwendungsbereich, vorgesehen und wurde entsprechend der speziell geforderten Arbeit benannt. Da gab es zum Beispiel den Vermittler (*alb. Ndermjetesi*), der sich einmischte, um über "böse Worte zu entscheiden". Im Falle eines Mordes gab es die Vermittlung des Blutes (*alb. dorzanët e gjakut*). Vermittler des Blutes heißt dabei jener, der im Namen des Täters bei der Familie des Opfers um Vergebung bittet oder jener, der das (Gelöb-

---

[456] Vgl. *Gjeçovi*, Shtjefën: §§ 593, 594 Kanuni i Lekë Dukagjinit, Shkodër 1993.

nis) Friedensgelöbnis *(alb. besa)* für einige Tage erhalten kann. Im Falle der Verlobung übernahm der Gesandte *(alb. Shkuesi, mesiti)* die Rolle des Fürsprechers bei den Eltern des Jünglings oder Mädchens, um jenes Mädchen an den Jüngling zu geben oder um das Mädchen zu nehmen, für den bestimmten Jüngling.

Die Begriffe für Vermittlung und für Vermittler beschreiben also keine einheitlichen Erfahrungen bei den Albanern, denn je nach Aufgabe, haben sie auch andere Namen getragen. Diese Tradition der außergerichtlichen Konfliktschlichtung wird auch noch heute angewandt. So werden z. B. die Gerichte und die Polizei häufig um Verständnis gebeten, ein Modell der außergerichtlichen Schlichtung zu unterstützen oder dies bei ihren Entscheidungen zu berücksichtigen.

Diese Verantwortlichkeit der Vermittler war meistens jedoch nur in moralischer Natur, denn ihre Rolle entstand aufgrund freiwilliger Initiative. In besonderen Fällen gaben die Konfliktparteien auch mal Geschenke an die Vermittler, aus Dankbarkeit für die Vermittlung. Viele, die heute als Älteste tätig sind, berichten aber, dass sie keine Entlohnung für geschlichtete Fälle bekommen[457].

Im Kanun des Lek Dukagjini wird weiterhin erwähnt, dass der Vermittler keinen Schaden verursacht und sich auch nicht verstecken muss, weil er keinem etwas schuldet. Das bedeutet, dass der Vermittler nicht angeklagt werden kann.

Die Dorf- oder Fahnenträger wurden als Vermittler gerufen, wenn es potenzielle Anzeichen für eine Eskalation der Verhältnisse zwischen Konfliktparteien gab bzw. wenn sie kurz vor dem Ausbruch stand. Die Fahnenträger wurden dann mit den Vermittlungen und Versöhnungen beauftragt, weil sie mit den Normen des Gewohnheitsrechts besser als all die anderen Menschen vertraut waren[458].

6.4 Neutralität und Unparteilichkeit eines Vermittlers bzw. alb. Ältesten

Gemäß § 281 KLD - Mirdita Variante wird den Ältesten, bevor sie mit der Fallerörterung beginnen dürfen, ein Eid der Neutralität abgenommen. Für das Eidverfahren wurde die Hand des Ältesten auf Brot und Salz oder auf das Kreuz Jesu gelegt und er musste die folgenden Worte so sprechen, dass sie von allen gehört werden konnten: „Für das Geschenk Gottes oder für das heilige Kreuz, die Rechtsprechung werde durch das Recht Gottes und ohne Abweichung vom Kanun erteilt. Wie ich dieses Eid leiste, soll ich in diesem und anderem Leben finden!".

---

[457] Die Ältesten: Feriz und Rizah Zekolli, Ali Pasoma, Avdyl Hoxha, Brahim Krasniqi, Qelë Selimaj ect.
[458] Preng, Bajraktari – der heutige Fahnenträger von Kushenin (Albanien), interviewt am 13.07.2011, Lezha.

Nach dem Urteilsspruch durch die Ältesten mussten sie die Konfliktparteien gem. § 284 KLD Variante Mirdita dann fragen, ob ihnen diese Entscheidung gefällt. War dies in seltenen Fällen nicht so, dann konnten die Konfliktparteien mit der Konfliktfrage einen anderen Ältesten erneut beauftragen.

6.4.1 Beispiele der absichtlichen Nichtneutralität der Ältestenräte, um Konflikte friedlich zu lösen

Es gibt jedoch verständlicherweise auch Fälle, in denen ein neutrales Handeln des Vermittlers ein Schlichten des Streits nur schwer ermöglichte. Folgender Bericht schildert einen solchen Schlichtungsfall[459]:

In dem Dorf Dumosh (Provinz Podujeva) kam es, aufgrund eines gestohlenen Viehs, zum Streit zwischen einer albanischen und einer kirgisischen Familie. . Die kirgisische Familie beschuldigte die albanische Familie, einen Bullen gestohlen zu haben. Diese forderte nun, durch einen engagierten Vermittler, der die albanische und die kirgisische Sprache beherrschte, von der albanischen Familie einen Schwur, unschuldig zu sein. Basierend auf der albanischen Besa und auf einem religiösen Buch, sollte dieser ausgesprochen werden. Die albanische Familie war sich aber ihrer Schuld bewusst und gab gegenüber dem Vermittler zu, das erwähnte Vieh gestohlen zu haben. Deswegen fürchtete sich die albanische Familie nun davor einen Eid abzulegen, der gelogen war. In diesem Fall entschloss sich der Vermittler, um den Konflikt zu lösen, der kirgisischen Familie, nicht die ganze Wahrheit zu berichten. Er einigte sich mit der albanischen Familie und forderte sie auf, auf Albanisch zu sagen, dass Sie das Vieh gestohlen und gegessen haben. Der Vermittler übersetzte dabei auf Kirgisisch, dass sie es nicht gestohlen haben. Durch diese einseitige List wurde die Versöhnung der Familien erreicht.

Die Entscheidung des Ältesten, die einen Kompromiss darstellte, war dem Wohlwollen des Ältesten, einen Kompromiss zu erreichen, um den Konflikt zu lösen, zu verdanken. Der Fall konnte positiv beendet werden, denn es musste bei dieser Gelegenheit bedacht werden, welche anderen, negativen Auswirkungen der Konflikt hätte hervorbringen können. Betrachtet man den Fall natürlich mit österreichischem Rechtsverständnis, ist diese Lösung auf keinen Fall akzeptabel. Entscheidungen im modernen Europa werden mit einer Neutralität gefällt, die

---

[459] Vgl. *Ukellaj*, Hajriz: früherer Richter und heutiger Laier (Ehrenamtlicher Richter) am Gericht, interviewt am 03.08.2011 in Pristina.

tatsächliche Gerechtigkeit beinhaltet. Hier hätte die albanische Familie zu ihrem Unrecht stehen müssen und als Konsequenz Wiedergutmachungsleistungen anbieten müssen. Das zwischenmenschliche Verhältnis beider Familien würde nicht ausschließlich im Vordergrund stehen, wenn es darum ginge, einen gerechten Ausgleich zu schaffen.

6.4.2 Negative Auswirkungen der Nichteinhaltung der Grundsätze einer Vermittlung durch die Vermittler

Amtsmissbrauch ist heute kein seltener Fall bei Vermittlern. Es gibt Fälle, in denen sich Vermittler der Verantwortung ihres Amtes und ihrer Tätigkeit nicht richtig bewusst sind und absichtlich ihre Stellung und das ihnen, von den Konfliktparteien geschenkte Vertrauen, missbrauchen. Folgender Bericht zeigt, dass ein Amtsmissbrauch manchmal schwerwiegende Folgen haben kann:

In einem Dorf von Mitrovica hatte sich zwischen zwei Familien ein Streit ereignet, der durch ein Wegerecht ausgelöst wurde. Nach den Worten des Ältesten S. Q. wurde über diesen Mordfall berichtet, der durch einen Vermittler verursacht wurde. Die eine Streitpartei, eine Familie mit fünf Söhnen, erhoffte sich Hilfe von einem Vermittler. Dieser Vermittler sollte um eine Erlaubnis für den Transport der Ernten durch das Grundstück der anderen Partei bitten. Die gebetene Partei widersprach der Bitte und erlaubte somit den Durchgang durch ihr Grundstück nicht. Um den Konflikt eskalieren zu lassen, verschweigt der Vermittler dies der anderen Familie und berichtet ihnen stattdessen von einer „angeblichen Erlaubnis". Daraufhin kehrt der Vermittler wieder zu der anderen Familie zurück und schwindelt erneut, dass die andere Familie gesagt haben soll, sie gehe auch ohne Erlaubnis über ihr Grundstück. Das machte die grundstückbesitzende Familie zornig. In Unwissenheit über die tatsächliche Ablehnung der anderen Partei und des Schwindels des Vermittlers fuhr nun die Familie mit ihren fünf Söhnen ihre Ernte über das erwähnte Grundstück. Daraufhin erschoss der Grundstücksinhaber mit einem Maschinengewehr alle fünf Söhne.

In diesem traurigen Beispiel des Missbrauchs der Autorität des Vermittlers führten das Verschweigen und das Manipulieren der Aussagen der Parteien durch den Vermittler, zu einem tragischen Ende. Die Konsequenzen für den Vermittler bei einem solchen Amtsmissbrauch sind Bestrafungen, die sich nach dem Gewicht der Entscheidungssache richtet. Eine Strafe gegen die Vermittler, in Höhe von bis zu 100 Schafböcken und einem Stier, wurde in solchen

Fällen verhängt[460]. Außerdem werden diese Vermittler für Schlichtungen nicht mehr in Anspruch genommen.

6.5 Das Erreichen einer schnellen und unbürokratischen Wiedergutmachung zwischen Konfliktparteien

Sowohl die außergerichtliche Konfliktschlichtung basierend auf dem Gewohnheitsrecht, als auch die Mediation, trägt bei den Albanern zu einer Entlastung der Gerichte bei. Es ist bekannt, dass gerade die Gerichte in Albanien und im Kosovo mit vielen hunderttausend ungelösten Fällen belastet sind. Nach einem Report des Kosovarischen Gerichtsrates wurden für das Jahr 2010 223.891[461] umgeleitete Rechtsfälle aufgeführt und für das darauffolgende Jahr circa 224.000[462]. Wichtige Erkenntnisse, die für eine Anwendung des Vermittlungsgesetzes sprechen. Ein Richter am Kreisgericht des Kosovo bearbeitet durchschnittlich 24 Streitfälle[463] im Monat. Im Kosovo sind Richter jedoch noch immer in nicht ausreichender Zahl vorhanden. Die außergerichtlichen Arten der Konflikt- und Streitlösungen sind für die Albaner also von großer Bedeutung.

Von einer noch immer schwach ausgeprägten Gerichtsbarkeit im Kosovo spricht auch der Bericht der Europäischen Kommission für das Jahr 2009. Die kosovarische Gerichtsbarkeit war zu diesem Zeitpunkt und ist es auch noch immer, auf internationale Unterstützung angewiesen[464].

Es wurde empfohlen zahlreiche Maßnahmen zugreifen, um Gerichtsprozesse zu verkürzen und die Arbeitsbelastung an den Gerichten zu reduzieren. Zur weiteren Stabilisierung des Justizsystems des Kosovos wurden viele Schulungen und Seminare für die Justizbehörden von der OSZE organisiert, mit dem Ziel, deren professionelle Anforderungen zu erhöhen[465].

Über die Lage der anhängigen Streitfälle an den kosovarischen Gerichten äußerte sich ein Professor der Rechtswissenschaftlichen Fakultät der Universität von Prishtina, Herr Prof. Dr. Vesel Latifi[466]. Er bezeichnet die Entscheidung des Präsidenten des Obersten Kosovarischen Gerichtes, Herrn Fejzullah Hasani, als falsch, wonach von den Gerichten zunächst nur

---

[460] Vgl. *Gjecovi*, Shtjefen: Kanuni i Lek Dukagjinit, Shkodër 2001, S. 124.
[461] Kosova Sot, 05.10.2010, Prishtinë, S. 34.
[462] *Hasani*, Fejzullah, Präsident des Obersten Gerichtshofes des Kosovo, am 07.11.2011 in: Radio Evropa e Lire vgl. URL: http://www.evropaelire.org/content/article/24383716.html [Stand: 09.11.2011].
[463] Der allgemeine, jährliche Report der regulären Gerichte des Kosovo von 2012, vgl. URL:http://www.kgjk-ks.org/repository/docs/RAPORTI_VJETOR_Pergjithshm_2010_SHQIP_879988.pdf [Stand. 04.08.2011].
[464] European Commission: Enlargement Strategy and Main Challenges 2009–2014, S. 15.
[465] Vgl. *Qerimi*, Islam & *Hyseni*, Latif: Të drejtat e autorit dhe plagjiati me theks te veçantë në Kosovë, in: Trendi Global 4, Wissenschaftliche Zeitschrift des Instituts für wissenschafte Forschungen, Prishtinë, 2010, S. 91.
[466] Prof. Dr. Vesel Latifi, interviewt am 04.08.2011 in Prishtina.

die Streitfälle, die vor 2009 anhängig gemacht worden sind, verhandelt werden sollen. Er hält diese Entscheidung für verfassungswidrig und illegitim. Aufgrund dieser Regelungen werden die kosovarischen Bürger nunmehr gezwungen, zur Klärung ihrer akuten und aktuellen Probleme, Konflikt und Streitigkeiten, an die alten Mechanismen der Konfliktschlichtung durch die Ältestenräte anzuknüpfen. Die albanische Staatspolizei hat sich gleichermaßen bemüht, durch Veränderungen in ihren Strukturen, Konfliktschlichtung möglich zu machen. Die Prioritäten ihrer Arbeit haben sich insofern verschoben, dass sich ein Teil ihrer Beschäftigung jenen Fällen vermehrt widmet, die eine Quelle für weitere schwere Straftaten sein könnten, da sie Leben und Gesundheit anderer Menschen gefährden könnten. Die Zahl der Todesopfer, die seit den Neunziger Jahren Opfer von Rache- und Vergeltungsdelikten geworden sind, beläuft sich mittlerweile auf 9870 Menschen[467]. Etwa 1000 Kinder können seitdem die Schule nicht mehr besuchen, da sie aus Angst vor Rache und Vergeltung in ihren Häusern festsitzen[468]. Deshalb sollte die außergerichtliche Konfliktbeilegung durch Mediation noch stärker als bisher praktiziert werden, um solchen aus Furcht eingeschlossenen Menschen ein normales Leben wieder zu ermöglichen.

6.6 Die Rolle des Geschlechts der Konfliktbeteiligten im Verfahren

Nach dem albanischen Gewohnheitsrecht ist berechtigter Ankläger grundsätzlich nur eine Person des männlichen Geschlechtes. Dazu folgendes Beispiel:

> Ein Mann aus Blenishta (Skutari in Albanien) wollte ein Mädchen aus dem Dorf Tale (Lezha) entführen. Den Entführer hat die Mutter des Mädchens aber während des Entführungsversuchs ermordet. Als die Frau aus dem Gefängnis entlassen wurde, wollte sie die Ältesten anrufen und um Versöhnung für diese Tat bitten. Die Ältesten haben ihren Antrag darüber jedoch strikt abgelehnt, mit der Begründung, dass sie eine Frau und deshalb keine Befugnis hätte, einen solchen Antrag zu stellen. Sie solle stattdessen ihren Bruder oder einen anderen Mann dafür beauftragen[469].

Im KS wird im Gegenteil zum KLD über eine Ausnahme gesprochen, die eine Teilnahme der Frau am Schlichtungsverfahren zulässt. Nach § 1887 (4) KS kann eine Frau als Vertretung ihres Mannes oder Hauses sein, durch die Hilfe eines Mannes von gleichem Familienstamm.

---

[467] Vgl. URL: http://lajme.shqiperia.com/lajme/artikull/iden/1047010117/titulli/Gjakmarrja-ne-Shqiperi-ne-ni-vele-te-larta [Stand: 24.04.2011].

[468] *Emcke*, Caroline: BLUTRACHE IN ALBANIEN- Im Wendekreis der Angst, in ZeitOnline,20.08.2009 Nr.35.

[469] Preng Bajraktari, der Hauptälteste und Fahnenträger von Kushenin, interviewt am 13.07.2011.

6.7 Geschlechtsspezifische Einschränkungen für die Tätigkeitsausübung

Nach dem Kanun gilt als Vermittler ein Individuum (also auch die Frau), ebenso wie ein Vertreter des Dorfes oder ein Fahnenträger oder die Kirche. Die Rolle des Vermittlers konnte also jeder, auch die Frauen, bei den Konfliktlösungen zwischen den Albanern durch eigene Initiative übernehmen. Es gibt auch historische Beiträge zum Gewohnheitsrecht, die dokumentieren, dass sogar Frauen manchmal die Vermittlerrolle bei Konfliktlösungen zwischen Serben und Montenegrinern anvertraut wurde[470]. In der Regel wurden diese sog. Frauenvermittlungen jedoch nur während akuter Konflikte und Streitigkeiten erlaubt (§ 669 KLD, § 671 Abs. 1 KL, § 677 KS). Sobald sich die Konfliktparteien aus diesem Konflikt zurückgezogen hatten, hatte die Frau kein Recht mehr sich in den Konflikt einzumischen. Sie konnte diese Tätigkeit des Schlichters, bzw. Ältestens nicht ausüben, denn nach dem albanischen Gewohnheitsrecht *"glaubte ihr der Kanun nicht (§ 1886 KS, § 97 Abs. 2 des KL)"*.

6.8 Die Gefahren der Tätigkeitsausübung

Die außergerichtliche Konfliktlösung bei den Albanern wird auch bei schweren Straftaten durchgeführt. Im schlimmsten Fall kann der Älteste die Rache oder den Frust einer sich benachteiligt fühlenden Partei des Vermittlungsverfahrens spüren. Hat er einen Konflikt nicht rechtmäßig gelöst bzw. so wie eine Partei es wünschte, kann dies eine Revolte hervorrufen, wo nun der Älteste als Schuldiger für das ungerechte Urteil gilt. Darüber hinaus gab es bei der traditionellen albanischen Konfliktschlichtung meist Schwierigkeiten, zwischen dem Straf-, Zivil- und Verfahrensrecht zu unterscheiden. Es waren immer dieselben Organe, die das Rechtssystem bildeten. Der Banner, das Haupt, der Alte und der Überalte waren mit den Aufgaben der Verwaltung und Gerichtsbarkeit beauftragt.

Wie gefährlich die Ausübung der Tätigkeit des Schlichters nach dem albanischen Kanun war und noch heute ist, zeigen auch diese Berichte:

Bei den Veranstaltungen der Nationalen Aussöhnung in Albanien wurde an dessen Vorsitzenden der Mission, Ndrek Peter, ein Attentat verübt. Es misslang, aber er trat dennoch aus dem Amt zurück und verließ Albanien. Ein paar Jahre später wurde ehemaliger Sekretär

---

[470] Vgl. *Peinsipp*, Walter: ebenda S. 97.

der Mission in Shkoder Emin Spahia getötet. Der Täter dieses Mordes konnte bis heute von der Polizei noch nicht verhaftet werden[471].

Durch ihre Eigeninitiative friedliche Konfliktlösung anzustreben, riskieren die Schlichter manchmal ihr eigenes Leben. Nach einem Dokument vom 1895, bezüglich eines Antrags von Pashuk Gjonis aus Juban, sollte bei einem Vermittlungstreffen zwischen beiden Konfliktparteien folgende Bedingung gelten: „Beide Seiten sollten die Vermittler über Beleidigungen und Konfliktursachen informieren. Die Vermittler sollten dann jede Verantwortung auf sich nehmen, um die Brüder Gjoka zu schützen, die im Falle eines Angriffs ansonsten gegen sie gekommen wären".

6.9 Die Form der Erfassung der außergerichtlichen Konfliktschlichtung

Die Verfahren albanischer Konfliktbeilegung durch die Ältesten haben ausschließlich in mündlicher Form stattgefunden und wurden nicht dokumentiert. Die Burgen galten als Garanten für die Einhaltung eines Urteils. In der heutigen Praxis erfolgt oft auch die schriftliche Aufzeichnung der außergerichtlichen Konfliktschlichtung durch den Ältestenrat.

6.10 Die Verfahrensteilnehmer

Einige Probleme zwischen Konfliktparteien wurden sofort, vor Ort, außergerichtlich durch direkte Verhandlungen zwischen den Parteien gelöst. Ein Nachbar ging zum Beispiel zum Nachbarn oder dem Verwandten und rief im Hof den Hausherren um seinen Eid abzuleisten. Antwortete der Hausherr seinerseits mit einem Eidspruch, war der Konflikt beigelegt und der sog. „Beschuldigte" galt nunmehr als unschuldig. Im Falle der Eidesablehnung wurde die Streitigkeit an die Ältesten delegiert. In einem solchen Rechtsverfahren gab es eine Reihe von Funktionsträgern: den Eidhelfer (alb. *porotë*) gem. §§ 1044, 1078 KLD, den geheimen Ankläger (alb. *kapucar*) gem. §§ 1079-1093 KLD, die Ermittler bzw. die Anklageempfänger (alb. *pritetarë*) gem. §§ 1094-1105 KLD und den Eintreiber der Sach- und Geldstrafen (alb. *gjob(t)ar*) gem. §§ 1171-1175 KLD. Die Eidhelfer sind jene, die durch den Finger des Ältesten bezeichnet bzw. bestimmt werden, um den Eid zu leisten und jemanden aus dem Übel zu ziehen. Eidhelfer konnte keine Frau sein.

---

[471] Außerordentlicher Beschluss der Konferenz der Missionare und der Verbände der nationalen Aussöhnung bei der Tradition der Unterstützung des Staatsrechts, Tirana 08. Oktober 2010, S. 7.

Wichtigstes Beweismittel hier war der Reinigungseid des Beschuldigten, unter Hinzuziehung der Eideshelfer, der sowohl seine eigene Unschuld als auch seine Unkenntnis über die Identität des wahren Täters, beeiden musste. Der Kläger brauchte keinen Schwur zu leisten (§§ 538-542 KLD)[472].

Beispiel eines Reinigungseides[473]:

Eine Person aus dem Dorf Smrekovnica (Gemeinde Vushtrri) hatte eine Person aus dem Dorf Lisica (Gemeinde Mitrovica) mit einem Messer niedergestochen. Die Familie des Opfers verdächtige, dass eine Person mit Namen S. aus dem Dorf Smrekovnica in diese Tat verwickelt war. Der Verdächtige S. stritt dies jedoch kategorisch ab. Seine Schuldvermutung hat er mit einem Eidspruch ausgewaschen. Dieser Reinigungseid erfolgt in Anwesenheit von 24 Geschworenen in einem Feld in der Nähe von eines kleinen Flusses. Der Verdächtigte musste mit einem religiösen Buch auf seine Unschuld schwören.

Jener, der diesen Eidspruch verlangte, hält dieses religiöse Buch in der Hand. Das Eidspruchverfahren können auch die Ältesten verlangen. Wenn ein Eidspruchverfahren organisiert wird, werden 24 Dorfälteste zum Eidspruch aufgefordert. Zwölf der Ältesten waren vom Stamm der Familie, dessen Unschuld angezweifelt wurde und zwölf wurden außerhalb dieses Stammes bestellt. Die Geschworenen, die nicht des Stammes des den Eid Leistenden angehörten, wurden von der Partei gewählt, die die andere Partei zum Schwur auffordert. Der Beschuldigte sollte zuerst den Geschworenen einen Eid leisten. Die Ältesten können die Zahl der Geschworenen ändern, abhängend von der Schwere der Schuld und der Tathandlung. Nach diesem Prozess wurde ein Tag bestimmt, um eine öffentliche Zeremonie vor der Moschee zu veranstalten. Diese Zeremonie wurde vormittags gegen 12 Uhr abgehalten. Diejenige Partei, die die andere zum Eid auffordert, hält den Koran (das religiöse Buch in diesem Falle) in der rechten Hand. Die Personen, die auf die Unschuld des Beschuldigten schwören, sagen dann folgenden Satz: „Wir schwören auf diesem Kur'an, dass diese Person mit bestimmten Namen unschuldig ist."

Es existieren mehrere Schwurarten. Eine weitere ist z. B. der Türschwur. Hier wird auf alles, was sich innerhalb der Türe in Haus befindet, geschworen. Dieser Schwur beinhaltet auch „die Köpfe" der Söhne, wobei der Hausherr zehn Söhne der Familie herbeischaffen muss.

---

[472] Vgl. *Godin,* Marie Amelie Freiin von: Der Kanun - Das albanische Gewohnheitsrecht nach dem sogenannten Kanun des Lekë Dukagjini, Peja 2001, S. 21-22.

[473] Dieses Interview wurde mit dem Dorfältesten Ali Jonuzi (Pasoma) aus Gemeinde Vushtrri durchgeführt. Er gehört zu einer Familie, die eine Tradition der außergerichtlichen Versöhnung seit drei Generationen verfolgt. Er erklärt, dass es nach Meinung seines Onkels früher weniger Dorfälteste aber auch weniger Fälle gab. Früher seien es im ganzen Jahr 5-6 Fälle gewesen, heute 2-3 Fälle pro Tag.

Diese müssen dann auf die Knie gehen und dabei ihre Köpfe einander nähern. Der Hausherr hebt seine Hand auf die Köpfe der Söhne und schwört daraufhin mit folgenden Worten: „Auf die Köpfe dieser Söhne, ich habe diese Tat nicht begangen." Auf die Häupter der Frauen wird nicht geschworen.

Als geheimer Ankläger (alb. Kapucar) wird jener bezeichnet, der die Schuld eines anderen anzeigt. In der Regel hat er diese Funktion nicht offen ausgeübt. Er wurde für ungeklärte Fälle, in denen die Täter nicht bekannt waren, eingesetzt. Eine Frau konnte diese Funktion nicht ausüben.

Die Ermittler bzw. die Anklageempfänger (alb. *pritetarë*) *"sind jene, deren Aufgabe es ist, die nötigen Nachforschungen anzustellen und den Ankläger eifrig auszufragen, indem sie ihm verdeutlichen, keine Hinterhältigkeit in seinen Angaben zu begehen und niemanden falsch zu belasten"*[474]. Eine wichtige Aufgabe der Anklageempfänger war weiterhin die Vereidigung der Ankläger, um ihre Aussagen neutral und wahrheitsgetreu darzustellen. Die Anklageempfänger dürften niemals die Namen der Ankläger verraten.

Die Eintreiber von Sach- und Geldstrafen bzw. die Bußeinnehmer (alb. *gjob(t)ar*) sind jene, die im Namen des Ältesten in die Viehhütten des Büßers gingen, um so viele Hammel und Ochsen zu nehmen, wie das Urteil der Häupter, Ältesten oder des Volkes bestimmte.

6.11 Die Phasen des Konfliktschlichtungsverfahrens durch die Ältesten

Die Rechtsverfahren einer außergerichtlichen Konfliktschlichtung unterliegen eigenen Regeln, die in jedem Land in anderer Art und Weise durchgeführt werden und eigene Eigenschaften haben. Nach den albanischen Kanunen ist es beispielsweise schwer, einen Unterschied zwischen dem Zivilrecht und Strafrechtsverfahren zu machen[475].

Das albanische Ältestenverfahren hat eigene Besonderheiten. Ein Teil des Verfahrens hat einen privaten Charakter und der andere Teil ist durch Gesellschaftsstrukturen gekennzeichnet. Es sind aber die gleichen Organe, wie Fahnenträger, das Haupt, die Ältesten, die mit den jeweiligen administrativen und gerichtlichen Aufgaben beauftragt werden.

Das Verfahren, das durch den Ältestenrat durchgeführt wird, lief und läuft nach dem Prinzip des anklagenden Verfahrens. In einem bemerkenswerten Bericht des wichtigsten Ältesten, Herr Abdulla Hoxha, schildert er den Ablauf eines Verfahrens: *„Bei einen Konflikt zwischen zwei Parteien, setzt sich die Partei, die Verletzung bzw. Schädigung erlitten hat, mit mir*

---

[474] Zitat aus der Übersetzung von Marie Amelie Freiin von Godin: Der Kanun, Peja 2001, S. 239.
[475] Vgl. *Pupovci*, Syrja: Marrëdhëniet juridike civile në Kanun in e Lekë Dukagjinit, Prishtinë 1972, S. 241.

an einem Tisch. Weil ich nicht mit einer Partei allein das Problem lösen kann, fordere ich beide Seiten auf, bei mir zusammenzukommen. Beide Parteien sollen je zwei Bürgen finden, die als Garant für die Umsetzung seiner Entscheidung antreten. Die Bürgen muss eine Partei vorschlagen, jedoch, muss die andere Partei sie akzeptieren. Nachdem die Konfliktparteien das Problem ohne meine Unterbrechung schildern dürfen, frage ich beide Seiten, ob sie gekommen sind, um mich über den Fall zu fragen oder ob sie bezüglich dieses Konflikts ein Ältestenverfahren durchzuführen wollen. Wenn ich mich gegenüber ihnen bereit erkläre, mich mit diesem Konflikt zu beschäftigen, werde ich sie fragen ob mit den Bürgen einverstanden sind. Falls ja, dann werde ich die Bürgen mit ihren Verpflichtungen nach dem Kanun vertraut machen."[476]

Abbildung 6:   Zusammenfassung des Konfliktschlichtungsverfahrens (KSCHV) durch die Ältesten

➢ Vorphase (selten: Untersuchung, Aufklärung, kein schriftlicher Vertrag, ersetzt durch die Eidesbereitschaft der Einhaltung des Urteils)
➢ Die Ältesten begrüßen die Konfliktparteien (KP)
➢ Die Ältesten stellen sie sich vor.
➢ Wahl eines Vorsitzenden des Ältestenrates (ÄR) – als Hauptältester (HÄ)
➢ Die Bereitschaft der KP mit dem KSCHV anzufangen, wird abgefragt.
➢ Zustimmung der KP zu dem Ältesten und Vertrauen in ihn
➢ Die Frage an den Ältesten, zum Vorhandensein der Bürgschaften
➢ Konflikterhellung: Widersprüchliche Aussagen der KP werden überprüft, Schilderung des Konfliktfalles (KF) nach den verschiedenen ihren Sichtweisen der KP, Sammlung der Beweise, Zeugenbefragungen, aktive Rolle des ÄR (Fragen nach dem „warum", „wieso", „weshalb" werden gestellt)
➢ Analyse und Überprüfung der Beweise durch ÄR
➢ Harmonisierung der Meinungen (Beratung und Abstimmung) durch den ÄR
➢ Urteilsverkündung durch den HÄ
➢ Vollzug des Urteils

In dieser Abbildung wird der Verfahrensverlauf der Konfliktschlichtung durch die Ältesten dargestellt.

---

[476] Der Älteste Abdyl Hoxha wurde als Vertreter des "Oda von Juniku" bekannt. Die sog. "Oda von Juniku" – ist ein altes spezielles albanisches Gasthaus, in dem sich nur die Männer unterhielten und wo die Ältesten Konflikte und Streitigkeiten geschlichtet haben. Interviewt habe ich Herrn Hoxha am 18.07.2011 im Dorf Juniku. Herr Hoxha hatte 1992, nach dem Tod seines Vaters (Brahimi) begonnen, sich mit dieser Tätigkeit zu beschäftigen. Seit dieser Zeit hat er nach eigener Aussage über 700 Fälle von Prügeleien, Schlägereien, Beleidigungen und sogar Morden in verschiedenen Regionen vermittelt und geschlichtet. Die häufigsten Fälle, die er bisher behandelt hat, waren Konflikte entstanden aus Ehestreitigkeiten. Bisher sei es ihm nicht passiert, dass seine Entscheidungen von den Parteien nicht eingehalten wurden".

6.12 Erkenntnisse über das Ältestenverfahren nach meinen Erfahrungen

Während meiner Anwesenheit an albanischen Konfliktschlichtungen durch Ältestenräte habe ich die Verfahrensverläufe verfolgen können. Das Verfahren der Konfliktschlichtung nach der Leitung der Ältesten wird idR mit den Worten „Können wir mit der Fallerörterung anfangen?" eröffnet. Danach erklären die Konfliktparteien ihre Bereitschaft dazu oder nicht. Im Anschluss werden sie befragt, ob ihre Dorfältesten anwesend sind. Ist dies nicht der Fall, dann muss auf deren Ankunft gewartet werden. Erst dann wird der Hauptälteste die Konfliktparteien zu ihrer Zustimmung und ihrem Vertrauen gegenüber ihren Dorfältesten befragen. Die Parteien beantworten diese Frage entsprechend mit JA oder NEIN. Darüber hinaus wird der Hauptälteste die Konfliktparteien darauf hinweisen, dass sie bei Bedenken am Vertrauen zu ihren Ältesten, diese auch auswechseln können. Anschließend beginnen die Konfliktparteien mit den Schilderungen ihren Fakten und Argumente zu dem Konflikt.

Vor allem in der ersten Stufe, im sog. Stadium der Voruntersuchung, kann eine Untersuchung des Sachverhaltes stattfinden. Ob diese Untersuchung stattfindet oder nicht, wird von der Bereitschaft des Opfers abhängen. Aber selbst wenn der Kläger entschlossen ist, den Fall zu untersuchen, unterscheidet sich diese Untersuchung von der inquisitorischen strafrechtlichen Ermittlung. Untersuchungen werden in einem Verfahren durch ausgewiesene ehrbare Privatperson, den sog. Detektiven (alb. Kapucar), durchgeführt. Sie werden vom geschädigten Ermittler bestimmt und bleiben für den Ältestenrat, außer in seltenen Fällen, sowie für alle anderen anonym.

Wie bereits erwähnt, läuft das älteste Strafverfahren nach dem Prinzip des anklagenden Verfahrens ab. Für ein Entwicklungsverfahren sollte ein mündlicher Anspruch des Geschädigten bestehen oder in Ausnahmefällen von Amts wegen Anklage erhoben worden sein, in Fällen, in denen der Täter bei Begehung der Straftat auf frischer Tat ertappt wurde[477].

Die wichtigste Phase des Verfahrens ist die gerichtliche Überprüfung. Hier hört der Ältestenrat den Kläger, befragt den Beklagten, nimmt Beweise entgegen und analysiert sie und verkündet letztlich eine Entscheidung und kommuniziert sie den Parteien. Die Konfliktparteien hatten während des gesamten Gerichtsverfahrens des Ältesten Anspruch auf Beteiligung. Während der Anhörungen bei der gerichtlichen Überprüfung sitzen die Ältesten im Halbkreis geformt, sodass Personen die zu Erklärungen erscheinen, an die offene Seite des Bogens treten können. Bei der gerichtlichen Überprüfung müssen die Parteien Geiseln (Pfand) einreichen[478].

---

[477] Vgl. *Nova*, Koço: Procedura penale – pjesa e përgjithshme, Tiranë, 1996, S. 11.
[478] Vgl. *Gjeqovi*, Shtjefan: KLD, §§ 1017 -1022.

Ist der Pfand (*alb. peng*) einmal dem Ältestenrat übergeben worden, konnte man aus keinem Grunde mehr vom Ältestenrat ein anderes Urteil verlangen (anderes Urteil oder anderen Ältesten). Nach dem Kapitel 2 des KLD hat ein ohne Pfand (Spruch) gefälltes Urteil vor dem Kanun keine Gültigkeit. Als Gegenstand eines Pfandes konnte ein Messer, eine Waffe oder etwas anders dienen. Der Pfand stellt ein Zeichen dar, dass dem Ältesten die Vermittlung des Konflikts anvertraut wurde.

Für jeden konkreten Fall wurde aus der Mitte der Älteren einer, als Hauptältester gewählt, der die Rolle des vorsitzenden Richters als Leiter des Verfahrens übernahm. Da die Entscheidungen des Ältestenrats nicht schriftlich verfasst wurden, verlangte der Ältestenrat bevor den Versuch der Konfliktschlichtung startete, von jeder Partei eine Bürgschaft. Damit konnte sich der Ältestenrat sicher fühlten, dass ihr Urteil von der Partei auch beachtet werden würde[479].

Nach dem albanischen Gewohnheitsrecht waren auch die sog. „Garanten" (alb. Dorezanet) bekannt. Garantien konnten zweierlei Art sein, nach § 974 des KLD einmal Blutgaranten (Dorezanet e gjakut) und nach § 977 KLD Garanten für das Geld des Blutes (alb. Dorezanet e te hollave te gjakut). Die Blutgaranten waren diejenigen, die als Mittler eintraten, um das Wiederaufflammen des Konflikts zwischen dem Haus eines Ermordeten und des Täters zu unterbinden. Die Garanten für das Geld des Blutes werden von der Familie des Ermordeten gewählt. Nach § 980 des KLD müssen diese Garanten das Geld für den Schuldner (Täter) an die Gläubiger (Familie des Ermordeten) im Falle der Verzögerung des Täters zahlen. Sie werden jedoch den Täter zwingen, diese Aufgabe zu erfüllen, falls nötig auch darauf hinwirken, gegen ihn eine Strafe zu verhängen.

Das Strafverfahren der Ältesten entwickelt sich zunehmend in Richtung des anklagenden Strafverfahrens. Dennoch bleibt die Beweislast beim Kläger, der die Klage mündlich dem Ältesten präsentiert, ebenso wie die Sammlung der Beweise. Es besteht jedoch die Möglichkeit, dass die Beweislast auf den Beklagten übergeht, wenn dieser die Begehung der Straftat leugnet, während die andere Seite Indizien vorlegt, die ihn belasten. Deshalb müssen alle Verfahrensbeteiligten an der kritischen Analyse der Tatsachen teilnehmen. Die Rolle des Ältesten ist also ähnlich der des Richters in einem gerichtlichen Verfahren. Die Ältesten sind aktiv an der Aufarbeitung des Falles beteiligt, indem sie die Beteiligten, Zeugen und anderen Teilnehmer des Verfahrens befragen und vernehmen[480]. Haben die Ältesten für den streitigen Fall relevantes Wissen außerhalb der öffentlichen Gerichtsverhandlung erlangt, so sollte es bei dem

---

[479] Vgl. *Sahiti*, Ejup: Argumentimi në procedurën penale, Prishtine, 2006, S. 66.
[480] Vgl. *Çetta*, Anton: Proza popullore nga Drenica, Band II, Prishtinë 1972, S. 232.

Strafverfahren einer widersprüchlichen Überprüfung der Parteien unterzogen werden, falls sie es für ihre Entscheidung erheblich finden. Unter Berücksichtigung der begrenzten Möglichkeiten einer autoritären Lösung des Konflikts durch die Ältesten werden sie bewusst die Überprüfung der Beweise der Parteien begrenzen. Ohne Zweifel haben die Ältesten eine Lösung schon in ihrem Kopf und sorgen so dafür, dass nur Aktionen die gegenwärtig zur Lösung des konkreten Falles erforderlich sind gehört werden und harmonisieren dadurch ihre Aktivitäten[481].

Nach der gerichtlichen Überprüfung ziehen sich die Ältesten zwecks der Beratung und Abstimmung zurück, damit eine einstimmige Entscheidung gefunden werden kann. Bevor der Ältestenrat zum Urteil schreitet, sollen seine Mitglieder folgenden Eid leisten: *"Auf diesem Gut Gottes (als ein Zeichen des Glaubens), so wahr es mir helfe, werde ich nicht mit Hinterhältigkeit und Parteilichkeit urteilen, sondern werde, so gut es meine Seele und mein Geist verstehen, den Kanun nicht verdrehen, sondern ein gerechtes Urteil fällen."*[482].

In der heutigen Praxis ist es möglich, dass ein Älterer nicht der Meinung der anderen Ältesten zustimmt. Eine nicht einstimmige Abstimmung bedeutet geteilte Meinungen und damit bleibt die Frage oder der Konflikt ungelöst. Das kann schwerwiegende Folgen für die späteren Bemühungen zur Lösung dieser Frage haben, denn in der Praxis geht es um einen Kompromiss. Tatsächlich wird der Älteste, der die Meinung von den anderen Ältesten nicht teilt, deshalb nicht kategorisch dagegen stimmen, sondern wird wie alle anderen auf die Entscheidung des Hauptältesten setzen. Jedoch wird er sich ausdrücklich nicht als Teilnehmer dieser Entscheidung betrachten. Am Ende wird der Hauptälteste, als Vorsitzender Richter die Entscheidung verkünden[483].

Es existieren Fälle, in denen die Ältesten sich über ihre Entscheidungen nicht einig wurden. In diesen Fällen werden die Konfliktparteien herbeigerufen, um ihnen das zu vermitteln. Anschließend werden die Ältesten nach einigen Tagen wieder zusammengebracht. Dieser Versammlung schließen sich jedoch noch einige andere Älteste an die nun versuchen eine Entscheidung herbeizuführen.

---

[481] Vgl. *Sahiti*, Ejup: Argumentimi në procedurën penale, Prishtinë 2006, S. 68.
[482] Der Kanun: das albanische Gewohnheitsrecht nach dem sogenannten Kanun des Lekë Dukagjini. Kodifiziert von Shtjefën Gjeçovi, ins Deutsche übersetzt von Marie Amelie Freiin von Godin und mit einer Einführung von Michael Schmidt-Neke. Herausgegeben mit Vorwort und Bibliografie von Robert Elsie. Dukagjini Balkan Books. (Dukagjini, Peja 2001)
[483] Vgl. *Sahiti*, Ejup: Argumentimi në procedurën penale, Prishtinë 2006, S. 66.

Die Geschichte der Konfliktschlichtung bei den Albanern kennt auch viele spezielle Konfliktschlichtungsverfahren[484] So z.B. in Oda von Juniku wurden viele Konflikte und Streitigkeiten durch den Ältestenrat gelöst.

Der Autor dieser Arbeit vor dem Eingang des sog. "Oda von Juniku"

Ein Fall eines Ältestenverfahrens nach "Oda von Juniku" lief wie folgt ab:

Die Versammlung wurde durch den Ältesten mit den Worten: „Die Ältesten sind gekommen, die Burgschaften sind bestimmt für die heutigen Konflikte und Streitigkeiten", eröffnet. Zunächst haben die Ältesten über den aktuellen Konfliktfall gesprochen. Danach wurden die rechtmäßigen Verfahrensschritte, also die gründliche Erörterung und Bearbeitung des Falles erläutert. Am Ende des Verfahrens sollte ein gerechtes Urteil gefällt werden. Es wurde angeordnet dass, alle Personen, Parteien oder Zeugen, die vor dem Ältestengericht erscheinen, in diesem Fall die Wahrheit zu sagen haben und sich der Entscheidung zu unterwerfen haben. Es wurde von den Ältesten deutlich darauf hingewiesen, dass die hier getroffenen Entscheidungen Bestand haben und eine Umkehr nicht möglich ist.

Zuerst wird gefragt, ob beide Konfliktparteien anwesend sind. Danach werden die Parteien gefragt, wer von ihnen als Erste das Wort übernimmt, um den Fall zu schildern. Handelt es sich z. B. um einen Konflikt mit dem Motiv der Blutrache, bei dem jede Konfliktpartei (Familie) Opfer zu beklagen hat, so gab der Vater des ersten Täters (V1T) dem Vater des zweiten

---

[484] Avdyl Hoxha – interviewt am 07.06.11 in Oda von Juniku – Peja; Feriz und Rizah Zekolli; dieses Ältestenverfahren hat auch der Autor dieser Arbeit verfolgen können, während den Blutschaftverhältnissen in seinem Geburtsort von Dumnica e Poshtme. In dem Dorf Dumnica e Poshtme haben viele Blutrachefälle, bis hin zur großen Aktion der Blutschaftversöhnungen im Jahre 1990 – 1992 durch albanischen Intellektuellen, Professoren und Studenten stattgefunden. Seit dieser Zeit wurde kein einziger Fall der Blutrache mehr ausgeübt. Über ein solches Ältestenverfahren wurde auch ein Film mit Name „Oda e Junikut" gedreht.

Täters (V2T) das Wort, mit der Begründung, dass der Sohn des anderen seinen besten Sohn getötet hat.

Der Vater des ermordeten Sohnes schilderte unter Eid, was er zu diesem Ereignis gesehen und gehört hat. So äußerte sich dann auch die andere Partei.

Haben die Familien als Nachbarn zusammengelebt, dann wurde zuerst über gute nachbarschaftliche Beziehungen gesprochen, dass sie sich gegenseitig besucht hätten und, dass es niemals böse Worte zwischen ihnen gab oder andere Konflikte. Darüber hinaus wird er über den aktuellen Vorfall berichten, wie sein Sohn von den Söhnen der Gegenpartei getötet wurde. Die Frage, wer genau auf seinen Sohn geschossen hat, wird er nicht beantworten können, denn er selbst war nicht am Tatort, als sein Sohn getötet wurde. Für gewöhnlich wird er noch über den schweren Zustand nach dem Tode seines Sohnes sprechen, dass er sich nun um die Halbwaisen Kinder seines ermordeten Sohnes kümmern muss.

Es wird erzählt, wie die Familie des Täters, vom Vater des ermordeten Sohnes, zur Beisetzung eingeladen wurde. Er schilderte, wie sie im Hof des V1T eingetroffen sind. Als erstes, sollten die Männer ihre Waffen einem Familienmitglied des ermordeten Mannes übergeben. Danach wurden sie mit verbundenen Händen in das Oda (Gästezimmer für Männer) gebracht und kurz darauf wurden ihnen die Hände durch die Verwandten des ermordeten Mannes wieder entbunden. Der V1T fragte den V2T, ob er es schwer hat, die Situation der Ermordung seines Sohnes zu verarbeiten. Der V2T antwortet nicht viel, denn er fühlte sich nicht wohl im Haus des Opfers. Er erwähnte, dass sein Sohn schweres Schicksal erlitten hatte, durch eine solche fahrlässige Tat zu sterben. Der V2T fragte den V1T, wie er sich mit dem Konflikt abfinden kann, der da im Raum steht. Der V1T antwortete ihm, dass er viel trauere, seit sein Sohn von ihm getötet worden sei. Der V1T gab der Familie des Täters Besa (sein Wort ihm nichts zu tun), solange die Menschen zu ihm kommen ihn zu besuchen und Beileidswünsche für den Tod seines Sohnes aussprechen. Nachdem die Zeit der Beileidsbesuche zu Ende war, begleitete der V1T den V2T bis zur Haustür und warnte ihn davor, dass ab dem folgenden Tag kein Besa (gegebenes Wort) mehr hatte und keiner der Männer seiner Familie den Haushof verlassen dürfen.

Während dieser Zeit gingen viele Verwandte, Bekannte, Gutgesinnte und auch Fremde als Vermittler in beide Häuser, um diesen Konflikt zu lösen. Oft konnten die die Vermittler für eine kurze Zeit Besa erreichen. Dann konnten sich die Männer der Familie des Täters solange frei bewegen. Auf keinen Fall dürften sie aber die Familie des Ermordeten provozieren. So wird es mit dem Besa weitergehen, bis es eines Tages kein Besa mehr gibt. Dann müssen die Männer der Täterfamilie eingesperrt zu Hause bleiben. Die Familie des Opfers wird sich dann zusammensetzen und über die Blutrache sprechen. Sie wird unterschiedliche Alternativen erörtern, bis die richtige Art der Blutrache gefunden ist, die für die Familie des Feindes sehr schmerzhaft sein wird. Sie entscheidet sich meist für die Ermordung des besten Mannes der Familie. Sein Tod soll das Herz der Täterfamilie zerstören. Dann wird der Befehl gegeben, ihn zu töten.

Weil es kein Besa mehr gab, musste die Familie des Täters eingesperrt bleiben. Die Opferfamilie muss deshalb das Haus der Täter oft Wochen lang ins Visier nehmen, um die Blutrache auszuführen. Sie wachten, bis sie den reifen (ausgesuchten) Mann, meistens einen Bruder des Täters, in seinem Hof oder irgendwo im Ort gefunden hatten und erschossen auch ihn. So wurde die Blutrache ausgeführt. Wenn der Ermordete selbst eine Waffe bei sich trug, dann sollte die bei seinem Kopf verbleiben und auf keinen Fall gestohlen werden, denn das würde ein neues Blutschaftverhältnis mit sich bringen. Die Waffe ist für die Albaner heilig. Der Täter sollte die Familie des Ermordeten informieren, dass nun auch ihr Sohn von dem Blutfeind ermordet wurde.

Im Ältestenverfahren wurde dann das Wort der anderen Partei, der Familie des ersten Täters, gegeben.

Die zweite Partei äußerte sich nur kurz, dass sie nichts zu sagen habe, denn die andere Partei habe ja fast alles darüber erzählt. Möglicherweise ergänzt sie kurz, dass der Sohn der ersten Opferfamilie aus Fahrlässigkeit getötet wurde, nach einer Streitigkeit, die er mit seinen Söhnen gehabt hatte.

Der Hauptälteste erklärte den Konflikt der Blutrache für beendet, denn das Blut sei auf beiden Seiten geflossen. Tod gegen Tod. Es wurden Bürgschaften bestimmt, damit die Entscheidung von beiden Parteien eingehalten wird.

Es folgt die Begründung der Ältesten:

Wenn die Konfliktparteien Nachbarn und aus einem Stamm waren, dann wird der Hauptälteste mit den Worten beginnen: „Sie haben noch viele Männer, und wenn dieser Konflikt weitergeht, wird immer mehr Blut fließen, bis alle Männer dieses Stammes getötet sind." Am Ende werden die Ältesten die Parteien auffordern, aufzustehen, sich zu umarmen und einander zu verzeihen. Die Parteien werden aufstehen und sich versöhnen. Sie werden sich zu ihrer Versöhnung beglückwünschen und Zigaretten austauschen.

Am Ende des Versöhnungsverfahrens wird der Älteste das Urteil verkünden und den Konfliktparteien für die Zukunft alles Gute wünschen.

6.13 Die Entscheidungsmacht

Der Begriff der „modernen Schlichtung" ist als *"das Verfahren, bei denen sich die Parteien der Entscheidung des Schlichters unterwerfen"*[485], kennzeichnet. Im Unterschied zur Mediation macht der Streitschlichter eigene Anregungen zur Kompromisslösung und weist auf die rechtliche Situation hin. Neben diesen modernen Konfliktschlichtungsmechanismen, wird in Albanien analog noch immer das Verfahren der albanischen Schlichtung (Vermittlung) durch die Ältesten praktiziert. Die Rollen der Beteiligten, in der albanischen Konfliktschlichtung und bei der Mediation nach positivem Recht, sind unterschiedlich. Der Mediator in nach positivem Recht tritt nur als Vermittler auf. Er kann weder die andere Partei beraten, noch eine Entscheidung für sie treffen. Folgende Abbildung stellt dies zutreffend dar:

Abbildung 7: Die albanische Schlichtung nach dem Gewohnheitsrecht

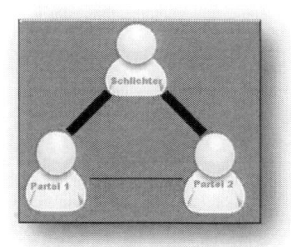

Diese Abbildung zeigt, wie der Schlichter als neutrale Person für die Konfliktparteien eine Entscheidung trifft.

Eine Schlichtung nach dem albanischen Kanun wird für die Konfliktparteien bindend, daher werden die Lösungen den Parteien durch den Vermittler vorgeschlagen und im Fall einer Urteilsverkündung dann eingebracht. *Die Entscheidungen der albanischen Schlichter werden mit Zwang durchgeführt* (§ 609 KL).

In einem Fall einer Eigentumstrennung zwischen einer Brüderschaft wollte eine Partei z. B. die Entscheidung der Ältesten nicht akzeptieren. Deshalb hatten die Schlichter mit Sanktionen gegen die Güter seiner Familie begonnen. Die Maßnahme des ersten Tages war die Schlachtung eines Schafbockes. Am zweiten Tag erfolgte die Ernährung mit Birnenfleisch und am dritten Tag ein Eimer mit Käse. Mit solchen Maßnahmen wurde

---

[485] Vgl. *Koch* in: Bierbrauer, Günter/Falke, Josef/Giese, Bernhard/Koch, Klaus - F./Rodingen, Hubert: Zugang zum Recht, Bielefeld 1978, S. 93.

die Familie zur Akzeptanz der Entscheidung der Ältesten gezwungen[486] oder aber es musste für solche Fälle der Eigentumslösung auch die Todesstrafe verhängt werden[487].

Es gibt jedoch auch Fälle, in denen die albanischen Schlichter eine dem Mediator sehr ähnliche Rolle spielen. Ein albanischer Vermittler wollte die Konfliktparteien zu einer Einigung (Blutzahlung) bringen, aber die Söhne des ermordeten Vaters lehnten dies kategorisch ab:

> Dieser Fall ereignete sich vor ca. 40 Jahren. Die Söhne eines ermordeten Mannes erklärten, dass ihr Vater vor 40 Jahren ermordet wurde. Sie hätten dadurch auch viele Privilegien gehabt. Bei der Aufnahme in Schulen, bei der Arbeitsaufnahme, bei Positionswechseln. Im Gegensatz dazu haben die Kinder des Mörders immer gelitten und waren mit ihrem noch lebenden Vater immer auf der Flucht gewesen. Ihnen wurde die Schulbildung untersagt und die erwünschte Arbeit abgelehnt. Sie wurden wie Söhne eines Niedergeschlagenen behandelt. Aus diesem Grund entschieden die Söhne des Ermordeten, dass sie *"heute keine Blutrache verlangen können, wenn die Kinder keine Mitschuld an der Tat ihres Vaters tragen, der vor 40 Jahren diesen Mord begangen hatte."*[488] Daher entschieden sie sich gegen die Blutrache, um die Schuld und Vergeltung nicht bei den Kindern des Mörders zu suchen.

Nach diesem Fall kommt man zum Ergebnis, dass hier eine ähnliche Form der Konfliktlösung angewendet wurde, wie dies nach den Grundsätzen der Mediation üblich ist. Hier hatte der albanische Vermittler nur eine vermittelnde Rolle gespielt. Die Konfliktparteien bzw. die Familie des Opfers ist aus freiem Willen zur Konfliktlösung gekommen und hat eine Kompromisslösung vorgeschlagen, die mit der anderen Partei zu einer sofortigen Einigung führte. Daher wurde keine Entscheidung des Ältesten getroffen, sondern es wurde durch eine selbst getragene Freiwilligkeit ein Konsens erreicht.

6.14 Die Beschwerdemöglichkeiten (Rechtsmittel)

Beschwerdemöglichkeiten gegen Urteile der Ältesten waren in der Regel nicht vorgesehen, denn nach § 1002 KLD galt die Regel, dass es keine *"Ältesten über den Ältesten, Urteile über das Urteil, Gerichte über dem Gericht und kein Eid über dem Eid"* gibt. Auf dieser Regel basierend könnte man annehmen, dass der Kanun nur eine gerichtliche Instanz kannte. Der

---

[486] Vgl. *Hasluck*, Margaret: Kanuni shqiptar, übersetzung aus dem englischen „"The unwritetten law in Albania", Cambridge, 1954, von Leka Ndoja, Lisitan 2005, S. 82.
[487] Vgl. *Gjeçovi*, Shtjefën: Kanuni i Lekë Dukagjinit, Pejë 2001, S. 124.
[488] Vgl. *Dedaj*, Ndue: Kanuni mes Kuptimit dhe Keqkuptimit, Tiranë 2010, S.238.

Älteste Avdyl Hoxha erklärte zu der Frage was passierte, wenn Urteile nicht beachtet werden, Folgendes: „*Es gilt kein Kanun über einen anderen Kanun. Also kein Gericht über einem anderen Gericht. Kein Ältester über einen anderen Ältesten. Wenn ein anderer Ältester ein Urteil fällt, dann wende ich mich auf keinen Fall dagegen*".

In einigen Fällen war jedoch eine Berufung gegen Urteile zulässig, z. B. nach den §§ 1034 – 1043 des KLD. Also solche Beschwerde gegen das Urteil des Ältestenrates konnte nur in einzigartigen Fällen erhoben werden und nicht durch die Parteien selbst. Eine solche Beschwerde konnte nur von denen vorgelegt werden, denen die Geisel als Besitz anvertraut war (d.h. den Botschaftern selbst, die über das Urteil bestimmten), falls sie später feststellten, dass sie ungerecht gehandelt hätten. Die Ältesten „befreiten" die Geiseln nicht (gaben sie nicht zurück), sondern waren beauftragt, wie es im Kanun gesagt wird, *"sie reinzuwaschen"*. Gemäß §§ 1038 KLD wurden also *"die Geiseln (Pfand) ihren neuen Botschaftern (andere Älteste, Berufungsinstanz) überlassen, unter den Augen der Konfliktparteien, und nun von den zweiten Botschaftern (zweite Ältesteninstanz) behandelt"*.

Wenn die Ältesten gegen die Mitsprache einer Partei entschieden, konnte ein anderes Gericht (Ältestenrat) aufgesucht werden, um die Verhandlungssache zu erörtern. Dies galt auch für den Fall, dass die Partei für sich selbst eine zufriedenstellende Entscheidung bekommen wollte. Die Entscheidung einer Partei zu einer weiteren Überprüfung der Entscheidung war meist durch die Starken geleitet, die dem Institut der Vermittlung nicht zu viel Bedeutung geschenkt haben. Beklagte sich jemand aber über die Häupter, so wurde diese Klage von den Ältesten und Volk des ganzen Ortes erwogen, auch durch das Haus der Gjonmarkaj.

Im 15. Kapitel des KLD wird die Stimme des Volkes bei Gericht bestimmt. *"Gefällt dem Volk die Entscheidung der Häupter und Ältesten nicht, so hat es das Recht, sich ihr nicht anzuschließen. Dann werden Häupter und Älteste die Angelegenheit neu beraten. Nimmt das Volk die Entscheidung der Häupter und Ältesten an, so ist es Kanun."*[489].

In der Praxis der Ältesten geht es gelegentlich auch sonderbar zu. Tatsächlich gibt es Fälle, wo Kläger mithilfe bestimmter Vermittler selbst die Bedingungen der Vereinbarung (marimit) mit dem Beklagten bestimmt. Aus Angst vor einem rücksichtslosen Vorgehen des Klägers, verpflichtet sich der Beklagte die Anforderungen zu erfüllen. Auf solche Weise will der Kläger seine materiellen Ziele über die der Ältesten stellen. Die Verpflichtung der der Ältesten

---

[489] Der Kanun: das albanische Gewohnheitsrecht nach dem sogenannten Kanun des Lekë Dukagjini. Kodifiziert von Shtjefën Gjeçovi, ins Deutsche übersetzt von Marie Amelie Freiin von Godin und mit einer Einführung von Michael Schmidt-Neke. Herausgegeben mit Vorwort und Bibliografie von Robert Elsie. Dukagjini Balkan Books. (Dukagjini, Peja 2001)

den Konflikt zu lösen verblasst mit diesem Hintergrund. Solche Lösungen werden dann als schwellende Urteile betrachtet, denn der Kläger, eigentlich nur Kläger ist, wird in der formellen Entscheidung durch die Ältesten getragen.

Aufgrund verschiedener Umstände werden Entscheidungen häufig auch als Kompromisse der Ältesten bezeichnet. Dies sind Beschlüsse, mit denen ein Ende des Konflikts erreicht wird.

So wird z. B. von einer hypothetischen Fallentscheidung berichtet, in der ein junger Mann starb und seine Frau daraufhin weiterhin im Hause des verstorbenen Mannes mit seiner Familie lebte. Als nun nach einiger Zeit, wunderlicherweise, die Witwe schwanger wurde und somit Gespött ausbrach, hielt man es für angemessen zu behaupten, der Geist des verstorbenen Mannes sei wieder erwacht, um sie zu schwängern. Um ihr nun den „eingedrungenen Geist des Mannes" wieder auszuhauchen, wurde die Frau in eine andere Stadt (Prizren) gefahren.[490]

6.15 Die Vollstreckung der Entscheidung

Die Ältesten des Dorfes hatten nicht das Recht, jemanden mit diesen Sanktionen, ohne Zustimmung des Volkes und der Überältesten (aus anderen Dörfern des Stammes), zu isolieren. Die Vollstreckung der Entscheidungen des Ältestenrates wurde durch die sog. „Jungmannschaft" (alb. Djaleria) in Straffällen oder durch die „Bußeinnehmer" (alb. Vogjëlinë, Gjobëtarët) in Zivilfällen vollzogen[491]. Das ist heute nicht mehr der Fall, denn heute wird mit der Unterstützung der Parteien selbst das Urteil vollgestreckt. Eine Tatsache, die zunehmend von den Ältesten bei ihren Entscheidungen berücksichtigt werden muss, da den Ältesten nicht mehr die vormals exekutiven Institutionen zur Verfügung stehen.

Trotz fehlender Vollstreckungsmechanismen für die Ausführung von Entscheidungen haben die jahrhundertealten Regeln patriarchalischer Beziehungen bedeutende Spuren im Gewissen der Menschen von hinterlassen[492]. Im Falle der Verkündung einer Entscheidung werden die Ältesten sich durch Zusammenarbeit mit den Konfliktparteien bemühen, diese auch zu vollstrecken.

---

[490] Avdyl Hoxha- der Hauptälteste von Dukagjini, interviewt am 13.07. 2011.
[491] Bußeinnehmer werden jene genannt, die sich im Namen des ganzen Rates in die Viehhütten des Gebüßten begeben, um so viele Hammel und Ochsen zu nehmen, wie das Urteil von Häuptern, Ältesten und Volk bestimmt. Quelle: Der Kanun: das albanische Gewohnheitsrecht nach dem sog. Kanun des Lekë Dukagjini. Kodifiziert von Shtjefën Gjeçovi, ins Deutsche übersetzt von Marie Amelie Freiin von Godin und mit einer Einführung von Michael Schmidt-Neke. Herausgegeben mit Vorwort und Bibliografie von Robert Elsie. Dukagjini Balkan Books. (Dukagjini, Peja 2001)
[492] Vgl. *Elezi*, Ismet: Normat e së drejtës penale zakonore të mbledhura në Kanunin e Lekë Dukagjinit dhe kanune (vendime) të veçanta, "Referate e kumtesa I", Tiranë 1965, S. 13- 14.

Zur Bestimmung einer Entschädigung des Blutes (Blutgeld) sollte der Getötete auf eine Waage gelegt werden. Die andere Seite der Waage sollte so lange mit Gold gefüllt werden, bis diese dem Gewicht und somit der Meinung der Ältesten zufolge, „dem Wert des Toten" entspricht. Den Umständen entsprechend entschlossen sich die Ältesten später, dass im Falle einer Versöhnung durch Blutgeld eine Summe von 50 Goldstücken (alb. Lira) an die Familie des Geschädigten bezahlt werden sollte[493].

Im Falle der Scheidung eines Ehepaares wird eine Geldbuße durch den Ältesten gegen die schuldige Partei (Mann oder Frau) verhängt. In der Region *Dukagjini* beträgt diese Summe umgerechnet 25.000 €. Ein solcher Fall ereignete sich bei einem verlobten Paar. Der Mann lebte in Amerika und die Frau im Kosovo. Wegen Unstimmigkeiten wollte sich das Paar trennen. Die Eltern der Tochter verlangten eine Entschädigung im Werte einer Hochzeit. Die Eltern des Sohnes wollten jedoch nur eine angemessene Entschädigung im Werte einer Verlobung zahlen. Avdyl Hoxha erklärt, dass die Ältesten sich auf die Seite des Sohnes stellten mit der Begründung, dass für die Entschädigung einer Hochzeit, die Familie des Sohnes überhaupt eine Hochzeit ihres Sohnes miterlebt haben müssten. Da es jedoch noch zu keiner Hochzeit und somit auch zu keiner Hochzeitsnacht gekommen war, wurde der Familie des Mädchens nur die angemessene Entschädigung einer Verlobung (12.500 €) gezahlt[494].

In anderen Regionen kann die Entschädigung unterschiedlich hoch sein. In *Vushtrri* zum Beispiel zahlt man als Entschädigung für eine Hochzeit nur 5.000 €. Im Falle des Blutgeldes beträgt in der Region *Dukagjini* die Entschädigungssumme 50.000 €. Auch hier sind die Summen abhängig von der Region unterschiedlich. In Vushtrri zahlt man für einen Getöteten 10.000 € als Blutgeld.

Ein anderer Fall ist jener, in dem zwei Familien in Konflikt geraten waren, weil eine Person, zwei andere Personen einer Familie getötet hatten, darunter ein zwölfjähriges Kind. Dieser Konflikt hat noch immer keine Lösung gefunden. Die Familie der beiden Opfer strebt keine Versöhnung an. Der Täter hat sein Haus verlassen.

6.16 Die Beerbung der Tätigkeit

Bei den Albanern existierten vielfältige Möglichkeiten der Ausübung der Tätigkeit eines Schlichters. Denn es gab und gibt noch heute sehr unterschiedliche Möglichkeiten, dieses Amt

---

[493] Nuradin Ismajli- der alte Mann aus Dumnica, interviewt am 20.07.2011.
[494] Das Interview mit Avdyl Hoxha- der hauptälteste Mann aus Dukagjin.

zu bekleiden. Oft waren berühmte Schlichtungshäuser diejenigen, die viele Generationen im Ältestenrat miterlebt hatten und die Aufgaben dann von Generation zu Generation vererbten. Ein solches Haus wurde dann (nach drei Generationen) als Ältestenhaus bekannt und verehrt.

So geschehen in der Familie von Gjonmarkagjonaj aus dem Dorf Oroshi in Nordalbanien, die seit Hunderten Jahren als oberstes Gericht gem. KLD fungiert. Aber auch in der Familie von Abdullah Hoxha aus dem Dorf Juniku (Dukagjin, Kosovo), der diese Tradition der Schlichtung weiterführt. Eine andere Schlichtungsfamilie ist die, von Sinan Qelaj, die als Schlichter (Pasome, Kosovo) nach dem Kanun arbeiten. Herr Qelaj kommt aus einem Haus, welches aus der dritten Generation der Ältesten stammt und sich seit 1954 mit der Konfliktschlichtung beschäftigt. Sein Vater Shaban und Großvater Isuf waren einst auch als Älteste beschäftigt.

Es gibt aber auch Fälle, in denen die Erben des Hauses, nach dem Tod des Schlichters, diese Tätigkeit nicht mehr ausüben.

Zum Beispiel in der Familie des Ältesten Xhemalj Obria, aus dem Dorf Obria. Nach seinem Tod endete die Schlichtertätigkeit seines Hauses.

Erwähnenswert sind auch Fälle, in denen Schlichter gemeinsam mit ihren Söhnen diese Tätigkeiten ausüben. Dies dient vor allem dem Zweck, die Söhne mit dem Schlichtungsverfahren von Anfang an vertraut zu machen.

Als Beispiel ist hier der Fall des Schlichterhauses „Feriz und Rizah Zekolli", aus dem Dorf Dumnica e Poshtme (Kosovo), zu nennen. Hier üben Vater und Sohn gemeinsam diese Funktion aus. Ebenso wie Brahim (Vater) und Shashivar (Sohn) Krasniqi aus dem Dorf Majac (Kosovo).

Es gibt auch Fälle in denen Schlichter aus keinem gebürtigen Schlichtungshaus kommen, aber dennoch in der albanischen Bevölkerung durch erfolgreiche Vermittlungen und Schlichtungen sehr bekannt wurden.

Der Schlichter Ali Pasoma ist in der Gemeinde Vushtrri ein sehr angesehener Mann. Die meisten Konflikte und Streitigkeiten in Vushtrri, aber auch außerhalb, werden von ihm geschlichtet.

6.17 Entlohnung der Ältesten und der Vermittler

Im Unterschied zu den albanischen Vermittlern (Ndermjetesit) wurden die Ältesten (Pleqet) für ihre Arbeit als Richter entlohnt. Diese Entlohnung war im Gewohnheitsrecht bzw.

Kanun geregelt. Die höchste Entlohnung gab es bei Verfahren mit dem Motiv der Blutrache. Das lag darin begründet, dass die Versöhnung der verfeindeten Familien viel Aufwand und Zeit für die Vermittler in Anspruch nahm. Dieser Vermittlungsversuch konnte nicht nur Tage und Nächte dauern, sondern sich auch Wochen, Monaten oder sogar Jahren hinziehen. Die Entlohnung konnten die Ältesten nicht verlangen, bevor die Sache nicht insgesamt entschieden wurde. Es ist bemerkenswert, dass es in der heutigen Zeit verschiedene Älteste gibt, die nie Geld für die Vermittlung und Versöhnung verlangten. Andere Älteste verlangten es ganz öffentlich und wieder andere vereinbaren mit einer Partei, dass sie im Falle der Versöhnung eine Geldprämie bekämen. Diese letzte Kategorie der Ältesten sind jedoch keine Ältesten, die das albanische Gewohnheitsrecht kennt. Diese „sog. Ältesten" werden meistens mit kriminellen Banden zusammenarbeiten. Sie werden also auch nur von kriminellen Personen beauftragt, denn andere Menschen schenkten ihnen keinen Glauben, dass sie ihre Interessen gegenüber den anderen schützen würden.

6.18 Vergleichende Betrachtung und Schlussfolgerungen

Aus diesem Kapitel wurde festgestellt, dass aus der Geschichte der Albaner wissen wir, dass eine Schlichtung ohne Einschaltung des staatlichen Rechtssystems Vorrang vor anderen, staatlichen oder kirchlichen Konfliktlösungsmöglichkeiten hatte. Nun heute wird wie das albanische Rechtssystem, sowohl auch das Kosovarische basieren nicht nur auf dem positiven Recht, sondern, ihre Regelungen und Grundsätze oft durch das Gewohnheitsrecht bzw. dem Kanun auch heute noch für die Konflikt- und Streitlösungen herangezogen. So wie bereits gesagt, werden z. B. die Gerichte und die Polizei häufig um Verständnis gebeten, ein Modell der außergerichtlichen Schlichtung zu unterstützen oder dies bei ihren Entscheidungen zu berücksichtigen. Erwähnenswert ist zu äußern, dass die meistens von Regeln und Prinzipien der Konfliktschlichtung des alten Gewohnheitsrechts (Kanune) ähnlicherweise in beiden von mir Untersuchungsländern von Balkan durchgeführt wurden und noch heute durchgeführt werden. Es wurde erwähnt, dass die Rollen der Beteiligten, in der albanischen Konfliktschlichtung und bei der Mediation nach positivem Recht, unterschiedlich sind. Der Mediator tritt nach positivem Recht (Albanien und Kosovo) nur als Vermittler auf. Er kann weder die andere Partei beraten, noch eine Entscheidung für sie treffen. Eine Schlichtung nach dem albanischen Kanun wirkt für die Konfliktparteien bindend, daher werden die Lösungen den Parteien durch den Vermittler vorgeschlagen und im Falle einer Urteilsverkündung eingebracht.

7 Die außergerichtliche Konfliktschlichtung bei den Albanern zur Verhinderung von Selbstjustiz (Rache oder Blutrache)

Im Rahmen dieser Arbeit soll in einem weiteren Schritt die zentrale Frage geklärt werden, ob in Albanien und im Kosovo Selbstjustiz durch Rache oder Blutrache noch immer existiert. Aufgrund verschiedener Berichte muss angenommen werden, dass Rache- und Blutrachedelikte nach dem Zusammenbruch des Kommunismus in Albanien (1990) und der Einrückung der NATO im Kosovo, (1999) wieder vermehrt vorkommen. Zur Klärung dieser Frage möchte ich zunächst die Begriffe Rache und Blutrache klären.

Rache kann als Ausgleich für ein erlittenes Übel, durch ein Übel definiert werden, "zum Beispiel als Ausgleich für Beleidigung, Streit, Schlägerei, Verleumdung oder für eine andere Straftat, der dem erlittenen Übel im Ausmaß nahe kommt oder übertrifft."[495].

Im Gegensatz dazu wird von Blutrache (alb.: gjak, gjakmarrje) gesprochen, wenn jemand einen zuvor begangenen Mord, Totschlag oder eine Körperverletzung eines engen Familienangehörigen (aus dem gleichen Haus), durch die gleiche Tat am Täter, seinen Mittätern oder deren nahen Familienangehörigen auszugleichen versucht[496].

7.1 Albanien

7.1.1 Rache und Blutrache in den Jahren 1912 - 1938

Zur Anzahl und Häufigkeit von Rache- und Blutrachedelikten in Albanien, vor dessen Unabhängigkeit im Jahr 1912, hat der ungarische Ethnograf Nopcsa Statistiken geführt und ermittelt, dass die Mordrate bei allen Todesfällen von albanischen Männern in verschiedenen Regionen bei 19 – 42 % lag[497]. Nach der Gründung des selbstständigen Staates von Albanien im Jahre 1912 stellten diese archaischen Phänomene weiterhin ein großes Problem für die damalige demokratische Regierung von Ismail Qemajli und auch später von Fan Noli (1924) dar. In den Jahren von 1922 – 1926 wurden allein 960 Tötungen gemeldet[498].

Vermittlung und Konfliktschlichtung sowie Blutsversöhnungen haben zu dieser Zeit also eine große Rolle gespielt, nicht nur als wichtiges und einziges Mittel des Selbstschutzes

---

[495] Vgl. *Jelić,* Ilija- M: Krvna Osveta i umir u Crnoj Gori i Severnoj Albaniji, Belgrad 1928, S. 8.

[496] Vgl. *Elezi,* Ismet: Vrasjet për hakmarrje e për gjakmarrje në Shqipëri, Tirana 2000, S. 7; Salihu, Ismet: Vrasjet në Kosovë, Pristina 1985, S. 224 f.; siehe auch §898. KLD "Blut geht mit dem Finger"; Vgl. *Qerimi,* Islam: Die Institutionen der Rache und der Blutrache bei den Albanern vgl. URL: http://www.polizei-newsletter.de/documents/2009_Qerimi_Kanun.pdf [03.07.2011].

[497] Vgl. *Nopcsa,* Franz Baron: Beitrag zur Statistik der Morder in Albanien, Wien, 1907, S. 429-437.

[498] Vgl. *Elezi,* Ismet (2000) a. a. O., S. 49.

der albanischen Gesellschaft, sondern auch zur Prävention. Zum Zweck der Versöhnung von Familien in Fehde wurde in Kruja, am 6. September 1913, unter Führung des Premierministers Ismajl Qemajli, ein Komitee zur Versöhnung gegründet. Dort wurden auch neue Regeln für die Versöhnung im Zusammenhang mit einer Konfliktbeilegung entwickelt. Diese Regeln sahen vor, dass zukünftig für eine Blutsversöhnung ein Entgelt zu entrichten ist. Da die außergerichtliche Konfliktbeilegung für die Albaner eine große Rolle in jedem Lebensbereich (besonders bei Konfliktlösungen im Falle von Rache und Blutrache) spielte, musste sich auch das erste staatlich albanische Königreich von Ahmet Zogu, durch Gesetz über die Zivilverwaltung (Nr. 83) vom 23. Mai 1928, in den §§ 83-84 mit einer solchen Regelung befassen: "*Älteste schlichten die Streitereien, die zwischen den Dorfbauern entstehen*". Seit 1929 proklamierte er dann den Kanun des Lek Dukagjini und des Skanderbeg als Quelle des albanischen Staatsrechts[499]. Im Zeitraum zwischen 1930 – 1938, während der Gültigkeit dieses Gesetzes, wurden in Albanien nur noch 1048 Tötungen registriert, 764 mit dem Motiv Rache oder Blutrache[500].

Tabelle 1: **Anzahl der Rache und Blutrachedelikte in Albanien 1930 – 1938**

1930	108
1931	123
1932	82
1933	171
1934	119
1935	72
1936	82
1937	62
1938	45
Insgesamt	**764**

Diese Tabelle zeigt, dass bis zur Annektierung Albaniens durch das faschistische Italien (1939), das Phänomen der Blutrache als Selbstjustiz angewendet wurde.

---

[499] Vgl. *Elezi,* Ismet: La lutte contre les survivances du droit coutumier. In: Studia Albanica, Tirana, 1975b, XII ff. 35 – 36.
[500] Vgl. *Elezi*, Ismet (2000) a. a. O., S. 50.

7.1.2 Rache- und Blutrachedelikte in den Jahren 1939 – 1945

Während des albanischen Befreiungskrieges (07.04.1939 –1945) der Partisanen unter Enver Hoxha, wurden die Nationalräte der Befreiungsarmee beauftragt, die Rolle der Ältesten zu übernehmen und kompetent zu entscheiden, insbesondere im Hinblick auf die Bluttat-Versöhnungen[501]. In den besetzten Gebieten wurde eine Häufung von Tötungen aus den Motiven der Rache und/ oder Blutrache registriert. Ein Grund dafür war die Anstiftung seitens der Besatzer. In der Zeit von 1939 – 1944 zeigt die Statistik insgesamt 767 Tötungen, 291 also 37,8 % aus dem Motiv der Rache und Blutrache[502]. Im Jahr 1944 hat eine Versammlung zur Blutsversöhnung in der Nähe von Shenpali stattgefunden. Diese Versammlung wurde unter Führung der antifaschistischen Fronten zur nationalen Befreiung Albaniens ausgerufen. Ihr oberstes Ziel war die Beendigung der Rache und Blutrache. Diese gesellschaftliche Zusammenkunft wurde auch als sog. „Großes Dekret von Mirdita" bekannt. Die Parole war, „Verzeiht Blutschaften, verbietet Blutrachen". Bei dieser Versammlung wurde in über 500 Fällen von Blutstreitigkeiten vergeben[503].

7.1.3 Rache und Blutrachedelikte in der Zeit des Hoxha-Regimes von 1945 – 1990

Nach dem Zweiten Weltkrieg wollte der albanische Diktator Enver Hoxha mit den rückständigen Sitten der Nordalbaner aufräumen und mit „eiserner Hand" einheitliche Rechtsverhältnisse durchsetzen. Trotzdem blieb die Tradition der außergerichtlichen Konfliktschlichtung, durch das Gesetz über die Gerichtsorganisation (Nr. 4406) vom 24.06.1968, erhalten. Hier wurde ein Quasi-Gewohnheitsgericht gegründet, welches "Volksgericht" genannt wurde und für die Delikte in Höhe bis zu einer maximalen Geldbuße bis 1000 Lek zuständig war.

Bis zum Zusammenbruch des Kommunismus in Albanien gibt es über außergerichtliche Konfliktschlichtungen wenig öffentliche Beispiele, denn Rache oder Blutrache wurde meist durch den Staat selbst, gegenüber den Gegnern des Kommunismus, verübt. Zu Beginn des kommunistischen Regimes von Hoxha, in den Jahren 1946 – 1950, wurden 153 rechtskräftige Urteile wegen Tötungsdelikten aus dem Motiv der Rache und Blutrache, vollstreckt[504]. Diese Verurteilungen verteilen sich auf die verschiedenen Kreise Albaniens wie folgt:

---

[501] Dokumentet e organeve te pushtetit revolucionar nacionalclirimtar (1942 – 1944), Tiranë 1962, S. 13.
[502] Vgl. *Elezi*, Ismet (2000), a. a. O., S. 54.
[503] Vgl. *Ndreka*, Kolë: Heroi i Mirdites, Tiranë 2005, S. 60-63.
[504] Vgl. *Elezi*, Ismet (2000), a. a. O., S.55.

Tabelle 2: Tötungsdelikte aus dem Motiv der Rache oder Blutrache zwischen 1946 – 1950 in Nordalbanien

Kreis	Tötungen
Tirana	32
Vlora	1
Shkodra	67
Korca	13
Elbasan	19
Gjirokastra	3
Durres	15
Berat	0
Insgesamt	**153**

Diese statistischen Zahlen (1946 – 1950) zeigen, dass archaische Systeme in Nordalbanien noch immer vorhanden waren.

Die albanischen Kommunisten haben „Die Kommissionen für Blutversöhnungen" gegründet, die in Zusammenarbeit mit den Autoritäten der Landesregierungen eine wichtige Rolle für die Versöhnung albanischen Familien in Blutstreitigkeiten spielten[505].

In den albanischen Strafgesetzbüchern von 1952 und 1977 wurden die Morde mit den Motiven der Rache oder Blutrache, als eine Tötung besonderer Umstände bezeichnet, dessen Strafmaß gegen die Täter bis zur Todesstrafe reichte. Die Familien der Täter wurden aus ihren Häusern vertrieben und in andere Gebiete der Republik Albanien ausgesiedelt. Während der Zeit von 1964 – 1974 wurden in dem Gebiet von Mirdita nur 5 Tötungen gemeldet, eine davon mit Blutrachemotiv[506].

Diese Zahlen sind jedoch nicht immer glaubhaft und oft auch ungenau. Nach Gjin Marku, Präsident des Komitees der Nationalen Aussöhnung (NRO), wurden auch andere Tötungsdelikte mit dem Motiv der Blutrache, die hier nicht genannt wurden, begangen. Er äußerte sich folgendermaßen: *"Ich erinnere mich, dass ich im Jahre 1975 sehr neugierig war, als ich hörte, dass ein 60-Jähriger aus Blutrache einen jungen Mann getötet hatte. Erstaunlich war, dass obwohl das Volk für den Täter den Tod durch Erhängen forderte, Enver Hoxha darin nicht einwilligte, mit der Begründung, dass dies die Folge der im Kopf gebliebenen Kultur und*

---

[505] Vgl. *Mile*, Klementin: Gjakmarrja: Mes kanunit dhe shtetit, Tiranë 2007, S. 38.
[506] Vgl. *Doda*, Zef: Drejtësia dhe Politika, Tiranë 2005, S. 29.

des Verstandes des 60-Jährigen sei und dass alle zu wenig dafür getan haben, diesen umzuformen. Daraufhin entließ er den Vorsitzenden des Komitees und die zuständigen Sekretäre, weil jene ihre Arbeit nicht ernsthaft erledigt hatten, den Dorfbewohnern verständlich zu machen, dass es kein Recht auf Blutrache gäbe, solange der Staat existierte."[507]. In ähnlicher Weise hatte sich auch der Hauptälteste von Kushenini, Preng Bajraktari, über die noch immer stattfindende Blutrache im kommunistischen Albanien geäußert[508]. Dass während des kommunistischen Regimes in Albanien Rache und Blutrache existierten, beweist auch ein Artikel im Magazin der Süddeutschen Zeitung. Ein Mann ist während einer Zeremonie mit einem Glas Wein von einem anderen Mann beworfen worden. Nach einem halben Jahr, während einer Schießübung der kommunistischen Partei, hatte sich der Beworfene eine echte Waffe besorgt, um sich zu rächen. Der Täter, ein Brigadeleiter und wichtiger Kommunist, wurde zu einer lebenslänglichen Haftstrafe verurteilt, aber bereits nach fünf Jahren wieder entlassen[509].

Bei den Albanern galten solche Handlungen als Raub der Ehre eines Mannes. Nach dem § 600 KLD wurde ein entehrter Mann als toter Mann betrachtet. Seine Ehre konnte entsprechend des § 598 KLD nur durch Vergießen neuen Blutes oder durch Vergebung wiederhergestellt werden.

7.1.4 Rache- und Blutrachedelikte nach Ende des Kommunismus 1990

Anfang der 1990er Jahre hat sich besonders in Nord-Albanien die Blutrache wieder etabliert. Der neue albanische Staat war zu schwach, um diese Dynamik der Selbstjustiz zu regulieren. Nach Schätzungen der Bürgerrechtler hat es in Tirana zwischen 1991 – 1995 über 5.000 Tote gegeben[510]. Viele von diesen Tötungen sind aus dem Motiv der Blutrache verübt worden, dessen Ursache oft schon vor 20 – 40 Jahren lag. Aus dem Schlussbericht der Versammlung der Republik Albanien vom März 1991 geht hervor, dass zwischen 1991-1995 insgesamt 953 Morde begangen worden sind, 9,5 % davon aus Gründen der Blutrache[511].

---

[507] Vgl.URL:http://open.data.al/lajme/lajm/id/133/titull/Tirana-Observer-Shkodra-qyteti-ku-gjakmarrja-nuk-respekton-as-Kanunin [Stand:25.04.2011].
[508] Preng Bajraktari, der Fahnenträger und Hauptälteste von Kushenin, interviewt am 13.11.2011.
[509] Von Erwin Koch: Ein Junge wartet auf den Tod, in: vgl. URL: http://sz-magazin.sueddeutsche. de/texte / an z eigen/36268/ [Stand: 06.12.2011].
[510] Albanien - Krieg der Sippen, in: Der Spiegel 9/95, 27.02.1995. vgl. URL: http://www.spiegel.de/spiegel/ print /d-9157969.html [Stand: 06.12.2011].
[511] Vgl. URL: http://www.aiitc.org/universi/sdd.html [Stand: 28.09.2008]. Klotilda GËRMAU.

Im Jahr 1997 waren sogar 32 % aller Tötungsdelikte, Verbrechen aus Motiven der Rache oder der Blutrache[512]. Seitdem sind die Zahlen langsam rückläufig. Dennoch sind nach statistischen Erhebungen noch immer bis zu 15.000 albanische Familien in Blutrache-Konflikte verstrickt, die zum Teil auf Vorfälle aus den Zeiten des kommunistischen Regimes und früher, zurückgehen[513]. Dies ist ein Grund, warum in Albanien die Praxis der außergerichtlichen Konfliktschlichtung mit allen Kräften wiederbelebt wird.

7.1.5 Vergleich aller Rache- und Blutrachedelikte von 1912 – 2010

Vergleich der statistischen Dateien der Tötungen aus dem Motiv der Rache und der Blutrache in der Zeitperiode 1922 – 2011 würden sie so verteilt[514]:

---

[512] *Elezi*, Ismet (2000), a. a. O., S. 83.
[513] Vgl. URL: http://de.vikipedia.org/wiki/Kanun_(Albanien) [Stand: 16.04.2010].
[514] *Elezi*, Ismet (2000), a. a. O., S. 49 - 69.

Tabelle 3: Die Morde aus dem Motiv der Rache und der Blutrache in Albanien 1922 - 2011

Jahren	Die Tötungen aus dem Motiv der Rache oder Blutrache (in %)		Bemerkungen
1922 – 1926	**960**		
1930- 1938	1948	(42.1)	Statistische Dateien bis zum Jahr 1990
1939- 1944	767	(37.8)	Auf Basis von Gerichtsentscheidungen
1946- 1950	153	(17.5)	-
1951 – 1955		(13.5)	-
1956 – 1960		(1.11)	-
1965 – 1983	–	-	-
1984 – 1990	(1 Tötung)		
1991 – 1995	(953)	9.5	Auf Basis der präsentierten Berichte der Regierung vor dem Parlament
1996		-	
1997	(687)	32.4	Quelle[515]
1998	(573)	32	
1999	(496)	31	

---

[515] Das Ministerium für Öffentliche Ordnung, Ismet Elezi: http://www.avokatipopullit.gov.al/Raporte/Konf2001.pdf; IDN (Institut für Demokratie und Mediation), Öffentliches Vertrauen, Herausforderung für die Polizei, Tirana 2007, S. 99; http://www.gazeta-shqip.com/index/aktualitet/540288f437535ccd76882f750e723b7a.html Tötungen in Albanien (30.06.2011) der Generaldirektor der staatlichen Polizei Burgaj.

2000	(275)	26
2001-	(164)	29
2002	(179)	7.2
2003	(144)	8.3
2004	(121)	9
2005	(130)	3.8
2006-	(87)	5.5
2007	(101)	
2008	(85)	
2009	(79)	
2010 /Nov. – 2011	(101)	

Nach dieser Tabelle wird festgestellt, dass vor dem Zweiten Weltkrieg meistens Tötungen aus dem Motiv der Rache und Blutrache begangen sind. Jedoch ist im Jahr 1997 aufgrund der Unruhen in Albanien die Skala der Tötungen aus insgesamt 1500[516] auf 32,-4 %gestiegen. Also, aus dieser Tabelle wird deutlich gezeigt, dass die Zahl der Tötungen und speziell der Blutrache in Albanien gesenkt ist.

Umfragen in der albanischen Bevölkerung im Jahr 1998 zu der Frage, wodurch Rache und Blutrachedelikte in Albanien begünstigt werden, ergaben folgendes Ergebnis[517]:

---

[516] Vgl. URL: http://www.tiranaobserver.com.al/index.php?option=com_content&view=article&id =3658:gjak-marrja-ne-20-vjet-5200-vrasje-dhe-1400-familje-te-ngujuara&catid=56:sociale-&Itemid=95 [Stand:24.04.2011].

[517] Vgl. *Elezi*, Ismet (2000), a. a. O., S. 80.

Tabelle 4: Tötungsursachen in Albanien nach einer Umfrage im Jahr 1998

Nr.	vermutete Gründe	die Antworten in Prozent
1	strafrechtliche Lücken	6.2
2	wegen Nichterfüllung der Strafverfolgung staatlicher Behörden	28.4
3	sozio-ökonomischen Bedingungen	9.2
4	angetrieben durch andere	12.5
5	folgt der Tradition dieser Gegend und dem Kanun	6.6
6	wegen des Alters	7.7
7	kein Fall von Blutfehde	23.5
8	ohne Antwort	6.3

Die Zahl der Tötungen aus dem Motiv der Rache und der Blutrache in der Zeitperiode 1998 – 2006 nur im Kreis der Shkodra war so dargestellt:[518]

Tabelle 5: Die Morde aus dem Motiv der Rache und der Blutrache im Bezirk von Shkodra 1998 - 2006

Jahr	Die allgemeine Zahl der Tötungen	Die Zahl der Tötungen aus dem Motiv der Blutrache
1998	76	32
1999	67	32
2000	53	20
2001	45	13
2002	28	9
2003	22	8
2004	17	1
2005	16	2
2006	9	2

In dieser Statistik ist erkennbar, dass die Tötungen aus dem Motiv der Blutrache im zurückgegangen sind.

---

[518] Das Polizeiarchiv des Kreises von Skodra, in: Mile, Klementin: Gjakmarrja - Mes kanunit dhe shtetit, Tiranë, 2007, S. 44.

Obwohl nach dem Kanun nur erwachsene Männer als Opfer der Blutrache vorgesehen sind, wurde diese Regel oft nicht berücksichtigt. Es wurden auch Frauen oder Kinder verletzt oder getötet. Als Folge der Blutrache wurden während des Jahres 2004, 670 Familie zu Hause isoliert, 650 Familien akzeptierten legale Verfahren statt Selbstjustiz für die Konfliktschlichtung, 54 Familie leben nun zu ihrem Schutz im Ausland und 160 Kinder haben ihren Schulunterricht unterbrochen, aus Angst vor Rache. 73 Diese Zahlen sind noch immer zu hoch, aber dennoch sind die Fälle im Vergleich zum Vorjahr gesunken, wo noch 1.370 Familien in ihren Häusern isoliert lebten und 711 Kinder nicht mehr am Schulunterricht teilnehmen konnten. Übrigens sind es überwiegend Eigentumsprobleme, die zu Konflikten und anschließender Blutrache führen[519].

7.1.6 Zusammenfassung

Die Frage, ob in Albanien die Zahl der Tötungsdelikte mit dem Motiv Rache oder Blutrache zurückgegangen ist, lässt sich im Ergebnis wie folgt beantworten:

Besonders in Nord-Albanien ist die Blutrache seit dem Zusammenbruch des Kommunismus anfangs der 1990er Jahre, wieder regelmäßig in Erscheinung getreten. Deshalb ist die Tätigkeit von Vermittlern und Schlichtern in der außergerichtlichen Konfliktschlichtung, bis zum heutigen Tag, von großer Bedeutung. Das sog. "Nationales Komitee für Versöhnung" (eine albanische NRO), arbeitet beständig daran, die Tradition der Blutrache zu bekämpfen und die Opferzahlen stetig zu senken.

Nach einem Bericht der Direktion im Kampf gegen schweres Verbrechen[520] entwickeln sich die Zahlen der Mordopfer, aus dem Motiv der Rache und Blutrache, in Albanien positiv.

Tabelle 6:   Mordstatistik der "Direktion für den Kampf gegen schwere" Verbrechen"

Jahr	Morde insgesamt	Morde aus dem Motiv der Rache und der Blutrache
2008	573	45
Jan. – Juni 2009	33	-

---

[519] D.O.S. Country Report on Human Rights Practices, Bureau of Democracy, Human Rights, and Labor U.S. Department of State Washington, D. C. 20520, Albania 2004, S. 3.
[520] N. Bala, "Das Wort des ersten Direktors für den Kampf gegen schweres Verbrechen, für das Forum der freien Meinung", in http://asp.gov.al/2009/qershor/5fjala_nikolin_bala.htm, [Stand: 05.06.2009].

Nach dieser Tabelle kann man hoffen, dass die Morde aus dem Motiv der Rache und Blutrache stark rückläufig sind.

Nach „Open Data Albanien" sind die Fallzahlen zu Verurteilungen von Verbrechen aus dem Motiv der Blutrache gem. § 78/2 des albanischen Strafgesetzbuches, an albanischen Gerichten, seit 2004 relativ gleichbleibend.[521]

Tabelle 7: rechtskräftige Gerichtsentscheidungen zu Straftaten aus dem Motiv der Rache und der Blutrache in Albanien 2004 – 2009

Jahr	Rechtstreitigkeiten aus dem Motiv der Blutrache	des Mordes wegen Blutrache Verurteilte
2004	27	6
2005	21	17
2006	18	19
2007	13	14
2008	12	15
2009	15	12
Insgesamt	106	83

Das Komitee der Nationalen Aussöhnung hat ermittelt, dass seit Untergang des Kommunismus im Jahr 1991 rund 20.000 Menschen, in unterschiedlichen Teilen des ganzen Landes, in Fälle von Blutrache verwickelt worden sind.

In letzter Zeit wurden im Namen des Kanun auch aus anderen Motiven Menschen ermordet, darunter auch Kinder und Frauen. So berichtet Preng Bajraktari, wie ein Mann zwei Säuglinge erschoss, um sich für seinen ermordeten Bruder zu rächen. Er wollte sich damit rächen geriet aber sofort in einen neuen Blutschaftkonflikt. Nach einer Vermittlung durch einen Ältesten wurde dieser Konflikt geschlichtet[522].

„OD Albania" veröffentlichte, dass nach den Anpassungen im Strafgesetzbuch die Bedeutung der Verfolgung von Personen, die ernsthaft auf Rache drohen und albanische Familie zwingen in ihren Häusern zu bleiben, zugenommen hat. In sechs Jahren wurden nur zehn Fälle

---

[521] Vgl. URL: http://open.data.al/lajme/lajm/id/133/titull/Tirana-Observer-Shkodra-qyteti-ku-gjakmarrja-nuk-respekton-as-Kanunin [Stand: 25.04.2011].
[522] Preng Bajraktari, der Hauptälteste und Fahnenträger von Kushenin, interviewt am 13.07.2011.

nach § 83 aStGB registriert, die eine „ernsthafte Bedrohung für Vergeltung oder Rache" zum Gegenstand haben[523].

Tabelle 8: Anzahl der Straftaten gem. § 83 des aStGB 2004 – 2009

Jahr	Fälle	Verurteilte
2004	1	0
2005	4	4
2006	2	3
2007	1	1
2008	0	0
2009	2	10

Zur Liberalisierung des Visums musste Albanien Ende 2009 bestimmte Anforderungen der EU erfüllen. Durch die Regierung, die Polizei und die Medien wurden falsche Berichte verbreitet, dass es während des Jahres 2009 nur eine Tötung aus dem Motiv der Blutrache gab. Laut Gjin Marku gab es aber ungefähr 31 bis 36 solcher Straftaten. Dafür spricht auch, dass sich im ersten Quartal 2010 die Zahl der Todesopfer mehr als verdoppelt hat. Unter den Opfern waren auch Frauen und Minderjährige. Es ist schockierend, dass die Polizei zwar Kenntnis von den Konflikten und Feindschaften hat, aber nicht eingreift[524].

Die staatliche und gerichtliche Behandlung von Konflikten zwischen Albanern bleibt bis jetzt meist unzureichend, denn wenn ein Täter[525] nach einer Straftat[526] von einem Gericht zu einer Freiheitsstrafe verurteilt wird, ist dieser Fall damit nicht beendet. Er ist auch nach der Strafverbüßung noch nicht erledigt. Das Opfer oder seine Familie wartet entweder darauf, dass der Täter wieder freikommt, um sich an ihm zu rächen oder sie rächen sich an anderen männlichen Verwandten des Täters. Es gibt auch Fälle, in denen sich die Familie des Täters bemüht, während

---

[523] Vgl. URL: http://open.data.al/lajme/lajm/id/133/titull/Tirana-Observer-Shkodra-qyteti-ku-gjakmarrja-nuk-respekton-as-Kanunin [Stand: 24.04.2011].
[524] Gazeta shqiptare, 24. April 2011 | Nr. 4534 Jahr XV.
[525] Der Täter gestützt auf § 848 Kanun des Lek Dukagjini, war jener, der mit eigener Hand tötete.
[526] Gemäß § 13 des KLD wurde unter Strafe ein Übel verstanden, dass durch die gesetzliche Gewalt für die Schuld auferlegt wurde. Es gab verschiedene Arten der Strafe, wie: Todesurteil, Verbrennen einer Frau am lebendigen Leibe, das Verbrennen des Hauses, das Ausstoßen aus dem Stamm mit Angehörigen und Besitz, Geldbuße ect.

der Haftzeit des Täters, durch die Vermittlung[527], mit der Familie des Opfers eine Lösung des Konflikts zu erreichen.

Das albanische Strafgesetzbuch[528] kennt drei Delikte, die im Zusammenhang mit Blutrache stehen. In § 78/2 wird die absichtliche Tötung, in § 83/a die ernsthafte Bedrohung mit Rache oder Blutrache und durch § 83/b Anstiftung zu einer Tat aus Blutrache bestraft. Im Laufe der letzten Jahre gab es nur eine Verurteilung im Sinne dieser Vorschriften. Der Kreis der Personen, die ein Verbrechen begehen, um Mordrachen zu fördern, ist dafür umso größer[529]. In einer Umfrage[530] der "Fundation für die Konfliktschlichtung und Versöhnung von Unvereinbarkeiten" aus den Jahren 1996 und 1998 zeigt sich, dass die Vermittlung einer Versöhnung im Gegensatz zur Selbstjustiz bei den Albanern grundsätzlich Vorrang hat. Von 1049 Befragten, fühlten sich 38,4 % an die Gerichtsentscheidung gegen die Straftäter gebunden, 39,2 % waren mit der Bestrafung des Täters einverstanden und versöhnungsbereit gegenüber der Familie des Täters, 9,3 % enthielten sich und nur 13,1 % der insgesamt Befragten wären zu einer Blutrachetat durch die Anwendung des Kanuns bereit.

Unter Berücksichtigung dieses Zustands bei den Blutschaftverhältnissen in der albanischen Bevölkerung hat der albanische Staat die Strafen für Blutrachetaten verschärft und daneben die Versöhnung von ca. 3.000 Familien in Blutrachekonflikten geschafft[531]. Rache und Blutrache verjährt nicht. Umso schwerer sind die Auswirkungen von Fehden auf zukünftige Generationen vorhersehbar, da diese archaischen Maßnahmen der Selbstjustiz weitergetragen werden. Die Akte der Rache oder Blutrache werden als heilige Aufgaben für alle Mitglieder des Stammes, der Gruppe oder der Gemeinschaft angesehen und gelten als notwendiger Beweis für die Aufgaben der nächsten Generation[532].

---

[527] Laut § 927ff. im Kanun des Lek Dukagjini gab es verschiedene Arten von Vermittlern. Einer davon war der Vermittler des Blutes. Es war jener, der sich im Haus des Erschlagenen bemühte, dessen Familie mit dem Täter auszusöhnen.

[528] Das albanische Strafgesetzbuch 2008. § 78 wurde durch das Gesetz Nr. 8733 dt. 24.01.2001, durch § 7 ergänzt; § 83/a wurde durch das Gesetz Nr. 8733, dt. 24.01.2001, durch § 12 ergänzt; § 83/b wurde durch das Gesetz Nr. 9686, dt. 26.02.2007 durch § 9 ergänzt.

[529] Gazeta Shqiptare, (Sociale), 27/02/2011.

[530] Die Stiftung: "Zgjidhja e Konflikteve dhe Pajtimi i Mosmarreveshjeve" (FZKPM) wurde im Dezember 1995 auf Initiative einer Gruppe von Experten aus den Bereichen Justiz, Soziologie und Kultur gegründet. FZKPM-ist eine nicht staatliche professionelle Organisation, die einen Beitrag zum Aufbau von sachkundigen Anlaufstellen für die friedliche Lösung von Konflikten durch Mediation und das Verfahren des demokratischen Wandels in Albanien bemüht ist.

[531] Vgl. *Arapi*, Lindita, Bonn, 17.08.2004, DW-RADIO.

[532] Vgl. *Halili*, Ragip, Vrasjet për Hakmarrje, Përparimi, nr. 5,1969, Prishtinë, S. 388-390.

In der letzten Zeit gibt es verschiedene Berichte über Rache und Blutrache. Nach meinen bisherigen Forschungsergebnissen, die ich in den deutschen Zeitschriften[533] über diese Phänomene veröffentlicht habe, kam ich zu dem Ergebnis, dass in den letzten Jahren in Albanien die Zahl der Rache- und Blutrachedelikte drastisch gesenkt wurde. Es gibt aber auch andere Stimmen, wie die des Staatspräsidenten Alfred Moisiu, der die Situation der Blutrache in Albanien aufs Schärfste verurteilt. Er weigerte sich, wegen Mordes aufgrund von Blutrache Verurteilte zu begnadigen[534].

Nach § 338 Nr. 1 aStPO gilt im Falle von Straftaten, die nur auf Verlangen des Geschädigten verfolgt werden, dass ein Gericht dem Geschädigten und dem Angezeigten den Vorschlag der Versöhnung über die Streitfrage machen soll. Wir dieser Vorschlag nicht angenommen, bestimmt es das Datum der Verhandlung und macht dem Angeklagten bekannt, dass er Rechtsschutz durch einen Verteidiger in Anspruch nehmen kann[535].

Am 8. Oktober 2010 wurde in Tirana eine Resolution der Außerordentlichen Konferenz der Missionare und der Nationalen Versöhnungsverbände in langer Tradition durch die Unterstützung des Rechtsstaates verabschiedet, die vom Ausschuss der Nationalen Aussöhnung, in Zusammenarbeit mit der Akademie der Wissenschaften der Republik Albanien, organisiert wurde. Die Konferenz bestätigte in Sorge, dass die albanische Regierung und das Parlament nicht dazu beigetragen haben, Rachemorde, Rachedelikte und Fragen der Ehre und des Schutzes von Familien in Blutfehden zu verhindern oder, sich für eine Stärkung der Rechtsstaatlichkeit im Land einzusetzen[536].

Der Sonderberichterstatter der Vereinten Nationen für außergerichtliche Konfliktlösung Professor Philip Alston erklärte, dass "die Rache in der Regel mit einem Streit zwischen zwei Männern beginnt, deren Familien verwandt oder befreundet sind. Der Kampf kann dann eine andere Ursache haben, wie ein Absturz, etwas das als Beleidigung empfunden wird, ein Streit über das Eigentum, ein Konflikt über die Lieferung von Strom, Wasser oder Benzin u.s.w. Der Streit eskaliert dann in einen physischen Kampf und einer wird dabei getötet. Danach fühlt die Familie des

---

[533] Vgl. *Qerimi,* Islam: Rolle und Herkunft des Kanun bei den Albanern: Historischer Überblick über den Kanun bei den Albanern, München, 2010; *Qerimi,* Islam: Einige Aspekte aus dem Feld der Vermittlung als eine Methode der außergerichtlichen Konfliktschlichtung in der Europäischen Union, Albanien und Kosovo: Alternative Formen der Konfliktschlichtung, München 2011; *Qerimi,* Islam: Some Aspects of Research on social Organization and Self-Government of Albanians according to the costumary Law, München, 2011; *Qerimi,* Islam: Die Institutionen der Rache und der Blutrache bei den Albanern, Polizei-Newsletter Nr. 125, Dezember 2009, vgl. URL: http://www.polizei-newsletter.de/documents/ 2009_Qerimi_Kanun.pdf

[534] Vgl. URL: http://.albania.de/alb/alb/index.php?p=61 [Stand: 15.04.2010].

[535] Vgl. *Alsula,* Ardrita: Kodi penal dhe i procedures penale i Republikës së Shqipërisë, Tiranë 2009, S. 225.

[536] Außerordentlicher Beschluss der Konferenz der Missionare und der Verbänden der nationalen Aussöhnung, in der Tradition der Unterstützung des Staatsrechts, Tirana 8.Oktober 2010, S. 2. (RESOLUTË E Konferencës së jashtëzakonshme kombëtare e misionarëve dhe shoqatave të pajtimit PËR TRADITËN NË MBËSHTETJE TË SHTETIT TË SË DREJTËS,Tirana am 8. October 2010).

Opfers, dass die Familie des Täters ihnen „Blut" schuldet. Diese Schuld, begleitet durch den Verlust der Ehre, kann nur durch den Tod eines Familienmitglieds des Täters abgewaschen werden."[537]

Das Verbrechen der Tötung aus dem Motiv der Rache breitet sich bereits unter den Jugendlichen aus. Die Ergebnisse der Weltgesundheitsorganisation zeigen, dass die Verletzungs- und Ermordungsrate mit einem Messer, bei albanischen Jugendlichen und Heranwachsenden die Höchste weltweit ist[538].

Nach einem Bericht der UN über den Stand des Vollzugs der außergerichtlichen Schlichtungen in Albanien wurde festgestellt, dass im Jahr 2010 über die Hälfte der Haushalte in der Gemeinde Skutari (alb. Shkoder) verfeindet sind und zwischenmenschliche Beziehungen ausbleiben. Die Familien wollen nicht mehr miteinander reden und gehen nicht mehr wie gewohnt zu Trauerfeiern, Hochzeiten, Besuchen oder religiösen Feiertage etc. Diese Verhältnisse sind Warnzeichen, dass es jederzeit zu einer blutigen Auseinandersetzung kommen könnte, wenn sich die Parteien begegnen[539].

Aufgrund extremer Armut wachsen ferner die Prostitution und der Frauenhandel in Albanien. Auch das hat Feindschaften in Tausende albanische Familie gebracht. Diese kriminellen Handlungen haben sich mittlerweile bis in den Norden ausgedehnt, wo die patriarchalische Mentalität der Familien tragische Folgen für die Frauen hat. Die meisten Mädchen werden nach dem Vollzug des ehelichen Aktes als Handelsware missbraucht, was zur Feindschaft zwischen der Familie des Mädchens und des handelnden Schwiegersohnes führt[540].

Missionare haben bei der Versöhnung von etwa 700 Familien in Feindschaft geholfen, die zur Rücksendung der gehandelten Töchter in ein normales Familienleben führten, ohne es dabei öffentlich zu machen, damit die Familie des Mädchens ehrenhaft bleibt. Der Handel mit ihrer Tochter wird von den betroffenen Familien dennoch als ernster Verstoß gegen die Ehre des Mädchens und ihrer Familie betrachtet[541].

Nach den vorliegenden Fakten ist Rache und der Blutrache in Albanien auch heute noch ein Thema. Deshalb wird zu Recht die Frage gestellt, wie dieses Land der EU beitreten will, dass nach wie vor ein umfangreiches Selbstjustizsystem zulässt.

---

[537] Philip, Alston, Sonderberichterstatter der Vereinten Nationen für außergerichtliche Konfliktschlichtung, Mission in Albanien (15. bis 23. Februar 2010) Pressemitteilung, Vgl. URL: http://www2.ohchr.org/English/issues/executions/docs/ALBANIA_PressStatement_23022010.doc [Stand: 29.11.2010].
[538] Philip, Alston, a. a. O. Ebd, S. 3.
[539] Philip, Alston, a. a. O. Ebd, S. 3.
[540] Philip, Alston, a. a. O. Ebd, S. 4.
[541] Philip, Alston, a. a. O. Ebd, S. 4.

7.2 Kosovo

7.2.1 Rache- und Blutrachedelikte in den Jahren 1861 - 1990

Im Kosovo war die außergerichtliche Konfliktschlichtung historisch ebenfalls bekannt. In den Jahren 1861 -1865 wurden Kommissionen für die Vermittlung und Versöhnung von Blutfehden gegründet, die "ls **"islihat"** bekannt wurden[542]. Vor dieser Zeit waren zwei Häuser bekannt, in denen Konflikte durch Ältestenräte geschlichtet wurden und die als Volksrechtsinstitutionen in Albanien und im Kosovo anerkannt waren. Das erste Haus war in Gemeinde Vushtrri zu finden, das sog. Haus von Obria (Oda e Obrise), dass für die gesamte Region von Drenica bis in Nisch (heutige Stadt in Serbien) zuständig war. Das zweite Haus, das sog. Haus von Juniku (Oda e Junikut) war für die Region von Drenica bis zum Durres (heutige Stadt in Albanien) zuständig[543]. Die bekanntesten Vermittler dieser Zeit im Kosovo waren Ramadan Shabani, Binak Alia, Rexhe Hyseni, Haxhi Zeka, Xhemajl Abria, Rexhep Vokshi, Hamze Batusha, Abdyl Hoxha, Prenk Tahiri, Nikoll Prenk Doda, Brahim Kurti, Feriz und Rizah Zekolli, Ali Jonuzi u. a,[544]

Einige Beispiele der extremen Zerstörung von Familien in der Geschichte des Kosovo wegen eines Blutschaftkonfliktes sind folgende[545]:

Der alte Mann Nuredin Ismajli berichtete über einen Fall der Blutversöhnung, 30 Jahre nach der Ermordung dreier Brüder. Der Täter war im kommunistischen Rechtssystem zu 30 Jahren Gefängnis verurteilt worden.

In einem anderen Fall gab es zwei Familien aus dem Dorf Druvar, Gemeinde Vushtri, die zusammen 22 Männer seit Anfang des 20. Jahrhunderts wegen Blutschaftkonflikten verloren hatten. Sie wurden jetzt versöhnt.

Im Kosovo war ein zentrales Element gewaltfreier Konfliktlösung das staatliche Rechtssystem, aber wie in anderen Territorien der albanischen Bevölkerung wurden auch hier Konflikte parallel außergerichtlich durch die Ältesten gelöst.

---

[542] Vgl. *Pupovci,* Syrja: Betimi dhe betarët në të drejtën zakonore shqiptare, in:"Gjurmime albanologjike" Folklor dhe Etnologji, IV – 1976 Pristinë, S. 123.
[543] Vgl. *Bajrami,* Xhemajl:Xhemajl Abria, Pleqnar i Kosovës, Prishtinë 2010, S.92.
[544] Vgl. *Nushi,* Pajazit: Mendimi i pleqnarëve dhe struktura e tij, Gjurmime albanologjike, 4-1984, Prishtinë.
[545] Nuredin Ismajli-alter Mann aus dem Dorf Dumnica, interviewt am 23.07.2011.

Die Institutionen, die außergerichtliche Konfliktschlichtungen durchführten, waren bei den kosovarischen Albanern auch während des kommunistischen Systems (1945 –1990) aktiv. Um die Pflege dieser Institutionen kümmerten sich im Kosovo die Versammlungen der Ältesten[546].

Im Zeitraum von 1957-1967 sind im Kosovo insgesamt 511 Menschen getötet worden, 104 davon aus dem Motiv der Blutrache[547], das entspricht 20,3 %. In den Jahren 1968-1974 wurde der Anteil dieser Straftaten bereits auf 8,8 % gesenkt und während der Zeit zwischen 1977-1982 fand der überwiegende Teil der Tötungsdelikte nicht mehr aus dem Motiv der Rache- oder Blutrache statt sondern aufgrund ungelöster Eigentumsprobleme.

Im Jahr 1975 gab es eine statistische Erhebung über isolierte Familien, die als Ergebnis von Konflikten ihre Häuser nicht mehr verlassen konnten. Es wurden 1.187 isolierte Familien gezählt, insgesamt 13.725 Menschen. Kinder dieser in Isolation lebenden Familien konnten die Schule nicht besuchen. Innerhalb von acht Jahren kam es zwischen diesen Familien zu rund 600 Tötungsdelikten, 174 Tötungsversuchen, 225 schweren Körperverletzungen und 170 leichten Körperverletzungen. Das waren insgesamt 1.169 Straftaten gegen das Leben und die körperliche Unversehrtheit eines Menschen.

Die betroffenen Familien isolierten sich unterschiedlich. Es gab die sog. „strenge Hausisolierung", hier konnten die betroffenen Familien Haus und Hof nicht verlassen. Eine zweite Möglichkeit war die „Halbisolierung", wo sich Familienangehörige zu bestimmten Zeiten und Gelegenheiten frei bewegen konnten, dank des albanischen "Friedenswortes" (alb. Besa). In die dritte Kategorie gehörten die Familien, bei denen die Konflikte und gegenseitigen Interessen nicht so stark ausgeprägt waren, sodass sich die Familienangehörigen außer Haus mit einer besonderen Wachsamkeit frei bewegen konnten[548].

---

[546] *Qerimi*, Islam: Die Institutionen der Rache und der Blutrache bei den Albanern, vgl. URL: http://www.polizei-newsletter.de/documents/2009_Qerimi_Kanun.pdf [Stand 24.08.10].
[547] Vgl. *Salihu,* Ismet, Ubistva iz krvne osvete na podrucju Okruznog suda u Pristini i Vrhovnog suda Kosova, Jugoslovenska revija za kriminologiju i krivicnih pravo, Beograd 1972, nr. 4.
[548] Vgl. *Latifi*, Vesel: Aspekti kriminalistik i vrasjes në Krahinen Socialiste Autonome të Kosovës, in: Përparimi nr. 3, Pristinë 1984, S. 360 - 361.

Tabelle 9: Anzahl der Morde aus dem Motiv der Blutrache im Kosovo 1957 - 2003

Jahren	Die Anzahl der Tötungen aus dem Motiv der Blutrache	Die Prozentzahl
1957-1967	511	20,3
1968-1974		8,8
1977-1982		1,8
1980-1989[549]		17,9
1999-2003[550]	44	17,6

In dieser Tabelle wird es festgestellt, dass die Tötungsdelikte aus dem Motiv der Blutrache zunächst stark abgenommen und dann wieder zugenommen haben.

In der folgenden Tabelle werden die Morde aus dem Motiv der Rache und der Blutrache in der Zeitperiode 1977 – 1982 jährlich dargestellt[551]:

Tabelle 10: Jährliche Anzahl der Morde aus dem Motiv der Blutrache in Kosovo 1977 – 1982

Nr.	Motiv	1977	1978	1979	1980	1981	1982
1.	Rache	3	5	14	4	8	6
2.	Blutrache	4	4	-	2	-	-

In dieser Tabelle zeigt sich, dass die Blutrache im Jahr 1981 während der albanischen Demonstrationen für eine Gleichstellung des Kosovo zu anderen Republiken von Jugoslawien, aufgehört hatte. Darüber hinaus auch während der großen Studenten Verhaftungen durch die serbischen und jugoslawischen Polizeibehörden.

Im § 30 Punkt 2 und 3 des kosovarischen Strafgesetzes (KPK) von 1977 wurden Rache und Blutrache als Straftaten der Kategorie schwere Tötungen (siehe Mord) eingestuft und als solche sanktioniert[552]. Gem. § 30 Absatz 2 Punkt 4 KPK wurde jemand der mit dem Motiv der Blutrache tötete, zu einer Gefängnisstrafe von mindestens zehn Jahren oder der Todesstrafe

---

[549] Vgl. *Gashi*, Rexhep: Politika ndëshkimore ndaj delikteve të gjakut në Kosovë gjatë periudhes 1980-1989, Pristinë 2003, S. 56.
[550] Vgl. *Demolli,* Haki: Vrasjet në Kosovën e pasluftes, Prishtinë 2006, S. 63.
[551] Vgl. *Latifi*, Vesel (1984) a. a. O. S. 361.
[552] Das Strafgesetz der SAP des Kosovos wurde von der Versammlung der KSA des Kosovos am 28. Juni 1977 verkündet und wurde seit dem 1. Juli 1977 angewendet. Dieses Gesetz wurde durch die Verordnung der UNMIK nr: 1999/24 vom 12. Dezember 1999 als gültiges Gesetz im Kosovo erklärt und bis April 2004 umgesetzt.

bestraft. Während der Zeit der Gültigkeit dieses Gesetzes (1980 - 1989) betrug der Anteil dieser Straftaten 17,9 % in der Kriminalitätsstatistik des Kosovos[553].

7.2.2 Rache- und der Blutrachedelikte während der "Allgemeinen albanischen Volksbewegung zur Versöhnung von Blutschaftkonflikten" (*alb. LGJSHFGJPN, Lëvizja* **Gjithëpopullore** *Shqiptare për Faljen e Gjaqeve, të Plagëve dhe të Ngatërresave*) 1990 – 1992

Es wird zunächst die Situation der Konfliktschlichtungen im Kosovo, historisch seit 1989, dargestellt.

Nach Aufhebung der Autonomie des Kosovo am 28. März 1989 durch Serbien und Ermächtigung legaler Institutionen sowie Einsetzung serbo-montenegrinischer Richter, Staatsanwälte und Polizisten, verschlechterte sich die Situation der Kosovo-Albaner, unter Menschenrechtsgesichtspunkten, dramatisch. Besonders bei Gerichtsentscheidungen über Konflikte und Streitigkeiten aus dem Motiv der Rache und der Blutrache. Da die Albaner die serbischen Institutionen als Besatzungsinstitutionen betrachteten, entschieden sie sich ihre Konflikte und Streitigkeiten selbst, durch außergerichtlich organisierte Bewegungen zu schlichten.

Die nunmehr entstandene große Zahl an Blutschaftkonflikten zwischen albanischen Familien in den Neunziger Jahren war der Grund für universitäre Aktivisten, Studenten und Professoren der Universität Prishtina, eine Initiative zur Versöhnung zu gründen, um eine außergerichtliche Konflikt- und Streitlösung zwischen den Albanern zu erreichen. Diese Bewegung nannte sich "Allgemeine albanische Volksbewegung zur Versöhnung von Blutschaftkonflikten" (*alb. LGJSHFGJPN, Lëvizja Gjithëpopullore Shqiptare për Faljen e Gjaqeve, te Plageve dhe te Ngaterresave*). Sie wurde von den ehemaligen Professoren Anton Çetta und Zekeria Cana geleitet, die vom 2. Februar 1990 – 17. Mai 1992 für diese Mission tätig waren[554] und 1230 Familien in Blutfeindschaften, 542 verletzungsbedingte Streitigkeiten unter Albanern und 1180 Fälle anderer Streitigkeiten versöhnen konnten[555].

---

[553] Vgl. *Gashi*, Rexhep (2003): a. a. O.
[554] Vgl. *Pirraku*, Muhamet: Lëvizja Gjithëpopullore Shqiptare për Faljen e Gjaqeve 1990 – 1992, Prishtinë 1998; Jacques Semmelin: Analysis of a Mass Crime. Yugoslavia 1991–1999. Fußnote 42, in: Robert-Gellately, Ben Kiernan (Hrsg.): The specter of genocide. Cambridge University Press, Cambridge/UK 2003, S. 364.
[555] Vgl. *Pirraku*, Muhamet (1998), a. a. O., S. 398.

7.2.3 Die Rache und die Blutrache in der Zeitperiode 1992 - 1999

Danach, in der Zeit zw–schen 1992 - 2000 (einschließlich der Jahre des Kriegsausbruchs 1998-1999), wurden von anderen Vermittlern mehrere verbliebene Albaner in Konflikten jeder Art, versöhnt[556]. Diese Versöhnungen von Menschen mit Konflikten, die aufgrund von Feindschaften, gegenseitigen Verletzungen oder aus Blutschaftstreitigkeiten entstanden waren, fanden ohne materielle Entschädigung und oder andere Bedingungen für die Versöhnung statt und waren einfach eine humanitäre Aktion ohne politische Ambitionen[557]. Ein Beispiel einer solchen Versöhnung ereignete sich im Dorf Llausha in Drenica am 28. September 1990. Ein Vater und edler Mensch zweier ermordeter Söhne sprach mit seiner ausgestreckten Hand als Zeichen der Versöhnung zu Professor Anton Çetta: *"Herr Professor! Ich verzeihe Ihnen das Blut meiner beiden Söhne - Ihnen, der Flagge und der Freiheit! Es sei die Blutrache verflucht und die Feinde, die ich sie bis gestern hatte, werde ich lieben und für meine Brüder halten, für den Rest meines Lebens und solange sie leben!"*[558]

Ein anderer Eid, als Beispiel einer Versöhnungshaltung, wurde während des sog. Konvents von Përmalina, im Dorf Duminca[559] der Gemeinde Vushtrri, im Mai 1991 vor einer Versammlung von mehr als 3.000 jubelnden Anwesenden gesprochen: *„Wir schwören auf unser Land und unsere Muttersprache! Wir schwören auf die albanische Besa! Wir schwören auf das Blut unserer Märtyrer! Wir schwören auf unsere Nationalflagge, dass wir niemals mehr Morde aus Rache ausüben werden."*[560]

Damit alle Blutschaftkonflikte zwischen den albanischen Familien gelöst werden konnten, hatten die Friedensrichter mit dem Ausschluss der Familien aus der Gesamtheit des albanischen Volkes als Sanktion gedroht[561].

Die Bewegung intervenierte also auf indirektem Weg, um neue Tragödien und Morde zu verhindern, da die Menschen gegenüber der serbischen Polizei und Justiz distanziert waren. Verschiedene Aktivisten wurden als Schiedsrichter zwischen den Konfliktparteien eingesetzt oder als Friedensstifter zu Einzelpersonen (auch unterschiedlichen Geschlechts) oder Familien

---

[556] *Hoti*, Behram: 'Epoka e Re' - 19 Januar 2008.
[557] *Mekaj*, H. Në rajonin e Dukagjinit u falën shumë gjaqe, *Rilindja*, 28. Februar 1990, S. 9.
[558] Vgl. *Pirraku*, Muhamet: *Nga ditari i pajtimit*, Llaushë, 28.09.1990.
[559] Dumnica ist ein Dorf, das während des 20. Jahrhunderts auf dem zweiten Platz im Kosovo rangierte, was Tötungen und Verletzungen aufgrund von Rache und Blutrache betraf.
[560] *Shala*, Pajtim: Betohemi kurrë më vëllavrasje, *Dielli* nr. 25, Prishtinë, 22.05.1991, S. 9.
[561] *Çetta*, Anton: Brezat që vijnë - pa plagë të vjetra, *Fjala*, nr. 20.09.1990, S. 27-34.

gesandt. Es war klar, dort wo Leben ist, gibt es Meinungsverschiedenheiten, Streitigkeiten und auch Morde[562].

Aufgrund der zunehmend bedrohlichen politischen Situation hatte die Bewegung im Winter 1991/92 ihre Aktivitäten unterbrochen. Eine Direktive der zentralen Ratpräsidentschaft gab nunmehr als Ziel vor, dass in Fällen, wo keine erfolgreiche Vergebung und Beendigung der Fehde oder Feindschaft gelungen ist, ein Langzeiteid in Form eines Besa zu Rache und Vergeltung erreicht werden sollte. Zweck war, die Fälle der Rache und Blutrache bis zur Implementierung der Republik Kosovo soweit einzudämmen, dass dann die Gerichte der Republik mit der Lösung dieses Problems betraut werden könnten[563].

Mit diesem stiftenden Programm wurde zum ersten Mal in der Geschichte der Blutsversöhnungen eine Zusammenarbeit aller gesellschaftlicher Schichten erreicht. Es waren die Ältesten, Intellektuelle und auch Vertreter der Religionen daran beteiligt. Es sollte eine Versöhnung erreicht werden, die mit den albanischen Lebensanforderungen und Zukunftsvorstellungen des Volkes übereinstimmten[564].

7.2.4 Rache- und Blutrachedelikte in der Zeit von 1999 - 2010

Im zweiten Teil wird die Situation der außergerichtlichen Konfliktschlichtung, nach Etablierung der UNO – Mission am 10.06.1999 im Kosovo, dargestellt. Weiterhin werden die gegenwärtigen Umstände Situation in der am 17.02.2008 ausgerufenen Republik Kosovo beschrieben.

Kosovo wurde nach dem NATO-Krieg gegen Serbien durch UN-Resolution unter die Verwaltungshoheit der Vereinten Nationen („UNMIK") gestellt. Seit der Unabhängigkeit des Kosovo wird die politische Entwicklung weiter durch die Rechtsstaatlichkeitsmission der EU („EULEX Kosovo") überwacht.

In der Zeit von Juni – Dezember 1999 sind im Kosovo 454 Tötungsdelikte verübt worden, im Jahre 2000 wurden noch 245 begangen, 2001 noch136, im Jahr 2002 noch 68 und im Jahr 2003 wieder 70[565]. Während dieser 5 Jahre wurden also 973 Tötungsdelikte und 787 Tötungsversuche registriert, jedoch nur gegen 249 Straftäter (25,59 % der Fälle) Strafverfahren durchgeführt[566].

---

[562] *Shala,* Pajtim: U shua edhe një gjakmarrje, *Kosovarja,* nr. 21, Prishtinë, November 1990, S. 6.
[563] *Vlakovi,* Zoran: Nema krvne osvete do nezavisnosti Kosova!*Dnevni telegraf,* Beograd, 04.01.1997, S.8-9.
[564] *Shala,* Pajtim: Lëvizja për faljen e gjaqeve të transformohet, *Shkëndija,* nr.12, Prishtinë, März 1991, S. 16.
[565] Das Bericht der UNMIK: "Police in Kosovo 2002", Pristina, 2003, S. 9.
[566] *Vgl. Demolli,* Haki, (2006), a. a. O., S. 41.

Es gibt Unstimmigkeiten zwischen den UNMIK – Statistiken über Tötungen im Kosovo, Statistiken der Bezirksgerichte und denen der Menschenrechtsorganisationen.

Tabelle 11: Unstimmigkeiten in der Statistik der Tötungsdelikte nach Angaben der UNMIK und der KPD im Kosovo 2000 - 2006

Die Tötungen in Kosovo während der Zeitperiode 2000-2006 nach Angaben der UNMIK-Polizei und des kosovarischen Polizeidienstes			
Jahre	UNMIK-Angaben zufolge [567]	KPD-Angaben zufolge [568]	Jahres-unterschiede
2000	245	226	19
2001	136	185	49
2002	68	88	20
2003	113	70	43
2004	95	78	17
2005	62	67	5
2006	61	61	-
Insg.	882	775	107

Diese Tabelle zeigt die Abweichungen der angegebenen Tötungsdelikte zwischen UNMIK und KPD, wobei die KPD-Zahlen tendenziell geringer ausfallen.

In den kosovarischen Bezirksgerichten wurden während der Zeit von 1999-2003 im Kosovo 44 Tötungen aus Rache oder Blutrache gezählt[569].

Nach Ansicht des Rates zum Schutz der Menschenrechte und Freiheiten wurden seit Ende des Krieges im Kosovo im Jahr 1999 bis Ende 2003 etwa 40 Morde aus dem Motiv der

---

[567] THE FIGURES AND CHARTS SHOW ONLY A COMPARISON OF CRIMES REPORTED BETWEEN 2000 AND 2001 & UNMIK Police *Press* 17-01-03 MAJOR CRIME IN 2002 Vgl. URL: http://www. Unmik online.org/civpol/statistics.htm [Stand: 06.12.2011]. Qendra Operacionale Kryesore e Policisë së UNMIK-ut, Analizimi i Krimeve & Informatave Operacionale, Aktivitetet Vjetore të Krimit sipas përkatësisë etnike të viktimave.

[568] Shërbimi Policor i Kosovës, Drejtorati për Analizim të Krimit, Zyra e Statistikave, Raporti Vjetor i Krimit.

[569] Vgl. *Demolli*, Haki, (2006), a. a. O., S. 39.

Rache oder Blutrache verübt[570]. Im Jahr 2000 haben im Kosovo schätzungsweise rund 600 albanische Familien, ca. 2770 Menschen, aus Angst in der Abgeschiedenheit gelebt[571].

Nach der Etablierung der UNMIK und ihrer neuen Rechtsordnung wurde die Rolle der außergerichtlichen Institutionen in den Jahren 2000 - 2007 nicht weiter gestärkt. Die sog. "Nationale Albanische Bewegung" nahm stattdessen ihre Tätigkeit zur Versöhnung in allen ethnischen albanischen Gebieten wie Albanien, Kosovo, Mazedonien, Pellagonien, Presheva, und Montenegro wieder auf und konnte 378 Familien versöhnen und 197 Blutfeindschaftskonflikte beilegen[572].

Nach Untersuchungen von "Zeri.INFO" im Kosovo sind als Folge der Fehden viele Kinder für Tage, Wochen oder und Monate in ihren Häusern eingeschlossen gewesen, aus Angst vor Vergeltung durch die Familien der Opfer. Minire H., ein Verwandter einer Familie in Fehde aus Mitrovica berichtete, dass *"früher die Männer nach der Tradition eingesperrt lebten, aus Angst, dass gegen sie ein Mordanschlag von der Familie des Opfers begangen wird. Die gleichen Männer haben unsere Familie gemacht, aber jetzt habe ich die Kinder zu Hause eingesperrt, weil ich kein Vertrauen mehr habe, wenn wir kein Besa haben."* Lau" "Zeri.INFO" gibt es im Kosovo am 21.02.2010 noch immer rund 1000 Familien, die eingesperrt leben. Dies wird durch Mehmet Rukiqi, einem Teilnehmer der Versöhnungsbewegung bestätigt, der auch heute noch, obwohl ein Versöhnungsrat fehlt, seine Position des Hauptältesten hält[573].

7.2.5 Die Konfliktbeilegung durch internationale Organisationen im Kosovo

Im Kosovo zeigten nicht nur einheimische Organisationen ihre Präsenz bei der Vermittlung von Konflikten, sondern auch Organisationen aus dem Ausland. Beispielsweise die CSSP-Organisation und Partners Kosova. Das Team von CSS Project for Integrative Mediation[574],

---

[570] Vgl. URL: http://iwpr.net/sq/report-news/ringjallet-hakmarrja-ne-kosove [Stand: 08.05.2011].
[571] Nushi, Pajazit, Der Vorsitzende des *Rates* zum Schutz der *Menschenrechte und Freiheiten* (KMLDNJ) in Prishtina, Die Ursachen der Rache und der Blutrache im heutigen Kosovo zwischen den Albanern, vgl. URL: http://www.avokatipopullit.gov.al/Raporte/Konf2001.pdf [Stand: 08.05.2011].
[572] Hoti, Behram: 'Epoka e Re' – 19. Januar 2008.
[573] *Kadriu*, Anita: Die Blutrache sperrt auch die Kinder, in "Zeri.INFO"- Prishtina, 22.02.2010, vgl. URL. http://www.zeri.info/artikulli/1/2/1842/gjakmarrja-ngujon-edhe-femijet/ [Stand: 8.11.2011].
[574] *Vgl. URL*: www.cssproject.org [Stand: 24.09.2010], *Communities and Mediation Committees in Kosovo February 2006*, CSS-Project for Integrative Mediation, in: CSS Project for Integrative Mediation wurde im Jahr 1992 unter Leitung von Dr. Christian Schwarz-Schilling gegründet. Dr. Schilling war als Internationaler Vermittler in Bosnien und Herzegowina tätig. Er nahm seine Arbeit der Mediation informell auf und wurde durch die internationale Gemeinschaft und die Völker von Bosnien und Herzegowina von 1995 bis 2004 offiziell beauftragt, bei der Konfliktlösung zu vermitteln. Auf Antrag wurde das Format und die Struktur der Mediation auf Grundlage der lokalen Bedürfnisse und der lokalen Konflikte durchgeführt. Seine Arbeit als Mediator konzentrierte sich darauf, den Dialog auszubauen, Spannungen abzubauen und Schritt für Schritt Lösungen

das nach Beendigung seiner Arbeit in Bosnien und Herzegowina im Jahre 2004, in den Kosovo zur Fortsetzung seiner Aktivitäten bis zum 22. Januar 2006 kam. Die wichtigsten Aufgaben der CSSP, beauftragt durch die UNMIK, waren die Zusammenschaltung und Inbetriebnahme ordnungsgemäßer Gemeinschaften und Ausschüsse sowie die Mediation.

Laut UNMIK-Verordnung mussten Gemeinschaften gegründet werden, in denen Einzelpersonen nicht wegen ihrer Zugehörigkeit diskriminiert werden. Es sollte sichergestellt werden, dass jeder Einzelne die gleichen Rechte genießt und Chancengleichheit für Beschäftigungen in kommunalen Einrichtungen herrscht. Darüber hinaus war der Ausschuss zuständig für die Bearbeitung von Anträgen der Gemeinschaften, die wegen Rechtsverletzungen oder Förderung von Rechten und Interessen aller Volksgruppen, gestellt wurden. Der Vermittlungsausschuss bearbeitete auf Verlangen des Ausschusses der Gemeinschaften auch Beschwerden über Verletzungen von Menschenrechten und versuchte, Lösungsstrategien mithilfe von Mediation zu entwickeln. Beschwerden waren in private, kommerzielle, institutionelle, die Gemeinschaft betreffende und soziale etc. kategorisiert. Je nach Art der Beschwerde konnte der Ausschuss Maßnahmen ergreifen oder gab entsprechende Empfehlungen an den Beschwerdeführer. Nachdem das CSSP-Team mit seiner Arbeit begonnen hatte, wurden vier wichtige strukturelle Faktoren als Ursachen identifiziert, weshalb die Ausschüsse der Gemeinschaften nicht ordnungsgemäß funktionierten und sich Mediation nicht sinngemäß durchführen ließ. Die Probleme waren:

    A. Die komplexe Natur des Verfahrens und die großen Erwartungen an den Prozess;

    B. mangelnde Anerkennung und mangelndes Verständnis dafür, wie solche Prozesse funktionieren;

    C. Mangel an Ressourcen und

    D. Mangel an politischem Willen und Verantwortung.

Trotz der Schwierigkeiten bei der Durchführung des Projektes konnte das Team des CSSP einen wichtigen Beitrag zur Verbesserung interethnischer Beziehungen leisten und die Entwicklung einer stabilen politischen Situation stärken.

---

für Probleme zu entwickeln. In den 10 Jahren war er als Mediator in 185 Vermittlungen in 55 Kommunen tätig. Sein Mediationsmandat endete im Dezember 2004.

7.2.6 Studentenbefragungen über die parallele Anwendung der außergerichtlichen Konfliktbeilegung zur staatlichen Justiz, für die Lösung von Konflikten und Streitigkeiten im Kosovo

Um die Frage dieser Arbeit, welche Rolle Rache und Blutrache im Kosovo heute noch spielen, zu beantworten, habe ich 100 Studenten unterschiedlicher kosovarischer Universitäten befragt. Zunächst habe ich nach persönlichen Erfahrungen der Studenten mit Rache oder Blutrache gefragt.

Abbildung 8: Erfahrungen der Studenten mit Rache oder Blutrache im Kosovo

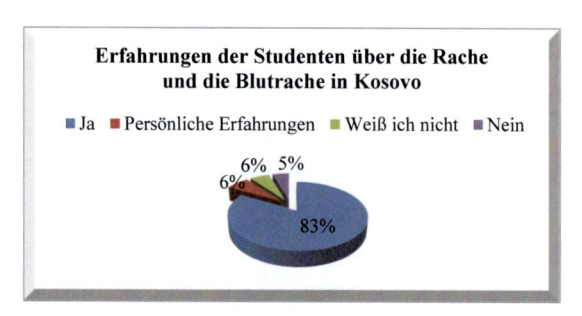

Die Mehrheit der befragten Studenten (83 %) hatten bereits Erfahrungen irgendeiner Art mit Selbstjustiz gesammelt. Ein Teil (6 %) haben sogar persönliche Erfahrungen gemacht. Das lässt den Schluss zu, dass die alten Formen der Selbstjustiz im Kosovo noch immer präsent sind. Die Erfahrungen der Studenten sind das Ergebnis des täglichen Lebens und Erlebens von Konflikten und Konfliktaustragungen durch Taten aus dem Motiv der Rache oder der Blutrache im Kosovo.

Die andere Frage beschäftigte sich mit der Notwendigkeit der Anrufung der Ältestengerichte durch die staatliche Justiz, um eine außergerichtliche Versöhnung zu erreichen. Es wurde gefragt, ob zusätzlich zur Konfliktlösung durch die staatlichen Gerichte, auch eine Versöhnung der Konfliktparteien durch die Ältesten i.S.d. Kanun erreicht werden sollte.

Abbildung 9: Parallele Konfliktlösung der Ältesten zu den staatlichen Gerichten im Kosovo

Glauben Sie, dass zusätzlich zur Konfliktlösung vor staatlichen Gerichten auch eine Versöhnung der Konfliktparteien durch die Ältesten unter Kanun erreicht werden sollte?

- Ja 41%
- Nein 47%
- Manchmal 7%
- Weiß ich nicht 5%

Eine klare Antwort konnte hier nicht gefunden werden. Eine knappe Mehrheit der befragten Studenten (41 % mit ja und 7 % mit manchmal geantwortet) stimmten zwar für eine parallele außergerichtliche Konfliktlösung durch die Ältesten, wenigstens gelegentlich. Knapp 47 % der Studenten, also fast genauso viele, halten die außergerichtliche Konfliktschlichtung parallel zur staatlichen Justiz für unnötig.

Um die Zufriedenheit der Studenten mit der Arbeit der staatlichen Justiz im Kosovo zu bewerten, befragte ich sie nach ihrer Einschätzung der der Arbeit der kosovarischen Gerichte im Zusammenhang mit der Lösung von Verbrechensfällen.

Abbildung 10: Erfolge in der Verbrechenaufklärung durch kosovarische Gerichte

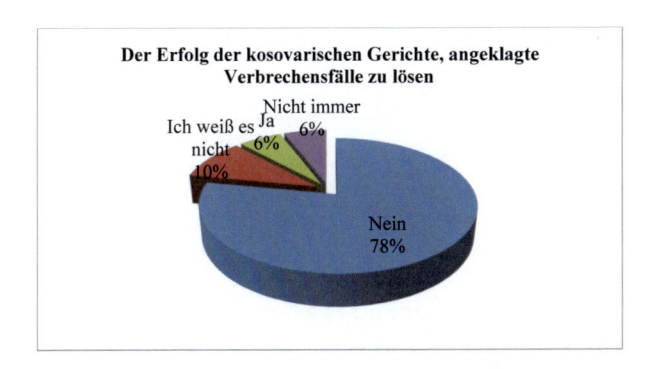

Der Erfolg der kosovarischen Gerichte, angeklagte Verbrechensfälle zu lösen

- Ja 6%
- Nicht immer 6%
- Ich weiß es nicht 10%
- Nein 78%

Die Mehrheit der befragten Studenten (78 %) denkt, dass die kosovarischen Gerichte nicht erfolgreich bei der Lösung von Verbrechen arbeiten. Das Vertrauen in die kosovarische Strafjustiz ist folglich nicht sehr groß. Ich komme also zu der Feststellung, dass die kosovarischen Gerichte nicht imstande sind, ihre gesetzlichen Aufgaben so zu erfüllen, dass die Prozesse in einer absehbaren Zeit stattfinden und die Rechtsstreitigkeiten gelöst werden. Die parallele Anwendung von Formen der außergerichtlichen Konfliktschlichtung scheint also nach wie vor notwendig.

In einer letzten Frage sollten die Studenten erklären, ob sie glauben, dass für Straftaten wie Verbrechen gegen Leib und Leben die Normen des Kanuns angewendet werden sollten.

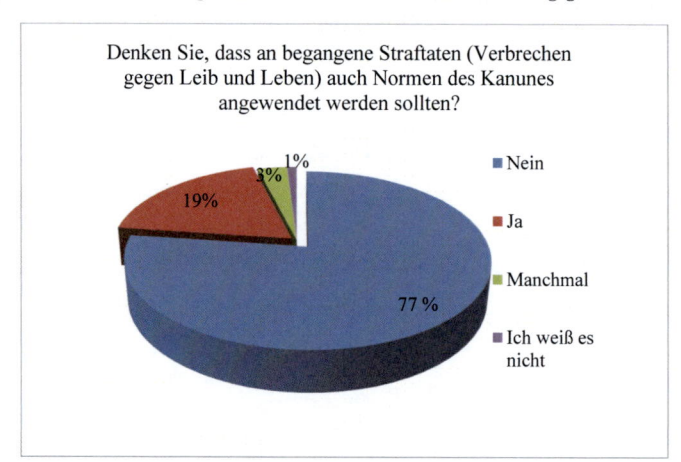

Abbildung 11:   Die Anwendung der Normen des Kanuns bei Verbrechen gegen Leib und Leben

Die Mehrheit der befragten Studenten (77 %) sprach sich auch bei Verbrechen gegen Leib und Leben gegen eine Anwendung des Kanuns aus.

7.2.7 Zusammenfassung

Nach den Ergebnissen der Studentenbefragung wird festgestellt, dass sie sich eine gerechte Bestrafung (Gefängnis, Freiheitsstrafe) der Täter von schweren Straftaten gegen Leib oder Leben, durch ordentliche kosovarische Gerichte wünschen. Für die Befragten ist eine Versöhnung zwischen Täter und Opfer und ihrer Familien nicht ausreichend. Sie wollen Täter nicht einfach so ohne gerechte Strafe davonkommen lassen. Die Studenten würden eine Sanktion durch die staatliche Justiz eher akzeptieren, als eine außergerichtliche Konfliktschlichtung. Die langsame Arbeit der kosovarischen Gerichte[575] stellt jedoch ein Problem dar, sodass die parallele Anwendung außergerichtlicher Konfliktbeilegung durchaus positiv bewertet wird. Wenngleich kosovarische Studenten eine Anwendung der staatlichen Justiz eher akzeptieren, wird jedoch die Möglichkeit der außergerichtlichen Konfliktschlichtung durch die Ältesten oder durch Mediatoren nicht ausgeschlossen.

Betrachtet man den Stand der Kriminalität im Kosovo, dann würde ich mich auf eine Äußerung des Ministers für Emigration von Luxemburg, Nicolas Schmitt, beziehen. Er behauptete, dass die Mordrate im Kosovo niedriger ist, als im europäischen Durchschnitt[576]. Diese Angaben werden durch die statistische Erfassung von Tötungsdelikten im Kosovo bestätigt. Danach ist die Zahl der Tötungsdelikte seit Beginn dieses Jahrhunderts bis heute deutlich zurückgegangen[577].

Tabelle 12: Die Tötungsdelikte im Kosovo 2000 - 2009

Jahr	Anzahl von Tötungen pro 100.000 Einwohner
2000	11.8
2005	2.9
2009	2.6

In dieser Tabelle wird gezeigt, dass von 2000 bis 2009 die Zahl der Tötungsdelikte im Kosovo um ein sechsfaches zurückgegangen ist.

Tatsächlich wurde Kosovo im Jahr 2010 als ein sehr sicheres Land eingestuft, das deutlich friedlicher ist, als eine Dekade zuvor. Autounfälle verursachen laut Statistik häufiger den Tod eines Menschen als Morde.

In Interviews mit bekannten Rechtsanwälten im Kosovo wird bestätigt, dass es noch immer Prozesse wegen Straftaten aus dem Motiv der Rache und der Blutrache gäbe. Die Vermittlung und Schlichtung nach dem Kanun, als eine Methode der außergerichtlichen Konfliktbeilegung in Albanien und im Kosovo sollte daher vorangetrieben werden. Der Staat zeigt noch immer Schwächen in der Strafverfolgung. Es gibt Korruption in der Justiz und die Menschen

---

[575] Das entspricht auch einem Bericht des UNDP vom 01.05.2008. (Raporti i paralajmërimit të hershëm të Kosovës, Raporti nr. 20,21, S.18.) Danach waren im Jahr 2008 79 % der Kosovaren mit den Gerichten des Kosovo unzufrieden, im Vergleich zu allen anderen staatlichen Institutionen. Siehe: http://www.kosovo.undp.org/repository/docs/EWR20 _alb_press.pdf [Stand: 16.03.2012].
[576] „Geringere Mordrate" im Kosovo, in Tageblatt 10.06.2011. http://www.tageblatt.lu/nachrichten/story/ 219 29 717 [Stand:20.01.2012].
[577] "Krimi dhe ndikimi i tij ne Ballkan dhe vendet e prekura", zyra e OKB-se per droga dhe krime, mars 2008, S. 39.

haben den Glauben an die Justiz verloren. Selbstjustiz könnte dadurch einen neuen Nährboden erhalten und das ist gefährlich und würde die Erfolge des letzten Jahrzehnts zerstören.

Wichtig ist ferner, die Auslegung der Normen des Kanuns in der Praxis zu kontrollieren. Nach dem Kanun dürfen Kinder oder Frauen wegen einer Blutrache nicht ermordet werden. Dennoch geschehen noch immer solche Fälle im Namen des Kanuns, was große Proteste in der Bevölkerung verursacht. Darüber muss aufgeklärt werden.

Durch diese verschiedenen offiziellen und informellen Fakten kann man sagen, dass Rache- und Blutrachedelikte im Kosovo, in der Zeit nach dem Kosovokrieg (1999), nicht wieder zugenommen haben, jedoch auch noch nicht völlig ausgelöscht wurden. Während ich diese Arbeit schreibe, lese ich über einen aktuellen Blutracheakt in einem Dorf namens Stanovc der Gemeinde Vushtrri, in dem jemand Rache für seinen ermordeten Sohn nimmt, indem er einen Mann und dessen minderjährige Tochter (10) ermordet[578]. In diesem Fall der Blutrache wiegt besonders schwer, dass die Familien vor einigen Jahren eine Versöhnung wegen des Mordes an dessen Sohn durch die Ältesten erreicht hatten. Die Entscheidung der Ältesten wurde auf die Basis von Regeln des KLD verhängt. Nach ihrer Entscheidung sollten das heutige Opfer und seine Familie das Haus und Grundstück im Dorf verlassen. Er respektierte diese Entscheidung der Ältesten und zog aus dem Dorf Stanovcin das Dorf Maxhunaj um. Das Durchqueren seines alten Dorfes wurde dem Täter nun zum Verhängnis.

Nach meiner Auffassung sollten parallel zur staatlichen kosovarischen Justiz, auch die albanischen Ältesten sowie Mediatoren i.S.d. Mediationsgesetzes eingeschaltet werden, um Konflikte und Streitigkeiten der Menschen im Kosovo friedlich zu lösen.

---

[578] Kosova Sot, S. 11, 07.08.2011, *Gashi*, K. Im Dorf Stanovc, Gemeinde Vushtrri wurden Vater und Tochter ermordet, (Ne Stanovc te Vushtrrise vriten babe e bije; Vrasja e dyfishtë në Stanovc të Vushtrrisë), siehe auch auf der Homepage URL: http://www.koha.net/?page=1,4,65269 [07.08.2011].

8. Urteile der staatlichen Justiz

8.1 Kosovo (Fälle von Mord, Mordversuch, Entführung und Blutrache)

Die folgenden Urteile der kosovarischen Justiz in Fällen von Mord, Mordversuch und Raub werde ich mit Entscheidungen außergerichtlicher Ältestengerichten gegenüberstellen. Im Jahr 1999 hat das kosovarische Justizsystem ein neues Gesicht bekommen, denn zur Förderung einer rechtsstaatlichen Entwicklung war es auf die zuständigen internationalen Organisationen angewiesen. Am Anfang wurde das Justizsystem allein durch die UNMIK organisiert und seit der Unabhängigkeitserklärung (2008) und dem Inkrafttreten der Verfassung (2008) wird die UN-Mission durch die Europäische Mission EULEX unterstützt. Sie sollten gemeinsam die operative Funktionalität im Bereich der Rechtsstaatlichkeit verstärken und die Justizreform in die Hand nehmen. Bis zu dieser Zeit lag das kosovarische Rechtssystem nach Meinung von Holly Cartner, Direktorin der Abteilung Europa und Zentralasien von Human Rights Watch, "am Boden". Für eine Änderung der Situation bedarf es ihrer Meinung nach einer grundlegenden Reform. Besonders im Strafrechtssystem gibt es noch Schwachstellen, wie ungenügende Polizeiunterstützung für Untersuchungsrichter, schlechte Koordination zwischen nationalen und internationalen Elementen des Systems (wo internationale Richter, Staatsanwälte und Polizeibeamte mit ihren nationalen Amtskollegen zusammenarbeiten sollten) sowie ein elektronisches Fallmanagementsystem, das trotz Millionen Investitionen von verschiedenen bilateralen Geldgebern noch immer nicht funktioniert[579].

Aus einer Statistik, des Sekretariats des Justizrates des Kosovos, geht hervor, dass nur 39,7 % der angefochtenen amtsgerichtlichen Urteile in Strafsachen durch die Kreisgerichte bestätigt wurden. Die restlichen etwa 60 % der Berufungsfälle hat das Gericht anders beurteilt und den Fall zur Neuverhandlung zurück an das Amtsgericht gegeben[580].

In einem Bericht des offiziellen Sprechers der Polizei des Kosovo, Brahim Sadriu, wird erwähnt, dass in der Zeit vom 1. Januar bis zum 20. September 2011 1.006 Fälle illegalen Waffenbesitzes aufgenommen wurden[581]. Das zeigt, welche großen Gefahren bei Eskalationen im Konfliktfall, bei [eventuell besser: „in der"] der kosovarischen Bevölkerung bestehen.

---

[579] Vgl. URL: http://www.hrw.org/de/news/2008/03/27/kosovo-strafrechtssystem-l-sst-opfer-im-stich [Stand:26.04.2011]. "Kosovo Criminal Justice Scorecard", 27.03. 2008.

[580] Abteilung für Statistik des Sekretariats des Justizrats des Kosovo, veröffentlicht am 25.09.2010, erschienen in der Tageszeitung "Kosova Sot".

[581] Offizieller Sprecher der kosovarischen Polizei, Brahim Sadriu, am 30. Oktober 2011 für die Tageszeitung "Kosova Sot".

Wie die folgenden Fälle zeigen, werden viele kriminelle Handlungen mit illegal beschafften Waffen ausgeübt. Die kosovarischen Justizorgane wie Polizei, StA und Gerichte sollten besser kooperieren[zusammenarbeiten], um diese [Fälle]illegalen Waffenbesitze[s]r, im Sinne des kStGB zu bestrafen und nicht wie die kosovarische StA es [bislang]praktiziert, die Straftäter nach ihrer Vernehmung sofort freilassen, das Verfolgungsverfahren einstellen oder mit einem Bußgeld ahnden.

Durch meine Interviews mit Richtern des Kreisgerichts von Mitrovica erfuhr ich, dass sie drei Tage nach der Ausrufung der Republik des Kosovo von einer serbischen Minderheit aus dem Norden Mitrovicas vertrieben worden waren. Sämtliche Akten sind in dem alten Gebäude in Mitrovica zurückgeblieben. Heute hat EULEX seinen Sitz in diesem Gebäude, jedoch ohne einen einzigen albanischen Richter. Alle Akten schwerer Straftaten (Tötungen aufgrund von Blutrache Ermordungen für Blutrache) in der Region Vushtrri, [befinden sich im Besitz der EULEX-Gerichtsbarkeit in Mitrovica] sind von EULEX-Richtern in Mitrovica eingenommen worden[582].

Die Richter berichten, dass die Versöhnung der Konfliktparteien eine wichtige Rolle bei den strafrechtlichen Maßnahmen des staatlichen Gerichtes spielt. Wenn es beispielsweise um einen Mordversuch geht, bei welchem der Täter und das Opfer eine außergerichtliche Versöhnung erreicht haben, kann diese Versöhnung beim Gerichtsverfahren Berücksichtigung finden, bis hin zur Freilassung des Täters. Rechtsnormen werden so interpretiert, dass aus einem faktischen ein rechtlicher Zustand entwickelt wird. Die Versöhnung des Täters mit dem Opfer und seiner Familie wird als positives Verhalten des Täters angesehen und dementsprechend berücksichtigt. Es kann ein Argument sein, eine mildere Strafe zu bekommen. Die Richter versicherten, dass in letzter Zeit viele solcher außergerichtlichen Versöhnungsfälle stattfanden.

Im Folgenden werde ich drei Fallbeispiele zu den Straftaten Mord, Mordversuch und Entführung darstellen, die am Kreisgericht in Prishtina verhandelt wurden.

8.1.1 Der erste Fall[583]: Mord

EULEX-Richter Arkadiusz Sedek, dem EULEX-Richter Malcolm Simmons, und dem kosovarischen Richter Hamdi Ibrahimi, hatte in einer Strafsache den Albaner H.B., wegen

---

[582] Die Interviews wurden am 18. Februar 2011 vom Autor dieser Arbeit mit zwei Richtern des Kreisgerichtes von Mitrovica, Ferit Osmani und Ali Kutllovci, durchgeführt.
[583] Bezirksgericht Prishtina, *Beschl. vom 04.06.2010, AZ: 605/2008.*

1. Mordes gem. § 147 Abs. 1 Nr. 11 kStGB und
2. Eigentum, Besitz, Kontrolle oder Verwendung ohne Erlaubnis von Waffen, gem. § 328 Abs. 2 kStGB

angeklagt.

Nach einem öffentlichen Gerichtsverfahren wurde der Angeklagte am 04. August 2010 gem. § 147 Abs. 1 Nr. 11 kStGB des Mordes und gem. § 328 Abs. 2 kStGB des Eigentums, Besitzes, der Kontrolle oder Verwendung ohne Erlaubnis von Waffen, schuldig gesprochen.

Am 10. Oktober 2005, gegen 16:00 Uhr, hatte der Angeklagte im Dorf B. der Gemeinde O. auf einem Grundstück, welches sich auf der Hauptstraße von Prishtine nach Mitrovice befindet, absichtlich während eines akuten Streits, AL und DL getötet.

Am erwähnten Tag war der Angeklagte mit der Feldbestellung und Weizenaussaat beschäftigt. Als Hilfsarbeiter stand ihm der Fahrer des Traktors, A. T. (ein Serbe), zur Seite. Eine verbale Auseinandersetzung im Zusammenhang mit dem Grundeigentum an dem zu bestellenden Feld entstand zwischen A. D., A. L. und dem Angeklagten H. B. Die Situation eskalierte und die Opfer zerrten den Angeklagten mit Gewalt vom Grundstück auf die Straße. Die beiden Opfer waren während dieser Streitigkeit nicht bewaffnet. Sie entfernten sich vom Angeklagten, der sich nunmehr erniedrigt fühlte und zornig war. Er entschloss sich zur sofortigen Rache und schoss aus einer Entfernung von sechs bis sieben Metern, drei Mal in Richtung des A. L., der am. 11. Oktober 2005 seinen Verletzungen erlag. Danach schoss er in die Richtung des D. L., der durch eine Kugel in der Brust und am Kopf verletzt wurde und am 10. Oktober 2005 verstarb.

3. Der Angeklagte H. B. ist auch schuldig wegen:

Des Eigentums, Besitzes, Kontrolle oder Verwendung ohne Erlaubnis von Waffen. Der Angeklagte H. B. war im Besitz der Pistole "TT", die er ohne gültigen Waffenschein bei sich führte. Auf der Basis des § 37 kStGB und des § 147 Abs. 1 Nr. 1 kStGB wurde der Angeklagte wegen Mordes zu 22 Jahren Gefängnis und wegen unerlaubten Waffenbesitzes gem. § 38 und § 328 (2) kStGB zu einem Jahr Gefängnis, verurteilt. Diese Gefängnisstrafe wurde auf Basis des § 71 Abs. 1 und 2 Nr. 1 kStGB zu einer Gesamtstrafe von 22 Jahren Gefängnis zusammengefasst.

Das Gericht hatte folgende Tatsachen festgestellt:

Der Angeklagte H. B. hat am 10. Oktober 2010 von 8.30 Uhr bis 16.00 Uhr gemeinsam mit A.T. auf dem Grundstück, den Acker bearbeitet.

Die Eigentumsverhältnisse des Grundstücks waren zu dieser Zeit nicht klar. Eine Familie Leci behauptete, das Grundstück würde ihr gehören, da sie am 17. Januar 2001 über den Kauf verhandelt hätten, dieser später aber misslang.

Dem Angeklagten war der Käufer des Grundstückes, ein Herr Behxhet Latifi, bekannt, denn mit ihm hatte er vereinbart, das Grundstück zu bearbeiten. Er behauptete, er habe nichts über die Streitigkeit des Eigentums des Grundstücks gewusst.

Ein gewisser Rrahman Leci behauptete, er habe am 17. Januar 2001 das Grundstück für die Zeitperiode von fünf Jahren gemietet. Er sollte dafür einen Betrag in Höhe von 100 € zahlen. Inzwischen hätten seine Söhne diesen Vertrag geändert und es angeblich gekauft. Sie haben sich geeinigt, dem Eigentümer eine Summe von 40.000 € zu zahlen und den Rest in einem Zeitraum von fünf Jahren zu begleichen, damit das Grundstück im Eigentum der Familie Leci verbleiben kann. Der Vertrag wurde mündlich geschlossen. Der restlichen Schulden wegen, entschlossen sie sich einen Teil des Grundstücks zu verkaufen. Diese restlichen Schulden sollten an den vorherigen serbischen Eigentümer gezahlt werden. Das Gericht war überzeugt, dass die Mitglieder der Familie Leci zum Grundstück gingen, um die [,aus ihrer Sicht nicht berechtigten Personen,] ungeladenen Personen von ihrem Acker zu vertreiben.

Das Gericht berücksichtigte bei der Strafzumessung mildere Umstände des Täters, wie Reue und das fortgeschrittene Alter von 68 Jahren des Angeklagten.

Schwerwiegende Umstände wurden jedoch auch herangezogen. Menschliches Leben gilt als schützenswertes Gut und als Folge der Straftat haben A. L. und D. L. ihr Leben verloren und ihre Kinder als Halbwaisen zurücklassen müssen.

8.1.1.1 Berufungsprozess vor dem Bezirksgericht

Im Rahmen der Berufungsverhandlung wurde durch den Gerichtshof des Kosovo die Sache wieder an das Bezirksgericht in Prishtina, für eine neue Verhandlung, zurückgegeben. Es wurden die Aussagen der Polizisten, die am Tag der Morde zur Spurensicherung beauftragt waren, überprüft. Tatsächlich wurden am Tag des Doppelmordes, gegen 18.00 Uhr, nur noch die Blutspuren sichergestellt. Weitere Spurensuche wollte man wegen der Dunkelheit und der Größe des Feldes auf den nächsten Tag verschieben. Tatsächlich wurden aus diesem Grund wertvolle Spuren nicht rechtzeitig sichergestellt[584]. Der Prozess ist noch immer nicht abgeschlossen.

---

[584] Dëshmojnë policët hetues. Prishtinë, 08.04.2012, vgl. URL http://www.botasot.info/def.php?Category=&id =55249 [Stand: 25.04.2011].

8.1.1.2 Zusammenfassung

Im Kosovo kann es oft wegen ungelöster Eigentumsprobleme zwischen Serben und Albanern zu kriminellen Handlungen kommen. In Zusammenhang mit dem weiteren Problem des illegalen Waffenbesitzes der kosovarischen Bevölkerung besteht in diesem Bereich ein erhöhtes Risiko, für Straftaten mit tödlichem Ausgang.

Bei einem solchen Prozessverlauf, von 2005 bis heute, kann man annehmen, dass die Gerichte im Kosovo zu einer vollständigen Fallaufklärung und zeitnahen Urteilsverkündung nicht imstande sind. Des Weiteren könnten die Fähigkeiten der kosovarischen Polizei bei der Sicherstellung der Spuren infrage gestellt werden. Wie schon zuvor, muss auch hier wieder betont werden, dass die Institutionen der Ältestenräte aktiv bei jedem Konflikt und Streit zwischen Albanern, insbesondere auch mit dem Hintergrund serbisch-albanischer Eigentumskonflikte, beteiligt werden müssen. Denn während einer sich lange hinziehenden Entscheidung durch staatliche Justiz der Republik Kosovo, könnte es zu neuen Konflikteskalationen zwischen verfeindeten Familien kommen. Deshalb sollten auch hier Mediatoren eine aktive Rolle übernehmen.

8.1.2 Der zweite Fall: Mordversuch[585]

Das Kreisgericht in Prishtina, bestehend aus dem Panel mit dem Vorsitzenden EULEX-Richter Francesko Flori, dem einheimischen Richter Ferid Bislimi und dem EULEX-Richter Dragomir Yordanovin der Strafsache gegen

A. H. Decan, A. H. Skenderaj, M. Q. Gjakove, D. S. Mitrovice und A. N. Gjakove, am 20. November 2009 folgendes verkündet:

A. H., M. Q. und D. S. sind schuldig im Sinne der Anklage des Mordversuches gem. Art. 147, Abs. 1. Punkt 4 und § 20 kStGB in Verbindung mit dem ehemaligen Art. 23 kStGB und des Art. 328 Abs. 2 kStGB wegen unerlaubten Waffenbesitzes. Die Angeklagten sind verantwortlich für die folgenden Verbrechen.

1. Am 28. Februar 2007, gegen acht Uhr, waren die Angeklagten A. H. und M. Q., bewaffnet mit Maschinengewehren und einer Pistole TT, mit dem Auto unterwegs zum Dorf Gjergjice der Gemeinde Drenas. Während der Fahrt nahmen sie den Wagen des A. B. mit dem Ziel ihn zu töten, unter Beschuss, indem der Angeklagte M. Q. sieben Mal mit der Pistole TT in die Richtung des Fahrzeugs des geschädigten A. B. schoss, der Angeklagte A. H. zwölf Mal aus

---

[585] http://www.eulex-kosovo.eu/docs/justice/judgments/criminal-proceedings/DCPrishtina/AgronHaradinaj/DC-Pristina-Agron-Haradinaj-et-a-Albanianl.pdf [Stand: 07.08.2011].

seinem Maschinengewehr feuerte. A. B. wurde hierbei auf der rechten Seite von einer der Kugeln getroffen. Das Leben der Mitreisenden J. Kt., M. Kt. und J. Mt. aus Peja wurde außerdem in Gefahr gebracht. Nach dieser Straftat flüchteten sie vom Tatort.

A. H., M. Q., und D. S.

2. Am 12. April 2007, gegen 16.15, versuchten die Angeklagten A. H., M. Q. und D. S erneut dem A.B. das Leben zu nehmen. Hierbei wurden vier Polizisten des kosovarischen Polizeidienstes in Prishtina in Lebensgefahr gebracht. Die Angeklagten A. H. und M. Q. hatten sich den Angeklagten D.S. zur Unterstützung dazu geholt. Die Angeklagten sind mit einem Raketenwerfer der Art „ZOLLA" ausgerüstet und mit Handgranaten bewaffnet, auf die Straße im Dorf Gjergjice, der Gemeinde Drenas, gegangen und haben den Polizeiwagen beschossen. In dem Wagen befand sich der Geschädigte A.B. in Begleitung der Polizisten. Der Fahrer wurde verletzt. Die Täter sind in Richtung des Waldes im Norden des Dorfes geflüchtet. Der schnelle Einsatz der kosovarischen Polizei in Drenas verhinderte diese Flucht und ermöglichte ihre Festnahme.

Die Straftäter wurden auch wegen unerlaubten Besitzes von Waffen angeklagt.

Das Gericht befand die Straftäter für schuldig in allen Anklagepunkten und verurteilte sie zu langjährigen Haftstrafen.

Die Hintergründe der Tat waren folgende: Zum Zeitpunkt der Ereignisse, d.h. im Frühjahr 2007, erhielt A. B. eine Stelle mit großer Verantwortung für die Entwicklung einer strategischen Geschäftseinheit einer modernen Gesellschaft. Als Agenturangestellter war er verantwortlich für die Steuerung des Telefon-Kommunikationsmarkts. Dazu gehörte es, Entscheidungen in Fällen von Missgunst in Sektoren anderer Gesellschaften zu treffen. Der Angeklagte A. H. behauptete, er habe den Raketenwerfer auf A. B. gefeuert aus Ärger wegen angeblicher Veruntreuung der Verwaltung der Regulierungsbehörde für Telekommunikation. Er räumte ein, dass er die Schüsse auf das Fahrzeug des A. B. aus Wut und Ärger abgegeben hatte, weil A. B. angeblich öffentliche Gelder missbraucht hat.

8.1.2.1 Zusammenfassung

Auch in diesem Fall spielte der illegale Waffenbesitz [bei der Begehung der Straftat] eine Rolle.

Nach ihrer Berufung am kosovarischen Gerichtshof, wurden die Gefängnisstrafen gesenkt. A. H. Strafe wurde von 17 auf 14 Jahre reduziert, M. Q. von 15 Jahren und 6 Monaten auf 15 Jahre und D. S. von 15 Jahren auf 11 Jahre und 4 Monate[586].

Nach einem Bericht, der in der Bota Sot erschien, sagte der Verurteilte A.H. im Gefängnis aus, ihm wurde von Ertur Rrustemi, dem ehemaligen Hauptvorsitzenden der Posttelekommunikation des Kosovo eine Belohnung in Höhe von 100.000 € für die Ermordung des A.B. versprochen[587]. Außerdem wurden ihm Arbeitsplätze für seine Familienangehörige angeboten. Nach seinen Berichten hätten die Auftraggeber des Attentates ihm und seinen Mittätern je 800 € für die Vorbereitung des Attentates gegeben.

Es wird festgestellt, dass Korruption auch vor dem Gerichtssaal nicht haltmacht. [der Satz erschließt sich mir nicht ganz. Es wurde doch nicht das Gericht bestochenb´. Darauf deutet der Satz aber hin]

8.1.3 Der dritte Fall: Entführung für Kopfgeld (Raubversuch)

Das Kreisgericht in Prishtina hat im Namen des Volkes, durch den Vorsitzenden EULEX-Richter Andrea CRUCIANI, den EULEX-Richter Francesco FLORI und den einheimischen Richter Ferid Bislimi, in der Strafsache gegen B.R., V.A., V.V. und den jugendlichen V.S., wegen des Tatbestandes der Entführung in Mittäterschaft gemäß Art. 159, Abs. 2 und 23 kStGB, verhandelt.

Am 10. Dezember 2005, um 00:30 Uhr entführten die Angeklagten in Prishtina in der Ortschaft Dardania, in Mittäterschaft, bewusst und nach einer zuvor getroffenen Vereinbarung den D. SH. und versteckten ihn im Hause des Sh. S. in Podujevo. Sie hielten ihn bis zum 13. Dezember 2005 dort versteckt und ließen ihn frei, nachdem sie an jenem Tage gegen 14.00 Uhr von seinem Vater auf einem Feldweg in der Nähe des Dorfes Bradash ein Kopfgeld in der Höhe von 230.000 € erhalten hatten.

Die Angeklagten wurden im Sinne der Straftat schuldig gesprochen und zu Gefängnisstrafen verurteilt. Die Opfer erhielten zum Teil Ersatz für die erlittenen Schäden.

---

[586] EULEX – Kosovo, Aktgjykimi i Gjykatës Supreme ndaj ankesës. Auf URL: http://www.eulex-kosovo.eu/al/pressreleases/0176.php [Stand: 25.08.2011].

[587] 100.000 euro, për vrasjen e Anton Berishës? Auf URL:http://gazetaexpress.com/index.php?cid=1,15,71868 [Stand: 18.01.2012].

8.1.3.1 Zusammenfassung

Eine solche Straftat bestätigt die Gefahr der möglichen Ausbreitung der Straftaten aus Motiven der illegalen Bereicherung. Polizeiliche Statistiken zeigen, dass die Zahl der Entführungsfälle besorgniserregend angestiegen ist. Der Kosovo war immer ein Land, wo Geiselnahmen an der Tagesordnung waren. In den meisten Fällen werden Geschäftsleute erpresst, um Geld zu erbeuten[588]. Die Geiseln werden i.d.R. unverletzt wieder freigelassen.

8.1.4. Der vierte Fall[589]: Blutrache

Prishtinas Bezirksgericht, welches im Panel besetzt wurde, mit dem Vorsitzenden Isuf Makolli - und Shpresa Hasaj - Hyseni und Naser Foniqi als Mitglieder, in der Strafsache gegen A. S. wegen des Straftatbestandes der Beihilfe zur Begehung des Straftatbestandes des Mordes aus Art. 179, Abs. 1 Numm. 1.1 und 1.8 im Zusammenhang mit Artikel 33 des kStGB, und in das Strafverfahren gegen den minderjährigen - jetzt erwachsen L. S. wegen Straftaten: I. Mord aus Art. 179, Abs. 1 Numm. 1.1; 1.5 und 1.8, und II. Besitz, Kontrolle oder unerlaubter Besitz von Waffen nach Art. 374 Abs. 1 des kStGB, verhandelt.

Der Angeklagte A. S.: Er half dem Sohn seines Onkels mit den Initialien L.S., absichtlich, indem er ihn bei der Ausführung des Verbrechens logistisch, physisch und moralisch unterstützte. Der minderjährige L. S., der am 01.08.2014 gegen 12:10 Uhr auf dem Hof der Grundschule „E. D." stand, die sich an der Straße "I. K." in Pristina befindet, hat das verstorbene Opfer erschossen.

Der damals 15 jährige verstorbene F. K. wurde mit dem Hintergrund der Blutrache ermordet. Dies wird vermutet weil der Vater und der Bruder des ermordeten F.K. 2 Jahre zuvor im November 2012 den Onkel des Täters, sowie den Sohn des anderen Onkels verletzt hatten und ebenfalls einen Sohn eines anderen Onkels des Täters L.S. ermordet hatten.

Ab dem Zeitpunkt als der erste Angeklagte A.S. vernommen hat, dass das Opfer F.K. aus Schweden in den Kosovo eingereist war, hat er ihn gemeinsam mit dem Mittäter L.S. beschattet und jegliche Information über seinen Aufenthaltsort gesammelt. Darüber hinaus erklärte A.S.

---

[588] Telegrafi.com, 5.05.2011, Rritet numri i rrëmbimeve (Die Zahl der Entführungen erhöht sich.) Auf http://www.telegrafi.com/lajme/rritet-numri-i-rrembimeve-80-1080.html [Stand:17.03.2012].
[589] GJYKATA THEMELORE NË PRISHTINË- DEPARTAMENTI PER KRIME TE RENDA PKR.nr.227/19, dt.11.12.2020.

seinem Mittäter während er ihn in seinem eigenen PKW transportierte, wie sich L.S. zu benehmen hat, wo er sich aufzuhalten hat.

Als A.S. sah, dass F.K. sich mit seinen eigenen ehemaligen Klassenkameraden in der Schule E.D. in Prishtina aufhielt, holte A.S. seinen Mittäter L.S. mit seinem PKW der Marke BMW X5 ab. Als L.S. das Opfer F.K. erkannt hat, zog er seinen Revolver und erschoss das Opfer und verletzte ebenfalls einen ehemaligen Klassenkameraden des Opfers.

Daraufhin verließ L.S. den Tatort, sowie er es zuvor mit A.S. vereinbart hat. Der Angeklagte A.S. hat daraufhin den Täter abgeholt und mit seinem PKW in das Dorf. M zu seinem Onkel transportiert in der Hoffnung L.S. dadurch ein Alibi zu verschaffen.

Der Staatsanwalt hat außer den Schuldbekenntnissen der Angeklagten keinen anderen Grund dafür gesehen, mildernde Umstände für den inzwischen volljährig gewordenen Täter gelten zu lassen. Als besonders erschwerenden Umstand hat der Staatsanwaltschaft die Tötung eines 15-jährigen Kindes und Gefährdung des Lebens einer oder mehrerer Personen gewertet, sowie die Tatsache, dass der Mord an dem Kind aus skrupellosen Absichten der Rache und aus anderen niederen Motiven erfolgte. Als schwerwiegend erachtete der Staatsanwalt auch die Tatsache, dass das Opfer ein unschuldiges Kind war und dass der Mord an einem Kind aus moralischer und sozialer Sicht schlimmer gewertet wird als der Mord an einem Erwachsenen. Als abschreckendes Beispiel bestand der Staatsanwalt darüber hinaus darauf, dass das Gericht den Täter die höchstmögliche Strafe für die Tatbestände gibt, sodass potenzielle Täter in Zukunft vom Begehen solch einer Tat abgeschreckt werden.

Daher hat das Gericht im Sinne der Artikel 7, 17, 21, 33, 41, 42, 43, 45, 73, 83 des kStGB, Artikel 4, 28, 32, 33, 34 und 73 kJStGB sowie Artikel 359, 365, 366, 367, 368, 450 und 463 des kStPO, die Angeklagten schuldig gesprochen und zu folgenden Gefängnisstrafen verurteilt:

Der angeklagte A. S. wurde zu einer Freiheitstrafe von 9 (neun) Jahren verurteilt.

Der zur Tatzeit minderjährige Haupttäter L. S. wurde zu einer Freiheitsstrafe von 9 (neun) Jahren und 6 (sechs) Monaten verurteilt.

Was den minderjährigen - jetzt erwachsenen L. S.- betrifft, basierend auf Art. 37 Abs. 1 des kJStGB wurde bei ihm eine Strafe für beiden Taten verhängt

Bei der Festsetzung der Art und Höhe der Strafmaße hat das Gericht alle Umstände berücksichtigt.

Bezüglich des Angeklagten A. S. stellte das Gericht keine besonders erschwerenden Umstände fest, da der A.S. nicht der Haupttäter oder Entscheidungsträger war, sondern nur ein Hilfeleistender. Darüber hinaus zeigte er sich reuig für die begangene Tat und bekannte seine Schuld. Was den minderjährigen – inzwischen volljährigen L.S. - anbelangt, betrachtete das Gericht als erschwerende Umstände den Grad der Höhe der Beteiligung an der Begehung der Straftat; das hohe Maß an Willen, das derselbe bei der Begehung der Straftat gezeigt hat, einschließlich der gezeigten Entschlossenheit, die Straftat zu begehen. Ebenfalls sah das Gericht als erschwerende die Art der Begehung der Straftat, jedoch erachtete das Gericht das Schuldbekenntnis des Täters als einzige Grundlage für mildernde Umstände.

8.1.4.1 Zusammenfassung

Das Gericht erster Instanz nin Prishtina hat im Strafverfahren gegen die beiden o.g. Angeklagten der Beihilfe zum Straftatbestand des Mordes wegen skrupelloser Rache nach geltendem Strafrecht verurteilt. Merkwürdigerweise hat das Gericht den ersten Angeklagten A.S. auf Basis seiner begangenen Hilfeleistung verurteilt, jedoch hat es ihn nicht als Anstifter gesehen. Es ist festzustellen, dass A.S. als Anstifter gehandelt hat, da er L.S. ganz klar angestiftet hat die Straftat zu begehen. Hierbei war es sich bewusst, dass ein Minderjähriger mit einer niedrigeren Strafe verurteilt würde. Da nach dem kosovarischen Strafgesetzbuch eine minderjährige Person höchstens eine Freiheitsstrafe von XX Jahren zu erwarten hat. Nach dem albanischen Kanun wurde die Handlungen des Tötens von Kindern als abscheuliches Verbrechen angesehen, und die Täter wurden schwer bestraft. Auch nach albanischem Gewohnheitsrecht hieß es, *„der Anstifter sei schlimmer als der Täter". Demnach wurde der Anstifter gleich einem Täter bestraft.*

8.1.5 Zusammenfassung der Straftaten und die Entscheidungen

Alle dargestellten Gerichtsfälle *bis auf den vierten Fall* haben eines gemeinsam, sie sind aus den letzten zwölf Jahren. Entscheidungen werden im Kosovo nicht sofort nach Aufklärung einer Straftat gefällt, sondern oft vergeht eine lange Zeit bis zur endgültigen Urteilsverkündung. Im ersten Beispiel wurde die Tat am 10. Oktober 2005 begangen und das Urteil dazu erst am 4. August 2010 verkündet. Nach einem Bericht der OSCE haben kosovarische Zivilgerichte hinsichtlich der Beendigung von Verfahren im Jahr 2010, im Vergleich zu den Vorjahren, bessere Ergebnisse erzielt. Die Quote lag bei 17,46 % beendeter Verfahren im gleichen Jahr der Anhängigkeit der Verfahren. Strafgerichte könnten jedoch nur eine Quote von

4,44 % erreichen, d. h. mehr als 95 % aller angeklagten Fälle, werden erst in den Folgejahren ihrer Anklage beurteilt werden[590].

Wie bereits erwähnt, müssen auch hier die Institutionen der Ältestenräte aktiv bei der Aufklärung und Schlichtung aller Konflikte und Streitigkeiten zwischen Albanern, insbesondere mit dem Hintergrund serbisch-albanischer Eigentumskonflikte, beteiligt werden. Während der sich lange hinziehenden Entscheidungen staatlicher Gerichte der Republik Kosovo könnte es zu neuen Konflikteskalationen zwischen verfeindeten Familien kommen. Deshalb müssen hier die Ältesten sowie Mediatoren eine aktive Rolle übernehmen. Im kosovarischen Mediationsgesetz wurde das Ziel bestimmt, dass durch die Mediation eine schnellere und effektivere Bearbeitung der Gerichtsfälle erreicht werden soll. Tatsächlich ist dies jedoch nur für zivilrechtliche Fragen gemeint. Dabei hätte auch im ersten geschilderten Fall der Eigentumsstreitigkeiten eine Mediation Abhilfe schaffen können. Durch Interventionen einer außergerichtlichen Institution können Eskalationen zwischen verfeindeten Familien mit Sicherheit vermieden werden. Die Hauptschuld an Eigentumsdelikten trägt die kosovarische Justiz, denn viele Fälle solcher Art, die sich nach Ende des Kosovokrieges ereignet haben, sind auf mangelnde Rechtssicherheit zurückzuführen. Bis heute sind keine effektiven Maßnahmen ergriffen worden, um diese Eigentumsdelikte einzudämmen.

Aus den Studentenbefragungen und der OSCE-Umfrage geht eindeutig hervor, dass die Bevölkerung kein Vertrauen in die staatlichen Gerichte des Kosovo hat. Der erste Fall erklärt dieses Phänomen und liefert ein gutes Beispiel für die kosovarische Gerichtspraxis. Obwohl diese Straftat vor Jahren begangen wurde, läuft dessen Beurteilung durch alle Gerichtsinstanzen und zeichnet sich durch mangelhaft erhobene Beweise aus, die in den Aufgabenbereich der Ermittlungsbehörden und Gerichte fallen.

Ungeklärte Eigentumsverhältnisse sind nicht nur im Kosovo, sondern auch in Nordalbanien (Skutari) häufige Ursache von Tötungsdelikten. Den Aussagen der nordalbanischen Bewohner zufolge ist die Behörde für Registrierung von Immobilien und Grundstücken gem. des Gesetzes 7501 und der Landschaftsteilungskommission von 1992, auch zur Bestimmung und Zertifizierung von Eigentümern und Grundstücksbesitzern zuständig. Diese Eigentumszertifikate, die den legalen Eigentümer eines Grundstücks oder einer Immobilie ausweisen, sind jedoch sehr schwer und in vielen Fällen gar nicht zu bekommen[591]. Deshalb werden viele Konflikte, die

---

[590] Ekzekutimi i Aktgjykimeve Penale ne Kosove (Vollziehung der Strafurteile im Kosovo), Januar 2012 OSCE Mission im Kosovo, S. 16, auf http://www.osce.org/sq/kosovo/87005 [Stand.18.03.2012].
[591] *Dushi,* Anila: Shkodraonline, Eigentumskonflikte, das Hauptmotiv der Tötungen, (Konfliktet për pronën motivi kryesor i vrasjeve), 10. März 2008, auf http://www.shkodraonline.com/comment.php?comment.n

infolge dieser ungeklärten Sachlagen entstehen, durch die Vermittler und die Ältesten, erfolgreich nach dem Kanun geregelt[592].

Der zweite Fall betrifft Ausschreibungsverfahren, als eine Methode der Auftragsvergabe von staatlichen oder öffentlichen Behörden, an große und kleine Unternehmen aller Branchen. Im Kosovo sind viele Fälle bekannt, in denen staatliche Behörden dieses Ausschreibungsrecht missbrauchen, um Verwandte oder Bekannte zu bevorteilen, obwohl andere Mitbewerber die Voraussetzungen mglw. besser erfüllen. Im Zeitraum von Juli – September 2011 wurden der kosovarischen Regierung 12 Fälle von missbräuchlicher Auftragsvergabe bekannt. Die schwersten Verstöße gab es in den Branchen der PTK (Posttelekommunikation des Kosovo) und KEK (Kosovarische Kooperation für Energie)[593]. Diese neue Art der Kriminalität sollte jedoch durch zuständige Regierungsinstitutionen bekämpft werden, denn für die Ältesten sind solche Fälle „fachfremde" Angelegenheiten. In diesen Konflikten stehen sich andere Parteien als bisher gegenüber. Eine öffentliche oder staatliche Behörde auf der einen und Privatpersonen auf der anderen Seite. Solche Fälle sollten mithilfe von Mediation geklärt werden.

8.2. Albanien

Die folgenden Urteile der albanischen Justiz in Fällen von Mord und Tötung werde ich Entscheidungen außergerichtlicher Ältestengerichten gegenüberstellen.

8.2.1 Der erste Fall[594]: Mord

Es ist wichtig zu äußern, dass der folgende Mordfall aus dem Motiv der Blutrache, wegen des angewendeten Ältestenverfahrens nach dem Kanun, als ein wichtiger Hinweis über den Täter und Tatmotiv vermittelt wurde. Diese Initiative der außergerichtlichen Konfliktschlichtung durch die Familie des Täters war für die Entscheidung des Gerichts als Indiz für die begangene Straftat von I. L. von großer Bedeutung. Das war der Grund für die Berufung

---

ews.1405 [Stand: 17.03.2012]. Diesen Berichten zufolge, werden in dieser Region mindestens zwei Menschen jährlich wegen ungelöster Eigentumsdelikte getötet.

[592] Sulo, Pëllumb: Albanien: Eigentumsdelikte werden oft mit Gewalt beendet, (Shqipëri: Konfliktet për pronat shpesh përfundojnë në dhunë) 22. Oktober 2011. Auf URL. http://www.voanews.com/albanian/news/Shqiperi-Konfliktet-per-pronat-shpesh-perfundojne-ne-dhune-132378898.html [Stand: 17.03.2012].

[593] NRO-FOL: Shkelje në 12 tendera, in: Lajmi i fundit, November 2011, in: http://www.lajmifundit.com/lajme/2011/11/kosove-fol-shkelje-ne-12-tendera/ [Stand:19.03.2012].

[594] Berufungsprozess beim Berufungsgericht in Tirana (Gjykata e Apelit, Tirane, Nr. 1168 Akti, Nr. 1402 vendimi).

des Angeklagten auf dem Berufungsgericht in Tirana, welchen das Erstgericht als einzigen Beweis zur Ermittlung des Sachverhaltes herangezogen hat und nur die Erkenntnisse des Ältestenverfahrens für die Entscheidung herangezogen hat. Dieser Fall wurde zuerst im Jahr 1998 in Abwesenheit des Beklagten durch die Entscheidung Nr. 66 vom 28.10.1998 vom Kreisgericht von Dibra verkündet, und hatte den Beklagten I. L. für schuldig befunden und zu 18 Jahren Gefängnis verurteilt. Nachdem er im Jahr 2007 festgenommen wurde, wurde ihm wieder ein neuer Gerichtsprozess gewährt.

Zuletzt hatte Tiranas Berufungsgericht, welches im Panel besetzt wurde, in einer öffentlichen Sitzung unter Teilnahme des Staatsanwaltes G. Xh., des Vorsitzenden Tom Ndreca, den Richtern Dalip Bushi und Astrit Haxhialushi in der Strafsache des Albaners I. L., wegen:

1. „absichtlicher Tötung" gem. § 78 aStGB (Blutrache[595]) und
2. unerlaubten Besitzes von Kampfwaffen gem. § 278/2 aStGB,

welcher vom Kreisgericht von Dibra mit dem Gerichtsurteil Nr. 40, vom 28.03.2011 schuldig gesprochen worden ist, entschieden. Der Verurteilte wurde durch Dibras Kreisgericht für die Straftat des Mordes gem § 78 aStGB (Blutrache) zu 16 Gefängnis Jahren und für den unerlaubten Besitz von Kampfwaffen gem. § 278/2 aStGB zu einem Jahr Gefängnis verurteilt. In einem Gesamturteil hatte das Gericht gem. § 55 Abs 3 aStGB das Urteil letztlich zu einer Gesamtstrafe von 16 Gefängnisjahren zusammengefasst.

In Anwendung des § 406 Abs1 aStPO wurde die Strafe um 1/3 gemildert und der Angeklagte mit einer Gefängnisstrafe von 10 Jahren und 8 Monaten schließlich verurteilt.

In diesem Urteil wird festgestellt, dass am 15.04.1997 im sogenannten Ort "Lugi i Prruse" im Dorf Muhurr im Kreis Diber, der Angeklagte I. L. den Albaner Q. M. getötet hat. Das Opfer (M. Z.) wurde vom A. K. auf seinem Rückweg nach Hause gefunden. Nach der Feststellung der Indentität des Opfers hat A. K. die Familie des Täters informiert. Nach dem Kanun hat im Falle eines Blutracheaktes der Täter bzw ein Familienangehöriger sofort die Familie des Opfers über die Tat zu informieren.

Nach dem Prozessverbal der Ermittler am Tatort wurde festgestellt, dass der Körper des Opfers Q. M. mit einem Hagel von Schusskugeln getroffen wurde. Aus den Ergebnissen des forensischen Gutachtens der gerichtlichen Mediziner wurde festgestellt, dass alle Verletzungen, die am Körper des Opfers gefunden wurden, durch eine Schusswaffe verursacht wurden.

---

[595] Die Tötung aus dem Motiv der Rache oder der Blutrache wird nach diesem Paragraph mit einer Strafe von mindestens 20 Jahren Gefängnis oder lebenslänglich bestraft.

Todesursache war die Schädigung der Organe Leber, Lunge und Herz und die dadurch verursachte Verblutung.

Im Weiteren geht aus diesem Urteil hervor, wie unmittelbar nach dem Vorfall der Beklagte I. L. ins Ausland ging und drei Tage später seinen Vater H. L. darüber informierte, dass er der Täter war. Über diese Tatsache hatte der Beklagte persönlich seinen Vater, seine Mutter, seine Frau und seine Geschwister informiert, nachdem er nach Hause zurückgekehrt ist. Er erklärte seiner Familie, dass er diese Tat mit dem Motiv der Blutrache begangen hat, um seinen Bruder A.L. zu rächen, welchen Q.M. vor einigen Jahren getötet hatte.

Nachdem der Vater des Täters, H. L., über dieses Geschehen Bescheid wusste, wollte er die üblichen Normen des Kanun anwenden. Er sammelte die Personen um die Nachricht für die Urheberschaft des Verbrechens in der Familie M. zu führen. Mit dieser Aufgabe hatte er (H. L.) die Personen H. D., R. V. und H. L. beauftragt, welche den Vater des Opfers über den Täter und sein Motiv des Verbrechens aufklärten. Als Ergebnis sollte eine Einigung auf Basis des Kanun erreicht werden, da auf beiden Seiten je ein Mann getötet wurde und nun beide Familien wieder auf gleicher Ebene wären. In Übereinstimmung mit dieser gewohnheitsrechtlichen Regel haben die Gesandeten (Blutvermittler) in das Haus des Q. M. nach dem Kaffeetrinken den Willen von H. L. übersandt, dass sich Q.M. im Folgenden nicht auf die Suche des Mörders seines getöteten Sohnes mache, da es der Sohn des H.L. gewesen ist, welcher die Tat begangen hat, weil auch einen Stammesmitglied des Täters zuvor von einem Angehörigen des Q.M. getötet wurde. Stattdessen sollten sie das Problem untereinander endgültig bereinigen.

Nachdem der Vater des Opfers Xh. M. die Worte von H. L. durch die Gesandten hörte, sagte er, dass seine Antwort für die Familie L. wie folgt laute: *"Sie sollten H. L. Gruß schicken und ihm sagen, dass ich deinen Sohn nicht getötet habe, weder mit Waffen, noch mit Dynamit oder Felsen. Du hast mich getötet, die Leihe beschädigt und geplündert "*. Nach Xh. M. diese Worte gesagt hatte, sind die Gesandten wieder ins Haus des H. L. gegangen, um diese Worte des Vaters des Opfers zu übermitteln.

Auf Grund dieser Tatsachen hat das Berufungsgericht in Tirana das Urteil Nr. 40, vom 28.03.2011 des Kreisgerichts von Dibra in Kraft erwachsen lassen (eine Gefängnisstrafe von 10 Jahren und 8 Monaten).

8.2.1.1 Zusammenfassung

Nach diesem Urteil wurde festgestellt, dass das Gericht über den Straftäter und sein Motiv durch seine Familie unterrichtet wurde. Zu einem solchen erfolgreichen Akt führte ein alter Grundsatz des Gewohnheitsrechts, welcher besagt, dass im Falle einer Straftat mit Motiv der Blutrache die Familie des Opfers so schnell wie möglich durch den Täter bzw. seine Familie informiert sein sollte, um die Ungewissheit über den Täter und das Motiv zu bereinigen und die Gefahr der Vermutung einer anderen Person als Täter zu vermeiden.

Nach diesem Fall wird auch festgestellt, dass das Berufungsgericht in Tirana ihre Entscheidung nicht auf die erreichte Versöhnung basierte, um die Strafe des Täters zu mildern.

8.2.2 Der zweite Fall[596]: Frühere Entlassung aus dem Gefängnis wegen Versöhnung

Der Verurteilte B. Sh., geb. 1970, wurde am 23.11.1993 durch das Kreisgericht in Tirana zu 20 Jahren Gefängnis für die Straftat "vorsätzliche Tötung" nach §§ 83 und 35 des alten Strafgesetzbuches bestraft. Der Verurteilte büßt die Strafe in der JVA in Fushe Kruja. Nachdem er bisher 18 Jahre, 1 Monat und 3 Tage im Gefängnis verbrachte, ist ihm noch eine Zeit von einem Jahr, vier Monate und zwei Tage bis zur Beendigung seiner Gefängnisstrafe geblieben. Er hat bei dem Kreisgericht in Kruja einen Antrag für die Anwendung des § 59/a/die litera (b) des StGB gestellt. Während der gerichtlichen Verhandlung ist das Gericht zu dem Entschluss gekommen, dass der Verurteilte 3 Kinder (das erste 7 Jahre und die Zwillinge seit dem Jahr 2008) hat. Seine Frau ist wegen ihrer Krankheit nicht fähig, sich um die Kinder zu kümmern. Das Gericht hat auch ein Interview des Vaters vom Opfer berücksichtigt, indem bestätigt wird, dass zwischen der Familie des Täters sowie des Opfers keine Feindschaft mehr vorhanden ist. Aufgrund dieser Umstände hat das Kreisgericht in Kruja mit Urteil vom 2010 entschieden:

"*Bejahung des Antrages: Die noch nicht verbüßte Strafe von einem Jahr, fünf Monaten gegen den Bestraften B. Sh. wird im Haus vollgezogen. Es wird ihm gewährt in der Mobilieri zu arbeiten, damit er für die nötigen familiären Bedürfnisse sorgt. […] Der Bestrafte B. Sh. wird verpflichtet, solange er diese Arbeit zu Hause verrichtet, für den Rest der unverbüßten Strafe, Kontakt mit dem Dienst für die Probe aufrecht zu erhalten. Es wird die sofortige Befreiung des Bestraften B. Sh. angefordert*".

---

[596] *Mandro-Balili*, Arta / *Xhaferllari*, Marsida / Hoxha, Gerd / Belishta, Admir: Manual për aplikimin e alternativave të dënimit me burgim, OSCE, Tirana 2010, S. 54.

8.2.2.1 Zusammenfassung

Nach diesem Fall wird festgestellt, dass das Gericht wegen der Versöhnung zwischen den Familien des Täters und Opfers ihr Urteil basierte, und hatte den bestraften Täter aus dem Gefängnis für den Rest der unverbüßten Strafe freigelassen.

8.2.3 Der dritte Fall: Zwei Strafen für ein Verbrechen (durch Staatsjustiz und Selbstjustiz)

Der wegen Mordes aus Beweggründen der Blutrache verurteilte A.K. verbüßt seine Haftstrafe im Shenkolli-Gefängnis in Lezha.

Dort verbüßt er eine einzige Haftstrafe für zwei Morde, die er in den Jahren 1998 und 2003 begangen hat. Den ersten Mord beging er aus Rache, nach einem Streit zwischen dem Opfer und einem Verwandten von ihm, und den zweiten Mord beging er ebenfalls aus Rache, nachdem A. Ks Bruder B. K. getötet wurde.

A.K. wurde ursprünglich des Mordes an G. M. beschuldigt, der am 12. Oktober 1998 geschah. Die Staatsanwaltschaft des Bezirks von Shkodra beschloss am 28. August 2000 den Fall auszusetzen, da die Verbrecher nicht identifiziert wurden.

Am 21. Oktober 2004 leitete die Staatsanwaltschaft des Bezirks Shkodër das Strafverfahren für diesen Fall erneut ein.

Das erstinstanzliche Gericht in Shkodër hat nach Prüfung des Falls mit seiner Entscheidung Nr. 270 vom 18. Juli 2007 A. K. für den Mord an G. M. für nicht schuldig erklärt und verurteilte ihn jedoch zu einer Freiheitsstrafe von 3 Jahren für illegalen Waffen- und Munitionsbesitzes.

Nach der Berufung der Staatsanwaltschaft des Bezirks von Shkodra überprüfte das Berufungsgericht in Shkodra den Fall und beschloss, die Entscheidung der ersten Instanz zu ändern.
Im Jahr 2008 befand der Berufungsausschuss von Shkodra unter dem Vorsitz von Richterin Edlira Petri, A. K. des Mordes an G. M. für schuldig und verurteilte ihn zu 15 Jahren Gefängnis.

Laut Quellen der örtlichen Polizei wurde bekannt, dass A. K. einen 5-tägigen Urlaub erhalten hat, der ihm aufgrund seines guten Verhaltens gestattet wurde.
Dieselben Quellen haben angegeben, dass der ihm gewährte Urlaub als verdienter Urlaub bezeichnet wird, der Sträflingen gewährt wird, die die Hälfte ihrer Strafe verbüßt haben. Während

dieses Urlaubs wird der Verurteilte nicht von der Polizei begleitet und müsste gemäß dem zuvor festgelegten Zeitplan und Datum an den Ort der Verbüßung der Strafe zurückkehren.
Eine solche Tatsache dürfte F. L. und andere Beteiligten[597] bekannt gewesen sein, welche die Taten des 46-Jährigen verfolgten. Als A.K. erschossen wurde, ging er durch eine Gasse, die zu seiner Wohnung führte. Die Fehde der verfeindeten Familien setzt sich bis heute weiter fort.

8.2.3.1 Zusammenfassung

Schlussfolgernd aus dem Fall ist zu erkennen, dass in der letzten Zeit parallel zur staatlichen Justiz auch die Selbstjustiz nach des Regeln des Kanuns angewendet wird.

8.2.4 Zusammenfassung der Straftaten und die Entscheidungen

Nach diesen dargestellten Gerichtsfälle aus der albanischen Justiz, wird festgestellt, dass die dortigen Gerichte nicht immer einheitlich bzgl der erreichten außergerichtlichen Versöhnung zwischen dem Täter und Opfer, bzgl ihren Familien entscheiden. Im Weiteren wurde gezeigt, dass heute der alte lateinische Satz „*Ne bis in dem*" noch Gültigkeit besitzt, welcher die Doppelbestrafung für dieselbe Tat verbietet. Dies ist ebenfalls im Einklang mit den Regeln des Kanuns zu setzen.

---

[597] Der 53-Jährige, F. L., wurde in der Nähe seines Hauses hingerichtet, da er an der Ermordung von A. K. vor vier Jahren beteiligt gewesen sei, der wegen mehrerer Morde zu 25 Jahren Gefängnis verurteilt wurde. (https://www.tpz.al/dyshimet-lici-u-ekzekutua-per-hakmarrjen-e-astrit-kurmemajt).

9. Beispielsfälle albanischer Konfliktschlichtung durch die Ältesten

Für ein klares Bild, wie eine außergerichtliche Konfliktschlichtung bei den Albanern durch die „Ältesten" ablief, werde ich verschiedene Fälle wie Mord, versuchten Mord und Raub darstellen. Nach meinen Interviews mit verschiedenen Menschen im Kosovo und Albanien komme ich zu dem Ergebnis, dass Rache und Blutrachedelikte noch immer möglich sind[598].Für eine ausführliche Darstellung der außergerichtlichen Konfliktschlichtung habe ich, für ehemalige Konfliktparteien einer Schlichtung durch einen Ältestenrat, einen Fragebogen mit folgenden Fragen ausgearbeitet:

1. Wie ein Mechanismus der Konfliktschlichtung gestaltet wurde?
2. Wer war/en der/die „Älteste/n"?
3. Wie war der Sachverhalt der Straftat oder der rechtswidrigen Handlung?
4. War ein gerichtliches Verfahren anhängig?
5. Wer hat die Initiative für eine Vermittlung übernommen?
6. Wie viele Vermittler bzw. „Älteste/n" waren beteiligt?
7. Wo hat die Vermittlung stattgefunden?
8. Wie ist der Konflikt geschlichtet worden?
9. Haben beide Parteien die Entscheidung der Ältesten akzeptiert?
10. Haben die Vermittler Geld oder eine Belohnung bekommen?
11. Ist der Täter noch im Gefängnis?

Nach langer Tradition werden auch heute noch in Fällen von Unstimmigkeiten, Unvereinbarkeiten und Konflikten zwischen Menschen der albanischen Bevölkerung, die „Ältesten" in der Rolle des Schlichters eingeschaltet.

Die Ältesten gemäß § 992 KLD sind entweder die Vorsteher der Brüderschaften oder die Häupter der Sippen, deren Amt sich auf gesetzliche Vorschriften stützt. Im Sinne des § 994 KLD sind Älteste auch die Männer, die für ihre Klugheit bekannt sind und bei Gericht und im Ältestenrat Erfahrungen haben. Nach § 997 KLD haben *"die Ältesten des Kanuns das Recht, jede Drohung durchzuführen, jeden Streit zu schlichten, jeden aus Totschlag erwachsenen Anspruch, das eine Mal durch Güte, das andere Mal durch Gewalt, in Gemeinschaft mit dem Dorfe und bei sehr ernster Bedrohung (der Ordnung), die*

---

[598] Diese Antwort wurde bei einem Fragebogen eines Studenten gegeben sowie durch die erwähnten Ältesten (Avdyl Hoxha, Feriz Zekolli, Rizah Zekolli, Brahim Krasniqi, Shashivar Krasniqi, Ali Ferizi, Sinan Qelaj) aus dem Kosovo und Preng Bajraktari aus Albanien, aber durch wichtige kosovarische Rechtsanwälte (Tom Gashi, Remzi Ballata und Zef Prek Prenaj – 22.06.2011) im Kosovo bestätigt.

Unterstützung der Männer des Stammes zu fordern, um die außer Rand und Band Geratenen zur Vernunft zu bringen"[599]. Im Gegensatz dazu wird heute den Ältesten eine solche Ermächtigung zur Gewaltanwendung gegen Straftäter nicht gewährt. Die Rolle und die Zuständigkeiten der heutigen Ältesten unterscheiden sich also von denen der historischen Ältesten. Zunächst durch die Vollziehungsentscheidungen, denn die historischen Ältesten urteilten nur aufgrund der ethischen und moralischen Grundsätze des ehemaligen Gewohnheitsrechts und aufgrund positiver Grundsätze wie Mannhaftigkeit, Gottesfriede, Gastfreundschaft und Ehre. Sie galten also als Garanten des Urteils. Vollzugs- und Vollstreckungsorgane gab es nicht. Geschichtlich konnten die Ältesten auf zwei gesetzliche Grundlagen ihre Urteile fällen. Einmal nach den Vorschriften des Kanuns oder nach den Normen der Scharia (das islamische Recht, das während der osmanischen Besatzung übernommen wurde). Das albanische Gewohnheitsrecht (Kanun) galt als humaner, im Gegensatz zur Scharia, nach deren Regeln die Verurteilungen meist grausamer ausfielen. Die Scharia ist erbarmungsloser als der Kanun. Bei einem gewöhnlichen Urteil wegen Diebstahls, war nach der Scharia beispielsweise, die Abnahme von Körperteilen (wie Hand und Fuß) vorgesehen. Die Ältesten waren verpflichtet, sich nach einer dieser Alternativen zu richten. Beide gleichzeitig durften jedoch nicht angewandt werden[600]. Gem. § 887 KLD war der Preis eines menschlichen Lebens, für den Guten wie den Bösen gleich. Im § 890 des KLD festgelegt, dass *"Leka jedes Blut gleicherweise büßt; es kommt der Gute ja auch aus dem Bösen und der Böse aus dem Guten. Seele für Seele – denn das Aussehen schenkt uns Gott der Herr"*[601].

Wie im ersten Kapitel bereits erwähnt wurde, sind überwiegend die ungelösten Eigentumskonflikte die Katalysatoren für Konflikte und Streitigkeiten zwischen den Menschen in Albanien und Kosovo, die nach dem Einzug des UNMIK und KFOR-Mission (Juni 1999) entstanden sind.

---

[599] Die Übersetzung aus: Der Kanun – das albanische Gewohnheitsrecht nach Kanuni i Leke Dukagjinit, ins Deutsche übersetzt von Marie Amelie Freiin von Godin, Peja, 2001, S. 223.
[600] Interview mit Abdyl Hoxha – der Hauptälteste des sog. Oda e Junikut und Vermittler gem. kMG.
[601] Die Übersetzung aus: Der Kanun – das albanische Gewohnheitsrecht nach Kanuni i Leke Dukagjinit ins Deutsche übersetzt von Marie Amelie Freiin von Godin, Peja, 2001, S. 207.

9.1 Die Beispielsfälle

9.1.1 Der erste Fall: Mord (wegen eines abgeschleppten Autos)

Anmerkung: **Täter nach § 843 KLD war jener, der mit eigener Hand tötete.**

Der dem Sohn des Vaters S. aus dem Dorf Dervar Gemeinde Vushtrri, wurde das Auto vom Abschleppdienst wegen Falschparkens abgeholt. S. eilte mit drei seiner Söhne zum Abschleppdienst, um sein Auto abzuholen, jedoch ohne die Strafe für die Verkehrswidrigkeit zahlen zu wollen. Der Abschleppdienstunternehmer verweigerte die Übergabe des Autos. Daraufhin eskalierte die Situation zwischen den beiden Parteien. Der Autoinhaber zog seinen Revolver und schoss aus nächster Nähe auf den Abschleppdienstunternehmer. Nach der Tat flüchtete der Täter an einen unbekannten Ort.

9.1.1.1 Die Vermittlung

(Gem. § 965 KLD wird als Vermittler des Blutes jener bezeichnet, der sich im Haus des Erschlagenen bemüht, die Angehörigen mit dem Täter auszusöhnen).

Die Familie des Täters hatte immer Besa (gem. § 854 KLD Bewegungsfreiheit) von der Familie des Opfers bekommen. Nach einer Zeit hatten sich beide Parteien entschieden, eine Schlichtung durch einen Dritten, bzw. Ältesten bei einem Verwandten beider Konfliktparteien zu versuchen.

Die Ältesten haben eine Schlichtungsverhandlung vorgeschlagen und beide Konfliktparteien wurden eingeladen. Sie sollten ihre Forderungen und Vorschläge mit dem Zweck der Erreichung einer Versöhnung darlegen. Während der Verhandlung stellte die Familie des Opfers an die Familie des Täters die Forderung, den Täter vor ein staatliches Gericht zu stellen, um eine gerechte Strafe zu empfangen. Dann wäre die Familie des Opfers bereit, diesen Konflikt mit der Familie des Täters zu beenden. Unglücklicherweise verweigerte es die Familie des Täters, auf diese Forderung einzugehen. Trotzdem wurde nach kurzer Zeit eine öffentliche Zeremonie im Kulturhaus der Gemeinde Vushtrri veranstaltet, um diesen Konflikt friedlich zu lösen[602].

Nach Berichten des Schlichters wurde der Täter in Abwesenheit vom Kreisgericht Mitrovica zu 22 Jahren Freiheitsstrafe verurteilt. Nach bisherigen Informationen wurde er

---

[602] Feriz (Vater) und Rizah (Sohn) Zekolli – Dorfälteste. Dieses Interview wurde vom Verfasser dieser Arbeit am 12.02.2011 in Dorf Maxhunaj durchgeführt.

noch immer nicht festgenommen. Als Mittäter wurde sein Bruder zu sieben Jahren Freiheitsstrafe verurteilt.

9.1.1.2 Zusammenfassung

Bei einer Straftat sollte sich die kosovarische Justiz mit der Strafverfolgung des Täters und dessen Verurteilung befassen. Der Täter sollte gefasst und ihm daraufhin ein faires Verfahren ermöglicht werden. Der geschilderte Fall, zeigt einmal mehr die Unfähigkeit der kosovarischen Polizei den Täter zu finden. Das Ältestenverfahren war eine Mischung zwischen Schlichtung und Mediation. Wie der Fall zeigte, fungierten die Ältesten eher in der Rolle eines Mediators. Sie haben einen Verfahrenstermin vorgeschlagen. Danach haben sie die Konfliktparteien aufgefordert, selbst eine einvernehmliche Lösung zu finden, die mit einer Versöhnung endet, welche bei einem Ältestenverfahren nicht so oft erreicht wird.

9.1.2 Der zweite Fall: Ermordung des Schwagers wegen der Trennung von der Schwester

Eine Tochter der Familie Prelaj war mit einem Sohn der wohlhabenden Banker-Familie Tolaj verheiratet. Dieser lebte dreizehn Jahre lang ohne seine Frau in der Schweiz. Seine Frau lebte im Kosovo. Er bemühte sich nicht seiner Frau die Einreise in die Schweiz zu ermöglichen und selbst während des Krieges interessierte er sich nicht für ihr Wohlergehen. Während des Krieges flüchtete seine Frau, mit der Hilfe des Onkels ihres Mannes, nach Albanien. Der Onkel wollte dem Ehepaar die Wiedervereinigung ermöglichen und schickte mit eigenen Mitteln die Ehefrau zu seinem Neffen in die Schweiz. Dieser freute sich jedoch keineswegs über den unerwarteten Besuch, verbannte seine Frau, die so lange auf ihn gewartet hatte, und setzte sie am nächstgelegen Bahnhof ab. Diese Handlung wurde von den Brüdern der verstoßenen Ehefrau nicht gebilligt. Nach drei misslungenen Mordversuchen gelingt es den Brüdern letztlich, den Ehemann vor dem Einkaufszentrum in Peja, in Begleitung seines Bruders, zu ermorden. Der Fall hätte, so Avdyl Hoxha, mit der Einigung beider Parteien enden können, sodass die Verstoßung der Frau mit dem Mord des Mannes aufgewogen gewesen wäre. Jedoch entschieden sich die Familien, den Fall durch finanzielle Ausgleiche zu schlichten. Der Prelaj Familie wurden 25.000 Euro, für die ungerechte Verstoßung und der somit erlittenen Scham, von der

Familie Tolaj ausgezahlt. Die Familie Prelaj hingegen, zahlte der Familie Tolaj 50.000 Euro für den Mord an ihrem Sohn[603].

9.1.3 Der dritte Fall: Mordversuch (aufgrund von Eigentumskonflikten) (Vermittlungs- und Schlichtungsversuche gem. § 965 KLD)

Die Familie Sh. B. aus der Gemeinde Besiana hatte vor dem Krieg ein Grundstück (Acker) von 20 ar, von dem Serben N. N. gekauft und zehn Jahre lang bearbeitet. Nach dem Krieg (1999) hat eine andere Familie M., dasselbe Grundstück gekauft, jedoch nur mit einer Fläche von einem Hektar. Der erste Käufer (Sh. B.) protestierte gegen einen erneuten Verkauf. Dieser ignorierte den Protest des ersten Käufers jedoch einfach. Aufgrund kontinuierlicher Missverständnisse zwischen beiden Kaufparteien, erreichte dieser Eigentumsrechtskonflikt ein staatliches Gericht. Zu einer Erörterung und einer Entscheidung kam es nie. Somit spitzte sich die Lage zwischen den Konfliktparteien zu. Eines Tages wurde ein Familienmitglied von M. (der zweite Käufer) durch einen Mann der Familie Sh. B. (der erste Käufer) mit einem Maschinengewehr schwer verletzt. Das Opfer erlitt eine tragische Knieverletzung, die aufgrund mangelnder Kenntnisse kosovarischer Ärzte, nur im benachbarten Land Albanien behandelt werden konnte. Diese ärztliche Behandlung kostete das Opfer 70.000 €.

9.1.3.1 Die Vermittlung

Die Konfliktparteien hatten schon einmal den Ältestenrat um Hilfe bei der Konfliktlösung gebeten. Der Ältestenrat verlangte jedoch eine erhebliche Summe an Entlohnung[604], welche die um Hilfe bittende Partei nicht bezahlen konnte.

Deshalb hat sich die Familie des Opfers entschieden, in einer anderen Gemeinde (Vushtrri), Kontakt zu einem Ältesten zu suchen. Die Initiative zur friedlichen Konfliktlösung wurde nach Ablauf des sog. Besa (Friedenswort) vonseiten des Opfers unternommen. Die Ältesten in der Gemeinde Vushtrri akzeptierten diesen Konflikt und erklärten sich bereit zu vermitteln. Die Vermittlung fand in der Moschee von Lluzhan (Besiana) statt.

---

[603] Mein Interview mit Abdyl Hoxha.
[604] Nach den Worten des "Konfliktschlichters" B. K., welcher am Tag der Konfliktlösung als Schlichter tätig war.

9.1.3.2 Die Entscheidung des Ältestenrates

Nach dem albanischen Gewohnheitsrecht wurden die Straftaten in vollendete und unvollendete aufgeteilt[605]. Laut Kanun konnte ein versuchter Mord dreierlei sein:
- Wenn eine Person mit einer Waffe geschossen hatte und die Kugel ging an der anderen Person vorbei,
- Wenn eine Person den Gegner anschießt, aber die Patrone ihn nicht trifft oder die Patrone ungeeignet war,
- Wenn jemand auf eine Leiche geschossen hat.

Letzteres bedeutet allerdings, dass er wegen versuchten Mordes und wegen Beleidigung der Toten bestraft werden kann.

Nach Worten des Hauptältesten von Dukagjin Avdyl Hoxha sieht der Kanun genau vor, wann es sich um einen Mordversuch handelt. Nach dem Kanun des Leke Dukagjini gibt es zwei Arten von Wunden, die offene und die bedeckte Wunde. Wenn jemandem zwei offene Wunden von einer Partei zugefügt werden und diese von anderen Dorfbewohnern verhehlt werden (oder auf diese mit Finger gezeigt wird), sind diese Verwundungen einem Mord gleichgestellt. Zu diesen Verwundungen gehört das Ausstechen eines Auges, die Abnahme der Nase, der Hand oder ähnlichen Körperteilen[606]. Obwohl die Heilung der Wunde des Opfers in Albanien eine solche hohe Summe kostete, wurde die Verletzung nicht als solche, auf die mit dem Finger gezeigt werden konnte eingestuft. Deshalb wurde sie auch nicht einem Mordversuch gleichgestellt.

Die Ältesten beschlossen einstimmig, nach der Erörterung der Lage des Konflikts, dass für die Summe der gekauften 20 ar Landschaft der Familie des Sh. B., die Familie des Opfers aufkommen soll. Die Familie M. musste durch zwei Abgaben, den Preis für die ersten 20 ar Land begleichen. Die Summe von insgesamt von 60.000 € sollte bezahlt werden[607]. Das Land verblieb also beim zweiten Käufer durch Geldzahlung. Die Verletzung aber wurde mit einem Nutzungs- und Bearbeitungsrecht der Familie M. auf dem Land ausgeglichen. Das Verfahren fand unter der Aufsicht des Rechtsanwaltes Xh. B. statt.

---

[605] Vgl. *Elezi,* Ismet: Zhvillimi historik i legjislacionit në Shqipëri, Tiranë 1998, S. 22.
[606] Das Interview mit dem Hauptältesten Abdyl Hoxha aus Dukagjin.
[607] Avdyl Hoxha erzählt, dass seit 1972 keine Rache Auszahlungen mehr mit Liren (Goldstücken), Land und dergleichen gemacht werden. Der Grund dafür sei, der schnelle Wertverlust dieser Auszahlungen.

9.1.3.3 Zusammenfassung

Ein staatliches Gericht hat den Täter für die begangene Straftat der schweren Körperverletzung nicht verurteilt. Das staatliche Gericht hatte den Vorfall nicht aufklären können. Um das Scheitern der staatlichen Justiz in diesen Fall aufzufangen und den Fall zu klären, war es notwendig eine außergerichtliche Konfliktschlichtung durch den Ältestenrat durchzuführen.

9.1.4 Der vierte Fall: Der unbeabsichtigte (fahrlässige) Totschlag (§ 932 KLD)

Ein Vater ging mit seinem Sohn eine Straße entlang. Es gelang dem Kind, sich von der Hand des Vaters zu lösen und um dann wegzulaufen. Unachtsam lief das Kind die Straße entlang und wurde dabei von einem Bus überfahren. Das Kind überlebte den Unfall nicht. Der Vater verzieh dem Busfahrer sofort[608].

Die Versöhnung wird meistens von jener Partei verlangt, welche durch eine Tat einen Verlust erlitten hat, und damit eine Entschädigung erreichen will. Es werden einige Rechtsverletzungen nach dem Kanun aufgezählt, wie z. B. Verletzung des Ehrenhofes (alb. Namuzi i oborrit), Verletzung der Ehre einer Frau und des Mannes.

9.1.5 Der fünfte Fall: Versuchter Raubüberfall

Es gab einen Fall in der Region von Peja, in dem der Neffe seinen Onkel beraubt hat. Der Onkel wartete auf Geld, das ihm von Angehörigen aus dem Ausland gesendet werden sollte. Seine Neffen, die darüber in Kenntnis waren, drangen die darauffolgende Nacht maskiert und bewaffnet in das Haus des Onkels ein und verlangten sein Geld. Die Hausherrin (Mutter des Onkels) konnte die Neffen davon überzeugen, dass das Geld noch nicht angekommen sei und bat sie sollen doch morgen noch mal vorbeikommen, dann könnte sie ihnen das Geld übergeben. Während sie versuchte die Täter so abzulenken, gelang es dem Onkel in den Hinterraum zu schleichen, um dort die Polizei zu verständigen. Als die Polizei den Tatort erreichte, wurden den Räubern die Masken abgenommen und mit Erschrecken festgestellt, dass es sich dabei um die Söhne der Schwester handelte[609].

---

[608] Selim Delija – Dorfältester aus dem Dorf Voksch – Dukagjin. Dieses Interview wurde am. 13.05.2011 in Dorf Voksch durchgeführt.
[609] Interview mit Abdyl Hoxha.

Bei Raubfällen, erklärt der Älteste Avdulla Hoxha, handelt es sich oft um organisierte Aktionen, die durch die Unterstützung eines Familienmitglieds des Beraubten ermöglicht werden (siehe § 768 (b) KLD- Simahori). Dies begründet er damit, dass niemand außer Sohn, Bruder oder Neffen, denen man davon berichtet, imstande sei zu wissen, wo jemand sein Vermögen aufbewahrt.

9.1.6 Der sechste Fall: Absichtliche Nichtneutralität des Ältestenrates, um einen Konflikt friedlich zu lösen

In dem Dorf Dumosh (Provinz Podujeva) kam es, aufgrund eines gestohlenen Viehs, zum Streit zwischen einer albanischen und einer kirgisischen Familie[610]. Die kirgisische Familie beschuldigte die albanische Familie, einen Bullen gestohlen zu haben. Diese forderte nun, durch einen engagierten Vermittler, der die albanische und die kirgisische Sprache beherrschte, von der albanischen Familie einen Schwur, unschuldig zu sein. Basierend auf der albanischen Besa und auf einem religiösen Buch, sollte dieser ausgesprochen werden. Die albanische Familie war sich aber ihrer Schuld bewusst und gab gegenüber dem Vermittler zu, das erwähnte Vieh gestohlen zu haben. Deswegen fürchtete sich die albanische Familie nun davor einen Eid abzulegen, der gelogen war. In diesem Fall entschloss sich der Vermittler, um den Konflikt zu lösen, der kirgisischen Familie, nicht die ganze Wahrheit zu berichten. Er einigte sich mit der albanischen Familie und forderte sie auf, auf Albanisch zu sagen, dass Sie das Vieh gestohlen und gegessen haben. Der Vermittler übersetzte dabei auf Kirgisisch, dass sie es nicht gestohlen haben. Durch diese einseitige List wurde die Versöhnung der Familien erreicht.

Die Entscheidung des Ältesten, die einen Kompromiss darstellte, war dem Wohlwollen des Ältesten, einen Kompromiss zu erreichen, um den Konflikt zu lösen, zu verdanken. Der Fall konnte positiv beendet werden, denn es musste bei dieser Gelegenheit bedacht werden, welche anderen, negativen Auswirkungen der Konflikt hätte hervorbringen können. Betrachtet man den Fall natürlich mit österreichischem Rechtsverständnis, ist diese Lösung auf keinen Fall akzeptabel. Entscheidungen im modernen Europa werden

---

[610] Interview mit Ukellaj, Hajriz, früherer Richter und heutiger Laier (Ehrenamtlicher Richter) am Gericht, interviewt am 03.08.2011 in Pristina.

mit einer Neutralität gefällt, die tatsächliche Gerechtigkeit beinhaltet. Hier hätte die albanische Familie zu ihrem Unrecht stehen müssen und als Konsequenz Wiedergutmachungsleistungen anbieten müssen.

Das zwischenmenschliche Verhältnis beider Familien würde nicht ausschließlich im Vordergrund stehen, wenn es darum ginge, einen gerechten Ausgleich zu schaffen.

9.1.7 Der siebte Fall: Negative Auswirkungen der Nichteinhaltung der Grundsätze einer Vermittlung durch die Vermittler

Amtsmissbrauch ist heute kein seltener Fall bei Vermittlern. Es gibt Fälle, in denen sich Vermittler der Verantwortung ihres Amtes und ihrer Tätigkeit nicht richtig bewusst sind und absichtlich ihre Stellung und das ihnen, von den Konfliktparteien geschenkte Vertrauen, missbrauchen. Folgender Bericht zeigt, dass ein Amtsmissbrauch manchmal schwerwiegende Folgen haben kann:

In einem Dorf von Mitrovica hatte sich zwischen zwei Familien ein Streit ereignet, der durch ein Wegerecht ausgelöst wurde. Nach den Worten des Ältesten S. Q. wurde über diesen Mordfall berichtet, der durch einen Vermittler verursacht wurde. Die eine Streitpartei, eine Familie mit fünf Söhnen, erhoffte sich Hilfe von einem Vermittler. Dieser Vermittler sollte um eine Erlaubnis für den Transport der Ernten durch das Grundstück der anderen Partei bitten. Die gebetene Partei widersprach der Bitte und erlaubte somit den Durchgang durch ihr Grundstück nicht. Um den Konflikt eskalieren zu lassen, verschweigt der Vermittler dies der anderen Familie und berichtet ihnen stattdessen von einer „angeblichen Erlaubnis". Daraufhin kehrt der Vermittler wieder zu der anderen Familie zurück und schwindelt erneut, dass die andere Familie gesagt haben soll, sie gehe auch ohne Erlaubnis über ihr Grundstück. Das machte die grundstückbesitzende Familie zornig. In Unwissenheit über die tatsächliche Ablehnung der anderen Partei und des Schwindels des Vermittlers fuhr nun die Familie mit ihren fünf Söhnen ihre Ernte über das erwähnte Grundstück. Daraufhin erschoss der Grundstücksinhaber mit einem Maschinengewehr alle fünf Söhne.

In diesem traurigen Beispiel des Missbrauchs der Autorität des Vermittlers führten das Verschweigen und das Manipulieren der Aussagen der Parteien durch den Vermittler, zu einem tragischen Ende. Die Konsequenzen für den Vermittler bei einem solchen Amtsmissbrauch sind Bestrafungen, die sich nach dem Gewicht der Entscheidungssache richtet. Eine Strafe gegen die Vermittler, in Höhe von bis zu 100 Schafböcken und einem Stier, wurde in solchen Fällen verhängt[611]. Außerdem werden diese Vermittler für Schlichtungen nicht mehr in Anspruch genommen. In Albanien verloren die Vermittler ihre Rolle als Älteste, wenn sie ihre Urteile nicht auf Kanun stützten. Ihnen wurde kein Vertrauen mehr geschenkt. Sie wurden als Menschen mit einem schwarzen Gesicht betrachtet. Oft wurden sie auch aus der Gesellschaft ausgegrenzt.

9.1.8 Der achte Fall: Die angeschossene Tür Haus des Schützen

Um die 50er Jahre des 18. Jahrhunderts fand im Dorf Kaçinar, Bajrak Dibër, Mirdita, ein ungewöhnliches Ereignis statt. Die Protagonisten des Ereignisses waren zwei Familien, eine mit einem hohen sozialen Stand, die andere mit niedrigem sozialen Stand.

Die Familie niederen Standes wollte aus Bewegründen des Neids der Familie höheren Standes Schaden zu fügen. Eines Nachts, als die Familie höheren Standes nicht daheim war, nahmen die Mitglieder der neiderfüllten Familie ihr Gewehr und schossen auf die Tür des Hauses der verhassten Familie mit 3 Kugeln und verursachten so 3 Durchschusslöcher. Am nächsten Morgen versammelte sich die gesamte Gemeinde im Hof erstaunt über dieses Geschehnis! Nach dem alten Brauch der Gemeinde mussten die Verdächtigen einen Schwur auf die Evangelien ablegen, dass sie unschuldig waren. Da sich die Täter nicht dazu in der Lage gesehen haben, zu schwören, wurden sie entlarvt.

Dann sollten die Dorfältesten über die gerechte Sanktion bzw. Strafmaßnahme entscheiden. Trotz einiger Tagungen konnten sie den Fall einfach nicht lösen. Aus diesem Grunde sahen sie sich ausnahmsweise dazu gezwungen sich an eine höhere Instanz, namentlich den Ältestenrat des Bajraks, zu wenden. Die Bajraks sind die sogenannten Fahnenträger. Doch auch die Bajraks scheiterten an der Aufgabe.

Eines Tages kam ein hundert Jahre alter Mann ins Dorf und in ihrer aussichtslosen Lage fragten die Dorfältesten diesen Mann um Rat. "Ja, sagte der alte Mann, ich werde es lösen: der Kanun definiert es nicht, aber nehmen Sie die Tür mit 3 Löchern und senden Sie diese Tür an die Schuldigen. Tauschen sie daraufhin die intakte Tür der Schuldigen mit der durchlöcherten Tür der Beschädigten aus. Die beschädigte Tür soll dann an dem Ort für eine Zeitspanne von drei Jahren verweilen, sodass die Schuldigen beim öfteren Betrachten der Tür genug Zeit haben, über die Konsequenzen ihrer Taten nachzudenken

---

[611] Vgl. *Gjecovi*, Shtjefën: Kanuni i Lekë Dukagjinit, Shkodër 2001, S. 124.

und im besten Falle sie zu bereuen und sich daraufhin reuig zu entschuldigen." Dies wurde daraufhin als Regel in den Kanun aufgenommen.[612]

9.1.9 Der neunte Fall: Die Aufgaben der Bürgschaft[613] (Brauch vor dem Tod zur Auskunft über Schulden und Rechte)

Nach dem albanischen Gewohnheitsrecht war es die Pflicht des Hausherrn, sofern er schwer erkrankt war, die Männer des Hauses (die Brüder und die Söhne) zu versammeln, um sie darüber zu informieren, welche Schulden er oder die Mitglieder der Familie noch offen hatten und ihnen die Forderungen des Gläubigers zu erläutern. Dies war von äußerster Wichtigkeit, da im Falle des Ablebens des Hausherrn seine Schulden auf die anderen Mitglieder der Familie übergingen. Des Weiteren erklärte der Hausherr den Mitgliedern der Familie, worauf sie nach seinem Tod Anspruch hatten und welche Rechte ihnen zustanden.

Unter den Schulden konnten auch Forderungen des Gläubigen verstanden werden.

Es war von unermesslicher Wichtigkeit bzw. Bedeutung, dass man die Bürgschaft nicht vergaß. Wenn dies passierte, so würde es das Vergießen des eigenen Blutes verursachen. Sofern die Erben die Bürgschaft des Großvaters, Vaters oder Bruders vergessen hatten, konnten sie ihren Kopf oder ihr Gesicht verlieren. Der Bürge wurde als das Siegel des Vertrages angesehen. Er ist verpflichtet, sich das letzte Wort zu merken.[614]

Im Sinne dieser Regel heißt es in Artikel 686 des Kanun des Leke Dukagjini: Der Bürge ist zur Zahlung verpflichtet und nicht dazu, dass man ihn erinnere.

Im Folgenden wird ein Bespiel dargestellt, in dem gezeigt wird, wie die Bürgen per shkak te Vorrangsrechts, bzw. Vorkaufsrechts des nahen Verwandten gegenüber dem garantierten Kaufpreis geben liessen. [dieser Satz macht keinen Sinn am Ende]

Dorezani u detyrua qe te lejoj kthimin e te hollave te personave te afert të familjes se shitesit, te cilet kishin te drejten e parablerjes se patundshmerise

Der Bürge wurde gezwungen das Geld zurückzugeben

---

[612] Ärzahlt von Gjin Ndue Marku. Arrez Kaqinar Mirdita.
[613] „Bürge heißt jener, der sich einem andern für eine Schuld zur Verantwortung verpflichtet; zahlt zur bestimmten Frist der Schuldner nicht, tritt der Bürge ein". (KLD: VIII Buch, 2 Kapitel: Die gemeinsame Ehre, 5. Die Burgschaft).
[614] Erzahlt von Shaban Azem Hajdaraj, Zahaç, Peja, 24.09.1971, in: Duricic, R., Milutin: Liçno Jemstvo o oicajnom pravu arbanasa u severnoj Metohiji. DORZONIJA- doktorska dizertacija. Peja, 1973, S. 104 und 122.

Im Frühjahr 1953 verkaufte Ibish Kastrati aus Peja eine Immobilie an den Käufer Brahim Rexha aus Shkreli. Seine Verwandten haben anfänglich dem Verkauf zugestimmt. Er hat mit dem Käufer vereinbart, dass er einen Teil sofort und den anderen Teil nach drei Monaten bezahle, damit würde er die Eintragung ins Grundbuch ermöglichen.

Der Käufer hat Ibish Kastrati gefragt, was ihm garantiert, dass er den Kauf nicht bereuen wird. Ibish Kastrati ernannte seinen Cousin Imer Muli und seinen Freund Idriz Ademi aus Shtupeli als Bürgen. Die Bürgen garantierten bzw. versprachen, dass Brahim Rexha den Kauf nicht bereuen werde und dass sie sich nach der Zahlung der gesamten Summe selbst dafür verwantwortlich sehen, dass der Käufer Brahim Rexha das gesamte gekaufte Grundstück auch erhält. Die Annahme des Geldes sollte von den Bürgen eigenhändig getätigt werden.

Nach drei Monaten war der Käufer bereit, den Rest des Geldes an die Bürgen zu übergeben. Ibish Kastrati hatte den Verkauf seiner Immobilie zu keiner Zeit bereut. Der Verkauf des Grundstücks hatte den Cousins von Ibish Kastrati jedoch sehr missfallen und sie bereuten zu tiefst, dass sie nicht selbst den Kauf zuvor getätigt hatten und entschlossen sich darauf, als sie sich finanziell dazu bereit sahen, das Grundstück zu kaufen und auf ihr Recht bzw. das Prinzip des Blutvorrangs nach dem Kanun zu beharren.

Der Käufer Brahim Rexha hatte dieser Aufforderung widersprochen und bekräftigte, dass er *für dieses Land kämpfen würde*. Die Bürger sagten ihm jedoch: *"Du musst nicht kämpfen. Wir sind die Bürgen für dieses Land. Wenn das Versprechen gegeben wurde, so kämpfen Bürgen"*.

Ibish Kastrati hatte das Eigentum dem Käufer nicht vorenthalten und ihm erlaubt, es in Besitz zu nehmen. Aber die Cousins vom Verkäufer waren zu hartnäckig. Die Bürgen konnten zwar das von Ibish Kastrati verkaufte Land an den Käufer übergeben, jedoch konnten sie es nicht vor den Cousins verteidigen. Die Möglichkeit eines Blutvergießens bestand nun.

Der Ältestenrat sammelte sich, um den entstandenen Konflikt zu schlichten und eine Lösung für das bestehende Problem zu lösen.

Der Ältestenrat hatte eine Einigung erzielt die besagte, dass der Käufer auf den Kauf verzichtet und die Cousins nach der Zahlung des Gesamtpreises, das Grundstück erlangten. Dies ist damit begründet, dass: *„Die Bürgen dem Käufer das betroffene Land übergeben können, aber sie ihn nicht ständig davor bewahren könnten, dass er auf dem von ihm gekauften Land getötet wird"*.[615]

---

[615] Erzahlt von Ibish Kastrati aus der Stadt Peja, 2.12.1972, in: Duricic, R., Milutin: Liçno Jemstvo o oicajnom pravu arbanasa u severnoj Metohiji. DORZONIJA- doktorska dizertacija. Peja, 1973, S. 288.

9.1.10 Der zehnte Fall: Mary Edith Durham als Gast mit dem Racheschuldner beim Rachegerechten

Eines Tages ging Edith Durham in Begleitung eines Mitglieds der Sippe der Kastrati in das Gebiet Hoti. Der Begleiter der Frau Durham geleitete sie in ein Haus der Sippe der Hoti in welchem der Hausherr sie herzlich empfing. Durham hat sehr schnell gemerkt, dass zwischen seinem Begleiter aus der Sippe der Kastrati und dem Gastgeber ein Konflikt besteht. Bei diesem Konflikt handelte es sich um eine Blutfehde. Die Sippe des Begleiters hatte einen Angehörigen der Sippe der Hoti ermordet. Aufgrund der Tatsache, dass er jedoch als Begleiter der Frau Durham das Haus betrat und nicht wusste, wem das Haus gehörte, wurde er toleriert und ihm wurde nichts getan. Da dies die Regeln des Kanuns vorgaben.

Der Hausherr versicherte Frau Durham nach dem gemeinsamen Abendbrot, dass ihr Begleiter sich in Sicherheit befände, aber dieser Zustand nicht lange andauere. Um selbst den Schutz und die Sicherheit der Frau Durham zu gewährleisten, führte der Hausherr sie und ihren Begleiter bis zu einem Berg am Rande des Gebietes. Die verfeindete Sippe der Hoti versicherte Frau Durham, die um ihren Begleiter besorgt war, dass die Mitglieder der Sippe ihm nichts auf dem Rückweg antun würden. Dabei gaben sie der Frau Durham ihr Versprechen bzw. Besa. Dieses Versprechen oder die Besa gelte jedoch nur für den sicheren Rückweg. Danach müsste er sich wieder zusammen mit den anderen Männern seiner Sippe zu Hause verschanzen. Die Familie des Opfers besprach die Begebenheit danach.[616]

9.1.11 Der elfte Fall: Feststellung der leiblichen Mutter

Eine Familie hatte zwei Brüder. Die beiden Brüder heirateten zur selben Zeit. Ein Jahr nach den Eheschließungen der Kinder bekamen beide Paare Söhne. Einer der beiden Jungen ist jedoch mit einer Behinderung zu Welt gekommen. Die Mutter des behinderten Jungen wollte nicht ihren eigenen Sohn aufziehen.

Eines Nachts schlich sie deshalb in die Stube des gesunden Jungen und tauschte ihn durch ihren behinderten Sohn aus.

Die Mutter des gesunden Kindes bemerkte sofort, dass das Kind in ihrer Stube nicht ihr eigenes Kind war. Obwohl die Mutter des gesunden Kindes ihren Angehörigen über diesen Tausch berichtete und ihr die Rückgabe ihres Kindes forderte, traf sie auf den Unglauben ihrer Familie.

---

[616] *Durham*, M. Edith: Për fiset, ligjet e zakonet shqiptare, übersetzt aus dem Englischen ins Albanische von Ferit Hafizi, Argeta Botime, Tirana 2019, S. 210-211.

Nach einiger Zeit in der die Kinder heranwuchsen, wurden die Ähnlichkeiten zu den eigenen leiblichen Vätern so stark, dass sie nicht mehr zu ignorieren waren. Dies führte zu einem Konflikt großen Ausmaßes, da nun die Glaubwürdigkeit der beschuldigenden Frau stark zugenommen hatte.

Der Uneinigkeit zwischen den Brüdern hatte dazu geführt, dass die Brüder und Schwägerinnen sich immer öfter miteinander stritten und kämpften.

Ihre Frauen waren oft zu Eid gezwungen worden, aber jede behauptete, der gesunde Junge gehöre ihr.

Aufgrund der unüberwindlichen Schwierigkeiten, die für diese Familie geschaffen wurden, gab es nach sieben Jahren keinen anderen Ausweg, als den angefochtenen Fall vorzubringen und durch den Obersten Richter des Gewohnheitsrechts, Binak Alia, zu lösen.

Zur Ermittlung der leiblichen Mutter hatte sich Binak Aliu ein Verfahren ausgedacht, bei dem das gesunde Kind an den Händen der beiden vermeintlichen Müttern gebunden und daraufhin durch einen gezielten Schuss hingerichtet werden sollte. Den Schuss sollte er selbst tätigen.

Nachdem Binak Aliu die Waffe hob und auf das Kind richtete, befahl er den angeblichen Müttern, dem Jungen die Hand zu reichen und ihn fest zu sich zu ziehen. In diesem Moment ließ die Braut, die den Jungen gestohlen hatte, den Jungen los und rannte aus Angst vor dem Schuss fort. Währenddessen umklammerte die leibliche Mutter ihren Sohn und schrie tränenüberdeckt Binak Ali zu: *„Bitte töte mich, aber nicht meinen Jungen"*! Daraufhin hat Binak Aliu den Fall geklärt und der leiblichen Mutter, die ihr Kind aufgrund ihres Mutterinstinkts schützen wollte, gratuliert[617]

9.2 Zusammenfassung

Die meisten Menschen im Kosovo sind heutzutage der Meinung, dass der Mangel an Recht und Ordnung im Land für die Wiedergeburt der Blutrachen im Kosovo verantwortlich ist. Aber auch ungeklärte Besitzverhältnisse im Bereich der Privatisierung gilt als eine der größten Konfliktursachen zwischen Alt- und Neueigentümern in Albanien und im Kosovo. Vermittlungen und Schlichtungen werden aber auch in den Bereichen Erbaufteilung zwischen Brüdern und Scheidungen von Ehepaaren häufig durchgeführt. Nach Schätzungen des Vermittlers Hoxha, wird in 98 % aller Scheidungsfälle ein Vermittler eingeschaltet. Vor allem in Fällen, in denen eine Partei im Ausland und die andere

---

[617] *Hoxha*, Avdyl / *Maksutaj*, Rexhep: E drejta zakonore shqiptare (Trashëgimi kulturore – juridike), Shtëpia Botuese Faik Konica, Prishtina 2017, S. 539 – 540.

im Kosovo lebt. Seiner Meinung nach, ist eine Heirat, in der ein Partner ins Ausland geht, eine reine Interessenhochzeit, um eine Aufenthaltsgenehmigung oder ein Visum in anderen europäischen Ländern zu erhalten. Weitere Ursachen für Vermittlungs- und Schlichtungseinsätze sind, nach Meinung der Ältesten, durch die serbischen Eigentumsverkäufer entstanden. Viele Serben haben aus Angst vor der Rache der albanischen Bevölkerung entschieden, sich nach dem Einmarsch der NATO-Truppen im Kosovo (1999), das Land zu verlassen. Eine Minderheit blieb dennoch an einigen Orten in Kosovo zurück, wie z. B. in Nord-Mitrovica, Zvecan, Gracanica, Caglavica usw. Die anderen Serben entschieden sich, den Kosovo zu verlassen und ihr Eigentum an die Kosovo-Albaner zu verkaufen. Es gab viele Fälle, in denen die Serben ihr Eigentum rechtmäßig an die Albaner verkauft haben. Die Probleme begannen zwischen den Albanern selbst, die Grundstücke besetzten und gegenüber rechtmäßigen Käufern behaupteten, sie hätten ein Vorkaufsrecht. Es gab aber auch Fälle, in denen Serben ihr Verkaufsrecht missbrauchten, indem sie dasselbe Eigentum an mehrere Personen verkauften.

Familien mit getöteten Angehörigen bzw. die Väter der Opfer, so berichten Älteste, bitten manchmal auch Gott, die Täter angemessen zu bestrafen. Ihrem Glauben nach, werden die Täter meist im Laufe der Zeit von Gott selbst bestraft. Es wurde über einen solchen Fall in Dumnica Gem. Vushtrri berichtet. Der Vater des Opfers hatte durch Gebete um Gottes Strafe gebeten. Sein unschuldiger Sohn war von einem Nachbarn ermordet worden, aufgrund angeblicher Blutrache wegen einer Tat des Onkels des Opfers. Dem Kanun des Lek Dukagjini zufolge wird keine Blutrache an Verwandten der Mütter verübt. Der Vater des Ermordeten sagte beim Begräbnis, dass der Täter von Gott bestraft werden würde, weil er seinen Sohn ohne jeden Grund getötet hatte. Ironischerweise wurde nach ungefähr zwei Monaten der Vater des Täters bei einem Raubüberfall ertappt und dabei von den Bewohnern des überfallenen Hauses getötet. Ähnliches geschah auch in Drenica, wo der Vater eines Ermordeten beim Begräbnis zu Gott betete, den Täter zu bestrafen. Den Worten der Ältesten zufolge, hat Gott den Täter und zwei seiner Brüder bestraft. Sie wurden in einem großen Strohhaufen von einem Blitz getroffen und überlebten diesen nicht.

Die Erfahrungen des Fahnenträgers von Kushenini, Preng Bajraktari, zeigen, dass es auch Fälle gab, wo eine Partei versuchte ihn als Ältesten zu zwingen, zu seinen Gunsten zu entscheiden.

Nach Untersuchungen, wer Anregungen für eine traditionelle Vermittlung bei den Albanern machte, kommt man zum Ergebnis, dass im Prinzip die Anfrage für eine Vermittlung überwiegend von jener Konfliktpartei erfolgte, die an der Konfliktschlichtung ein besonderes Interesse hatte. In den meisten Fällen behauptet eine Partei, in ihren Rechten verletzt geworden zu sein. Es war aber auch möglich, dass beide Konfliktparteien oder in seltenen Fällen sogar die Fahnenträger oder Kreishäupter selbst, eine um eine Vermittlung ersuchten. In letzteren Fällen ergriff der Schlichter eigenhändig die Initiative, indem er sich selbst zu einer Konfliktpartei begab und dieser den Vorschlag der Vermittlung machte. So z. B. bei einem Konflikt zweier albanischer Familien über ein gekauftes Grundstück eines Serben in Vushtrri. Hier war der berühmte Schlichter Riza Zekolli freiwillig bereit, diesen Konflikt zu schlichten.

Vor Kriegsausbrüchen, in denen die Albaner gegen fremde Besatzer kämpften, haben immer besondere Schlichtungsmechanismen stattgefunden. In den 90er Jahren z. B. wurden die Konflikte und Streitigkeiten der Albaner im Kosovo durch den sog. „Rat der Versöhnung der Blut-, Verletzungs- und Konfliktfeindschaften" (alb. Keshilli per Pajtimin e Gjaqeve, Plageve dhe Ngaterresave), geführt vom Professor Anton Çetta, in einer speziell organisierten Art geschlichtet. Nach dieser Art sollten alle Familien, die in einem Konfliktzustand des sog. Fehdeverhältnisses standen, die Hand strecken für die Versöhnung bzw. ihr Blut bei der Familie des Täters verzeichnen, für das ihres ermordeten bzw. verletzten Mitglieds. All das sollte der Vereinigung alle Albaner dienen, damit sie zusammen für die Freiheit gegen die serbischen Besatzer kämpfen konnten.

Der Anruf eines Schlichters nach dem albanischen Gewohnheitsrecht erfolgt meistens von der Partei, die aufgrund einer rechtswidrigen Handlung gegen das Gewohnheitsrecht oder positive Recht verstoßen hat. Dies gilt nicht nur im Bereich des Zivilrechts, sondern wird auch im Strafrecht praktiziert. Besonders erwähnenswert ist, dass in Fällen besonders schwerer Verstöße gegen die Grundsätze des albanischen Gewohnheitsrechts, die Ältesten eine Vermittlung bzw. Schlichtung auch ablehnen können. So haben die Kanunen für folgende Fälle keine Möglichkeit der Vermittlung vorgesehen:
- Im Falle der Tötung eines Hausfreundes[618], denn nach § 602 des KLD & § 572 KS & § 43 Abs. 2 des KL *"gehört das Haus des Albaners Gott und dem Freunde"*.

---

[618] Als Freund wurde jener bezeichnet, der Kaffee getrunken oder Brot in einem Haus gegessen hatte oder der welcher in einen Trust (Schutz alb. Besa) eines anderen genommen wurde, sogar wenn nur jemand seinen Namen gerufen hatte. Vgl. *Elezi,* Ismet: E drejta zakonore penale, Tiranë 1983, S. 148 – 170.

- Nach § 601 (d) des KLD & § 3355 des KS wegen sexueller Belästigung einer Frau, außer in extrem außergewöhnlichen Fällen.

Für den Fall der Tötung erklärt Durham in ihrem Buch, wie ein Mann aus dem Bergen von Malësia in Nordalbanien, wegen eines großen Preises, den aus Montenegro bekam, zu einem Mann als Hausgast kam. Der Gastgeber tötete seinen Hausgast. Später als der Bruder des Mörders darüber informiert wurde, hat auch er seinen Bruder sofort getötet, weil dieser den Hausfreund im Besa[619] getötet hat[620]. Dieses Geschehen beschreibt eine alte Tradition der Albaner: *„Wegen des Vaters, Bruders und des Vetters, sogar wegen des Sohnes kann verziehen werden, wegen des Freundes jedoch niemals."*[621]. Solange die Familie des Gastes gegenüber dem Mörder des Freundes nicht Rache nimmt, wird ihm der Kontakt zu anderen Freunden verboten, weil der einen Freund unter Gastfreundschaft bei sich zu Hause eingeladen hatte und er in seinem Haus getötet wurde.

Im zweiten Fall, dem Fall der sexuellen Belästigung, werden die sexuellen Beziehungen durch Gewaltanwendung des Täters gegen eine Frau, z. B. nach § 711 des KL, bezeichnet. Diese Tat wird mit der Todesstrafe, durch den Mann der misshandelten Frau, ihres Vaters oder Bruder sanktioniert. Für diese Straftat gegen eine Frau wurde nach den Normen des albanischen Kanuns von 1868 nicht nur die Todesstrafe für Vergewaltigung verhängt, sondern auch für den Versuch solcher Beziehungshandlungen[622]

---

[619] Nach dem Kanun gab es unterschiedliche Varianten von Besa, was etwa auf Deutsch Begriffe wie gegebenes Wort, Versprechen, Ehre, Ehrenwort und Gottesfriede umfasst.
[620] Vgl. *Durham*, Edit. M.: Brenga e Ballkanit, Tiranë 1991, S. 484.
[621] Vgl. *Siebert*, Paul: Albanien und die Albanesen - Landschafts- und Charakterbilder, Wien 1910, Übersetzung im Albanischen, S. 20; Elezi, Ismet, Njohuri për të drejtën zakonore mbarëshqiptare, Prishtinë 2003, S. 155. Vgl. § 649 des KLD, § 679 Abs. 2 des KL.
[622] Vgl. *Elezi,* Ismet: E drejta zakonore penale e shqiptarëve, ebenda, S. 148 – 170.

10. Schlussbemerkung

10.1 Resümee

Wie in dieser Arbeit dargestellt, gibt es viele Wege Konflikte und Streitigkeiten zwischen Individuen, Gruppen, Organisationen und Staaten zu lösen. Jeder Staat hat eigene Mechanismen der Konfliktschlichtung eingerichtet. Bei den Albanern funktionierte die außergerichtliche Konfliktschlichtungsmethode seit Jahrhunderten, wie in vielen Fällen zivil- und auch strafrechtlicher Art angewendet. Außerdem wird noch heutzutage die Konfliktschlichtung in beiden rechtlichen Bereichen mit solchen Methoden geklärt. Es ist jedoch nicht wichtig, welche Methoden der Konfliktschlichtung angewendet werden. Bedeutsam ist einzig und allein die friedliche und einvernehmliche Lösung für die Konfliktparteien. Für die Justiz ist eine Arbeitsentlastung ebenfalls von Bedeutung. Das gilt besonders noch heute am 2.3.2016 für die kosovarischen Gerichte mit über 400.000 unerledigten Akten[623].

Die albanische Mentalität und Einstellung zum Kanun dreht sich häufig um Selbstjustiz. Daher sollte man viele andere Konfliktschlichtungsmechanismen einrichten, um die Konflikte und Streitigkeiten friedlich zu lösen. Die Albaner setzen weiter auf ihre alte traditionelle Konfliktschlichtung durch die Ältestenräte, im zivil- wie auch im strafrechtlichen Bereich. Meist werden die Versöhnungsvorschläge von den Konfliktparteien akzeptiert und ihre Feindschaft beendet. Für Verurteilte der staatlichen Justiz im Kosovo gilt dies nicht. Zwar werden die Täter verurteilt und mit Sanktionen bestraft, die Feindschaft zwischen den Konfliktparteien aber bleibt und bietet einen Nährboden, für neue gewaltsame Auseinandersetzungen.

Sitte, Gebräuche und Gewohnheiten beeinflussen Albanern auch das heutige Rechtssystem und die heutige Rechtsanwendung. Das albanische Gewohnheitsrecht (siehe auch die außergerichtliche Konfliktbeilegung) besteht auf eine breitere und intensivere Anwendung in allen Rechtsgebieten. Die Albaner haben ihre Art der Konfliktbeilegung bisher nur innerhalb der albanischen Gesellschaft angewandt. Für die Albaner war der Kanun eine Primärquelle des Rechts und eine Konkurrenz zu fremden Gesetzen, die Besatzer erlassen hatten. Die Albaner haben alte Rechtsquellen mündlich, von einer Generation zur anderen, alle Regeln überliefert.

---

[623] Vgl. 400 MIJË LËNDË TË PAZGJIDHURA NË SISTEMIN GJYQËSOR, siehe auf der URL. http://www.rtklive.com/?id=2&r=56504 [Stand:2.03.2016].

11. Zusammenfassung

Hier werden zusammenfassend die Ergebnisse der Forschungsarbeit bezogen auf die gestellten Fragen diskutiert und hinsichtlich ihrer Verifizierung oder Falsifizierung überprüft.

In Bezug auf die erste Frage stellte sich die Frage, welche Rolle die außergerichtliche Konfliktsbeilegung in Form von Mediation und in Form der Schlichtung nach dem Gewohnheitsrecht bei den Albanern spielte und welche Gemeinsamkeiten und Unterschiede mglw. bestehen. Nach den Darstellungen über die geschichtlichen Entwicklungen und die gesetzlichen Umsetzungsmaßnahmen der außergerichtlichen Konfliktbeilegung bei den Albanern kommt man zu dem Ergebnis, dass diese Arten der Konfliktlösung in beiden Ländern eingesetzt werden. Beide Länder kannten bereits in den Anfängen ihrer rechtsgeschichtlichen Entwicklung Konfliktregelungsmechanismen auf Basis des Kanun. Darüber hinaus wird auch heute, bei beiden Ländern in einer ähnlichen Weise, Mediation in vielen Rechtsgebieten angewendet. Ihre Anwendung ist also nicht nur auf den zivilen Bereich beschränkt, sondern hat auch eine wichtige Rolle im Strafrecht, beim Außergerichtlichen Täter-Opfer-Ausgleich, gefunden. Dennoch gibt es einen grundlegenden Unterschied zwischen einer außergerichtlichen Konfliktbeilegung nach dem Gewohnheitsrecht und der Mediation. Denn bei dem Gewohnheitsrecht gelten noch heute die Gewohnheitsregeln über die außergerichtliche Beilegung der Konflikte. So werden Straftäter von den Familien der Opfer nicht nur der staatlichen Justiz für eine Verurteilung überlassen, sondern in vielen Fällen verfolgen diese Familien außerdem außergerichtlich eine sog. Selbstjustiz. Dadurch wird ein anderer, paralleler Weg der staatlichen Justiz gegenübergestellt. Dieser parallele Weg der außergerichtlichen Konfliktbeilegung wird auch aus Unzufriedenheit der albanischen Bevölkerung mit der Effektivität der Arbeit staatlicher Gerichte gewählt. Wie bereits angesprochen, hängt der Erfolg der Konfliktlösung vom Einsatz der richtigen Instrumente ab. Doch die Justiz kann nicht alle auflaufenden Rechtsfälle in angemessener Zeit lösen, trotz eines geltenden Verfassungsgrundsatzes[624]. Gemeinsamkeiten bestehen insoweit, dass der Schlichter nach dem albanischen Kanun sowie heutige Schlichter und Mediatoren stets zur Neutralität und Allparteilichkeit verpflichtet sind und als Personen, die besonderes Vertrauen der Kontrahenten genießen, geschätzt werden.

---

[624] Art. 6 (1) EMRK Konvention zum Schutze der Menschenrechte und Grundfreiheiten vom 4. November 1950. Im § 28 Abs. 3 der Verfassung der Republik Albanien; Im § 31 Abs. 2 der Verfassung der Republik Kosova, in Kraft getreten am 15. Juni 2008.

- Es geht in beiden Konfliktarten um ein außergerichtliches, nicht staatliches Konfliktlösungsverfahren,
- Es wird von einem oder mehreren Mediatoren oder Schlichtern (albanischen Ältesten) durchgeführt, die als externe, unabhängige und neutrale Dritte handeln,
- Es wird von den Prinzipien der Freiwilligkeit, der Eigenverantwortlichkeit und der Gemeinsamkeit getragen,
- Weitere Merkmale sind die vertrauensvolle und offene Kommunikation und Kooperation,

Besonderheiten gibt es bei der unterschiedlichen Nutzung der Methoden der einvernehmlichen Konfliktschlichtung durch die Ältesten einerseits und bei den heutigen Mediatoren andererseits. So kommt den albanischen Ältesten eine andere Rolle zu. Die Rolle der Ältesten wird viel stärker vom Prinzip der Entscheidungsmacht geprägt, als bei den heutigen Mediatoren. Die Rolle der dritten neutralen Person wird unterschiedlich eingesetzt. Ein entscheidender Unterschied zwischen der Konfliktschlichtung des Ältesten liegt aber im umfassenden Gewohnheitsrecht zur Konfliktschlichtungsregelung, auf das die Entscheidungsmacht der Ältesten beruht.

Abbildung 12: Abgrenzung der alten albanischen Schlichtung von der Mediation

	Albanische Schlichtung gemäß Gewohnheitsrecht	Mediation
Grad der Freiwilligkeit	zumeist freiwillig	Freiwillig
Auswahl eines Schlichters bzw. Mediators	zumeist freiwillig	Freiwillig
Expertenwissen der dritten Partei	Kanunexperte	Fachexperte (Familie, Wirtschaft, Sport, Politik, etc.)
Grad der Formalität	Formalisierter Prozess mit festen Regeln	Kein formales Verfahren
Ergebnis	Urteil nach Prinzipien, die durch das Gewohnheitsrecht vorgegeben sind	Ein für beide Parteien akzeptabler Kompromiss wird erwartet

- Die Mediatoren sind verantwortlich für die Kommunikation und den Ausgleich zwischen den Parteien, nicht jedoch für das inhaltliche Ergebnis der Verhandlungen. Im

Gegensatz dazu sind bei der albanischen Konfliktschlichtung die Schlichter verantwortlich für die Kommunikation, die mithilfe der Rechtsmittel des Gewohnheitsrechts (Kanun) die inhaltlichen Ergebnisse der Verhandlungen steuern.
- Das Ergebnis der Mediation wird schriftlich festgehalten, wohingegen bei der außergerichtlichen albanischen Konfliktschlichtung durch die Bürgschaft (alb. dorëzanet) die Vollstreckung garantiert wird.
- Bei der Mediation wird an dessen Ende eine fall- und problemspezifische Konfliktregelung oder -lösung stehen, die von den Konfliktparteien selbst erarbeitet wurde. Bei der albanischen Schlichtung wird durch die angesehenen älteren Männer bzw. Ältesten eine Entscheidung gefällt.
- Gegen die Entscheidung der albanischen Schlichter konnte jeder Verfahrensbeteiligte eine Beschwerde erheben. Das ist bei Mediation nicht der Fall, denn die Entscheidung selbst wird bereits durch einen Konsens der Ansichten der Konfliktparteien gefällt.
- Die Ältesten bekommen für ihre Tätigkeit keine oder eine sehr unbestimmte Belohnung. Mediatoren werden für ihre Tätigkeit entsprechend bezahlt.
- Die Mediation folgt zwar gewissen Regeln, wird aber nicht wie die albanische Schlichtung, nach einer bestimmten Zeremonie durchgeführt.
- Bei der Mediation wird regelmäßig eine individuelle Fallentscheidung erarbeitet. In der albanischen Schlichtung kann es im Falle des Krieges oder eines Unglücksfalls auch zu einer kollektiven Versöhnung und Vergebung kommen.
- Die Sanktionen bei der albanischen Schlichtung werden zwangsweise vollzogen. Die Mediation kennt keine Sanktionen.
- Bei der Mediation kann keine andere Person als die Konfliktpartei selbst, zur Verantwortung gezogen werden. Im Gegensatz dazu wird bei der albanischen Konfliktschlichtung im Falle eines beschuldigten Jugendlichen sein Vater oder Betreuer die Verantwortung übernehmen müssen.
- Die Mediation wird immer nur freiwillig von den Konfliktparteien selbst angeregt. Eine albanische Konfliktschlichtung kann auch von anderen, nicht Konfliktbeteiligten, angeregt werden.
- Die Ältesten können auch zur Erörterung und Entscheidung über schwerere Straftaten eingeschaltet werden. Die Mediatoren des ATA können bei Straftaten mit zu hoher Straferwartung oder Verbrechen nicht angerufen werden.
- Die Ältesten bzw. die Vermittler werden sehr oft als Friedensgesandte bezeichnet, denn sie werden manchmal zuerst nur mit einer Konfliktpartei die Streitpunkte erörtern und

danach mit der anderen Partei über den Fortschritt der Entwicklung sprechen. Bei der Mediation muss der Mediator idR immer in Anwesenheit aller Konfliktparteien die Streitigkeit erörtern. Für Vorgespräche können die Konfliktparteien jedoch auch einzeln angehört werden, jedoch dienen diese nicht bereits zur Schlichtung, sondern nur dazu, den Konfliktparteien zunächst eigenen Raum zu geben, bevor sie mit der verstrittenen Partei oder einem Täter im TOA, zusammentreffen.

- Die außergerichtliche albanische Konfliktschlichtung wurde nicht frei und autonom geboren. Anlass ihrer Entwicklung waren die fremden Rechtssysteme auf albanischen Territorien.

-

Unterschiede der Sitzordnung

Abbildung 13: Die Sitzordnung in der Konfliktschlichtung durch die Ältesten

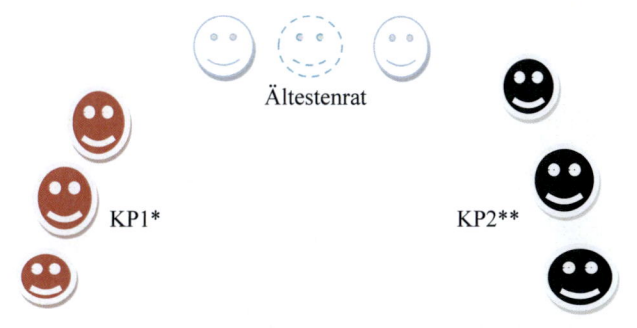

In dieser Abbildung wird dargestellt, wie sich die Konfliktparteien bei einer Konfliktschlichtung durch den Ältestenrat gegenübersaßen und der Ältestenrat mittig seinen Platz einnahm. (KP* Konfliktpartei 1; KP** Konfliktpartei

Abbildung 14: Die Sitzordnung bei einer Mediation an einem rechteckigen Tisch

In dieser Abbildung wird gezeigt, wie an einem rechteckigen Tisch der Mediator den Konfliktparteien gegenüber und in einem gleich großen Abstand sitzt. Wichtig bei dieser Sitzordnung ist, dass die Konfliktparteien keinen direkten Blick aufeinander haben. (M* Mediator; KP* Konfliktpartei 1; KP** Konfliktpartei 2)

Abbildung 15:   Die Sitzordnung in der Mediation an einem runden Tisch

In dieser Abbildung wird dargestellt, wie die Konfliktparteien an einem runden Tisch leicht schräg zueinander sitzen, wobei auch hier ein gleich großer Abstand des Mediators zu den Konfliktparteien gewährleistet ist. (KP1* Konfliktpartei 1; KP2** Konfliktpartei 2; M* Mediator)

Im Weiteren dieser Arbeit war die Frage verbunden, ob und inwieweit Rache und Blutrache bei den Albanern heute noch Anwendung findet und in welchem Verhältnis dies zu vergangenen Jahrhunderten steht. Durch die Darstellung existenter Konflikte zwischen Albanern wird die Beantwortung der Existenz von Rache und Blutrache bekräftigt. Das ist besonders in Nordalbanien auffällig, wo nach Schätzungen der NRO und vielen Menschenrechtsorganisationen, aber auch nach Einschätzungen vieler meiner Interviewpartner, Menschen noch stärker eingebunden in archaischen Systemen leben. Staatliche Institutionen sind mitverantwortlich, da sie erforderliche Schritte nicht unternehmen, um archaische Strukturen aufzulösen und Familien in Feindschaften anderen Möglichkeiten geben. Wenn der Staat diese Probleme nicht lösen kann, dann sollte wieder er die Ältestenräte wieder legalisieren.

Ob die Zahl der Rache und Blutrachedelikte nach offiziellen Angaben ab- oder zugenommen hat, lässt sich nicht abschließend beantworten. Ich komme jedenfalls zu dem Ergebnis, dass diese kriminellen Handlungen in allen Gebieten des Kosovo existieren. Meist werden diese Auseinandersetzungen durch ungelöste Eigentumskonflikte verursacht. Hier müssen staatliche Institutionen der Republik Albanien und der Republik Kosovo neue Initiativen unternehmen, um diesen Konflikten vorzubeugen und archaische Phänomene zu verhindern. Dazu zählen meiner Ansicht nach

a) die Kontrolle des Besitzes von Schusswaffen in privaten Händen;

b) Straftäter, die sich wegen Rache- oder Blutrachedelikten schuldig gemacht haben, sollten die Höchststrafe bekommen;

c) die Bevölkerung der überwiegend ländlichen Gegenden sollten über die negativen Folgen der Selbstjustiz aufgeklärt werden; d) neue Methoden der Mediation sollten aktiver umgesetzt werden und präsenter werden;

e) Mediatoren sollten staatlich bezahlt werden;

f) der aktuelle Zustand verfeindeter Familien sollte besser erforscht werden, um organisierte und gezielte Aktionen zur Verhinderung der Selbstjustiz zu starten;

g) Schulunterbrechung wegen der Angst vor Rache und Blutrache albanischer Kinder und Jugendlicher sollte dringend durch gezielte Maßnahmen verhindert werden.

Im Zusammenhang mit der dritten Frage wurde der Bedarf an Möglichkeiten der außergerichtlichen Konfliktbeilegung in Albanien sowie im Kosovo ermittelt und bewertet.

Der Bedarf an außergerichtlichen Konfliktlösungsmöglichkeiten ist in Albanien und im Kosovo vorhanden. Das wurde durch meine Forschungen bestätigt. Heutzutage werden diese Methoden der Konfliktlösung häufig, mit steigender Tendenz, eingesetzt. Es werden dazu auch neue Methoden im Sinne des neu in Kraft getretenen Mediationsgesetzes praktiziert. Das nicht voll funktionstüchtige staatliche Rechtssystem erhöht den Bedarf an alternativen Konfliktlösungsmöglichkeiten. Die lange anhängigen Verfahren an den staatlichen Gerichten, wo mit vielen Jahren Wartezeit gerechnet werden muss, gelten als Hauptursache für die Unzufriedenheit der Konfliktparteien. Meiner Meinung nach sollten die Konflikte zügig von staatlichen Gerichten behandelt werden, um den Bedürfnissen der Bürger nach Rechtssicherheit gerecht zu werden.

Die Zahlen über die Inanspruchnahme außergerichtlicher Konfliktlösungsmöglichkeiten in beiden Forschungsländern bestätigen eine enorme Akzeptanz dieser Alternativen. Die wichtigsten Vorteile der außergerichtlichen Konfliktlösung möchte ich nachfolgend noch einmal zusammenfassen:

- Schnelle Lösung der Konflikte und Streitigkeiten (Zeitaufwand)
- geringer Kostenaufwand (finanzieller Aufwand)
- Versöhnung der Konfliktparteien (der Konflikt wird völlig behoben).
- Win-win-Situation für beide Parteien (keine Verlierer, materiell wie psychisch, die Konfliktparteien entwickeln und beschließen auf freiwilliger Basis eigene Entscheidungen und Lösungen miteinander).

Als Nachteil dieser Methoden möchte ich die einseitige Vermittlung und Versöhnung bei schweren Straftaten bei den Albanern hervorheben. Hier hat nicht die Konsensfindung zwischen den Familien Vorrang, sondern die Entscheidung durch die Ältestenräte, die versucht den Konflikt zu lösen. Die damit zusammenhängende Unterlassung der Inanspruchnahme staatlicher Institutionen, um faire gerichtliche Verfahren zu ermöglichen, hat bereits viele Leben verfeindeter Familienangehöriger gekostet.

Zur Beantwortung der Frage, ob und wie die Rechtsordnungen der Forschungsländer miteinander zu vergleichen sind, fiel auf, dass hier Parallelen vorliegen.

Es ist feststellbar, dass die beiden von mir dargestellten Balkan Staaten demokratische Grundstrukturen aufgebaut haben, als Garant der Einhaltung der Menschenrechte in dem jeweiligen Staat. Feststellbar ist jedenfalls, dass beide Staaten in ihren Rechtssystemen die Grundsätze eines modernen Europas verankert haben.

Das Erreichen einer schnellen und unbürokratischen Wiedergutmachung zwischen Konfliktparteien in Albanien und im Kosovo

Sowohl die außergerichtliche Konfliktschlichtung bei den Albanern, basierend auf dem Gewohnheitsrecht (heutzutage parallel zu Mediation) als auch die Mediation bei der staatlichen Justiz, trägt zu einer Entlastung der Gerichte bei. Es ist bekannt, dass gerade die Gerichte in Albanien und im Kosovo mit vielen hunderttausend ungelösten Fällen belastet sind. Nach einem Report des Kosovarischen Gerichtsrates wurden für das Jahr 2010 223.891[625] umgeleitete Rechtsfälle aufgeführt und für das darauffolgende Jahr circa 224.000[626]. Wichtige Erkenntnisse, die für eine Anwendung des Vermittlungsgesetzes sprechen. Ein Richter am Kreisgericht des Kosovo bearbeitet durchschnittlich 24 Streitfälle[627] im Monat. Im Kosovo sind Richter jedoch noch immer in nicht ausreichender Zahl vorhanden. Die außergerichtlichen Arten der Konflikt- und Streitlösungen sind für die Albaner also von großer Bedeutung.

Von einer noch immer schwach ausgeprägten Gerichtsbarkeit im Kosovo spricht auch der Bericht der Europäischen Kommission für das Jahr 2009. Die kosovarische Gerichtsbarkeit war zu diesem Zeitpunkt und ist es auch noch immer, auf internationale Unterstützung angewiesen[628].

---

[625] Kosova Sot, 05.10.2010, Prishtinë, S. 34.
[626] *Hasani*, Fejzullah, Präsident des Obersten Gerichtshofes des Kosovo, am 07.11.2011 in: Radio Evropa e Lire vgl. URL: http://www.evropaelire.org/content/article/24383716.html [Stand: 09.11.2011].
[627] Der allgemeine, jährliche Report der regulären Gerichte des Kosovo von 2012, vgl. URL:http://www.kgjk-ks.org/repository/docs/RAPORTI_VJETOR_Pergjithshm_2010_SHQIP_879988.pdf [Stand. 04.08.2011].
[628] European Commission: Enlargement Strategy and Main Challenges 2009–2014, S. 15.

Es wurde empfohlen zahlreiche Maßnahmen zugreifen, um Gerichtsprozesse zu verkürzen und die Arbeitsbelastung an den Gerichten zu reduzieren. Zur weiteren Stabilisierung des Justizsystems des Kosovos wurden viele Schulungen und Seminare für die Justizbehörden von der OSZE organisiert, mit dem Ziel, deren professionelle Anforderungen zu erhöhen[629].

Über die Lage der anhängigen Streitfälle an den kosovarischen Gerichten äußerte sich ein Professor der Rechtswissenschaftlichen Fakultät der Universität von Prishtina, Herr Prof. Dr. Vesel Latifi[630]. Er bezeichnet die Entscheidung des Präsidenten des Obersten Kosovarischen Gerichtes, Herrn Fejzullah Hasani, als falsch, wonach von den Gerichten zunächst nur die Streitfälle, die vor 2009 anhängig gemacht worden sind, verhandelt werden sollen. Er hält diese Entscheidung für verfassungswidrig und illegitim. Aufgrund dieser Regelungen werden die kosovarischen Bürger nunmehr gezwungen, zur Klärung ihrer akuten und aktuellen Probleme, Konflikt und Streitigkeiten, an die alten Mechanismen der Konfliktschlichtung durch die Ältestenräte anzuknüpfen. Die albanische Staatspolizei hat sich gleichermaßen bemüht, durch Veränderungen in ihren Strukturen, Konfliktschlichtung möglich zu machen. Die Prioritäten ihrer Arbeit haben sich insofern verschoben, dass sich ein Teil ihrer Beschäftigung jenen Fällen vermehrt widmet, die eine Quelle für weitere schwere Straftaten sein könnten, da sie Leben und Gesundheit anderer Menschen gefährden könnten. Die Zahl der Todesopfer, die seit den Neunziger Jahren Opfer von Rache- und Vergeltungsdelikten geworden sind, beläuft sich mittlerweile auf 9870 Menschen[631]. Etwa 1000 Kinder können seitdem die Schule nicht mehr besuchen, da sie aus Angst vor Rache und Vergeltung in ihren Häusern festsitzen[632]. Deshalb sollte, primer die staatliche außergerichtliche Konfliktbeilegung durch alternative Verfahren nach der kStPO 2013[633], aber auch die alte Konfliktschlichtung durch den Kanun noch stärker als bisher praktiziert werden, damit ein normales Leben für diese eingeschlossenen Menschen wieder möglich wird.

---

[629] *Qerimi,* Islam & *Hyseni,* Latif: Të drejtat e autorit dhe plagjiati me theks te veçantë në Kosovë, in: Trendi Global 4, Wissenschaftliche Zeitschrift des Instituts für wissenschafte Forschungen, Prishtinë, 2010, S. 91.
[630] Prof. Dr. Vesel Latifi, interwievt am 04.08.2011 in Prishtina.
[631] Vgl.URL: http://lajme.shqiperia.com/lajme/artikull/iden/1047010117/titulli/Gjakmarrja-ne-Shqiperi-ne-nivele-te-larta [Stand:24.04.2011].
[632] *Emcke,* Caroline: BLUTRACHE IN ALBANIEN- Im Wendekreis der Angst, in ZeitOnline, 20.08.2009 Nr.35.
[633] Kodi i Procedures Penale i Kosovës, Nr. 04/L-123. Gazeta Zyrtare e Republikës së Kosovës / Nr. 37 / 28.12. 2012, Prishtina.

Literaturverzeichnis

Abdyli, Ramiz / *Bakalli,* Emine: Historia 11- Gjimnazi i shkencave shoqërore, Libri Shkollor, Prishtinë 2004

Adamski, Carolin: Wirtschaftsmediation im Vergleich zum Zivilprozess, Eine Gegenüberstellung beider Konfliktlösungsverfahren, Hamburg 2009

Adamovich, Ludwig Karl / *Funk,* Bernd-Christian / *Holzinger,* Gerhart: Österreichisches Staatsrecht: Grundlagen, 1. Band, Wien 1997

Albrecht, Peter – Alexis: Jugendstrafrecht, 3. Auflage, München 2000

Aliu, Agni/*Stavileci,* Esat: Qeverisja Lokale, Njoftime themelore dhe shqyrtime krahasimtare, Tetovë, Prishtinë 2009

Althoff, Gerd: Spielregeln der Politik im Mittelalter. Kommunikation in Frieden und Fehde, Darmstadt 1997

Altmann, Gerhard / *Fiebiger,* Heinrich / *Müller,* Rolf: Mediation: Konfliktmanagement für moderne Unternehmen, 3. Auflage, Weinheim und Basel 2005

Alsula, Ardrita: Kodi penal dhe i procedures penale i Republikës së Shqiperisë, Tiranë 2009

Bach, Ulrike: Feminismus und Mediation: Zentrale Werte der Mediation aus weiblicher Sicht - Betrachtungen zur Geschlechterdifferenz, München 2010

Bajrami, Xhemajl: Xhemajl Abria, Pleqnar i Kosovës, Prishtinë 2010

Bajrami, Arsim: Demokracia parlamentare, 4. Auflage, Prishtinë 2005

Bajrami, Arsim: *E Drejta kushtetuese II,* Prishtinë 1998

Baumgartner, Gerhard / *Grabenwarter,* Christoph / *Griller,* Stefan / *Holoubek,* Michael / *Lienbacher,* Georg / *Potacs:* Europäisches und öffentliches Wirtschaftsrecht, 7. Auflage, Wien, New York 2010

Bauschke, Martin: Der Spiegel des Propheten: Abraham im Koran und im Islam, Frankfurt am Main 2008

Baxhaku, Fatos / *Kaser,* Karl: Die Stammesgesellschaften Nordalbaniens: Berichte und Forschungen österreichischer Konsuln und Gelehrter (1861-1917), Wien, Köln, Weimar 1996

Beck, Reinhilde / *Gotthard,* Schwarz: Konfliktmanagement, 2. Auflage, Augsburg 2001

Besemer, Christoph: Mediation – Die Kunst der Vermittlung in Konflikten, Baden 2009

Berka, Walter: Lehrbuch Verfassungsrecht, Wien, New York 2005

Bilek, Anita / *Sator,* Wolfgang / *Michal* – *Misak,* Silvia, Politeia, Forum für Politische Mediation

Bernath, Mathias/ Schroeder, Felix von / Bartl, Gerda: Biografisches Lexikon zur Geschichte Südosteuropas, Band 3, München 1978

Bierhoff, Hans-Werner / *Wagner,* Ulrich: Aggression und Gewalt - Phänomene, Ursachen und Interventionen, Stuttgart 1998

Bechtold, Johannes A.: Peer-Mediation - Kooperative Konfliktbewältigung an österreichischen Schulen, Strukturen – Wirksamkeit – Entwicklungschancen, Dissertation an der Universität Innsbruck 2002

Bliemetsrieder, Thomas / *Boenisch,* Bianca / *Stumpf,* Hildegard: Bildungskultur und soziale Arbeit - vom stellvertretenden Verstehen zum gelingenden Handeln, Sandro, München 2010

Breidenbach, Stephan: Mediation: Struktur, Chancen und Risiken von Vermittlung im Konflikt, Verlag Dr. Otto Schmidt KG, Köln 1995

Bruhl, H. Lewy: Problemes de la Sociologie Criminelle - Traite des sociologie, bei Gurvich G. Tom, 2. Auflage, Paris 1958

Bruno, Schoch / *Reinhard,* Mutz / *Ulrich,* Ratsch: Friedensgutachten 1999, Münster 1999

Boserup, Hans, The Mediation Process - possibilities and limitations, Universität Aarhus 1998

Bydlinski; Franz: Juristischen Methodenlehre und Rechtsbegriff, 2. Auflage, Wien, New York 1991

Bydlinski, Peter: Bürgerliches Recht, I. Allgemeiner Teil, 4.Auflage, Wien 2007

Clausing, Silke: Dissertationsarbeit: Die Implementierung der Resolution 1244 (1999) des VN Sicherheitsrates im Lichte des Barhimi Reports, Universität München, Digitale Version vgl. URL: http://ub.unibw-muenchen.de/dissertationen/ediss/clausing-silke/inhalt.pdf

Cornelius, Jasmin: Mediation und systemische Therapie: Überlegungen zu einer Adaptierung des Mediationsverfahrens auf die speziellen Bedürfnisse von Paaren - Grenzen und Möglichkeiten, Bd.Vol. 29, Frankfurt am Main 2010

Crisand, Ekkehard: Methodik der Konfliktlösung. Eine Handlungsanleitung mit Fallbeispielen, Verlag Recht und Wirtschaft GmbH, Heidelberg 2004

Çetta, Anton: Proza popullore nga Drenica, Band II, Prishtinë 1972

Çetta, Anton: Brezat që vijnë - pa plagë të vjetra, in: *Fjala,* nr. 20.09.1990

Çollaku, Hashim: Prokurori Publik në Procedurën Penale, Prishtinë 2010

Demolli, Haki: Vrasjet në Kosovën e pasluftes, Prishtinë, 2006

De Waal, Clarisa: Mbijetesa: Shqipëria në postkomunizëm, Tiranë 2005

Drentwet, Christine: Vom Nachrichtenvermittler zum Nachrichtenthema Metaberichterstattung bei Medienereignissen, Dissertation an der Ludwig-Maximilians Universität München 2008 (digitale Version)

Doda, Zef: Drejtësia dhe Politika, Tiranë 2005

Durham, M. Edith: The Burden of the Balkans, London 1905 (original)

Durham, M. Edit: Brenga e Ballkanit, Tiranë 1991(alb. Übersetzung)

Duss-von Werdt, Josef / *Mähler,* Gisela / *Mähler,* Hans-Georg (Hrsg.), Die andere Scheidung, Klett-Cotta, Stuttgart 1995

Duss-von Werdt, Joseph: Einführung in die Mediation, Heidelberg 2008

Duss-von Werdt, Joseph: Homo mediator: Geschichte und Menschenbild der Mediation, 1. Auflage, Stuttgart 2005

Duss-von Werdt, Josef: Weiterbildendes Studium Mediation, Mediation in Europa, FernUniversität Hagen, Hagen 1999

Dünkel, Freider van Kalmthout: Entwicklungstendenzen und Reformstrategien im Jugendstrafrecht im europäischen Vergleich, Mönchen Gladbach 1997

Dörr, Claus: Die Entwicklung des Familienrechts seit 1989 - Eherecht, elterliche Sorge, Umgangsbefugnis, Kinderherausgabe, Ehewohnung und Hausrat, in: NJW 1991

Drosdowski, Günther: Duden, deutsches Universalwörterbuch A-Z, 3. Auflage, Mannheim 1996

Duve, Christian / *Ponschab,* Reiner: Wann empfehlen sich Mediation, Schlichtung oder Schiedsverfahren? In: "Kon: sens" Zeitschrift für Mediation, Freiburg im Breisgau Oberau 1999

Dünkel, Freider van Kalmthout: Entwicklungstendenzen und Reformstrategien im Jugendstrafrecht im europäischen Vergleich, Mönchen Gladbach 1997

Eickhoff, Mathias: Ungarn, Ostfildern 2009

Engisch, Karl: Einführung in das juristische Denken, 10. Auflage, Stuttgart 2005

Elezi, Ismet: E drejta zakonore penale e shqiptarëve, Tiranë 1983

Elezi, Ismet: Zhvillimi historik i legjislacionit në Shqiperi, Tiranë 1998

Elezi, Ismet: Vrasjet për hakmarrje e për gjakmarrje në Shqipëri, Tiranë 2000

Elezi, Ismet: Njohuri për të drejtën zakonore mbarëshqiptare, Prishtinë 2003

Elezi, Ismet: Kanuni i Labërisë, Tirana 2006

Elezi, Ismet & *Hysi,* Vasilika: Politika Kriminale, Tirana 2006

Eisele, Jörg: Außergerichtliche Streitbeilegung und Mediation, in: Juristische Ausbildung (JURA), Berlin 2003

Falk, Gerhard: Die Entwicklung der Mediation in: Töpel, Elisabeth/ Pritz, Alfred (Hrsg.): Mediation in Österreich. Die Kunst der Konsensfindung, Wien 2005

Falk, Gerhard / *Heintel,* Peter / *Pelikan,* Christa: Die Welt der Mediation, Klagenfurt 1998

Falk Gerhard, in: Knapp Gerhard, Soziale Arbeit und Gesellschaft, Entwicklungen und Perspektiven in Österreich, Klagenfurt, Laibach, Wien 2004

Falk, Ulrich/ *Bender,* Gerd: Recht im Sozialismus, Analysen zur Normdurchsetzung in osteuropäischen Nachkriegsgesellschaften (1944/45 – 1989), Bd. 2, Frankfurt am Main 1999

Feltes, Thomas: Der staatliche Strafanspruch. Überlegungen zur Struktur, Begründung und Realisierung staatlicher Strafen, Als Habilitationsschrift vorgelegt der Juristischen Fakultät der Eberhard-Karls-Universität Tübingen, Überarbeitete Fassung vom Mai 1991, digitalisierte Version von 2009

Feroviq, Abedin: Kufiri i politikes se drejte alias i pushteteve ne shtetin ligjor, Ulqin 2007

Frasheri, Sami: Shqipëra ç'ka qenë, ç'është dhe ç'do të bëhet?, Prishtinë 2007

Friedrich, Samuel / *Hoffmann*, Wilhelm / *Krüger*, Anton: Die Altertumswissenschaft, Leipzig 1835

Fisher, Roger / *William*, Ury / *Bruce*, Patton: Das Harvard-Konzept. Der Klassiker der Verhandlungstechnik, Frankfurt/ Main 2004

Fietkau, Hans-Joachim / *Weidner*, Helmut: Umweltverhandeln. Konzepte, Praxis und Analysen alternativer Konfliktregelungsverfahren, Berlin 1998

Frey, Bruno. S. / *Külp*, Bernhard / *Liefmann-Keil*, Elisabeth / *Zerche*, Jürgen, herausg. von Sanmann, Horst: Aspekte der Friedensforschung und Entscheidungsprobleme in der Sozialpolitik, Berlin 1971

Fröhberg, Johan, Mediation- Grundlagen der Alternative zum Rechtsstreit, Norderstedt 2002

Fuchs, Hehn: Umweltmediation, Heft herausgegeben vom Förderverein Umweltmediation e.V., 2. Auflage, Bonn 1999

Funke, Hajo / *Rhotert*, Alexander: Unter unseren Augen: ethnische Reinheit: die Politik des Regime Milosevic- Regimes und die Rolle des Westens, Berlin 1999

Gashi, Musa: Disa Fakte mbi Kosovën, Shkup 1997

Gashi, Rexhep: Politika ndëshkimore ndaj delikteve të gjakut në Kosovë gjatë periudhes 1980-1989, Pristinë 2003

Gjeçovi, Shtjefën: Kanuni i Lekë Dukagjinit, Shkodër 2001

Geschnitzer, Franz: Gibt es noch Gewohnheitsrecht? ÖJT (Österreichischer Juristen Tag), Wien 1967

Gielkens, Leo: Mehr als Sieg und Niederlage - Mediation als Erziehung zum Gewaltverzicht in der Jugendpastoral, Berlin 2007

Glasl, Friedrich: Konfliktmanagement, Ein Handbuch zur Diagnose und Behandlung von Konflikten für Organisationen und ihre Berater, 6. Auflage, Stuttgart 1999

Glasl, Friedrich: Konfliktmanagement. Ein Handbuch für Führungskräfte, Beraterinnen und Berater, Bern, Stuttgart 2004

Glasl, Friedrich: Selbsthilfe in Konflikten, 5. Auflage, Stuttgart 2008

Golo, Mann: "Das Zeitalter des dreißigjährigen Krieges", Propyläen Weltgeschichte, Band 7, 1. Halbband, Frankfurt/ M., Berlin, Wien 1986

*Goldberg***,** Stephen B. / *Sander*, Frank, E. A. / *Rogers,* Nancy. H.: Dispute resolution negotiation, mediation and other processes, Little Brown, Boston 1992

Gjoka, Rasim: Ndërmjetësimi midis viktimës dhe autorit të veprës penale, (Drejtësia Restauruese), in: Manual per punonjesin e sherbimit te proves, Tirana OSCE 2009

Gashi, Dardan / *Steiner*, Ingrid: Albanien. Archaisch, orientalisch, europäisch. Wien 1994

Godin, Marie Amelie Freiin von: Der Kanun - Das Gewohnheitsrecht nach dem sogenannten Kanun des Leke Dukagjini, kodifiziert von Shtjefen Gjecovi, ins Deutsche übersetzt, Peja 2001

Gottwald, Walther / *Strempel*, Dieter / *Beckedorff*, Rainer / *Linke*, Udo: Außergerichtliche Konfliktbeilegung, AKR – Handbuch, Neuwied, Kriftel, Berlin 1997

Haft, Fritjof: Verhandlung und Mediation, Die Alternative zum Rechtsstreit, München 2000

Halili, Ragip, Viktimologjia, Prishtinë 2007

Halili, Ragip, Vrasjet për Hakmarrje, Përparimi, nr. 5, Prishtinë 1969

Hanns, Haas: Der Anschluß, in: Talos, Emerich / Hanisch, Ernst / Neugebauer, Wolfgang: NS Herrschaft in Österreich 1938 – 1945, Wien 1988

Hanschitz, Georg Christoph: „Europäisierung der Österreichischen Parlamentklubs am Beispiel der ÖVP-Klubfraktion", Magisterarbeit, Berkeley 2008

Hacısalihoğlu, Mehmet: Die Zeit der Osmanenherrschaft, in: Bernhard Chiari, Agilolf Keßelring (Hrsg.), Wegweiser zur Geschichte Kosovo, 3.Auflage, Paderborn 2008

Hasluck, Margaret: The Unwritten law in Albania, Universitity Press, Cambrigde 1954; übersetzt aus dem Englischen ins Albanische "Kanuni shqiptar" von Leka Ndoja, Lisitian 2005

Hausmaninger, Herbert / *Selb*, Walter: Römisches Recht, 9. Auflage, Wien, Köln, Weimar, 2001

Haynes, John M. / *Bastine*, Reiner H. / *Link*, Gabriele / *Mecke*, Axel: Scheidung ohne Verlierer. Ein neues Verfahren sich einvernehmlich zu trennen. Mediation in der Praxis. München 1993

Hirschfeld, Gerhard / *Krumeich*, Gerd / *Renz*, Irina: Enzyklopädie Erster Weltkrieg, Paderborn 2009

Hoke, Rudolf / *Reiter*, Ilse: Quellensammlung zur österreichischen und deutschen Rechtsgeschichte, Wien, Köln, Weimar, Bohlau 1993

Hoxha, Teuta: Ismajl Qemajli. Përmbledhje dokumentesh Nr. 203, Tirana 1982

Hösch, Edgar: Geschichte der Balkanländer, München 1988

Höpfel, Frank / *Kert*, Robert: Gewalt in der Familie und Diversionslösungen, in: Miklau, Roland, Schroll, Hans Valentin (Hrsg.): Diversion– ein anderer Umgang mit Straftaten,Wien 1999

Hösl, Gerhard – G. Mediation die erfolgreiche Konfliktlösung - Grundlagen und praktische Anwendung, München 2002

Hueck, Alfred / *Nipperdey*, Hans-Carl: Lehrbuch des Arbeitsrechts, 2. Band, Berlin, Frankfurt am Main 1957

Ilia, Frano-Dom: Kanuni i Skanderbegut, Milot 1993

Iser, Angelika: Supervision und Mediation in der sozialen Arbeit - Eine Studie zur Klärung von Mitarbeiterkonflikten, Tübingen 2008

Jacques, Edwin: Shqiptarët, Historia e popullit shqiptar nga lashtësia deri në ditët e sotme, Tiranë 1996; Übersetzung aus dem Englischen durch Edi Seferi: Originaltitel: „"The Albanians: An Ethnic History from Pre-Historic Times to the Present", North Carolina 1995

Jäger, Hans-Wolf: "Öffentlichkeit" im 18. Jahrhundert, Göttingen 1997

Jelic. M. Ilija: Krvna osveta i umir u Crnoj Gori i Sjevernoj Albaniji, Beograd 1926

Jia, Wenshan: Chinese Mediation and its Culture Foundation. In G.M. Chen & R. Ma (Eds) Chinese Conflikt and Management and Resolution, Norwood (CT) 2002

Kajtazi, S. Bashkim: Ndertimi i sistemit gjyqesor te pavarur ne Kosove, Prishtine 2010

Karan, Milenko: Krvna Osveta, Beograd 1985

Kaser, Karl: Hirten, Kämpfe, Stammeshelden. Ursprünge und Gegenwart des balkanischen Patriarchats, Wien 1992

Kelmendi, Muhamet: Kosovo para clirimit nga pushtuesi serbo-sllav, Prishtinë 2008

Kelsen, Hans: Reine Rechtslehre - Einleitung in die rechtswissenschaftliche Problematik, (Studienausgabe der 1. Aufl. 1934), Tübingen 2008

Kessen, Stefan, in: Henssler Martin / Koch, Ludwig (Hrsg.): Mediation in der Anwaltspraxis, Köln 2004

Kessl, Fabian: Handbuch Mediation und Konfliktmanagement, Wiesbaden 2005

Kimminich, Otto: Einführung in das Völkerrecht: 4. Auflage, München, London, New York, Paris 1990

Krisafi, Ksenofon: Shteti dhe e Drejta në Iliri, in: Historia e shtetit dhe e së drejtës në Shqipëri, Tiranë 2007

Koch in: *Bierbrauer,* Günter / *Falke,* Josef /*Giese,* Bernhard / *Koch,* Klaus - F. / *Rodingen,* Hubert: Zugang zum Recht, Bielefeld 1978

Kohl, Gerald / *Neschwara,* Christian / *Olechowski* / Thomas: Rechts- und Verfassungsgeschichte, Wien 2011

Kuderna, Friedrich: Schlichtungsstellen für Rechtsstreitigkeiten aus dem Arbeitsverhältnis, DRdA 1978

Laurasi, Aleks / *Zaganjori,* Xhezair / *Elezi,* Ismet / *Nova,* Koca.: Historia e shtetit dhe e së drejtës në Shqipëri, Tiranë 2007

Luarasi, Aleks: "Edrejta zakonore shqiptare" in: "Historia e Shtetit dhe së Drejtës në Shqipëri, Tiranë 2007

Lehnsdorf, Jörg: Die Vermittlung im Völkerrecht zwischen 1648 und 1815, Dissertation vorgelegt an der Universität Hamburg, Digitale Version vgl. http://www.gbv.de/dms/spk/sbb/toc/34673438X.pdf [Stand: 2.3.2016].

Lenz, Christina/ *Mueller,* Anders: Business Mediation, Einigung ohne Gericht, Landsberg 1999

Lopez, Gerard/ *Bornstein,* Serge: Victimologie Clinique, Paris 1995

Luçi, Hasan: Kuvendi i Laberisë, Tiranë 2009

Luhmann, Nichlas: Das Recht der Gesellschaft, Frankfurt am Main 1993

Mayer, Hanz: Öffentliches Recht. Einführung in die Rechtswissenschaften und ihre Methoden Teil 1, Wien 2011

Mayer, Helene: Trainingshandbuch interkulturelle Mediation und Konfliktlösung: Didaktische Materialien zum Kompetenzerwerb, 2. Auflage, Münster 2008

Meçi, Xhemal: Kanuni i Lekë Dukagjinit- Në Variantin e Mirditës, Tiranë 2002

Meksi, Vangjel: Problemi i lashtësisë së disa instituteve juridike të shqipfarëve, Kon. II i Stud. Alban., Tiranë 1969

Messmer, Heinz: Der soziale Konflikt: kommunikative Emergenz und systemische Reproduktion, Stuttgart 2003

Mertens-Fleury, Katharina: Maria mediatrix – *mittellos mittel aller súnder.* Das Mittelalter: Vol. 15, No. 2, Berlin 2010

Mile, Klementin: Gjakmarrja: Mes kanunit dhe shtetit, Tiranë 2007

Montada, L. / *Kals*, F.: Mediation, ein Lehrbuch für Psychologen und Juristen, Belts PRV, Weinheim 2001

Moore, Christopher. W.: The Mediation process. Practical strategies for resolving conflicts, San Francisco 1986

Moos, Reinhard: Richter und Strafrechtsreform, in: JBl, St. Pankraz 1996

Murati, Rexhep: Rishikimi i procedures penale për shkak të fakteve dhe provave të reja, Pristinë 2006

Neuwirth, Hubert: Widerstand und Kollaboration in Albanien 1939-1944, Wiesbaden 2008

Nopcsa, Franz Baron: Beitrag zur Statistik der Morde in Albanien, Wien 1907

Nova, Koça: Dhënia e drejtësisë sipas së drejtës sonë zakonore, in: Etnografia shqiptare Nr. 16, Tiranë 1988

Pannenberg, Wohlfahrt: Grundzüge der Christologie, 6. Auflage, Gütersloh 1982

Peinsipp, Walter: Das der Shkypetaren – Geschichte, Gesellschaft und Verhaltensordnung, Wien 1985

Pfeifer, Wolfgang: Art. „Konflikt", In: Etymologisches Wörterbuch des Deutschen, Pfeifer, München 1999

Pohlmann, Nina: Neue Wege der Mediation, München 2009

Posener, Georges: L'enseignement loyaliste. Sagesse egyptienne du Moyen Empyre, Genf1976

Probst, Rajmond - R. "Good Offices" in the Light of Swiss International Practice and Experience. Dordrecht 1989

Proksch, Roland: Mediation – Vermittlung in familiären Konflikten: Einführung von Mediation in die Kinder- und Jugendhilfe, in: Heft des Instituts für soziale und kulturelle Arbeit Nürnberg 1998

Prudentius, Aurelius Clemens, Gedichte gegen Symmachus (Contra Symmachum), übersetzt und eingeleitet von Tränkle, Hermann, Leipzig 2008

Pupovci, Syrja: Burimet për studimet e Kanunit të Lekë Dukagjinit, Studime historike, Nr. 2. Tirana 1971

Qerimi, Islam / Gashi Ardrit: Wirtschafts- und Organisierte Kriminalität in den Ländern Südosteuropas, Kriminalistik, Heidelberg 2009, 63 (2009), H. 1, S. 21-27.

Qerimi, Islam: Einige Aspekte aus dem Feld der Vermittlung als eine Methode der außergerichtlichen Konfliktschlichtung in der Europäischen Union, Albanien und Kosovo, München 2011

Qerimi, Islam: Rolle und Herkunft des Kanuns bei den Albanern, München 2010

Qerimi, Islam: Die Bemühungen und Opfer der Albaner zur friedlichen Lösung der Konflikte mit anderen Ethnien auf dem Balkan, München 2011

Qerimi, Islam: Eine Analyse der Kriminalitätsentwicklung im Kosovo zwischen 1989 und 2000/2002 unter Berücksichtigung der geschichtlichen und politischen Fakten, 1. Aufl. München 2004

Qerimi, Islam: Some Aspects of Research on social Organization and Self-Government of Albanians according to the costumary Law, München 2011

Qerimi, Islam / *Hyseni*, Latif: Të drejtat e autorit dhe plagjiati me theks te veçantë në Kosovë, in: Trendi Global 4, Wissenschaftliche Zeitschrift des Instituts für wissenschaftliche Forschungen, Prishtinë 2010, S. 76-95.

Qerimi, Islam: Die Institutionen der Rache und der Blutrache bei den Albanern, vgl. URL: http://www.polizei-newsletter.de/documents/2009_Qerimi_Kanun.pdf

Qerimi, Islam: Praktisches Beispiel aus der Familienmediation, München 2012

Razum, Kathrin, K.: Hueber Wörterbuch Deutsch als Fremdsprache: das einsprachige Wörterbuch für Kurse der Grund- und Mittelstufe mit Tipps zu Wörter lernen, Mannheim 2003

Reutner, Ursula: Sprache und Tabu, Tübingen 2009

Rieck, Christian: Spieltheorie - Einführung für Wirtschafts- und Sozialwissenschaftler, 7. Auflage, Wiesbaden 2007

Rüssel, Ulrike: Schlichtungs-, Schieds- und andere Verfahren außergerichtlicher Streitbeilegung - Versuch einer begrifflichen Klarstellung, in JuS 2003

Rose, Arnold M. / *Rose*, Caroline B.: Intergroup Conflicts and its Mediation, in: Internat Soc. Sc. Bull., Vol. 6, (1954) Reprint, Wiesbaden 1966

Rösener, Werner: Bauern im Mittelalter, 4. Auflage, München 1991

Rütinger, Bruno / *Sauer*, Jürgen: Konflikt und Konfliktlösen. Kritische Situationen erkennen und bewältigen, Leonberg 2000

Röhl, Klaus F.: Rechtssoziologie. Ein Lehrbuch, Köln, Berlin, Bonn, München 1987

Rousseau, Jean-Jacques: Der Gesellschaftsvertrag, in: Politische Schriften Bd. 1, Paderborn 1977

Sahiti, Ejup: Argumentimi në procedurë penale, Prishtinë 2006

Sellnow, Reinhard: Kreative Lösungssuche in der Mediation, in: Zeitschrift für Konfliktmanagement 3. Jahrgang 2000

Schäffer, Hartmut: Mediation: Die Grundlagen, Würzburg 2004

Spinosa, de Benedictus: Die Ethik, Stuttgart 1982

Strempel, Dieter (Hrsg.): Mediation für die Praxis, Recht, Verfahren, Trends, Berlin 1998

Šeparović, Zvonimir: Viktimologija – Studije zrtvama, Informator, Zagreb 1998

Stempin, N. Wilhelm: Das albanische Gewohnheitsrecht aus der Perspektive der rechtlichen Volkskunde, München 2001

Statovci, Ejup: Një monument madhor i kulturës së lashtë shqiptare, Përparimi – Revistë shkencore, Nr. 5, Prishtinë 1990

Stipcevic, Aleksander: "Ilirët, historia, jeta, kultura", Prishtinë 1980

Stopkotte, Eva–Maria: Vertiefende Einführung in: Dieselkamp/Eyer/Rohde/Stopkotte: Wirtschaftsmediation – Verhandeln in Konflikten, Paderborn 2004

Schutz, Fabian: Die homerischen Räte und die spartanische Gerusie, Düsseldorf 2011

Schwarz, Gerhard: Konfliktmanagement. Konflikte erkennen, analysieren, lösen, Wiesbaden 2001

Tanner, Mathias: Mediation in Minarettkonflikten? Lizentiatsarbeit im Fach Ethik, Departement für Evangelische Theologie der Christkatholischen und Evangelischen Theologischen Fakultät der Universität Bern 2007

Traianos, Gagos / *Minnen*, Peter van: Setlling a Dispute. Tovard a Legal Anthropology of Late Antique Egypt: Law as Ann Arbor, University of Michigan Press 1994

Trenczek, Thomas: Formalisierung der informellen Streitregelung, Zeitschrift für Konfliktmanagement 5/ 2005

Thunmann, E. Johann: Untersuchungen über die Geschichte der östlichen europäischen Völker, I. Teil, Leipzig 1774

Ulqini, Kahreman: Instituti i bajrakut, "Etnografia shqiptare" 14/1985

Vlakovi, Zoran: Nema krvne osvete do nezavisnosti Kosovo! *Dnevni telegraf*, Beograd 1997

Volkmann, Judith: Mediation im Zivilprozess, Rechtliche Rahmenbedingungen für ein gerichtsinternes Mediationsangebot, 1. Auflage, Frankfurt 2006

Von Olenhusen, Peter, Götz: Gerichtsmediation – Richterliche Konfliktvermittlung im Wandel, in: ZKM 2004, S. 104 – 107.

Weidner, Helmut: Alternative Dispute Resolution in Environmental Conflicts – Promises, Problems, Practical Experience, in: Ders. (Hg.), Alternative Dispute Resolution in Environmental Conflicts. Experiences in 12 Countries, Berlin 1998

Weitz, Tobias - Timo: Gerichtsnahe Mediation in der Verwaltungs-, Sozial- und Finanzgerichtsbarkeit, Frankfurt am Main 2008

Wesel, Uwe: Streitschlichtung im Schatten des Leviathan, NJW 2002

Wiesinger, Stefan / Lhamo, Ani Jinpa: Ars nova mediativa. Ein Dialog in Achtung und Achtsamkeit, in: Gerda Mehta, Klaus Rückert (Hrsg.), Demokratie, Carl-Auer-Systeme Verlag, Heidelberg 2003

Wolff, Christian: Grundsätze des Natur- und Völkerrechts, worin alle Verbindlichkeiten und alle Rechte aus der Natur des Menschen in einem beständigen Zusammenhange hergeleitet werden, Halle 1754

Yilmazoglu, Deniz Lara: Ursachen und wirtschaftliche Folgen korrupter Behörden, München 2007

Zavallani, Tajar: "Histori e Shqipnis", Londer 1966

Zilleßen, Horst: Status und Erfahrungen zu Umweltmediation in Europa, Symposium „Environmental Mediation in Europe" vom 22/23.11.2001, Wien

Zojzi, Rrok: Aspekte të Kanunit të Skënderbeut të para në kuadrin e përgjithshëm të së drejtes kanunore, Studime historike Nr. 4, Tiranë 1974

Zitierte Gesetze

Staatsvertrag von Saint-Germain (Österreich), StGBl 1920/303 idF BGBl III 2002/179

Déclaration des droits de l'homme et du citoyen vom 26. August 1789

European Code of Conduct for Mediators, in englischer Version abgedruckt in ZKM 4/2004

Die EU Directive 2008/52/EC of the European Parliament and the council of 21st May 2008 on certain aspects of mediation in civil and commercial matters

UN Basic Principles on Restorative Justice, Resolution: 2000/14, vom 27. Juli 2000

EUROPARAT MINISTERKOMITEE - Empfehlung Nr. R (99) 19 des Ministerkomitees an die Mitgliedstaaten bezüglich Mediation in Strafsachen (Täter-Opfer-Ausgleich)

KOMMISSION DER EUROPÄISCHEN GEMEINSCHAFTEN, Bericht der Kommission der Europäischen Gemeinschaften aus Brüssel, 26.03.2003, SEK (2003) 3392003

Kanuni i Lekë Dukagjinit von Shtjefën Gjecovi (Das Gesetz des Lekë Dukagjini)

Kanuni i Lekë Dukagjinit – Varianta e Mirdites von Xhemajl Meci (Das Gesetz des Leke Dukagjini – Variante von Mirdita)

Kanuni i Skanderbegut von Dom Frano Ilia (Das Gesetz des Skanderbeg)

Kanuni i Labërisë von Ismet Elezi (Das Gesetz der Labëria)

Kanadisches Mediationsgesetz vom 15. April 2011 (National Mediation Rules)

SR-Resolution 1244 v. 10.06.1999, UN-Doc. S/RES/1244 (1999)

UNMIK, Regulation on the Authority of the Interim Administration in Kosovo vom 25.07.1999, UN- Doc.UNMIK/REG/1999/1, Sektion 1

UNMIK, Regulation on a Constitutional Framework for Provisional Self-Government vom 15.05.2001, UN-Doc. UNMIK/REG/2001/9, Chapter 9.4.8

Das erweiterte Statut von Lushnja (alb. Statuti i zgjeruar i Lushnjes) vom 08.12.1922

Die Verfassungen Albaniens (mit Anhang über die Verfassung der Republik Kosovo)

Verfassungsentwurfs von 1991 der Republik Albanien

Ustava Socialistične Federativne Republike Jugoslavije (1974), (Verfassung der Sozialistischen Föderativen Republik Jugoslawien)

Kodi Penal i Krahines Socialiste Autonome së Kosovës (Das Strafgesetz der SAP des Kosovos wurde von der Versammlung der KSA des Kosovos am 28. Juni 1977 verkündet und wurde seit dem 1. Juli 1977 angewendet. Dieses Gesetz wurde durch die Verordnung der UNMIK nr: 1999/24 vom 12. Dezember 1999 als gültiges Gesetz im Kosovo erklärt und bis April 2004 umgesetzt)

Kodi Civil i Republikes së Shqiperisë (Bürgerliches Gesetzbuch der Republik Albanien Nr. 7850, dt. 29.07.1994, geändert durch das Gesetz Nr. 8536, dt. 18.10.1999 und Nr. 8781, dt. 03.05.2001. KCRSH)

Kodi i Familjes i Republikes së Shqiperisë (Familiengesetzbuch der Republik Albanien, Nr. 9062, dt. 08.05.2003)

Kodi i Punes i Republikës së Shqiperisë (Arbeitsgesetzbuch der Republik Albanien (Gesetz Nr.7961) vom 17. Juli 1995 Nr.7961, dt. 12.07.1995)

Kodi i Drejtesise per te Mitur i Kosoves (kJGG, Gesetzblatt der Republik Kosovo / Pristina: Jahr V / Nr. 78 / 20. Juli 2010, Code Nr. 03/l-193, 2010)

Gesetz „Für die Ratifizierung des Europäischen Übereinkommens über die Beziehungen mit Kindern" (Nr. 9359 vom 24.03.2005)

Gesetz über die Institution des Bürgerbeauftragten im Kosovo (Ombudsmann-Gesetz), UNMIK-Verordnung Nr.2000/38, geändert durch die UNMIK-Verordnung Nr. 2006/06

Kushtetuta e Republikes së Shqiperisë (Verfassung der Republik Albanien vom 21.10.1998 eingeführt durch das Gesetz Nr. 8417, dt. 13.01.2007 und zuletzt geändert durch das Gesetz Nr. 9904 dt. 14.01.2008

Ligji për ndermjetësimin ne zgjidhjen e mosmarrveshjeve 1999 in Albanien (Gesetz Nr. 8465102 „Zur Vermittlung und Lösung durch Versöhnung von Streitigkeiten", zuletzt geändert durch das Gesetz Nr. 9090 vom 26.06.2003)

Kushtetuta e Republikes së Kosovës (Verfassung der Republik Kosovo vom 15.06.2008)

Ligji për ndërmjetësim (Gesetz Nr. 03/L-057 der Vermittlung), Gesetzblatt der Republik Kosovo, Prishtinë: VITI III, Nr. 41, 1.11.2008

Kodi Penal i Kosovës (Strafgesetzbuch der Republik Kosovo, UNMIK/RREG/2003/25, am 06.04. 2004 in Kraft getreten)

Kodi i Procedures Penale i Kosovës (Strafprozessordnung der Republik Kosovo UNMIK/RREG/2003/26.06.2003, am 06.04.2004 in Kraft getreten)

Kodi i Procedures Penale i Kosovës (Die Strafprozessordnung des Kosovo Nr. 04/L-123. Gesetzblatt der Republik Kosovo / Pristina, Nr. 37 / 28.12. 2012, Pristina, am 1.1.2013 in Kraft getreten)

Ligji Penal për të Mitur i Kosovës (Jugendstrafgesetz der Republik Kosovo Verordnung der UNMIK, Nr. 2004/8, dt. 20.04.2004)

Kodi Penal i Republikës së Shqipërisë (Strafgesetzbuch der Republik Albanien eingeführt durch das Gesetz Nr. 7895, dt. 27.1.1995, zuletzt geändert durch das Gesetz Nr. 8733, vom 24.01.2001)

Kodi i Procedurës Penale i Republikës së Shqipërisë (Strafprozessordnung der Republik Albanien Nr.7905, vom 21.3.1995)

Kodi Civil i Republikes së Shqiperisë (Zivilgesetzbuch der Republik Albanien Nr. 7850, vom 29.07.1994)

Kodi i Familjes se Republikes së Shqiperisë (Familiengesetzbuch der Republik Albanien durch das Gesetz Nr. 9062, vom 08.05.2003)

Zitierte Webseiten

http://europa.eu/legislation_summaries/culture/l29015 _de. htm

http://www.global-ethic-now.de/gen-deu/0c_weltethos-und-politik/0c-02-menschenrechte/ 0c-02-136a-franz-erklaerung.php#

http://www.aspr.ac.at/museum/mediation_abc.pdf

http://www.rp-online.de/niederrhein-nord/xanten/nachrichten /kriminalitaet-im-roemischen-reich-1.1323412

http://www.univie.ac.at/mediation

http://www175jahre.uzh.ch

http://www.in-mediation.eu/mediation/historie

http://de.thefreedictionary.com/Gericht

http://www.verwaltung.bayern.de/Anlage2804642/SozialgerichtlicheMediation.pdf

http://www.mediation-goebel.de/Was_leistet_Mediation _/was_ leistet_mediation_.html

http://www.bmj.bund.de/enid/Mediation_-_au_ergerichtliche_Streitbeilegung/Mediation_-_Was_ ist_das__od.html

http://www.wermke-mediation.de/1.html

http://de.academic.ru/dic.nsf/meyers/89373/Mediateur

http://www.sozialwiss.uni-hamburg.de/onTEAM/preview/Ipw/Akuf/kriege_archiv.htm

http://www.politeia.at/POLITEIA/silviartikel11.htm

http://www.lsg.nrw.de/50_service/60_mediation/Flyer_Richterliche_Mediation-neu.pdf

http://ec.europa.eu/civiljustice/adr/adr_gen_de.htm

http://sites.google.com/site/erroessler/mediation2

http://www.mediation-in-halle.de/cms/index.php?option=com_content&t ask=view&id=13&Itemid=27

http://www.kanzlei-silke-vogel.de/downloads/mediation.pdf

http://www.otmarberger.de/site.php?action=i_0 _0#anker7

http://www.unric.org/de/charta?start=6

http://www2.law.uu.nl/priv/cefl/reports/pdf2/Sweden.pdf

http://www.chlc.ca/fr.

http://www.adrcanada.ca/resources/documents/National_Mediation_Rules_2011April15withtaxnote_001.pdf

http://www.kantei.go.jp/foreign/judiciary/2001/0612report.html

http://www.streitkultur-stade.de/download/Mediation%20in%20Europa.pdf

http://www2.law.uu.nl/priv/cefl/reports/pdf2/Denmark.pdf

http://www.calsky.com/lexikon/de/txt/m/me/mediation.php

http://www175jahre.uzh.ch

http://dipbt.bundestag.de/dip21/btd/17/080/1708058.pdf

http://www.polizei-newsletter.de/ docu ments/2009_Qerimi_Kanun.pdf

http://www.uibk.ac.at/zivilrecht/buch/ kap 1_0.xml

http://www.worldlingo.com/ma/dewiki/de/Verfassung_Albaniens

http://www.europarl.europa.eu/parliament/expert/displayFtu.do?language=de&id=73&ftuId= FTU _6.4.1.html

http://de.consenser.org/book/export/html/1880

http://www.dusanov-zakonik.com/indexr.html

http://www.ritsumei.ac.jp/acd/cg/law/lex/rlr27/AlesGalic.pdf

http://www.kosova.de/archiv/politik/nationaler_bericht.html

http://www.pristina.diplo.de/Vertretung/pristina/de/04/Sonstiges/Seite__Recht_20Kosovo.html

http://www.civpol.org/unmik/stats/1999/whole.htm

http://www.mfa-ks.net/?page=2,33

http://www.eulex-kosovo.eu/docs/info/20100608council%20decision.pdf

http://www.pajtimi.com/index.php?faqe=rrethnesh

http://www.mediationalb.org/mat.php?l=a&idm=17&idr=9

http://www.soros.al/trashegimia/drejtesia.htm#c1

http://www.mediationalb.org/mat.php?l=a&idm=135&idr=55

http://www.raporteri.com/shenohet-sukses-ne-projektin-per-ndermjetesimin-ne-gjykata-ne-shqiperi/

http://www.partnerskosova.org/index.php?lang=sq

http://www.partnerskosova.org/index.php?option=com_content&view=article&id=49&Itemid=53 &lang=en

http://www.km-kongress.de/download/2005_vortrag_miklautsch.pdf

http://www.uibk.ac.at/zivilrecht/buch/kap19_0.xml?section=6;section-view=true#BABBBBGA

http://www.buchkritik.at/kritik.asp?IDX=2837

http://www.avocat.be/die-mediation,de,33.html

http://www.ihremediatorin.com/ mediation/aufgaben_der_mediatoren.php

http://www.evropaelire.org/content/article/24383716.html

http://www.kgjk-ks.org/repository/docs/RAPORTI_VJETOR_Pergjithshm_2010_SHQIP_879988.pdf

http://neuestart.at/Media/1_report_oesterreich_2007-pdf

http://www.neustart.at/Media/report_oesterreich_2010.pdf

http://lajme.shqiperia.com/lajme/artikull/iden/1047010117/titulli/Gjakmarrja-ne-Shqiperi-ne-nivele-te-larta

http://www.mediation-dach.com/mediation/mediationsgesetz

http://www.bmwfj.gv.at/Familie/TrennungUndScheidung/Seiten/Mediation.aspx

http://www.polizei-newsletter.de/documents/2009_Qerimi_Kanun.pdf

http://open.data.al/lajme/lajm/id/133/titull/Tirana-Observer-Shkodra-qyteti-ku-gjakmarrja-nuk-re sp ekton-as-Kanunin

http://sz-magazin.sueddeutsche. de/texte / an z eigen/36268/

http://www.spiegel.de/ spiegel/ print /d-9157969.html

http://de.vikipedia.org/wiki/Kanun_(Albanien)

http://www.avokatipopullit.gov.al/Raporte/Konf2001.pdf

http://www.gazeta-shqip.com/index/aktualitet/540288f43 7535ccd76882f750e723b7 a.html_Tötungen

http://www.gazeta-shqip.com/index/ aktu alitet/540288f43 7535ccd7 6882f 750e723 b7a.html_Tötungen In Albanien

http://www.tiranaobserver.com.al/index.php?option=com_content&view=article&id=3658:gjakmarrja-ne-20-vjet-5200-vrasje-dhe-1400-familje-te-ngujuara&catid=56:sociale-&Itemid=95

http://asp.gov.al/2009/qershor/5fjala_nikolin_bala.htm

http://open.data.al/lajme/lajm/id/133/titull/Tirana-Observer-Shkodra-qyteti-ku-gjakmarrja-nuk-respekton-as-Kanunin

http://.albania.de/alb/alb/index.php?p=61

http://www2.ohchr.org/english/issues/executions/docs/ALBANIA_PressStatement_23022010.doc

http://www. Unmik online.org/civpol/statistics.htm

http://iwpr.net/sq/report-news/ringjallet-hakmarrja-ne-kosove

http://www.avokatipopullit.gov.al/Raporte/Konf2001.pdf

http://www.zeri.info/artikulli/1/2/1842/gjakmarrja-ngujon-edhe-femijet/

http://www.cssproject.org

http://www.kosovo.undp.org/repository/docs/EWR20 _alb_press.pdf

http://www.tageblatt.lu/nachrichten/story/ 219 29 717

http://www.koha.net/?page=1,4,65269

http://www.hrw.org/de/news/2008/03/27/kosovo-strafrechtssystem-l-sst-opfer-im-stich

 http://www.eulex-kosovo.eu/al/ pressreleases/0176.php

http://gazetaexpress.com/index.php?cid=1,15,71868

http://www.telegrafi.com/lajme/rritet-numri-i-rrembimeve-80-1080.html

http://www.osce.org/sq/kosovo/87005

http://www.shkodraonline.com/comment.php?comment.news.1405

http://www.voanews.com/albanian/news/Shqiperi-Konfliktet-per-pronat-shpesh-perfundojne-ne-dhune-132378898.html

http://www.lajmifundit.com/lajme/ 2011/11/kosove-fol-shkelje-ne-12-tendera/

http://www.botasot.info/def.php?category=&id=55249

http://www.eulex-kosovo.eu/docs/justice/judgments/criminal-proceedings/DCPrishtina /Agron Haradinaj/ DC-Pristina- Agron-Haradinaj-et-a-Albanianl.pdf

http://www.mpbks.org/repository/docs/raporti_vjetor_ipk_2006.pdf

http://www.unmikonline.org/press/2003/fq.2/4

http://www.nationmaster.com/country/al-albania/cri-crime

http://deutschlandecho.wordpress.com/2011/03/01/osterreich-11-prozent-auslander-begehen-knapp-ein-drittel-aller-verbrechen/

http://lajme.shqiperia.com/lajme/artikull/iden/1047181564/titulli/Tabelat-me-SHIFRAT-e-frikshme-te-rritjes-se-krimit-ne-vend

http://lajme.parajsa.com/Rajoni/id_102644/

http://kurier.at/nachrichten/2054015.php

http://www.kybeline.com/2010/04/22/die-meisten-verbrecher-sind-deutsche-und-osterreicher/

http://www.wno.org/newpages/lch44d.html

http://www.interpol.int/Public/Drugs/heroin/default.asp

http://www.kosovopolice.com/dokumentet_strategjike/Raporti_vjetor_2008.pdf

http://www.wno.org/newpages/lch44d.html

http://www.wno.org/newpages/lch44d.html

http://www.rtklive.com/?id=2&r=56504

Islam Qerimi, Die Rolle des Kanun bei der informellen Konfliktschlichtung bei den Albanern (Albanien und Kosovo). Eine rechtsvergleichende Analyse zum alten Kanun und modernen Recht, (Monographie) 2., überarbeitete und ergänzte Auflage, disserta Verlag, Imprint der Diplomica Verlag GmbH, Hermannstal 119k, 22119 Hamburg, 2016 und 2021 ISBN: 978-3-95935-327-4, € 49.99.

Das Buch von Islam Qerimi beschäftigt sich mit der **Rolle des Kanun bei der informellen Konfliktschlichtung bei den Albanern.** Eine solche rechtsvergleichende Analyse zum alten Kanun und modernen Recht hat Qerimi bereits 2016 im Verlag "Disserta Verlag" ISBN: 978-3-95935-326-7 veröffentlicht.[1] Diese Veröffentlichung war damals für das deutsche wissenschaftliche Öffentlichkeit ein Novum.

Der Autor stellt zu Beginn der Untersuchung die Notwendigkeit der Anwendung der außergerichtlichen Konfliktbeilegung, mit Betonung auf den zwei von ihm ausgewählten Forschungsländer (Albanien und Kosovo) dar. Daran anschließend thematisiert er die Herkunft und Bedeutung der albanischen außergerichtlichen Konfliktbeilegung, der Begriffe der Konfliktbeilegung bzw. Mediation im Allgemeinen und die Konflikte als Gegenstand der außergerichtlichen Konfliktbeilegung bzw. Mediation.

Darüber hinaus geht er auf die Vielfalt der Definitionen ein. Er stellt wesentliche Merkmale der Konfliktbeilegungen dar, die verschiedenen Mediationsmodelle aufweisen. Hinzu kommen die geschichtlichen Entwicklungen der außergerichtlichen Konfliktbeilegungen, sowohl im internationalen Bereich als auch auf nationaler Ebene der zwei Forschungsländer, sowie die aktuellen Rahmenbedingungen für die Anwendung der außergerichtlichen Konfliktbeilegungen.

Es folgt ein kurzer Überblick über Gemeinsamkeiten und Unterschiede der außergerichtlichen Beilegungsmöglichkeiten von Konflikten und Streitigkeiten. Einerseits wird die alte albanische Konfliktschlichtung, basierend auf dem Gewohnheitsrecht, sowie die moderne Mediation dargestellt und andererseits werden die ausführenden Institutionen der außergerichtlichen Konfliktbeilegung und die Notwendigkeit der Anwendung außergerichtlicher Konflikt- und Streitlösungstechniken veranschaulicht.

Ferner wird der geschichtliche Entwicklungsprozess der Rache und Blutrache bei den Albanern, als grundlegende Ursache für eine außergerichtliche Konfliktbeilegung, dargestellt. Diese Betrachtung ist von großer Bedeutung, da bisher zahlreiche wissenschaftliche Arbeiten dieses Thema betreffend vorliegen, die ein erhebliches Vorkommen dieser archaischen Formen der Selbstjustiz bei den Albanern darstellen. Die Berichte der offiziellen staatlichen Quellen dokumentieren jedoch andere Fakten.

Aus diesem Grund hat sich Qerimi bemüht, in dieser Arbeit ein realistisches Bild dieser Problematik zu erarbeiten und wiederzugeben. So hat er Urteile der kosovarischen Gerichte zu den Straftatbeständen Mord, versuchter Mord und Entführung dokumentiert und ausgewertet und daneben Entscheidungen außergerichtlicher Konfliktschlichter bzw. des albanischen Ältestenrates zu verschiedenen Straftaten dargelegt. Am Ende dieser Arbeit werden die Ergebnisse der außergerichtlichen Konfliktbeilegungen dargestellt.

Der nun (2022) in Vorbereitung befindliche zweite Band als Monographie im selben Verlag wurde mit neuen Daten und Beispielen aus der außergerichtlichen Konfliktbeilegung angereichert. Bemerkenswert

---

[1] https://www.diplomica-verlag.de/recht-wirtschaft-steuern_66/informelle-konfliktschlichtung-nach-albanischem-kanun-eine-rechtsvergleichende-analyse-zum-alten-kanun-und-modernen-recht_164807.htm

ist, dass der Autor die Rolle des Kanuns während der Geschichte thematisiert, als die staatliche Justiz nicht funktionierte und nicht zur Lösung von Konflikten zwischen Albanern beitragen konnte.

Insgesamt handelt es sich bei dem Werk von Qerimi um eine wichtige und wertvolle Fortschreibung der ursprünglich 2016 erschienenen Arbeit.

Professor Dr. iur. Thomas Feltes M.A.

Ruhr-Universität Bochum

November 2022

Islam Qerimi, **Die Rolle des Kanun bei der informellen Konfliktschlichtung bei den Albanern (Albanien und Kosovo). Eine rechtsvergleichende Analyse zum alten Kanun und modernen Recht (Monographie). 2., überarbeitete und ergänzte Auflage,** disserta Verlag, Imprint der Diplomica Verlag GmbH, Hermannstal 119k, 22119 Hamburg, 2016 und 2021 ISBN: 978-3-95935-327-4, € 49.99.

Professor Qerimi, als bekannter Forscher des albanischen Gewohnheitsrechts, hat das Buch: **Die Rolle des Kanun bei der informellen Konfliktschlichtung bei den Albanern. Eine rechtsvergleichende Analyse zum alten Kanun und modernen Recht** von Islam Qerimi bereits im deutschen Verlag "disserta Verlag" **ISBN: 978-3-95935-326-7,** im Jahre 2016 und 2021 veröffentlicht. Im ersten Band hatte der Autor versucht überwiegend um den Vergleich von zwei unterschiedlichen Rechtssystemen: dem traditionellen Kanun bei den Albanern und dem modernen staatlichen Recht. Diese wurden von Seiten zwei verschiedener Rechtsgebiete (dem zivil- und strafrechtlichen Bereich) in Albanien und im Kosovo behandelt.

Erster Band (als Dissertationsarbeit vorbereitet, aber nicht verteidigt) setzt sich mit Konfliktschlichtungen im Kosovo und in Albanien auseinander. Der Autor in dieser Arbeit hat folgende Fragen aufgestellt: *Die erste Frage* – Die außergerichtliche Konfliktbeilegung durch Mediation und der Schlichtung nach dem Gewohnheitsrecht bei den Albanern hat eine bedeutende Rolle im gesellschaftlichen Zusammenleben eingenommen. *Die zweite Frage* – Rache und Blutrachedelikte bei den Albanern sind im Gegensatz zu früheren Zeiten heute rückläufig. *Die dritte Frage* – Ein Bedarf an außergerichtlichen Konfliktbeilegungsmöglichkeiten ist sowohl in Albanien als auch im Kosovo vorhanden. *Die vierte Frage* – In den Rechtssystemen und den Konfliktlösungsmechanismen der zwei Forschungsländer Albanien und Kosovo finden sich Parallelen. Anhand dieser Behauptungen hatte er Themenschwerpunkte der Arbeit näher definiert und am Ende der Arbeit festgestellt, inwiefern seine Annahmen richtig waren.

Nun, ist dem Autor mit seiner ergänzenden Arbeit diese außergerichtlichen Konfliktbeilegungsmodelle in einer *erweiterten Betrachtung* gut gelungen darzustellen, um der Komplexität der alternativen Konfliktbeilegung dieser zwei Balkanländer gerecht zu werden. Hierbei hat er besonders im Kapitel 9 noch passende Beispiele aus der Literatur, den staatlichen Gerichten und aus Interviews mit außergerichtlichen Konfliktschlichtern und Ältesten angeführt.

Anzumerken ist, dass ich im aktuellen (zweiten) Band, welcher in zehn Kapitel gegliedert ist, für den diese Einschätzung erfolgt, die nächste Veröffentlichung im selben Verlag empfehle, da der Autor eine Fülle unveröffentlichter wissenschaftlicher Daten zur kontinuierlichen Rechtsanwendung albanischen Brauchtums geliefert hat, parallel zum modernen Staatsrecht.

Stichwörter: Das albanische Gewohnheitsrecht, die albanische Kanunen, Kanun des Lek Dukagjini, kontinuierliche Rechtsanwendung.

Rezension: Prof. Ass. Dr. iur. Bashkim Preteni, LL.M tätig an der Rechtswissenschaftlichen Fakultät der Universität von Prishtina "Hasan Prishtina" – Kosova (Doktoratstudium an der Universität zu Köln)

Datum: 14/11/2022